# 총보다 강한 실

: 실은 어떻게 역사를 움직였나

## The Golden Thread

### How Fabric Changed History

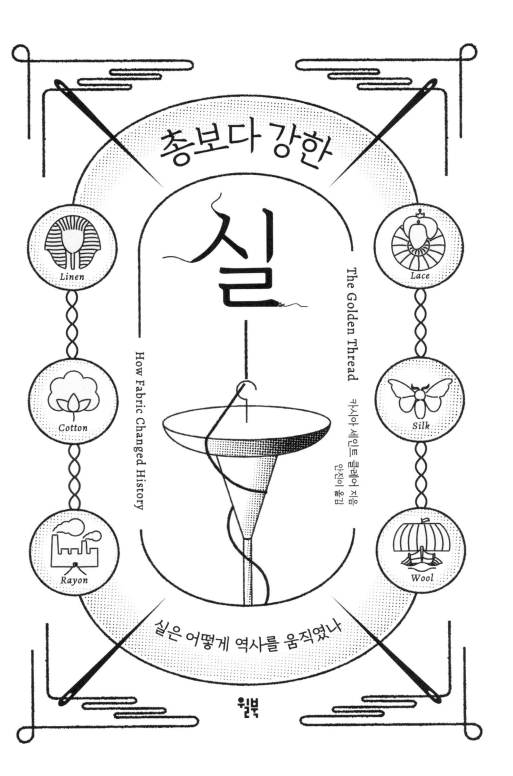

총보다 강한

실

The Golden Thread

How Fabric Changed History

카시아 세인트 클레어 지음
안진이 옮김

Linen

Cotton

Rayon

Lace

Silk

Wool

실은 어떻게 역사를 움직였나

윌북

늘 이야기를 들려주셨던
인내심 많은 아버지께

내가 그대에게
황금 실의 한쪽 끝을
주겠노라.
실을 둥글게 감아
공처럼 만들어라.
그러면 그 실뭉치가
그대를 천국의 문으로
인도하리니.

윌리엄 블레이크, 『예루살렘Jerusalem』, 1815년

# 차례

들어가며                                    10

머리말                                      13

1. 동굴 속의 섬유
: 옷감 짜기의 시초                          39

2. 죽은 사람의 옷
: 이집트 미라를 감싸고 벗긴 이야기          59

3. 선물과 말
: 고대 중국의 비단                          85

## 4. 비단이 건설한 도시들
: 실크로드                                    107

## 5. 파도 타는 용
: 바이킹의 모직 돛                            131

## 6. 왕의 몸값
: 중세 잉글랜드의 양모                        157

## 7. 다이아몬드와 옷깃
: 레이스와 사치                              183

## 8. 솔로몬의 외투
: 면, 아메리카, 교역　　　　213

## 9. 극한 상황에서 옷 껴입기
: 에베레스트와 남극을 정복한 옷　　　　249

## 10. 공장의 노동자들
: 레이온의 어두운 과거　　　　275

## 11. 압력을 견뎌라
: 우주여행에 적합한 옷　　　　303

## 12. 더 튼튼하게, 더 빠르게, 더 강하게
: 신기록을 세운 스포츠용 직물　　335

## 13. 황금빛 망토
: 거미줄을 이용하다　　365

## 맺음말　　389

감사의 글　　395

용어 해설　　397

주　　401

참고 문헌　　423

# 들어가며

지금 책에서 눈을 떼고 자기 자신을 보라. 옷으로 감싸인 당신의 몸이 보일 것이다. (친애하는 독자여, 나는 당신이 지금 나체 상태는 아닐 거라 생각한다.) 기차나 지하철 좌석에 앉아 있을 수도 있고, 푹신한 소파에 파묻혀있을 수도 있다. 혹은 수건으로 몸을 감싸고 있거나, 알록달록한 텐트 안에 있거나, 이불 속에 쏙 들어가 있을지도 모른다. 이것들은 모두 직물, 펠트, 편물 같은 천으로 만든 제품이다.

직물은 인공으로 만든 것이든 자연에서 얻은 것이든 간에 항상 우리가 사는 세상을 만들고, 규정하고, 변화시키고, 발전시켰다. 선사시대부터 고대 메소포타미아와 이집트 문명에 이르기까지, 중국 황실의 비단 용포(곤룡포袞龍袍의 준말로, 중국 옛 황제들이 입었던 용이 그려진 황색 옷_옮긴이)부터 인도의 옥양목calico, 그리고 산업혁명의 동력을 제공한 친츠chintz(꽃무늬로 날염한 광택 나는 면직물_옮긴이)에 이르기까지, 그리고 마지막으로 실험실에서 만들어진 합성섬유가 있다. 합성섬유 덕분에 인류는 과거 어느 때보다 멀리까지, 빠르게 여행할 수 있게 됐다. 4대 주요 천연섬유의 원료인 면, 실크, 아마flax, 양모는 인류 역사에서 대부분의 시간 동안 인류가 독창성을 발휘하는 데 크게 기여했다. 면, 실크, 아마, 양모로 만든 천은 몸을 보호하고 온기를 제공했으며, 사람들의 지위를 표시하고, 개개인의 몸치장과 정체성 확립을 도와주고, 창조적 재능과 재주를 발휘하는 통로 역할을 했다.

우리는 천에 둘러싸여 살아간다. 태어나는 순간부터 천이 온몸을 감싸며, 죽음을 맞이하고 나서도 수의가 얼굴을 덮는다. 잠을 잘 때도 우

리는 여러 겹의 천으로 몸을 감싼다. 마치 15겹의 이불 밑에 있는 완두
콩 한 알 때문에 잠을 설친 동화 속 공주처럼. 잠에서 깨어나면 우리는
바깥으로 나가 활동하기 위해, 그리고 우리가 누구인가를 세상에 알리
기 위해 더 많은 천을 몸에 두른다. 대화를 나눌 때 우리는 실과 천의 생
산 과정에서 비롯된 용어와 표현들을 자주 쓴다. 예컨대 '선line', '안감
lining', '란제리lingerie', '리놀륨linoleum(건물 바닥재로 쓰이는 물질_옮긴이)'은
모두 '리넨linen'이라는 한 단어에서 유래했다. 아마 줄기에서 실을 만들
어내거나 직기 위에 걸쳐진 날실로 다마스크damask(실크나 리넨으로 양면
에 무늬가 드러나게 짠 두꺼운 직물_옮긴이)를 짜내는 과정에 대해 잘 모르
는 대다수 사람들에게 이런 단어들은 바닷가의 파도에 씻겨 나간 조개
껍데기처럼 느껴질 것이다. 지금은 빛이 바래고 온전히 이해되지도 않
지만, 더 위대하고 풍부한 어떤 것을 연상시키며 우리의 호기심을 자극
하는 조개껍데기 같은 것들.

　대학에서 18세기 복식사를 공부하던 시절, 나는 '옷은 허영을 위한
건데 무엇 때문에 옷에 대해 진지하게 공부하느냐'라는 뿌리 깊은 편견
을 수시로 접했다. 이 말은 18세기 서구 사회에서 옷이 얼마나 중요했는
지를 모르고 하는 말이다. 현대 디자인과 패션에 관한 글을 쓰면서도 위
와 같은 우월 의식을 가진 사람들을 만나곤 한다. 직물에 대한 연구는
종종 주변부로 밀려난다. 간혹 직물이 사회의 주된 관심사로 떠오를 때
조차도 초점이 맞춰지는 것은 그 직물의 원재료라든가 그 직물을 생산
한 사람들이 아니라, 최종적으로 만들어진 상품의 외관과 매력이다.

　이 책을 통해 우리가 날마다 몸에 걸치거나 입는 직물에 대해 조금
더 자세히 알아볼 것이다. 이 책은 직물의 역사를 상세히 서술한 책이
아니다. 그런 책을 집필할 의도는 없다. 이 책은 직물이 어떻게 세계와
역사를 바꾸었는지 알려주는 13가지 다양한 이야기로 구성되어 있다.

어떤 장에서는 인류가 달 표면을 걸을 수 있게 해준 특수한 우주복을 만
드는 과정을 살펴본다. 또 다른 장에서는 네덜란드의 화가 요하네스 페
르메이르Johannes Vermeer의 〈레이스 뜨는 여인The Lace Maker〉이라는 그림
의 배경이 된 기술을 알아볼 것이다. 또 어떤 장에서는 이집트의 미라를
포장했던 사람들과 미라의 천을 벗겨낸 사람들을 만나볼 것이다. 거미
줄로 옷을 만들기 위해 평생을 바치는 발명가와 과학자들, 그리고 극단
적인 환경에서 옷이 제 역할을 하지 못해 치명적인 피해를 입은 사람들
도 만나보자. 이 책은 호기심 많은 사람들을 위한 것이다. 부디 즐거운
독서가 되기를.

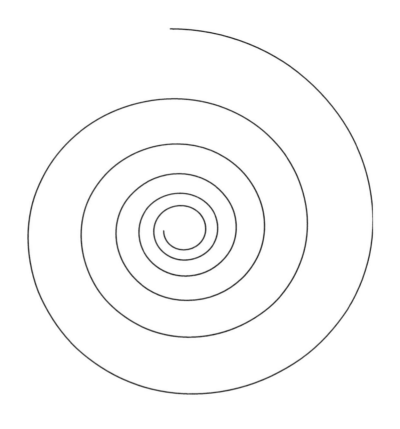

머리말

# 실과 인체

운명의 여신들이 뽑아내는 실은 절대 불변이다.
운명의 여신들이 이미 주인이 있는 왕국을
다른 누군가에게 준다고 선언한다면,
설령 원래 주인이 왕위를 빼앗기지 않으려고
운명의 남자를 살해한다 할지라도
그 죽은 자는 여신들이 정해준 임무를 완수하기 위해
다시 살아날 것이다.

플라비우스 필로스트라투스, 「티아나의 아폴로니우스Life of Apollonius Tyana」, 기원전 3세기

고대 그리스인들은 운명의 여신이 사람의 운명을 결정한다고 믿었다.
신화에 나오는 운명의 여신들은 세 자매로, 아기가 태어날 때마다 반드
시 찾아온다. 가장 강한 힘을 지닌 여신 클로토Clotho가 실뭉치를 손에
들고 운명의 실을 뽑아내면, 라케시스Lachesis가 신중하게 그 실의 길이를
잰다. 그러고 나면 아트로포스Atropos가 그 실을 잘라내 아기가 언제 죽
을지를 결정한다. 운명의 여신들이 결정을 하고 나면 인간은 물론이고
어떤 신도 그 결정을 바꿀 수 없다. 로마인들은 운명의 세 자매를 '파르
카이Parcae'라는 이름으로 불렀고, 고대 노르웨이인들은 '노른스Norns'라
고 불렀다.

　이 오래된 이야기는 요즘 우리가 사람과 사회를 바라보는 시선과도
연결되는 바가 있다. 영어권 사람들은 '생명이 위태롭다'고 말할 때 '실
한 올에 매달린 생명lives hanging by a thread'이라는 표현을 쓰는데, 여기서
생명의 실은 '사회'라는 천의 한 부분이다. 또 우리는 누군가가 '풀어지려

고 할 때unravelling'나 친구와 가족들로부터 '찢겨 나가려고 할 때being torn away' 그 사람을 도와주려 한다. 이런 표현들은 수천 년 전부터 사용되어 왔다. 직물과 그 직물을 이루는 재료들은 예로부터 인간 생활의 여러 측면을 묘사하는 비유로 널리 활용되어왔다.

이것은 자연스러운 일이다. 천과 옷을 생산하는 일은 어느 시대에나 세계 경제와 문화에서 큰 비중을 차지했다. 인류는 천을 만들어낸 덕택에 스스로 운명을 결정할 수 있게 됐다. 알려진 바에 따르면 선사시대에 온대 지방에서는 옷감 짜는 일에 드는 시간이 도자기 굽는 일과 식량 구하는 일에 소요되는 시간을 합친 것보다 길었다. 고대 이집트에서는 리넨을 귀하게 여겼다. 리넨은 보통 사람들에게는 일상생활의 일부였을 뿐 아니라 고대 이집트인들의 옷에 가장 널리 사용되는 직물이었고, 많은 사람이 아마 재배와 리넨 생산에 종사했기 때문이다. 또 리넨은 종교적 의미를 지닌 천으로 간주됐다. 그래서 시체를 미라로 만들고 특별히 준비된 천으로 감싸서 보존하는 행위는, 여러 세대를 거치며 전해진 다른 전통과 마찬가지로 평범한 인간의 육체를 신성한 것으로 탈바꿈시키는 역할을 했다.[1]

오늘날 우리가 천을 대수롭지 않게 여기는 모습을 우리 조상들이 봤다면 펄쩍 뛰었을 것이다. 천이 있었기에 인류는 추운 지방에 거주할 수 있었고 여행도 다닐 수 있게 되었다. 만약 천이 없었다면 인류는 일부 지역에서만 거주했을 것이다. 고급스러운 비단과 따뜻한 모직물이 비단길Silk Road과 같은 교역로를 통해 거래되는 과정에서, 서로 다른 문명들 사이에 사상과 기술의 교환이 활발해지고 사람들이 오가게 되었다.

실과 천을 생산하기 위한 정교한 수작업은 수많은 사람들이 일상적으로 하는 일이었다. 예컨대 18세기 중반 영국에서는 100만 명이 넘는 여성과 아이들이 방적 공장에서 일하고 있었다고 추정된다. 그들

이 버는 돈은 산업혁명 직전까지 빈곤층 가구 가계소득의 3분의 1 정도
를 차지했다. 우리는 산업혁명이라는 거대한 경제적 변동이 철이나 석
탄과 관련이 있다고 상상하지만, 사실은 직물도 변화의 중요한 동력을
제공했다. 직물 중에서도 특히 면이 중요했다. "산업혁명에 대해 이야
기하려는 사람은 반드시 면직물 이야기를 해야 한다." 에릭 홉스봄Eric
Hobsbawm이 『산업과 제국Industry and Empire』에 쓴 말이다. 논란의 여지는
있지만, 목화라는 식물과 그 목화로 만든 면직물은 국제적으로 거래된
최초의 상품이었다.[2]

　오늘날 우리는 날마다 접하는 천 하나하나의 원료와 품질에 예전만
큼 신경을 많이 쓰진 않는다. 하지만 천과 옷은 여전히 개인적인 성격
을 띤다. 예컨대 우리는 옷을 통해 사람들에게 우리가 어떤 사람이며 어
떻게 보이기를 원하는가를 전달한다. 시티 헤지펀드, 실리콘밸리의 스
타트업, 언론사에서 일하는 사람들은 근무시간의 대부분을 사무실 책상
앞에서 보내는데도 유니폼을 입는다. 부하 직원들이 옷에 대한 상사의
취향을 받아들이기도 한다. 작은 집단에서는 유행이 들판의 불길처럼
빠르게 번진다. (예전에 내가 일했던 사무실에서는 알 수 없는 이유로 민소매
스웨터가 유행했다. 그리고 18세기 신사, 숙녀의 복식에서 의미를 찾는 것은
무의미한 일이라고 열변을 토하던 교수님들은 하나같이 트위드 재킷과 코듀로
이 바지 차림이었다. 약간의 반항을 즐기는 분들은 밝은색 양말로 변화를 주기
도 했다.)

　사회적 계층은 항상 옷을 통해 비공식적으로 또는 합법적으로 성문
화된다. 구약성서에는 다음과 같은 색다른 금기 사항이 나온다. "평신도
들은 밭에 씨앗을 섞어서 뿌리면 안 된다. 리넨과 양모를 섞어 만든 옷
을 입어서도 안 된다." 이것은 도덕적인 이유가 있는 금기가 아니었다.
사제들의 의복에 리넨과 양모가 둘 다 들어갔기 때문이다. 이 특별한 조

합은 사제들에게만 허락되는 영예였다.

특정 계층에게만 특정 직물을 입을 권리를 주는 사치 금지법sumptuary laws은 수천 년 전부터 존재했다. 사치 금지법은 고대 중국, 고대 로마, 중세 유럽 등 서로 다른 문화에서 공통적으로 발견된다. 1579년 잉글랜드에서는 "귀족, 기사, 그리고 여왕 폐하의 시중을 드는 젠틀맨gentleman보다 지위가 낮은 사람은 영국에서 생산되거나 가공된 컷워크cutworke(레이스 바탕의 오려낸 자리에 무늬를 넣는 자수_옮긴이)라는 이름의 주름 옷깃을 착용할 수 없다"는 법이 제정됐다. 당시 군주였던 엘리자베스 1세의 우아한 초상화에서 알 수 있는 것처럼, 엘리자베스 1세는 호화스러운 장식을 이용해 권력을 과시할 줄 아는 사람이었다. 하지만 그녀는 아름다운 직물 그 자체를 좋아했던 것 같기도 하다. 널리 알려진 일화(출처가 불분명하긴 하다)에 따르면 엘리자베스 1세는 1561년 자신의 직물 담당이었던 몬태규 부인Mrs Montague에게서 검정 실크로 만든 편물 스타킹 한 켤레를 받았는데, 그 후부터 다른 스타킹은 일절 신지 않았다고 전해진다.[3]

# 교역 도구가 된 직물

나는야 방직공, 최고의 방직공이라네. 직기를 가지고 훌륭한
천을 만들어내지. 평범한 천, 능직물, 브로케이드brocade(금사와
은사로 꽃무늬 등을 도드라지게 만들어 넣은 두툼하고 우아한 견직물),
새틴satin(공단). 나는 옷감 짜기의 달인이라네. 날실을 잡아당기고
북을 이리저리 움직여, 바디reed(직기의 주요 부품으로, 날실을 정해진
밀도로 짜기 위해서 이용하는 빗 모양의 용구)를 흔들어대고, 씨실을
놓아라. 나는 획획 날아다니는 보빈에 실을 감을 수 있고,
실로 무늬를 만들어낼 줄도 안다네. 왕실 침대를 꾸미기에 딱 좋은
리넨 한 필을 짤 수도 있지. 발꿈치를 들고 북을 이리저리 움직여,
바디를 흔들어대고, 씨실을 놓아라.

잉글랜드 방직공들의 민요

모든 직물은 꼬는 것으로 시작된다. 지금은 spinning(실을 뽑아내다, 빙글
빙글 돌다)이라는 단어가 twirling(팽이처럼 빙빙 돈다)과 비슷한 뜻으로 통
용되지만, 원래 spinning은 뭔가를 빙빙 돌리는 동시에 뽑아내는 동작을
의미했다. 길거리 판매대에서 막대기 둘레에 솜사탕을 감으며 뽑아내는
상인을 생각해보라. 가늘고 연약한 섬유(가늘고 길며 연하게 굽힐 수 있는
천연 또는 인조의 선상 물체, 직물의 원료가 된다_옮긴이)를 손으로 뽑아내
실을 만들 때의 동작도 비슷하다. 이렇게 빙빙 돌리면서 뽑아낸 실은 그
냥 뽑아낸 실보다 더 질기고 실용적이다. 모, 마, 면은 섬유가 짧은 편이
고 가늘고 매끄러워서 다루기가 쉽지 않다. 이런 섬유들을 커다랗고 헐

거운 섬유 뭉치로부터 뽑아내는 동시에 꼬아서 실로 만드는 것이다. 실을 뽑아내려면 연습이 필요하다. 손놀림이 서투르면 실이 엉키고 울퉁불퉁해진다. 손놀림이 너무 빠르거나 너무 느리면 완성된 실은 너무 가늘거나 너무 두꺼워진다. 꼬는 동작은 시계 방향과 반시계 방향 모두 가능하다. 시계 방향으로 꼬아 만들면 Z자 꼬임(우리말로는 좌연左撚_옮긴이)이 생겨나며 시계 반대 방향으로 하면 S자 꼬임(우리말로는 우연右撚_옮긴이)이 만들어진다. 하지만 꼬임은 적당해야 한다. 섬유를 덜 꼬아 만든 실은 튼튼하지 못하고, 지나치게 많이 꼬이면 서로 뭉쳐서 실을 만드는 동안 매듭이나 혹이 생기기 쉽다. 유능한 방적공이 되려면 오랜 시간 연습해야 하며, 실 잣는 기술을 섬세하게 가르쳐주는 좋은 스승에게서 배워야 한다.[4]

실을 뽑아내는 방법은 여러 가지가 있는데, 한 사람의 방적공이 어떤 방법을 사용하느냐는 그가 속한 사회, 그 사람의 성격, 어떤 원료를 써서 어떤 실을 만들려고 하느냐에 따라 달라진다. 어떤 방적공은 손과 엄지발가락 또는 손과 허벅지 사이에 섬유를 넣고 꼬지만 어떤 방적공은 가락spindle이라 불리는 길이 30센티미터 정도 되는 막대기를 사용한다. 경우에 따라서는 구부러진 막대기를 쓰기도 한다. (방적공의 입장에서 가락을 사용하면 일이 쉬워진다. 실을 뽑아내는 동시에 감을 곳이 있으므로 실이 서로 엉키지 않기 때문이다.) 한 사회에서 여러 가지 방법이 함께 쓰이기도 한다. 다 만들어진 실은 그대로 사용하기도 하고 다른 실과 겹쳐 꼬아 더 튼튼하고 굵은 실로 가공하기도 한다. 이렇게 만들어진 굵은 실은 강도를 요하는 작업에 적합하다.

다 만들어진 실을 활용하는 방법은 다양하다. 실을 땋거나 골이 지게 짜서 레이스나 밧줄을 만들 수도 있고, 편물이나 직물을 만들 수도 있다. 본래 직조란 여러 가닥의 실을 한데 엮어 연속적인 그물을 만드는

과정이다. 전통적인 방법은 두 가지 실을 수직으로 놓고 얽히게 하는 것
이다. 날실은 성가시게 꼬이는 일이 없도록 직기에 미리 올려놓는다. 그
러고 나면 씨실이 인내심 있게 날실의 위아래로 교차하며 엮인다. 직물
을 짤 때 실을 서로 교차시키는 방법은 수없이 많다. 가장 단순한 방법
은 씨실 하나가 날실 하나의 위로 올라갔다가 다음 날실 아래로 내려갔
다를 반복하는 평직plain weave이다. 더 복잡한 방법도 있다. 예컨대 씨실
이 날실 몇 가닥을 건너뛰어 교차하도록 하면 다채로운 특징 또는 패턴
이 있는 직물이 만들어진다. 능직twill weave으로는 데님denim(보통 청바지
를 만드는 데 쓰이는 푸른색의 질긴 면직물_옮긴이)을 만들 수 있다. 능직은
씨실 여러 가닥이 날실 한 가닥 위로 올라갔다가 둘 이상의 가닥 아래로
내려가는 방법이다. 능직물은 사선 무늬를 보이며 내구성이 좋다.

옷감 짜는 과정이 매우 까다롭고 그 원료는 부드럽고 거슬거슬하고
약하다는 사실을 감안하면 갖가지 직조 기술이 개발된 것은 이상한 일
이 아니다. 앞에서 소개한 가락이라든가 가공하지 않은 섬유 뭉치를 감
아놓는 실패distaff는 실 잣기에 쓰이는 도구였고, 직기는 옷감 짜기에 활
용되는 기계였다. 직기의 기본적인 기능은 날실을 팽팽하게 고정시키는
것이다. 맨 처음 만들어진 직기 중 하나인 수평식 베틀back strap은 사람의
체중을 이용해 날실을 팽팽하게 당겼다. 고대 그리스에서 많이 쓰던 다
른 베틀은 이른바 수직식 베틀warp-weighted loom이었다. 수직식 베틀의 상
부에는 수평 막대가 설치되어 있어, 여기에 날실을 걸고 아래쪽에 무거
운 추를 매달아 고정했다. 어떤 베틀을 사용하든 간에 씨실을 좌우로 움
직여 직물을 한 올 한 올 짜낸다는 점에서는 동일하다. 나중에는 방직공
들이 날실 몇 가닥을 들어 올려 씨실이 그 사이의 빈 공간(이 빈 공간을
셰드shed라고 부른다)으로 밀려 들어가도록 하는 더 복잡한 베틀이 만들
어졌다. 잉아 베틀heddle loom이라는 이름으로 알려진 이 기계는 기원전

2000년경 고대 이집트에서 최초로 사용됐다.[5]

옛날에 실과 직물을 생산하는 데 필요했던 노동은 오늘날에는 거의 자취를 감췄다. 실과 직물을 만들던 사람들은 문자로 기록을 남긴 경우가 드물었기 때문에 그들의 기술과 솜씨는 그들이 생산한 상품과 함께 썩어 없어졌다. 오늘날 남은 것들은 균형이 맞지 않는다는 인상을 준다. 예컨대 손과 허벅지를 사용해 실을 뽑아내던 사람은 고고학 문헌에 남지 않겠지만, 커다란 돌로 만든 가락을 쓰던 사람은 문헌에 남을 것이다. 직기도 마찬가지다. 직기가 복잡하고 수명이 길수록 흔적도 많이 남겼다.[6]

직물로 만드는 가장 대표적인 상품은 옷이다. 하지만 실과 직물은 우리가 미처 예상하지 못한 곳에도 있다. 내가 신고 있는 장화에는 빨간 면사를 멋지게 꼬아 만든 장식이 달려 있고, 내가 이 글을 타자로 치는 동안 내 손목은 노트북 컴퓨터의 키보드를 덮고 있는 알칸타라Alcantara라는 천에 수시로 닿는다. 알칸타라는 스웨이드와 비슷한 소재로 고급 자동차에 많이 쓰인다. 만약 당신이 '구글홈Google Home'이라는 기계를 가지고 있다면 그 기계의 일부분이 폴리에스테르와 나일론이 적절한 비율로 혼합된 섬유로 싸여 있다는 사실을 알아차렸을지도 모른다. 요즘 가전제품을 디자인하는 사람들은 첨단 기술에 부드러운 느낌을 더하기 위해 전자제품에 직물을 결합한다. 첨단 전자제품들은 이제 우리 일상생활의 일부가 되었기에 굳이 딱딱하고 미래주의적인 느낌으로 디자인할 필요가 없다. 오히려 기업들은 우리의 주변 환경과 자연스럽게 하나가 되는 전자제품을 디자인하려 한다. 그래서 집에 있는 푹신한 가구 같은 느낌을 주기 위해 직물을 사용한다. 하지만 첨단 전자제품에 직물을 첨가하면 '부드러워진다'는 발상은 말이 되지 않는다. 직물 산업은 도예나 야금보다 먼저 시작됐으며 어쩌면 농업이나 목축업보다 오래됐을지도 모른다. 직물이야말로 최초의 첨단 기술이다.[7]

# 교역과 기술

방직공들은 서로 엮인 실과 부가가치를 만들어내는 능숙한
손놀림으로 튼튼한 직물을 만든다. 이것은 오늘날 세계 각국에
걸쳐 있는 컴퓨터들의 네트워크가 비트코인 블록체인을 만드는
원리와 비슷하다.

데이비드 오번David Orban, '비트코인은 광업이 아니라 방직업에 비유해야 한다', 《비트코인 매거진》, 2014년

2015년 구글의 비공개 연구 개발 부서 중 하나인 I/O에서는 컴퓨터 기
능을 가진 특수 직물 바지를 제작할 계획이라고 발표했다. 그 특수 직물
은 다양한 색채와 수많은 질감으로 만들 수 있으며, 터치스크린 기능이
있어서 특정한 동작을 지시하거나 스마트폰 같은 도구들을 통제할 수도
있다고 했다. 2년 후, 컴퓨터 바지는 실생활에서 사용하기 어렵다는 판
정을 받았다. 대신 구글 I/O는 리바이스사와 제휴해서 데님 재킷을 만
들었다. 재킷에 들어간 직물은 원래 계획과 동일한 기능을 갖추고 있었
다. 재킷을 톡톡 두드리거나 문지르면 음악을 켜고, 끄고, 다음 곡으로
넘어갈 수도 있었다. 문자 메시지가 오면 알려주는 기능도 있었다. 재킷
은 350달러에 판매됐다. 초기 구매평에 따르면 재킷의 그 기술에는 한계
가 있었다. 스마트폰이 재킷 주머니에 들어 있을 때만 조종이 가능했기
때문이다. 하지만 어떤 사람들은 그런 스마트 직물이야말로 웨어러블
wearable 기술의 미래라고 평가했다.[8]
　　이 미래 지향적인 시제품에 붙여진 이름은 '프로젝트 자카드Project
Jacquard'로, 19세기로부터 비롯된 이름이다. 1801년 프랑스의 조제프 마

리 자카드Joseph Marie Jacquard는 복잡한 문양이 들어가는 직물을 대량생산
하는 직기를 고안했다. 그전까지 그런 문양이 들어간 직물을 짜려면 기
술과 시간과 전문 지식이 많이 투입돼야 했다. 그가 만든 '자카드 방직
기'는 여러 개의 구멍이 뚫린 카드를 이용해 기계를 조종하는, 즉 프로그
래밍 방식으로 직물에 무늬를 넣었다. 이 구멍 뚫린 카드들은 독창적인
기술로, 세월이 흐른 뒤에 또 하나의 발명품을 탄생시키는 토대가 된다.
그 발명품은 바로 컴퓨터. 미국의 한 엔지니어가 구멍 뚫린 카드 시스템
을 조금 변경해서 인구조사 통계를 기록하는 데 사용했다. 나중에 그의
회사는 인터내셔널 비즈니스 머신스International Business Machines라는 회사
에 합병되는데, 이 회사가 훗날의 IBM이다.[9]

자카드 방직기는 첨단 기술과 직물을 이어주는 뚜렷한 연결 고리이
지만, 그보다 훨씬 오래된 연결 고리도 찾아볼 수 있다. 우리에게 알려
진 것 중에 사람의 손으로 만들어진 가장 오래된 직물은 34,000년 전에
아마에서 추출한 섬유로 만든 천이었다. 아마, 양모, 면, 실크, 삼hemp,
모시ramie로 실을 만들어낸 것은 기술의 승리였다. 실을 뽑아내려면 손을
놀리는 기술과 실패를 비롯한 도구가 필요했는데, 이런 도구들은 세계
곳곳의 고대 유적지에서 수없이 발굴되고 있다. 까마득한 옛날에는 실
로 밧줄이나 그물을 만들었다. 직기로 짜거나 압축하거나 바늘로 떠서
옷감을 만들었을 수도 있다. 이런 기술들이 있었기에 우리 조상들은 식
량을 더 빨리 모아 멀리 떨어진 곳에 더 쉽게 보낼 수 있었고, 더 덥거나
더 추운 지방을 여행하며 새로운 거주지를 찾을 수 있었다.

직물 생산의 모든 단계에서 생산자들은 실이나 직물로 교역을 했
고, 이 과정에서 세계에 동맥처럼 고루 퍼진 네트워크가 만들어졌다. 이
네트워크를 통해 상품만이 아니라 언어와 아이디어도 전해졌다. 교역
이 이뤄진다는 것은 신용과 회계 기술이 정교하게 발전했다는 뜻이다.

즉 옷감 짜기는 돈벌이가 된다는 말이었다. 이탈리아에서는 직물 생산
과 판매로 축적한 부를 밑거름 삼아 르네상스 운동이 일어났다. 유럽에
서 모직업에 종사했던 메디치 가문은 15세기에 은행을 설립했다. 메디
치 가문의 후원으로 미켈란젤로는 다비드 조각상을 제작했고, 필리포
브루넬레스키는 산 로렌초 성당Basilica di San Lorenzo을 다시 지었으며, 레
오나르도 다빈치는 〈모나리자〉를 남겼다. 동쪽에서는 면직물 산업을 기
반으로 무굴제국이 융성했다. 옥양목은 미국, 아프리카, 유럽, 일본으로
수출되는 상품이었다. 한편 중국은 양잠업(누에고치를 키우는 일)의 비밀
을 수백 년 동안 빈틈없이 지키면서 이윤이 많이 남는 비단 교역을 독점
했다. 직물 산업을 나라별로 특화한 결과는 지금도 남아 있다. 사람들은
질 좋은 비단과 바로크 풍의 프린트 직물을 사러 이탈리아로 간다. 코모
Como 호수 근처에 본사를 둔 100년 전통의 만테로Mantero라는 회사는 옷
감 견본과 샘플이 수록된 12,000권의 책에서 영감을 얻는다. 영국 공장
에서 생산되는 모직물과 소모사梳毛絲는 여전히 세계 표준으로 인정받는
다. 샤넬은 트위드tweed(간간이 다른 색깔의 올이 섞여 있는 두꺼운 모직 천_
옮긴이)를 린턴 트위드Linton Tweeds사에서 구매한다. 두 회사의 관계는 코
코 샤넬이 윌리엄 린턴을 처음 만났던 1920년대부터 이어진 것이다. 혁
신적인 신제품을 원하는 전 세계 구매자들의 탐색은 일본에서 시작되고
일본에서 끝난다. 일본은 수십 년 전부터 인조섬유 분야에서 여러 차례
혁신을 일으켰다. 유니클로에서 만들어져 사람들에게 사랑받는 히트텍
Heattech 계통 섬유가 그중 하나다.[10]

　직물을 더 많이, 더 효율적으로 생산하려는 욕구는 갑작스럽고 불규
칙하게 쏟아져 나온 여러 건의 기술혁신을 추동했다. 사람의 체중을 이
용해 옷감을 짜던 초창기의 직기는 좀 더 복잡한 수평식 직기 또는 수직
식 직기에 자리를 내줬다. 수평식과 수직식 직기는 나무로 만들고 커다

란 점토 구슬 또는 돌멩이의 무게로 실을 고정시키는 방식이었다. 시간이 더 흘러 직물 시장이 확대되고 수요가 증가하자 기술혁신이 더 시급해졌다. 1760년 《예술·제조업·상업 진흥협회 저널》에서는 '모, 면, 마, 실크 실을 한 번에 6가닥씩 뽑아내되, 사람이 1명만 있으면 되는 기계'를 만들어내는 사람에게 상금을 주겠다고 제안했다. 그들의 소망은 곧 현실이 됐다. 한 세기가 지나는 동안 제니 방적기Spinning Jenny, 수력 방적기 Water Frame, 역직기Power Loom를 비롯한 새로운 발명품들이 줄줄이 나와 생산량을 기하급수적으로 증가시켰다. 산업혁명을 생각하면 석탄과 철이 자동으로 머릿속에 떠오르겠지만, 사실 더 정확하게 하려면 실이 감긴 방직기가 돌아가는 소리와 면섬유 먼지로 숨이 턱 막히는 삭막한 공장들을 먼저 떠올려야 한다. 애덤 스미스가 가상의 옷핀 공장을 생각해내기 100년쯤 전, 경제학자 윌리엄 페티William Petty는 다음과 같은 글을 썼다. "한 사람은 양털을 빗고, 한 사람은 실을 뽑아내고, 한 사람은 옷감을 짜고, 한 사람은 본을 뜨고, 한 사람은 옷을 만들고, 또 한 사람이 다림질과 포장을 한다면 옷을 더 싸게 만들 수 있다. 지금까지 나열한 공정들을 모두 한 사람의 손으로 서투르게 처리하는 경우와 비교해보라."[11]

이 모든 변화는 방적공과 방직공들에게 큰 타격을 입혔다. 예컨대 1786년 리즈Leeds의 모직물 노동자들은 그들보다 더 값싸고 더 빠르게 양털을 빗을 수 있는 '소모기scribbling machine'가 발명되자 갑자기 생계의 위협을 느꼈다. 그들은 지방신문에 다음과 같은 청원서를 보냈다. "그러면 일자리를 잃은 이 사람들은 가족을 어떻게 부양한단 말인가? 그리고 그들의 아이들은 어디에서 무슨 기술을 배워야 하는가? 다음 세대 아이들이 할 일 없이 떠돌아다니는 부랑자가 되지 않으려면 일거리가 있어야 하지 않겠는가?" 실업자가 된 방직 노동자들은 이런 두려움 때문에

러다이트 운동Luddite Movement(18세기 말~19세기 초, 영국 공장 지대에서 일어난 노동자들의 기계 파괴 운동_옮긴이)을 벌여 기계를 때려 부수기도 했다. 나중에 '러다이트'는 기술 발전의 길을 가로막는 공룡 같은 기술 대기업을 비꼬아 말하는 단어로 바뀌었다. 산업혁명기와 유사하게 새로운 기술의 발달로 여러 산업에 종사하는 노동자들의 생계가 위태로워지고 있는 오늘날, 러다이트 운동에 나섰던 노동자들의 외침이 다시금 절절하게 다가온다.[12]

# 방적에 얽힌 이야기들

'저건 훌륭한 옷감이 틀림없어.' 황제는 속으로 생각했다.
'내가 저 옷감으로 만든 옷을 입으면 대신들 중에 자리에서
물러나야 할 사람이 누구인지를 가려낼 수 있겠지. 영리한 자와
어리석은 자를 구별할 수도 있을 거야. 당장 나를 위해 옷을
만들라고 해야겠다.' 그래서 황제는 그 사기꾼들에게 거액의 돈을
미리 지불했다.

한스 크리스티안 안데르센, 『벌거벗은 임금님』, 1837년

운명의 여신들이 뽑아낸 실은 냉혹했다. 인간들이 자신들의 실에 할당된 미래를 피하려고 아무리 기를 써도 그럴 수는 없었다. 그리스 신화에 나오는 오이디푸스의 부모는 오이디푸스가 자기 아버지를 살해하고 어머니와 혼인하는 사태를 막으려고 필사적으로 노력했지만 그 일은 어김없이 일어났다. 이와 마찬가지로 전설 속에서 누군가의 소원이 이뤄지

는 경우 대개는 그 소원을 빈 사람이 끔찍한 대가를 치렀다. 그리스 신화 속의 미다스 왕 이야기를 보자. 미다스 왕은 돈을 너무나 좋아한 나머지, 그가 손을 대는 물건마다 황금으로 바뀌게 해달라고 신들에게 기도한다. 그의 소원은 받아들여진다. 그런데 미다스 왕은 머지않아 굶어 죽는다. 포도 한 알을 먹으려고 해도 입술이 닿는 순간 포도가 금덩이로 바뀌었기 때문이다.

이 이야기는 널리 알려져 있지만, 전설의 소재가 된 역사 속의 실제 미다스 왕에 대해서는 잘 알려져 있지 않다. 역사 속의 미다스 왕은 기원전 8세기 말, 지금의 터키 땅에 있었던 프리기아Phrygia라는 고대 국가를 다스렸다. 그는 그리스의 역사 기록에 등장하며, 고고학 유물에도 흔적이 남아 있다. 프리기아의 수도였던 고르디온Gordion은 기원전 7세기 초에 파괴됐는데, 어찌나 신속하게 파괴됐는지 도시와 그 안에 있던 대부분의 것들이 그대로 불에 타버렸다. 나중에 성채를 발굴해보니 당시 고르디온 사람들이 물건들을 거의 다 남겨두고 황급히 빠져나갔음을 알 수 있었다. 그때 발굴된 물건들 중에 특별한 것이 하나 있었다. 2,000개가 넘는 추가 각기 약 100미터의 거리를 두고 줄지어 늘어서 있던 것이다. 화염이 베틀에 걸려 있던 직물을 삼켜버렸을 때 떨어진 추들이었다. 추의 개수로 미뤄보면 도시가 파괴된 시점에 100명이 넘는 여자들이 프리기아의 왕을 위해 열심히 옷감을 짜고 있었던 것 같다. 미국의 고고학자 엘리자베스 바버Elizabeth Barber는 다음과 같은 풍자적인 의견을 덧붙였다. "이러니 고대 그리스인들이 '미다스'가 '금'을 뜻하는 단어라고 생각했지!"[13]

실이 주요 소재로 등장하는 전설은 그 밖에도 많다. 『잠자는 숲속의 공주』에는 찔리면 죽는다는 물레 바늘이 나오고, 독일 민화 속 사악한 숲의 정령 룸펠슈틸츠헨Rumpelstilzchen은 짚에서 금을 뽑아낸다. 그림 형

제의 동화집에 나오는 한 이야기에서는 아름답지만 게으른 소녀가 온종
일 실 잣는 일만 하며 살다가 남편감(당연히 왕이었다)을 만나 해방된다.
이야기 속에서 왕은 소녀의 '이모'들을 만나는데, 그 이모들은 평생 실
을 다루는 일을 해서 다들 몸의 한 부분이 이상하게 변해 있었다. 부풀
어 오른 발, 지나치게 커져버린 엄지손가락, 축 늘어진 입술. 이 이야기
의 화자가 옷 만드는 사람들이었다면 이야기는 훨씬 깊은 울림을 가졌
을 것이다.

　　신화와 전설에 직물과 옷감 짜기라는 소재가 많이 등장하는 것은 우
연이 아니다. 실제로 옷감 짜는 일은 재미난 이야기가 만들어지는 데 기
여했다. 여자들이 대부분인 한 무리 사람들이 한 장소에 모여 몇 시간
에 걸쳐 반복적인 노동을 한다면 이들은 자연히 시간을 때우기 위해 이
야기를 만들어내고 서로에게 들려주게 된다. 이야기 속에 실을 잣거나
옷감을 짜는 주인공이 자주 등장하며 그들이 타고난 솜씨와 재치를 가
진 인물로 나오는 이유도 여기서 찾을 수 있다. 호메로스의 『오디세이
Odyssey』에 나오는 오디세우스의 아내 페넬로페를 생각해보라. 페넬로
페는 그녀의 남편이 죽었다고 믿고 메뚜기 떼처럼 달려드는 아카이아
Achaea 지방의 끈질긴 구혼자들을 물리칠 시간을 벌기 위해 옷감을 짠다.
"그녀는 집 안의 베틀 위에 커다란 거미줄을 올려놓고 그걸로 옷감을 짜
기 시작했다. 아주 가느다란 실로, 폭이 아주 넓은 옷감을." 기원전 8세
기 말엽에 호메로스가 쓴 글이다. "낮 시간에는 커다란 거미줄로 옷감을
짜고, 밤에는 베틀 옆에 횃불을 밝혀놓고 그 옷감을 다시 풀었다." 페넬
로페는 이런 책략을 써서 3년이라는 시간을 벌었다. 이 이야기는 전통적
으로 여자들의 일로 간주된 옷감 짜기에 대해 남자들이 얼마나 무지했
는가를 보여준다.[14]

# 여자들의 일

그러면 공식적으로 정리된 이야기가 세상 사람들에게
알려지고 나서 나는 뭐가 됐을까? 교훈적인 옛이야기가 됐다.
다른 여자들을 후려치는 막대기가 됐다. 여자들이여, 왜 너희들은
과거의 페넬로페처럼 사려 깊고 든든하며 온갖 고생을 참아내는
사람이 못 되는가? 가객과 이야기꾼들은 이렇게 읊어댔다.
나처럼 살지 말라고 당신들의 귀에 대고 소리치고 싶다.
그래, 바로 당신들의 귀에!

마거릿 애트우드, 「페넬로피아드」, 2005년

실을 잣고 옷감을 짜는 일과 관련이 있는 신들은 거의 다 여성이다. 이
집트 선왕조 시대의 네이트Neith, 그리스의 아테나Athena, 고대 노르웨이
의 프리그Frigg 여신(노르웨이의 호전적인 시녀 발키리들도 옷감 짜는 일을
했다), 독일 신화에 나오는 홀다Holda, 잉카제국의 신화에 나오는 마마
오클로Mama Ocllo, 수메르 문명기 메소포타미아 신화에 나오는 타이트
Tait. 일본인들이 믿었던 태양의 여신 아마테라스도 옷감을 짠다. 중국에
도 옷감 짜는 소녀의 전설이 있지만, 그녀는 은하수에 의해 목동인 남편
과 헤어진 다음에야 옷감 짜는 일을 시작한다(사실은 그녀가 옷감 짜는 일
을 소홀히 해서 하늘의 왕이 일부러 그들을 갈라놓은 것이었다).

성미가 사나운 다산의 여신들, 민첩한 손가락을 가진 노파들과 복수
심에 불타는 시녀들의 이야기는 오랜 세월 동안 여자들의 입에서 입으
로 전해지면서 보존됐다. 그 이야기들은 수없이 반복되는 동안 마치 페

넬로페의 옷감처럼 풀렸다가 다시 짜이기를 반복했다. 여자들은 어두운
밤에 이야기를 뽑아내 아이들과 손주들에게 나지막하게 들려주고, 천
을 짜려고 앉아 있는 동안 옆 사람에게 다시 들려주었다. 어차피 수백
년 동안 실과 직물을 만드는 노동은 여자들의 일로 여겨졌다. 아마도 일
의 성격상 실 잣기와 옷감 짜기가 아이 양육과 병행하기에 가장 쉬웠기
때문인 듯하다. 경험 많은 사람들은 집에서 한쪽 눈을 감고도 실을 잣고
옷감을 짜냈다. 그리고 실 잣기와 옷감 짜기는 중간에 방해를 받더라도
언제든 다시 시작할 수 있는 일이었다.

　그럼에도 불구하고 섬유를 실로 바꿔내는 작업은 시간을 많이 잡아
먹고 고도의 기술을 필요로 했다. 산업혁명 이후 기계가 널리 보급되기
전까지는 수백만에 이르는 여자들이 손으로 직접 실을 뽑아냈다. 여자
들은 실 잣기와 누에 키우기 등 직물과 관련된 여러 노동을 통해 가족
에게 꼭 필요한 물건들을 공급하고, 세금을 내고(당시에는 실 또는 직물
로 세금을 걷었다), 가계 수입을 보충했다. 그래서 실 잣기와 옷감 짜기
에 필요한 도구들은 불가피하게 여성성과 연결된다. 옛날 여자들 중에
는 자기가 쓰던 북과 실패와 함께 매장된 사람이 많았다. 그리스에서는
여자아이가 태어나면 사람들에게 그 소식을 알리기 위해 집 대문 옆에
양털 한 움큼을 가져다 놓았다. 직물 짜는 도구와 여성성의 관계는 물건
이 아닌 언어에도 녹아들어 있다. 중국에는 '남자는 쟁기질을 하고 여자
는 베를 짠다'라는 유명한 속담이 있다. 옛날 영어에도 '실패가 있는 쪽
the distaff side'이라는 표현이 있다. 이것은 외가를 가리키는 말이다. 16세
기 중반부터는 '스핀스터spinster'라는 단어가 독신 여성이라는 뜻으로 쓰
였다.

　여성과 직물의 오래된 친족 관계는 축복인 동시에 불행이다. 기원전
12~7세기의 시를 모아놓은 책으로 알려진 고대 중국의『시경詩經』에는

누에를 치고 누에에게서 얻은 비단실로 실과 옷감을 만드는 일은 여자라면 마땅히 하는 일이라는 설명이 있다. 일부 예외는 있지만 다른 나라들도 사정은 비슷했다. 대개 남자들은 삼이나 아마 같은 섬유질 식물을 재배하고 수확하며 양과 염소를 키우는 일에 종사했다. 아이들은 남녀를 불문하고 일을 거들었다. 아마도 아이들은 양털을 분류하거나 실이 뽑혀 나오는 동안 실을 실패에 둘둘 감는 일을 했을 것이다. 그리고 어떤 나라에서는 남자들이 옷감 짜는 것을 여자들이 옷감 짜는 것과 똑같이 당연하게 여겼고, 심지어는 남자들이 옷감 짜는 것을 더 자연스럽게 여기기도 했다. 기원전 3세기 무렵부터 집필됐다고 추측되는 인도의 행정 지침서인 『아르타샤스트라Arthashastra』는 "직조는 남자들이 담당해야 한다"고 엄격하게 규정한다. 고대 인도에서는 여자들에게 실 잣는 일을 허용하긴 했지만 그것조차도 "과부, 불구자, [결혼하지 않은] 젊은 여자, 혼자 사는 여자, 돈을 벌어 벌금을 내야 하는 여자, 매춘부의 어머니, 왕의 시중을 드는 나이 든 여자, 사원에서 춤을 추다가 은퇴한 무용수들"로 국한했다.

이와 상반되는 사례로 고대 그리스에서는 여신, 여왕, 노예에 이르는 모든 여성이 직접 실 잣기나 옷감 짜기에 종사했다. 고대 그리스 문필가들이 보기에는 이것이 자연스러운 모습이었다.[15]

직물 생산을 여자들의 일로 바라보던 사회에서는 남자들이 옷감 짜는 일에 관여하면 불운이 찾아온다고 생각하기도 했다. 그림 형제 가운데 형인 야코프 그림Jacob Grimm이 기록으로 남긴 독일의 오래된 미신 중에는 이런 이야기가 있다. "남자가 말을 타고 나갔다가 실을 잣고 있는 여자와 마주친다면 그것은 불길한 징조다. 그럴 때는 얼른 말 머리를 돌려 다른 방향으로 가야 한다." 이런 미신이 있었기 때문에, 그리고 일반적으로 남자들은 직물 생산에 관여하지 않았기 때문에 그 결과물인 직물은 실제 가치보다 낮게 평가되곤 했다. 심리학자 프로이트 역시 여성의 기여를 공정하게 평가하지 않았다. "문명의 역사에서 여성이 새로운 발견 또는 발명에 기여한 경우는 좀처럼 찾기 어렵다." 프로이트는 '여성성'이라는 주제의 강연록에 이렇게 썼다. "그러나 여성이 발명한 기술이 딱 하나 있다. 실을 엮어 옷감을 짜는 기술이다." 프로이트는 여자들이 잠재의식 속에 있는 수치심과 "성기에 대한 열등감"을 극복하기 위해 옷감 짜는 기술을 연마했다고 주장했다. 즉 여자들은 남자들이 자신을 쳐다볼 때 음경이 없는 것을 들키지 않으려고 옷감을 짰다는 것이다. 고정관념의 힘은 참으로 대단하다.[16]

실을 뽑아내는 솜씨나 바느질 솜씨가 좋은 여자들은 비록 주목받지는 못했지만 경제활동에 참가해 중요한 역할을 했다. 예컨대 서기 1000년에서 2000년 사이의 아시리아 상인들이 친척 여자들에게 보낸 편지를 보면 천으로 만든 물건들에 관한 이야기가 많다. 어떤 물건을 만들어달라고 부탁하는 내용이나 어떤 물건이 잘 팔리는지 알려주는 내용도 발견된다. 아시리아 상인의 아내 라마시Lamassi는 남편이 너무 많은 것을 요구한다고 나무라기도 했다.

> 당신이 편지로 부탁한 옷감을 보내지 못했다고 노여워해서는 안 됩니다. 딸이 이제 성인이 됐으니 두꺼운 옷감을 두 필 짜서 마차에 씌워야 했거든요. 게다가 집안의 다른 사람들과 아이들이 쓸 천도 내가 다 만들었어요. 그러고 나니 당신에게 보낼 옷감이 없었어요. 조만간 옷감을 또 만들면 우편 마차로 보내지요.[17]

직물과 관련된 노동은 주로 실내에서 이뤄졌다. 여기에는 여자들이 집안에서 옷감 짜기에 몰두하면 말썽이 생기지 않으리라는 기대도 있었지만, 동시에 이 노동이 여자들에게 정당한 자부심의 원천이 되기도 했다. 대표적인 예로 프랑스 바이유 미술관에 소장된 '바이유 태피스트리Bayuex Tapestry'를 보자. 이 태피스트리는 영국의 여성 직조공들이 11세기에 노르만족이 영국인들과 싸워 승리를 거둔 사실을 기록하기 위해 구상하고 제작한 것이다. 자기 나라의 패배를 묘사하긴 했지만 정교한 기술이 투입된 아름다운 작품으로, 50개 정도의 장면을 삽화처럼 보여준다. 이 벽걸이는 8가지 색의 소모사와 약 70미터에 달하는 평직 리넨 천만 가지고 만든 작품이다. 그로부터 몇백 년 후에는 이름 없는 레이스 제작자들이 아찔할 만큼 복잡한 바로크식 레이스를 만들어냈다. 바로크 레이스는 한 점 한 점 제작할 때마다 정밀한 수학적 계산을 통해 보빈bobbin(레이스를 뜰 때 바늘 대신 사용하는 도구_옮긴이)의 개수를 정확히 맞춰야 한다.

비교적 최근에 만들어진 직물 작품으로는 20세기 초반에 추상화가 소니아 들로네Sonia Delaunay가 선보인 작품들이 있다. 1911년에 제작된 그녀의 초기 작품 중 하나는 "러시아 농부들의 집에서 봤던 것과 비슷한 천 조각들로 만든 담요"였다. 그녀가 만든 담요는 입체파 화가들의 작품을 연상시켰다. 그녀의 작품 목록에는 영화 촬영용 의상, 인테리어 매장, 《보그》 표지, 그리고 다채롭고 활기차며 눈부시게 아름다운 수백 종의 직물이 포함된다. 50년 후에는 페이스 링골드Faith Ringgold가 어머니와 함께 풍부한 이야기가 담긴 퀼트 작업을 시작했다. (여러 조각의 헝겊을 꿰매 연결하고 솜이나 양모로 속을 채워 만드는 퀼트는 보온성을 지니며 섬세한 장식을 위한 캔버스가 되기 때문에 가치를 인정받는다.) 링골드의 작품은 현재 구겐하임 미술관, 뉴욕 현대미술관MoMA과 같은 세계적인 미술관에 소장되어 있다.

과거에는 직물의 소비에도 성별에 따른 차별이 있었다. 18세기 영국 사회에서는 온 가족이 쓸 옷감과 리넨 셔츠 따위의 의류를 여자들

이 구입하는 것이 보통이었다. 18세기 후반 잉글랜드 북부의 어느 상류
층 집안에 시집을 갔던 세라 아던Sarah Arderne이 작성한 가계부에 따르
면, 그녀는 남편의 리넨 옷을 구입하는 데 시간과 돈을 많이 썼다. 다음
은 1745년 4월의 어느 날 그녀가 남긴 기록이다. "남편을 위해 말끔한 홀
란드Holland(네덜란드 홀란드 지방에서 유래한 리넨 천의 이름_옮긴이) 셔츠
10벌을 만들어달라고 부탁하고 메리 스미스에게 돈을 지불했다."(그녀의
가장 큰 지출 항목은 남편에게 필요한 의류 구입비였다. 남편의 옷가지는 그녀
가 1년에 지출하는 돈의 36퍼센트를 차지했다. 그녀의 다섯 아이에게 들어가
는 돈은 9퍼센트에 지나지 않았다.)[18]

　　바느질과 실 잣기 같은 직물과 관련된 기술은 여자들의 표현의 수단
이 되기도 했다. "내게 바늘은 글을 쓰는 붓이다." 유명한 여성 수예가
인 딩 페이丁佩, Ding Pei는 1821년에 발표한 논문에 이렇게 썼다. 실 잣기,
레이스 뜨기, 누에 기르기, 자수 등의 직물과 관련된 기술은 여자들에
게 경제적 권력과 지위를 부여했다. 예컨대 1750년 영국에서 실 잣기는
여성이 고용되어 일하는 유급 노동의 가장 보편적인 형태였으며 비교
적 수입이 괜찮은 일거리였다. 추정치에 따르면 당시 미혼 여성은 일주
일에 양모 6파운드(1파운드는 453그램 정도_옮긴이) 분량의 실을 뽑을 수
있었고, 기혼 여성은 2.5파운드 분량의 실을 뽑을 수 있었다. 이 비율대
로라면 미혼 여성이 일주일 동안 벌 수 있는 돈은 숙련된 직조공이 받는
임금과 같았다(당시에 직조공은 대부분 길드에 속한 남자여서 그들의 노동은
가치를 더 후하게 인정받았다). spinster(실 잣는 사람)라는 영어 단어가 부
정적인 의미를 내포하게 된 것은 나중의 일이다.[19]

　　여자들이 직기나 가락이나 바늘을 놀리는 기술을 가지고 있다고 해
서 남자들과 동등한 보수를 기대할 수는 없었지만, 적어도 절대 빈곤에
서는 벗어날 수 있었다. 예컨대 인도의 『아르타샤스트라』에는 여자들이

실 잣기를 해야 한다는 내용이 있는데, 여기에도 실 잣기를 통해 생계를 해결할 수 있다는 전제가 깔려 있었다. "실 잣는 일은 여자들이 해야 한다, 특히 생계가 어려운 여자들이 그 일을 해야 한다." 이와 비슷한 사례로 1529년 암스테르담에서는 '레이스 뜨기를 할 줄 모르는 가난한 여자들은 모두' 암스테르담 시내에 몇 군데 있는 교습소에 등록해야 한다는 법이 통과됐다. 교습소에서 레이스 뜨기를 배워 생활비를 해결하라는 취지였다. 그로부터 딱 100년 후 프랑스 남부의 도시 툴루즈Toulouse의 지방 관리들은 시내의 빈곤층 여자들이 죄다 레이스 뜨는 일을 하는 바람에 집안일을 도와줄 하녀를 구하기가 힘들다는 사실을 발견했다. 툴루즈에서도 법이 만들어졌다. 이번에는 레이스 제작을 금지하는 내용이었다.[20]

오늘날에는 기계화가 이뤄지고 생산은 낮 시간에 공장에서 이뤄지리라는 기대가 생기면서 직물 생산이 '여자들의 일'로 취급되는 애초의 이유들은 사라졌지만, 직물과 여성의 연결 고리는 여전히 존재한다. 방글라데시에서는 직물 산업에 고용된 노동자만 400만 명가량 되는데 그중 80퍼센트가 여성이다. 그들은 공장의 남자 관리자들에게 보복을 당하거나 정치적 불이익을 당할 것을 우려하기 때문에 노동조합에 가입하는 비율이 극히 낮다(2015년 기준으로 15만 명 정도). 2014년 방글라데시의 의류 수출은 나라 전체 수출의 80퍼센트를 차지했다.[21]

# 단어로 옷감 짜기

그분은 워낙 다변의 실 가닥을 끌어내시는 분이라오.
그분이 하려는 말의 논지보다 그 실이 더 가느다랗고 길다오.

윌리엄 셰익스피어, 『사랑의 헛수고』, 1595년경

영어 단어 text(글, 텍스트)와 textile(직물)은 같은 조상에게서 태어났다.
그 조상은 라틴어로 '직물을 짜다'를 뜻하는 texere. 비슷한 예로 라틴어
로 '솜씨 좋게 만들어진 것'을 가리키는 fabrica는 영어 단어 fabric(직물,
천)과 fabricate(위조하다, 제작하다)의 어원이다. 언어와 직물이 서로 긴밀
하게 얽혀 있다는 사실은 놀라운 일이 아니다. 어떻게 보면 언어와 직물
은 원래부터 친한 사이이니까. 인류 최초의 기술 가운데 하나인 직물은 문
자 언어의 역사에서 물질적으로 중요한 역할을 수행했다. 한때는 낡은
천으로 종이를 만들기도 했다. 그리고 사람들은 글을 쓰고 나서 글자를
보호하고 그 가치를 높이기 위해 천으로 감싸거나 덮었다. 책을 제본하
는 기술자들은 오래전부터 바늘과 실을 사용했으며, 서예와 레이스 제
작은 평행선을 그리며 발전했다. 언어와 직물의 관계는 일방적인 것이
아니었다. 교훈적인 이야기를 수놓은 견본집이라든가 비유적 의미를 지
닌 상징과 단어로 장식된 직물들이 이를 보여준다.

현대 이전까지 직물 생산이 광범위하게 이뤄진 덕분에 언어와 직물
의 관계는 더 끈끈해졌다. 아이들은 집안의 어른들이 실을 잣고 옷감을
짜는 모습을 보고 그 일을 거들면서 자랐다. 가난한 집에서 사용하는 옷
과 자루, 가구 커버와 이불 등의 직물 제품은 가까운 곳에서 직접 수확

한 재료를 가지고 집에서 노동을 해서 만든 결과물이었다. 옷이 찢어지거나 가장자리가 해지거나 솔기가 뜯어지면 다시 꿰매고 박음질을 했다. 옷은 귀중한 물건이었으므로 쉽게 버리지 않았다. 옷을 만드는 사람들은 옷감을 짜고 바느질을 하는 동안 이야기를 들려주고, 잡담을 나누고, 시시콜콜한 말다툼을 벌이기도 했다. 그래서 직물 생산공정에 자주 나오는 단어들이 자연스럽게 스토리텔링과 수사학적 주장으로 옮겨 갔다. 이런 이미지는 생생하고 실체감이 있어서 이야기를 듣는 사람이 누구든 간에 금방 이해할 수 있다. 오늘날 'text(글)'와 'textile(직물)'의 접촉면은 문학 평론가들에게 비옥한 토양을 제공한다. 평론가들도 옷감 짜는 사람들과 마찬가지로 뭔가를 풀어내고, 엮어내고, 조각들을 맞추고, 뜯어내는 일을 한다. 다만 그들의 재료는 실이 아니라 주장과 인물, 시와 줄거리일 따름이다. 마찬가지로 역사학과 인류학에서도 뭔가를 포장하고wrap('천 등으로 감싸다'라는 뜻이 있다_옮긴이) 다시 풀어내는 행위는 흥미로운 주제로 취급된다.

물론 학자들만 직물 생산에서 유래한 단어를 쓰는 건 아니다. 이 책을 읽고 있는 당신도 집안의 가보heirloom(loom은 '직기'라는 뜻이다_옮긴이)를 한두 가지 물려받았을 것이다. 아니면 당신은 마음이 불안했던be on tenterhooks(tenterhook는 '갈고리'라는 뜻이다_옮긴이) 적이 있었을 것이다. 당신은 장황하게 이야기한spin a yarn('장황하게 이야기하다'라는 뜻의 관용어. 직역하면 '실을 뽑아내다'가 된다_옮긴이) 적이 있을지도 모른다. 아니면 당신은 다른 누군가의 장식을 보고 싸구려 같다고chintzy('싸구려 같다'는 뜻으로 쓰이는 단어. chintz는 사라사 무명천을 가리킨다_옮긴이) 남몰래 생각했을지도 모른다. 직물과 관련된 언어는 방 안에서 째깍거리는 시계와 비슷하다. 일단 알아차리고 나면 도무지 잊을 수가 없다.

하지만 이런 비유적 표현들 중 다수는 의미가 변질되거나 빈약해지고 있다. 요즘 사람들은 그 표현들의 원래 의미를 경험한 적도 없고 잘 이해하지도 못하기 때문이다. 만약 당신이 직기에 실을 걸고 북을 날실의 한쪽 끝에서 반대쪽 끝으로 바삐 움직여봤다면 '명료한 주장을 펼치다weaving a coherent argument'라는 표현에 대해 할 말이 많지 않겠는가? '담황색 머리카락tow-headed'에서 tow란 아직 실을 뽑아내지 않은 담황색 아마를 가리키는 말이다. 그리고 '마음이 불안했다on tenterhooks'는 표현은 씻은 양털을 잡아당겨 평평하게 펴는 틀tenter에서 유래했다. 이런 표현들이 절대로 사라지지 않을 것 같은가? 그렇다면 너무 많이 사용해서 진부해지거나 이해가 쉽게 되지 않아서 몇십 년 전에 너덜너덜해진baggy(저자는 여기서도 직물과 관련된 형용사를 쓰면서 재미를 추구하고 있다_옮긴이) 관용어들의 운명을 생각해보라. 아서 코넌 도일의 소설에 나오는 명탐정 셜록 홈즈는 까다로운 문제를 "엉킨 실타래tangled skein"에 비유했는데, 오늘날 그런 표현을 쓰는 사람은 거의 없다. 마, 삼을 고르게 빗는 도구를 가리키는 hatchel(삼훑이)이라는 단어를 '괴롭히다harass'나 '걱정하다worry'와 같은 뜻으로 쓰는 사람도 없다. '허풍을 떨며 말하다talking fustian'라는 표현도 그 맛을 잃어버렸다. 퍼스티언Fustian은 면으로 만드는 거친 천의 일종인데 '실제보다 부풀려지고 허풍이 섞인 말'을 가리키는 표현으로도 사용됐다.

　언어와 전설, 기술과 사회적 관계 등 우리 삶의 모든 측면은 실들로 촘촘히 엮여 있다. 아마 운명의 여신들도 아주 만족하고 있을 것이다.

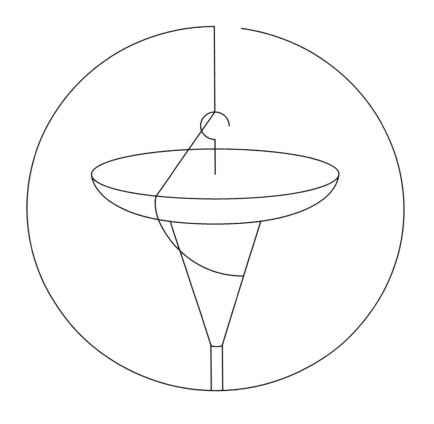

1

# 동굴 속의
# 섬유

옷감 짜기의 시초

# 최초의 직조공들

제사용 음식과 부적을 생명의 실로 묶으라. 생명의 실은
알록달록하며 그 실로 지은 매듭에 진리가 있다. 그 매듭으로
나는 너희의 심장과 영혼을 묶노라. 너희 가슴속에 있는 것은
내 것이어야 하고, 내 가슴속에 있는 것은 너희 것이어야 한다.

베다 만트라Vedic mantra(고대 인도의 종교 지식과 제례 규정을 담고 있는 베다 산스크리트어 문헌_옮긴이)

엘리소 크바바제Eliso Kvavadze는 신석기시대의 꽃가루를 보기 위해 현미
경의 접안렌즈를 향해 허리를 굽혔다. 조지아 국립 과학아카데미에 소
속된 식물학자였던 그녀는 멀리 떨어진 동굴 바닥에서 채취한 고대 식
물의 흔적을 현미경으로 관찰해서 고대의 기후변화에 관한 정보를 얻어
낼 작정이었다. 빙하기와 후빙기에는 서로 다른 식물과 나무들이 번성
했으므로 여러 종의 식물 꽃가루 표본은 고대의 기후를 알려줄 유력한
증인과도 같았다. 하지만 2009년의 그날, 슬라이드 위의 꽃가루 알갱이
들은 주목받지 못하고 사정없이 주변으로 밀려났다. 꽃가루 알갱이 옆
에 더 특별한 것이 있었기 때문이다. 그것은 고대인이 만들어 사용했던
세상에서 가장 오래된 섬유였다.

크바바제와 조지아, 이스라엘, 미국의 연구자들로 구성된 팀은 줏주
아나Dzudzuana라는 이름의 동굴을 조사하고 있었다. 줏주아나는 조지아
Georgia(러시아명 그루지야Gruziya) 공화국 서부의 캅카스산맥 안에 뚫려 있
는 동굴이다. 평범한 사람의 눈에 그 동굴은 그렇게 대단할 것이 없었
다. 영문자 D자를 등에 업고 있는 모양의 움푹한 굴의 입구는 현재의 해
수면을 기준으로 해발 560미터 정도에 위치하고 있다. 이 입구에서부터

시작되는 동굴은 이리저리 몸부림을 치며 단단한 바위를 뚫고 들어간
다.[1]

  방사성 탄소를 이용해 연대 측정을 했더니, 호모사피엔스가 처음으
로 축축한 발을 그 동굴 바닥에 들여놓았던 시점은 약 34,500년 전이라
는 결과가 나왔다. 그들은 줏주아나 동굴에 2,000년 동안이나 살았지만
매우 신중하게 행동했기 때문에 흔적도 적게 남겼다. 인류 최초의 직조
공이었던 그들은 단순하고 효율적인 수렵 생활을 했다. 동굴 바닥에 흩
어진 뼈들로 보아, 구석기시대에 그 동굴에 살았던 인류는 산양 고기를
좋아했던 것 같고 나중에는 들소 고기를 즐겨 먹었다. 그 외에 오록스
aurochs, 소나무담비, 야생곰, 늑대도 사냥했던 것으로 보인다. 그들은 갖
가지 도구(쇠주걱, 돌과 흑요석으로 아주 날카롭게 만든 칼 따위)를 만들어
썼으며 장식적인 펜던트로 몸치장을 했다.[2]

  여기까지는 특별할 것이 없다. 하지만 크바바제의 발견은 줏주아나
동굴의 원시인들이 식물을 가지고 섬유를 만들었다는 증거다. 환경이
훨씬 좋아진 요즘에도 섬유 생산은 힘들고 번거로운 노동인데 그 옛날
에 섬유를 만든 것이다. 게다가 그들은 한참 뒤에나 발명된 것으로 여기
던 기술을 활용했다. 이 발견으로 우리 옛 조상들에 대한 오래된 가정은
깨졌고, 직물의 역사는 우리가 상상했던 것보다 훨씬 오래전에 시작됐
다는 사실이 밝혀졌다. 그리고 우리는 옛 조상들 일부가 생활했던 모습
을 더 완전하고 풍부하게 그려볼 수 있게 됐다.

# 새로운 실

오라버니, 오라버니가 나에게 아마로 짠 옷감을 선물하면,
염색은 누가 해주지? 누가 날 위해 염색을 해주지?
그 아마포를, 누가 물들여줄까나?

고대 수메르의 사랑 노래, 기원전 1750년

크바바제가 발견한 섬유 가닥들은 육안으로는 볼 수가 없고, 그 섬유로
만들어진 물건은 오래전에 분해돼 없어졌다. 그럼에도 불구하고 이 섬
유들은 호기심 많은 사람들에게 흥미로운 비밀 몇 가지를 슬쩍 보여준
다. 우선 그 실을 만든 사람들은 부지런했다는 판단이 가능하다. 오랜
세월 촛주아나 동굴 바닥에 서서히 쌓여 만들어진 흙덩어리를 현미경으
로 볼 때 미세한 섬유가 1,000가닥도 넘게 발견된다는 것은 누군가가 장
시간 노동을 했다는 증거다. 아마를 수확하고 실로 만들어 그 실로 뭔
지 모를 물건을 만들었을 테니까. 가장 오래된 층에서는 500개 가까운
섬유가 발견됐다. 그보다 나중에 형성된, 지금으로부터 약 19,000년에
서 23,000년 전의 층에서 발견된 실은 섬유 787가닥으로 이뤄져 있었다.
따라서 섬유를 생산하는 일은 세대를 이어가며 신중하게 전해졌다고 볼
수 있다. 실 만드는 비법을 가르칠 때는 그 실이 발견된 바로 그 동굴의
입구에서 들어오는 빛에 의존했을지도 모른다.[3]
　　그 실들은 인피bast로 만든 것이었다. 식물의 내부에서 얻는 섬유인
인피는 탄력성이 강하고 섬세한 가공을 필요로 한다. 동굴에서 발견된 섬
유의 일부는 실로 뽑아낸 상태였고 일부는 그냥 꼬아놓은 상태였다. 그

발견을 보도한 신문 기사에서 크바바제의 연구진은 일부 표본에서 '2가닥 겹실로 S자 꼬기를 해서 만든 상당히 복잡한 패턴'이 나타났다면서 놀라움을 표시했다. 겹실plied yarn이란 2가닥 이상의 실을 그 실을 뽑아낸 방향과 반대 방향으로 꼬아 만든 실이다. 현실적으로 생각하면 꼬인 정도가 적당할 경우 완성된 겹실은 균형이 잘 잡혀 있어 활용하기도 쉽다. 균형 잡힌 겹실은 풀리지도 않고 혼자 엉키지도 않는다. 간단히 말해 이 표본이 진짜 2가닥 S자 꼬임 실이라면 그 기술 수준은 놀라운 것이다.[4]

더 신기한 점은 그 섬유들이 대부분 염색된 상태였다는 것이다. 식물에서 추출한 염료를 사용한 듯했다. 실을 염색한 색깔들 역시 S자 꼬임이 있는 표본과 마찬가지로 줏주아나 동굴에 살던 사람들의 솜씨가 대단히 좋았음을 보여준다. 실들은 대체로 회색, 검은색, 청록색이었지만 노랑, 빨강, 청보라, 초록, 카키, 심지어는 분홍색 실도 있었다. 그들은 가까운 곳에서 자라는 식물의 염료 및 다른 염료들에 대해 깊이 알고 있었으며 그 지식을 잘 활용했다. 염색된 실은 지금으로부터 32,000년에서 19,000년 전에 만들어진 더 오래된 2개의 층에서 가장 많이 발견됐다. 가장 오래된 지층에서 발견된 488개의 섬유 중에 58개가 염색된 상태였다. 그다음으로 오래된 지층에서 발견된 787개의 섬유 중에서는 38개만 염색된 상태였지만 색은 훨씬 다양했다. 분홍색 실이 발견된 곳이 바로 여기였다.[5]

동굴을 조사하던 연구자들은 썩은 직물에서 흔히 발견되는 나방 유충, 옷에 서식하는 곰팡이, 그리고 양 비슷한 동물 털의 흔적도 발견했다. 그러므로 인피섬유들로 만든 실은 동물 가죽을 꿰매 옷을 만드는 데 쓰였다고 추측할 수 있다. 아니면 인피섬유로 줄이나 끈을 만들어 도구의 손잡이를 만들거나 바구니를 짰을 것이다. 크바바제와 연구를 함께했던 이스라엘 고고학자 오페르 바르 요세프Ofer Bar-Yosef는 수천 년 전

에 그 동굴에 살았던 사람들이 마크라메macrame(서양식 매듭_옮긴이)와 비
슷한 방법으로 섬유를 엮었을지도 모른다고 생각한다. 엘리자베스 바버
의 설명에 따르면 단순한 끈을 만들어내는 것이야말로 아주 중요한 기술
이다. 끈이 있으면 인류가 할 수 있는 활동이 혁명적으로 증가하기 때문
이다. "물건들을 꾸러미로 묶을 수 있기 때문에 한꺼번에 더 많이 운반할
수 있어요. 그물과 덫을 만들어 사냥감을 더 많이 잡게 되니 영양 상태도
좋아집니다."[6]

# 털은 어디로 가는가?

옷이 사람을 만든다.

영국 속담, 15세기

인류학자들은 옷이 인간 사회에서 2가지 중요한 기능을 수행한다고 말
한다. 첫째, 남에게 보여주는 것이다. 하지만 사람은 옷이 없더라도 문
신, 보석, 피어싱, 애덥테이션adaptation(오리지널 작품을 값싼 소재로 카피
한 것_옮긴이) 등의 다양한 수단으로 얼마든지 자기 자신을 남들과 차별
화할 수 있다. 15세기에 로마인들을 기겁하게 만든 훈족을 보자. 훈족은
어린아이들의 머리에 붕대를 둘둘 감아 납작하게 만들었다. 그 아이들
이 성인이 되면 이마는 젖혀지고 뒷머리도 위로 솟는다. 인류가 옷을 입
게 된 후부터 사람들은 자기 지위를 표현하기 위해 옷을 활용할 수도 있
었겠지만, 그것이 애초에 인간이 옷을 입은 유일한 이유라고 보기는 어

렵다.[7]

옷이 발명된 이유에 대해 좀 더 현실적인 설명은 추위를 막기 위해서라는 것이다. 인간은 그들이 최초로 진화했던 온대 지방이 아닌 다른 곳에서 살기에는 부적합한 존재다. 다른 포유류들과 비교해도, 아니, 다른 영장류들과 비교하더라도 추위에 대한 인간의 방어기제는 효율이 낮다. 예컨대 우리와 유전적으로 가깝다고 여겨지는 동물들은 몸속의 갈색지방조직에서 열을 만들어내는데, 인간의 몸에는 열을 생성하는 갈색지방 brown fat이 없다. 하지만 우리가 추운 지방에서 살기에 가장 불리한 점은 몸에 털이 별로 없다는 것이다.

토끼들은 영하 45도 정도까지 추위를 견딜 수 있다. 만약 토끼에게 털이 없다면 0도까지밖에 못 견딘다. 옷을 입지 않은 사람은 온도가 27도만 돼도 쌀쌀하다고 느끼기 시작한다. 인간의 평균 체온은 약 37도다. 체온이 35도 밑으로 떨어지면 저체온증이 나타나고, 29도 아래로 떨어지면 살아남기가 어렵다. 가벼운 저체온증도 심각한 문제를 일으킨다. 영국 육군에서 제작한 책자를 보면, 군인들이 저체온증에 걸리면 비이성적인 행동을 할 수 있으며 피로와 영양부족이 겹칠 경우 위험은 더 커진다고 한다.[8]

만약 털이 없는 것이 인간이라는 종에게 그렇게 불리하다면, 우리는 왜 털이 없는 유인원이 됐을까? 우리는 언제부터 털이 없는 몸으로 살았을까? 이렇게 본다면 인간은 포유류 중에서도 이상한 동물이다. (다른 포유동물인 코끼리와 고래의 경우 진화론적으로 털이 없는 것이 유리하기 때문에 털이 없어졌다.) 이러한 모순을 해결하기 위해 어떤 학자들은 인류가 물가에서 사는 반수생半水生의 시기를 거쳤을 거라는 이론을 내놓았다. 우리가 옛날에 물에서 살았기 때문에 우리 손가락 사이에 물갈퀴 흔적이 약간 남아 있는 것이고, 그때부터 우리 몸에 털이 없어졌다는 것이

다. 다른 이론도 있다. 인간에게는 털이 없기 때문에 그늘진 숲속에서
살다가 뜨거운 열대 지방으로 옮겼을 때 더 시원하게 지낼 수 있었다는
것이다. 하지만 실제로는 맨살이 노출되면 뜨거운 한낮의 열 속에 들어
있는 에너지를 더 많이 흡수하며, 추위 속에서는 그 에너지를 더 빠르게
잃어버리기 때문에 더운 곳에서나 추운 곳에서나 체온 관리에 불리해진
다. 비교적 최근인 2003년에는 두 명의 영국 과학자가 새로운 이론을 내
놓았다. 이 이론에 따르면 우리 몸에서 털이 없어진 이유는 성 선택sexual
selection의 결과였으며, 긴 털에는 병균을 옮기는 기생충이 잘 달라붙기
때문이기도 했다. 짝짓기 상대를 고를 때 훤히 드러난 매끈하고 벌레 없
는 살갗은 맨드릴개코원숭이의 알록달록한 엉덩이나 공작의 화려한 깃
털과 같은 역할을 했을 것이다. 그 유혹을 거부할 수 없었을 것이다.[9]

　재미있는 사실 하나. 과학자들은 기생충을 이용해 인류가 언제부터
옷을 입기 시작했는지를 알아내려고도 했다. 잘 알려진 대로 기생충인
몸니body lice는 사람의 몸을 먹고 살지만 옷이 있어야 살 수 있다. 이 몸
니가 그들의 조상인 머릿니에서 진화한 시점을 알아내면 인간이 언제
부터 날마다 옷을 입기 시작했는가를 파악할 수 있다. 이 방법에 따르
면 인류가 옷을 입기 시작한 것은 42,000년 전과 72,000년 전 사이의 어
느 시점이라고 한다. 이 무렵 인류는 아프리카 대륙에서 다른 곳으로 이
주하기 시작했다. 그러니까 약 100만 년 동안은 인류가 아무것도 걸치지
않고 지냈다고 볼 수 있다.[10]

　물론 모든 옷이 천으로 만들어진 것은 아니다. 오랜 세월 사람들은
동물 가죽을 몸에 두르고 다녔고, 그러다가 가죽을 대충 꿰매어 합치기
시작했을 것이다. 하지만 결국에는 천을 짜서 만든 옷이 좋다는 것을 알
게 됐다. 사람이 가만히 앉아 있거나 누워 있을 때는 두꺼운 털가죽이
체온을 유지해주었지만, 사람이 움직이고 있을 때나 세찬 바람이 불 때

는 그렇지 못했다. 털가죽은 사람의 몸에 착 달라붙지 않기 때문이다. 옷이 체온 유지에 도움이 되려면 사람의 피부 쪽에 공기층을 형성해 단열 작용을 해야 하는데, 사람의 몸과 옷 사이에 공기가 많이 들어올수록 단열 효과는 떨어진다. 사람이 빠른 속도로 걸을 때도 옷의 단열 효과는 절반으로 감소한다. 옷은 통기성도 좋아야 한다. 습기를 머금은 옷은 그 옷을 입은 사람을 따뜻하게 해주지 못하는 데다 아주 무거워지기 때문이다. 실로 짠 천은 털가죽보다 통기성이 좋고, 몸에 잘 맞게 재단된 옷은 내부에 적절한 공기층을 형성해 찬바람이 피부에 직접 닿는 것을 막아준다. 그래서 우리 조상들이 아프리카 대륙을 떠나 서늘한 곳으로 이주하고 나서는 천으로 의류를 만들 줄 아는 능력이 생존에 유리하게 작용했을 것이다.[11]

원시시대에는 주변 환경으로부터 몸을 보호할 필요가 지금보다 훨씬 컸을 것이다. 지난 13만 년 동안 급격한 기후변화가 몇 차례 있었고, 어떤 시기에는 몹시 춥고 강풍이 불었다. 마지막 빙하기의 한랭기 시절 인류가 살고 있던 지역들 중 일부는 겨울철 평균기온이 영하 20도 아래였다고 추정된다. 이처럼 혹독한 환경과 인체에 관한 생리학적 지식, 그리고 의류 생산에 쓰였을 법한 긁개, 칼날, 구멍 뚫린 바늘 등의 도구들이 남아 있다는 사실에 비추어 우리는 원시시대에도 옷이 존재했다고 추정한다. 물론 그 시대의 옷 자체를 확인할 길은 없다. 하지만 옷 만들기는 집짓기, 불 지피기와 함께 인류가 다양한 지역에서 살아가기 위해 반드시 필요한 기술이었을 것이다.[12]

# 인피에서 소모사까지

현대 여성은 리넨 한 조각을 보지만, 중세 여성은 리넨을 보고
아마밭을 상상하고, 아마 침지의 갈대 냄새를 맡고,
아마를 빗질하는 딱딱한 줄rasp을 느끼고,
반짝이는 아마의 부드러운 광택을 봤다.

역사학자 도로시 하틀리Dorothy Hartley, 『잉글랜드의 땅The Land of England』, 1979년

줏주아나 동굴에서 발견된 실은 아마로 만든 것이었다. 아마는 지금도
리넨의 원료로 사용되는 식물이다. 아마는 큰 키에 버드나무처럼 하늘
거리는 한해살이식물로, 높이가 1미터쯤 되는 줄기에 길고 뾰족한 잎
이 달리고 꽃이 풍성하게 핀다. 꽃은 개화기가 되면 분홍색이나 보라
색을 띠기도 하지만, 대개는 페리윙클 블루periwinkle blue(흐린 파랑) 색이
다. 현재 우리가 사용하는 아마는 재배에 적합하게 개량된 아마포Linum
usitatissimum라는 품종이다. 아마포의 조상으로 추정되는 좁은잎 아마Linum
angustifolium는 원래 지중해 일대의 이란과 이라크에서 야생으로 자라는
식물이었다. 그곳에 살던 사람들이 초로 아마를 활용하고 재배도 했다.
줏주아나 동굴의 직물 짜는 사람들이 사용한 리넨은 야생종 아마에서
얻은 것이었다. 그 동굴에 살던 원시인들이 아마를 사용하기 위해서는
동굴 밖으로 나가 아마를 찾아서 따와야 했을 것이다. 그러나 충분한 양
의 아마를 모았다고 해서 문제가 해결된 건 아니었다. 아마는 실로 만들
기 전에 여러 단계의 처리 과정을 거쳐야 하는데, 이 처리 과정들 하나
하나에는 예스러운 이름들이 붙어 있다.[13]

인피섬유는 아마뿐 아니라 대마(삼), 황마(인도삼), 저마(모시)에서도 발견된다.[14] 인피섬유는 길고 가느다란 세포들로 이뤄져 있는데, 이 세포들의 끝과 끝이 서로 붙어 있어서 마치 대롱 모양의 구슬들을 실에 꿴 것 같다. 이렇게 생긴 가닥들은 다발로 묶여 있으며 아마의 뿌리부터 꼭대기까지 이어진다. 하나의 세포에 15개에서 35개의 다발이 포함되며, 1개의 다발에는 40개 이상의 섬유가 포함된다. 이 섬유들은 길고(45센티미터에서 100센티미터 사이), 폭이 좁고(0.0002센티미터 정도), 부드럽고, 질기다. 이 섬유들은 묵직하게 느껴지고, 비단처럼 매끄러운 촉감과 진주 같은 광택을 지니고 있다. 이 섬유들은 아마의 뿌리에서 영양분을 빨아들여 위로 보내는 통로를 보호하고 지탱해야 하므로 튼튼해야 한다. 이 섬유들은 아마의 중앙 부분인 목질부 안에 들어 있으며 펙틴 진액, 밀랍 같은 물질 덕분에 서로 붙어 있을 수 있다. 이렇게 여러 층이 있어서 섬유 다발들을 줄기에서 분리해내기가 쉽지 않다. 우선 아마를 적절한 시기에 뽑아내야 한다(베어내는 것이 아니다). 줄기가 어리고 초록색일 때, 씨가 생겨나기 전에 뽑아야 섬세한 직물을 만들기에 적합한 아주 가느다란 섬유를 얻을 수 있다. 시간이 더 지나 줄기가 노란색으로 바뀌면 인피섬유는 굵어지고 질겨져서 막 입는 작업복을 만들기에 적합해진다. 그리고 다 자란 아마에서 얻은 질긴 섬유들은 밧줄이나 노끈 제작에 활용할 수 있다.[15]

아마를 뽑고 나면 줄기를 크기에 따라 분류하고 잎사귀와 꽃은 제거한다. 이 과정을 '리플링rippling(아마씨 훑기_옮긴이)'이라고 부른다. 그다음에는 아마를 말렸다가 물에 적셔 '침지retting'한다. 침지한 아마는 살짝 썩거나 발효가 된다. 이 과정은 옥상 같은 데서 천천히 진행되기도 하고, 특별히 관리되는 연못이나 강물 속에서 빠르게 진행되기도 한다. 발효가 진행되는 동안 줄기 표면의 목질부는 부드러워지거나 없어지고 인

피가 겉으로 드러나므로 인피를 추출하기가 쉬워진다. 아마가 충분히
부드러워지면 물기를 말린 다음 두드려서beating 잘 펴고heckling 빗으로
훑어combing 아직 남아 있는 줄기를 제거한다. 그러면 은은한 광택이 나
는 길쭉한 인피섬유만 남는다. 실을 뽑아내 리넨으로 만들 준비가 된 셈
이다.[16]

　　인간이 만든 섬유 중에 가장 오래된 것들은 대부분 양털이 아니라 아
마로 만들어졌다. (현미경으로만 확인 가능할 정도로 미세한 섬유질 성분만
남아 있더라도 양모와 아마의 차이는 쉽게 알 수 있다. 양모는 인피섬유처럼
매끄럽지 않고 얇은 조각들로 나뉜다. 양모는 아마보다 훨씬 잘 늘어나고, 곧
게 펴지기보다는 휘어지는 경향이 있다.) 고고학자들은 이 사실을 알고 어
리둥절해했다. 최초의 섬유가 양모가 아니라는 것이 직관에 반하기 때
문이다. 먼 옛날의 양은 지금의 양보다 털이 적었겠지만 그때의 양들도
섬유질이 풍부한 털외투를 입고 있었을 것이다. 그리고 양털은 실로 만
들기가 아주 쉽고, 압축해서 펠트 천을 만들기도 쉬운 편이다. (덧붙이자
면 펠트와 모직물 중에 어떤 천이 먼저 만들어졌는지는 불확실하다. 하지만 펠
트와 모직물 모두 중앙아시아에서 유래한 것으로 짐작된다.) 반면 인피섬유
는 어디에 있는지 알고 있더라도 그것을 추출해서 가공하기가 어렵다.
하지만 인피섬유가 가진 장점도 있다. 인피섬유는 길이가 길고 가볍고
통기성이 좋아서 더운 지방에 사는 사람들이나 신체 활동을 많이 하는
경우 적합하다.[17]

# 줏주아나를 넘어

직기는 가장 단순한 것도 상당히 복잡한데, 금속을 알지도 못하는
사람들이 직기를 사용했다는 걸 어떻게 상상할 수 있을까?

야코브 메시코메르Jakob Messikommer, 스위스 고고학자, 1913년

고고학은 항상 직물에 대해 뿌리 깊은 편견을 가지고 있었다. 직물은 썩
기가 매우 쉬워서 몇 년, 아니 몇 달 만에 닳아 없어지기도 한다. 수천 년
후에 흔적을 찾으러 오는 사람들이 직물의 흔적을 발견하는 일은 거의
없다. 남성이 절대 다수인 고고학자들은 선사시대에 '도자기 시대'나 '아
마 시대'가 아닌 '철기시대'와 '청동기시대'라는 이름을 붙였다. 이런 이름
들을 들으면 금속으로 만든 물건들이 그 시대의 주된 특징이었다는 인상
을 받는다. 하지만 금속은 그저 눈에 가장 잘 띄고 오래 보존되는 물질일
따름이다. 그 시대를 살았던 사람들의 일상생활에서는 나무나 직물처럼
잘 썩는 물질을 활용하는 능력이 더 중요했을 것 같은데, 그런 물질들이
존재했다는 증거는 대부분 썩어서 대지의 일부로 돌아가 사라졌다.

　물론 예외적인 경우도 있다. 줏주아나 동굴에서 발견된 섬유처럼 직
물이나 나무의 흔적이 보존되는 경우도 있다. 대개는 심한 한파, 산소가
없고 습기가 많은 환경, 극도로 건조한 날씨 같은 이상기후가 원인이다.
예컨대 고대 이집트의 기후는 일반적으로 썩기 쉬운 물질들을 보존하기
에 적합했기 때문에, 우리는 다른 지역의 오래된 직물보다 고대 이집트
의 직물에 대해 훨씬 많이 알고 있다. 고고학이 학문으로서 성숙하고 다

양화하면서 학자들은 아무도 예상하지 못할 만큼 오래전에 만들어진 섬
세하고 훌륭한 직물의 증거를 찾아 나서고 있다. 그리고 그런 직물의 증
거를 실제로 발견하기도 했다. 고대 직물의 아름다움과 그런 직물을 만
드는 데 필요한 기술의 수준을 생각하면, 우리 옛 조상들의 실제 모습은
우리가 흔히 상상하는 '곤봉이나 휘둘러대는 단순 무식한 깡패들'과는
매우 달랐으리라는 추측이 가능해진다.[18]

직물을 만들 때 사용된 도구들은 보존될 확률이 가장 높은 물건이
다. 고고학자들과 인류학자들은 그 도구들을 보고 선사시대에 직물 생
산이 대규모로 이뤄졌을 것이라 추측한다. 여러 유적지에서 종종 발견
되는 도구로, 가락바퀴spindle whorl가 있다. 가락바퀴는 돌이나 점토로 만
든 작은 추에 작은 구멍을 뚫어 가락의 끝부분에 끼워 넣을 수 있도록
만들어진 도구다. 가락바퀴는 섬유를 뽑아내고 꼬는 작업을 용이하게 하
며 섬유를 꼬는 힘을 전체적으로 균일하게 가할 수 있게 한다. 가락바퀴
는 단순한 도구지만 먼 옛날 실을 만들던 섬유의 종류와 완성된 실의 특
징을 알아내는 데 도움이 된다. 무거운 가락바퀴는 아마처럼 길고 질긴
섬유로 두꺼운 실을 만들 때 적합하다. 반대로 면처럼 짧은 섬유로 가느
다란 실을 만들려면 작고 가벼운 가락바퀴를 써야 한다. 숙련된 방적공
은 단순한 가락과 가락바퀴를 써서 최고의 결과물을 만들어낸다. 고대
인도에서 손으로 실을 잣던 사람들은 1파운드(약 453그램_옮긴이)의 목화
에서 거미줄처럼 가느다란 실을 무려 320킬로미터 길이로 뽑아낼 수 있
었다고 한다. 현대적인 기계들도 그 정도 경지에는 도달하지 못했다.[19]

고대 직기(베틀)의 흔적도 남아 있다. 직기는 부드럽고 헐렁한 실을
팽팽하게 고정시켜 큰 직물을 짜는 기계였다. 직기로 천을 짜려면 씨실
과 날실이 필요했다. 첫 번째 실인 씨실을 직기에 고정된 실인 날실 사
이로 통과시켰다. 직기의 역할은 날실을 제자리에 고정시키고 두 손으

로 자유롭게 씨실을 움직이게 해주는 것이다(날실과 씨실을 가리키는 영어 단어인 warp과 weft는 어원이 같다). 가락바퀴와 마찬가지로 직기 역시 형태가 다양하지만 대부분 나무로 만들어졌기 때문에 오랜 세월 보존될 가능성은 낮았다. 하지만 이제 직기가 존재했다는 것은 확실히 밝혀졌다. 나일강 상류의 바다리Badari에서 기원전 3000년대 초기에 만들어진 어느 여인의 무덤이 발견됐는데, 그 무덤에 들어 있던 접시에서 바닥식 직기ground loom(땅에 말뚝을 박고 말뚝 사이에 실을 고정시키는 기계)를 묘사한 그림이 나왔다.[20]

다른 형태로 수직식 직기(weighted loom 또는 warp-weighted loom)도 있었다. 수직식 직기는 수직으로 높이 뻗은 틀에 수평 막대가 높이 달려 있어 이 막대에 날실을 걸고 틀의 아래쪽 끝부분에 작은 추를 매달아 실을 팽팽하게 고정시키는 장치다. 수직식 직기는 신석기시대와 청동기시대에 유럽과 소아시아 전역에서 사용됐다고 알려져 있다. 한국의 동해에서 약 30킬로미터 거리에 있으며 현재는 러시아 영토인 체르토비 보로타Chertovy Vorota(일명 '악마 문 동굴')에서도 수직식 베틀이 사용된 흔적이 있다. 1970년대에 이 동굴이 처음 발굴됐을 때는 나무로 만든 구조물 같은 것이 동굴 한가운데 세워져 있었고 진짜 신석기시대의 조개껍데기, 사람과 동물의 뼈, 질그릇 조각 따위가 발견됐다. 탄화된 직물 파편들도 함께 발견됐다. 비록 가락바퀴는 없었지만, 연구자들은 그 동굴에 살던 사람들이 수작업으로 실을 만들고 수직식 베틀로 옷감을 짰을 것이라고 추측했다. 더 구체적인 증거는 청동기시대 초기 유적지인 트로이의 어느 집에서 발견됐다. 그 집은 너무나 신속하게 불에 타버린 탓에 수직식 직기의 추들이 바닥에 일렬로 떨어진 상태로 남아 있었다. 추들의 주변에는 200개 정도의 반짝이는 금빛 구슬이 흩어져 있었다. 화재가 발생하기 전에 사람들이 옷감을 짜면서 그 구슬들을 하나씩 집어넣

고 있었을 것이다.[21]

직물을 생산했다는 증거가 되는 작은 물건들이 또 있다. 서유럽, 시베리아, 중국 북부 등의 유적지에서는 구멍 뚫린 바늘이 종종 발견된다. 대부분 뼈로 만들어진 이런 바늘은 반드시 옷을 만드는 데 사용된 것은 아니고 직물을 꿰맸을 것 같지도 않다. (예를 들자면 바늘은 천막이나 그물을 만드는 데도 사용됐다.) 하지만 이 바늘들은 몸에 잘 맞는 포근한 옷이 절실히 필요했을 법한 추운 지역에서 한랭기에 많이 사용된 것으로 추정된다. 가장 오래된 바늘은 약 35,000년 전의 것으로 러시아에서 발견됐다. 또 동그란 모양에 구멍이 뚫려 있으며 때로는 장식도 들어간 작은 돌과 뼛조각들이 발굴되곤 하는데, 이런 물체들은 단추 역할을 했다고 짐작된다. 선사시대에 단추가 있었다는 가설을 입증하는 증거는 프랑스의 몽타스트뤽Montastruc에 있는 상부 구석기시대Upper Paleolithic(기원전 40,000년에서 62,000년 사이) 유적지에서 발견됐다. 이 유적지에는 돌에 새긴 인간의 형상이 있는데, 인간의 가슴부터 허벅지 가운데 부분까지 작은 동그라미들을 일렬로 새겨 넣은 모습을 볼 수 있다.[22]

인류가 얼마나 오래전부터 직물을 생산했는지 가늠할 수 있는 증거들 중 하나가 1875년에 발견됐다. 크림반도의 일명 '7형제'라는 고대 유적지 근처에 주둔하던 러시아 귀족 출신의 장교들 몇몇이 보물을 찾으려고 그 일대를 파헤치기 시작했다. 일확천금을 꿈꾸며 욕심 사납게 땅을 파헤친 사람들 대부분은 실패했지만 이 귀족들은 운이 좋았다. 그곳의 선사시대 무덤에는 금과 대리석 조각품들이 있었다. 그리고 놀랍게도, 복잡하고 아름다운 고대 직물들이 남아 있었다. 대기가 건조했던 덕택에 직물도 바짝 마른 상태로 보존된 것이다. 그 무덤들은 기원전 6세기에 그리스의 식민 도시로 건설된 판티카파이온Pantikapaion의 주거 지대에 속했는데, 나중에 그 도시는 지진으로 파괴되고 기원전 4세기 훈족의 침입으로 완전히 몰락했다. 판티카파이온 공동체에는 숙련된 방직공들이 있던 것이 틀림없었다. 러시아 장교들은 나무 관을 덮고 있던 아름다운 직물을 발견했는데, 그 직물에는 신화, 동물, 기하학적 문양이 들어간 10여 개의 띠 장식이 있었다. 직물의 테두리에는 담황색, 빨간색, 검은색의 3가지 색 가죽에 꽃무늬가 장식되어 있었다. 무덤 자체는 기원전 4세기에 만들어지고 봉인되었지만 직물에는 꼼꼼하게 수선한 흔적이 있었으므로 그 직물은 무덤보다 훨씬 오래된 것으로 추정된다. 다른 무덤에는 새, 수사슴, 말 탄 남자들을 묘사한 직물들이 있었는데 색채와 양식은 제각각이었다.[23]

선사시대에 직물을 생산했다는 사실을 보여주는 증거는 그 이후에도 여러 번 나왔다. 줏주나 동굴이 발견되기 전까지 가장 오래된 직물의 흔적은 28,000년 전의 것이었다. 직접적인 증거가 아니라 유령처럼 오싹한 흔적이었다. 체코의 돌니 베스토니체Dolni Vestonice 유적에서 발견된 점토 파편 속에 섬유 몇 가닥의 자국이 남아 있었던 것이다. 점토는 불에 구운 것도 있었고 굽지 않은 것도 있었다. 하지만 이런 간접적 증거만으로도 고대의 직공이 전문적인 기술을 가지고 있었다는 사실은 충분히 확인할 수 있다. 점토 파편에 남아 있는 흔적들은 여러 가지 방법으로 만든 2가닥 겹실과 3가닥을 땋아 만든 끈과 갖가지 직물을 나타낸다. 그뿐만이 아니었다. 19세기 중반에는 브로케이드 방식으로 두껍게 짜고 가장자리를 노끈으로 장식한 신석기시대 직물의 조각들이 발굴됐다. 이 직물 조각들이 발굴된 장소는 기원전 3000년경 주거지로 추정되는 스위스 호숫가의 어떤 지역이었다. 그곳에는 아마가 여러 형태로 보존돼 있었다. 아마 씨앗도 있고 가공하지 않은 줄기도 있었다. 1920년대에는 고고학자인 거트루드 캐턴 톰슨Gertrude Caton-Thompson과 엘리너 가드너Elinor Gardner가 이집트 유적지인 파이윰Faiyum을 최초로 조사한 결과

작은 냄비와 생선의 등뼈, 그리고 거칠거칠한 리넨 조각을 찾아냈다.[24]

1940년 9월 12일에는 로봇이라는 이름의 작은 개와 그 개의 친구였던 프랑스 아이들 4명이 폭풍으로 쓰러진 나무뿌리 밑에서 구멍을 발견했다. 그 구멍 아래가 라스코Lascaux 동굴이었다. 라스코 동굴 벽은 기원전 15,000년경에 그려진 황소와 말, 야생 소, 수사슴 그림으로 덮여 있었다. 이 벽화들은 아주 유명해져서 선사시대 인류의 예술적 재능을 보여주는 작품의 대명사로 불리고 있지만, 라스코 동굴에 살던 원시인들이 만든 작품은 벽화만이 아니었다. 1953년의 어느 날 밤, 아베 글로리Abbé Glory라는 프랑스 선사시대 역사학자가 라스코 동굴 바닥에 떨어져 있던 돌멩이 하나를 별 생각 없이 집어 들었다. 알고 보니 그 돌멩이는 점토와 방해석이 굳은 덩어리였다. 그 덩어리는 글로리의 손 안에서 마치 '파베르제의 달걀Faberge egg(제정 러시아 시대 유명한 보석 세공인 파베르제가 보석으로 제작한 달걀 모양의 세공품_옮긴이)처럼 순식간에 부서졌다. 그 덩어리 안에는 구석기시대에 만들어진 긴 실의 자국이 그대로 남아 있었다. 그 이후로 이것과 비슷한 실자국이 30센티미터 정도 더 발견됐다. 실자국을 통해 유추한 바에 따르면, 그 실은 모종의 식물성 섬유 두 가닥을 S자 방식으로 꼬아 만든 것이었다.[25]

흥미롭게도 프랑스 남서부에서 2013년 발견된 물체는 현생 인류인 호모사피엔스가 실을 처음 만든 게 아닐지도 모른다는 가설을 제기했다. 호모사피엔스가 유럽에 정착하기 훨씬 전인 9만 년 전에 네안데르탈인이 살았던 지역에서 0.7밀리미터 길이의 아주 작은 꼬인 섬유 조각이 발견된 것이다.[26]

유네스코 문화유산으로 지정된 카탈 후유크Catal Hüyük는 현재 터키 중부 지대에 위치한 유적지로, 기원전 7400년부터 6200년 정도까지 신석기시대 인류가 주거지를 이루고 살았던 곳이다. 그 무렵 인류는 수렵 및 채집 생활에서 정착 생활로 옮겨가고 있었는데, 한곳에 정착한 인류가 자신들의 새 주거지를 자랑스럽게 여겼다는 징표들이 카탈 후유크에도 남아 있다. 이곳에는 진흙 벽돌로 만든 직사각형 구조물이 있는데, 그 안에는 화덕과 평평한 잠자리가 있었다. 이 구조물은 벽에 문을 내지 않고 지붕에 구멍을 내서 드나드는 방식이며, 황토와 진사辰砂 같은 안료를 써서 심홍색과 번트오렌지 색의 기하학적 문양을 그려 넣은 모습이 보인다. 이처럼 풍부한 고고학적 유산과 더불어, 1961년 발굴이 진행되는 동안 주거지 중 한 곳의 가장자리에서 얕고 어두운 구덩이 하나가 발견됐다. 이 구덩이에는 기원전 6000년 무렵의 것으로 추정되는 탄화된 인체와 직물 조각들이 들어 있었다.

발굴은 어렵게 진행됐다. "기후 여건 때문에 직물을 복원하기가 여간 까다롭지 않았다." 카탈 후유크 발굴 현장에 있었던 고고학자 한스 헬베크Hans Helbaek의 증언이다. "누군가가 파묻혀 있는 것들 전체를 일반적인 방법으로 꺼내려고 한다면, 뜨거운 열기에 유물 표면이 순식간에 말라버릴 것 같았다. 직물의 흔적이 가루로 변해 24시간 불어대는 바람에 날아갈 판이었다." 그러나 그가 세심하게 신경을 쓴 보람이 있었다. 어린아이 몇 명이 포함된 7~8구의 시신이 조각조각 흩어져 섞여 있었는데, 어떤 조각들은 숯이 된 상태였고 어떤 조각들에는 바짝 마른 근육이 아직 붙어 있었다. 흥미롭게도 사람의 뼈들 사이에서 직물의 흔적이 발견됐다. 어떤 것은 먼지가 되거나 아주 작은 실 꾸러미로 남아 있었지만 큰 조각들은 그대로 남아 있었다. 시신들의 손발을 잘라낸 후에 몸통을 천으로 조심스럽게 감싸고 끈으로 묶어놓은 듯했다. 큰 팔다리 몇 개는 따로 천에 싸여 있었고, 다른 팔다리 몇 개는 더 작은 뼈와 함께 놓여 있었다. 아래턱뼈의 절반이 몇 조각으로 나뉘어 여기저기 끼워져 있기도 했다.[27]

카탈 후유크에서 발견된 방직 기술은 실로 다양했다. 직물 조각들의

일부는 성글고 일부는 촘촘했다. 어떤 조각은 날실과 씨실을 교차시킨 평
직물이었고, 어떤 조각은 두께와 간격을 달리한 직물이었다. 끈을 제외한
모든 직물은 동물성 섬유(아마도 양모 같았다)로 만들어져 있었다. 헬베크
는 그것들을 보고 깊은 인상을 받았다. "이 천들이 최소한 85,000년 전의
것이라는 점을 감안할 때 기술의 수준은 놀랍기 그지없다."[28]

인류가 언제부터 직물을 만들기 시작했는가라는 질문과 별개로, 그
들이 최초의 직물을 어떻게 만들었는지도 궁금해진다. 아마도 인류는
부드러운 나뭇잎과 줄기로 바구니를 엮기 시작했을 것이다. 바구니는
돗자리와 그물과 밧줄로 발전했다. 한 단계씩 앞으로 나아가는 동안 원
시인 방직공들은 길고 짧은 옷감을 만들어내기 시작했을 것이다. 선사
시대의 직물과 관련된 유물은 매우 드물다. 새로 발굴된 유물들은 답을
제공하기도 하지만 그만큼 많은 질문을 던진다.

최초의 직물은 식물에서 추출한 섬유 또는 양과 염소에서 뽑은 털로
만들어졌으며, 원시시대 인류의 생존을 위해 반드시 필요한 도구였다.
직물은 무기보다도 중요했다. 직물은 몸을 보호하고, 따뜻하게 해주고,
나중에는 지위의 시각적인 상징물이 됐다. 또 직물은 인류의 가장 매력
적인 자질 중 하나인 창의력을 발휘하는 통로를 제공했다. 불에 타버
린 트로이의 어느 집에서 만들어지고 있었을 윤기 흐르는 천과 춋주아
나 동굴의 섬유로 만들어진 물건들은 이제 사라지고 없다. 우리는 앞으
로도 그 물건들을 직접 볼 수 없을 것이고 그 물건들이 제작자에게 어떤
의미였는지도 알지 못할 것이다. 다만 그 물건들을 만든 사람이 고민을
하고 정성을 기울였다는 것만은 분명히 알 수 있다. 그게 아니라면 무엇
때문에 금색 구슬과 분홍색, 회색, 청록색 염료를 썼겠는가? 맨 처음 만
들어지기 시작하던 순간부터 직물은 그것을 만든 사람들의 야망과 솜씨
를 담아내고 있었다.

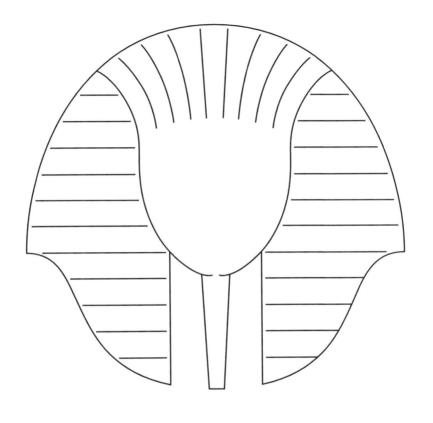

2

# 죽은 사람의 옷

이집트 미라를
감싸고 벗긴 이야기

# 소년 왕의 옷을 벗기다

내 머릿속에 한 가지 생각이 떠올랐다.
다른 생각은 할 수도 없었다. 우리 앞에는 잠긴 문이 놓여 있었고,
그 문이 열리면 우리는 세월을 뛰어넘어 3,000년 전에
나라를 통치했던 왕 앞에 서게 된다.

하워드 카터, 「투탕카멘 1세의 무덤The Tomb of Tut-Ankh-Amen, I」, 1923년

1922년 11월 4일, 영국의 고고학자 하워드 카터가 이집트에 있는 '왕들
의 계곡'으로 내려가는 계단 몇 개를 발견했을 때 그는 고통스러울 만큼
강렬한 흥분과 안도감에 휩싸였을 것이다. 당시 카터는 48세였는데, 그
전 20년 동안 자신이 간절히 원했던 대단한 발견에 성공한 적이 한 번도
없었다. 카터의 후원자였던 카나번 경Lord Carnarvon은 결과를 기다리다
지친 나머지, 그해 초에 이번 발굴이 그가 후원하는 마지막 기회라고 통
보했다. 어릴 때부터 이집트 연구의 영광을 갈망했던 카터는 쓸쓸한 실
망을 느꼈을 것이다. 당연하게도 카터는 그 계단을 발견하자마자 카나
번 경에게 즉시 이집트로 오라는 전보를 보냈다. 카터는 고대 이집트 왕
실 무덤으로 내려가는 비밀의 입구를 발견했다고 믿었다. 3주 후인 11월
26일 일요일, 카터와 카나번 경은 바로 그 계단 밑의 문 앞에 서 있었다.
카터가 문의 왼쪽 위 가장자리에 구멍을 뚫고 그 구멍으로 초 한 자루를
밀어 넣었다. 초의 불꽃이 깜박거렸다. 밀폐된 공간에서 뜨거워진 공기
가 묘지 바깥으로 나가려고 한꺼번에 밀려왔기 때문이다. "뭐가 좀 보이
나요?" 카나번 경이 물었다. "네." 카터가 숨을 몰아쉬면서 대답했다. 촛
불은 무덤 깊숙이 숨겨진 반짝이는 황금을 비추고 있었다. "아름다운 것

들이 있습니다. "[1]

옛 무덤을 발굴하는 것은 대단히 힘든 일이다. '왕들의 계곡' 무덤은 고대 이집트 사람들이 기원전 3100년 무렵 이집트 초기 왕조 시대의 왕과 사제들을 위해 만든 건축물이다. 왕과 사제들의 시신과 부장품 도굴을 방지하기 위해 이 무덤에는 가짜 문들과 비밀 통로와 무거운 바위로 봉해진 출입문들이 만들어져 있었다.[2] 처음에는 서양인들이 아무렇게나 무덤을 부수고 들어가서 도굴을 했는데, 때로는 그것이 전문적인 발굴로 이어지기도 했다. 1920년대가 되자 새로운 무덤을 탐색하는 고고학자들에게는 방 하나에 들어갈 때마다 모든 유물의 사진을 찍고, 지도에 위치를 표시하고, 유물 목록을 만들고, 기록을 남긴 다음에야 다음 방으로 이동해야 한다는 규칙이 만들어졌다. 기원전 1352년에 매장된 이집트의 파라오 투탕카멘의 무덤에서는 이 규칙을 따르기가 어려웠다. 투탕카멘의 무덤은 고대의 어느 시점에 일부 도굴을 당했기 때문에 물건들이 마구 뒤섞여 있었다. 도굴꾼들은 무덤 입구가 다시 막히기 전에 황급히 물건들을 상자와 궤짝에 집어넣고 도망간 듯했다.[3] 젊은 왕을 매장하는 일을 맡았던 사람들도 당황해서 급하게 일을 처리하느라 왕의 지위에 걸맞은 장식과 왕의 무덤에 넣는 부장품에 소홀했던 것 같다. 투탕카멘 왕은 18세라는 어린 나이에 세상을 떠났다. 아마도 일꾼들은 무덤을 준비할 시간이 더 있으리라고 생각했을 것이다.[4]

카터의 초가 투탕카멘 왕 무덤의 구멍 뚫린 문 안에 촛농을 떨어뜨린 지 3년이 지나서야 카터의 연구진은 마침내 투탕카멘 왕의 시신을 감싸고 있던 리넨 천을 벗겨내기 시작했다. 1925년 10월 28일, 무덤 가장 깊숙한 곳에 있던 관의 뚜껑을 열었더니 "황금 가면을 쓴 슬프지만 고요한 표정의 젊은 왕을 아주 꼼꼼하게 감싸서 만든 미라"가 나왔다. 이 미라의 포장을 벗기는 작업에 꼬박 8일이 소요됐다. 연구진은 11월 11일 아침 9시 45분에 일을 시작해서 11월 17일 하루는 쉬고 11월 19일에 일을 끝냈다. 카터가 나중에 쓴 글을 한번 보자. "바깥쪽의 천은 하나의 커다란 리넨이었다. 역시 리넨으로 만든 세로 방향 끈 3개(1개는 중앙에, 나머지 2개는 양쪽 옆에 있었다)와 가로 방향 끈 4개가 그 커다란 천을 고정시키는 역할을 했다." 이것은 미라에서 맨 먼저 벗겨낸 16겹의 리넨에 대한 설명이다. 이 리넨의 일부분은 수천 년 동안 부패했으므로 색이나 질감이 숯과 다름없는 상태였다.[5]

카터는 미라를 감싼 붕대 같은 끈과 천에 관해 자세한 기록을 남겼다. 예컨대 미라의 발 양쪽에 동여맨 끈이 닳아 있었다고 기록했다. 이는 시신을 관에 넣고 무덤으로 천천히 옮기는 동안 마찰이 일어난 결과로 짐작된다. 또 카터는 완성된 미라를 유인원 같은 모양으로 만들기 위해 고대 이집트인들이 "상당한 정성"을 기울였으며, 미라 천은 "삼베처럼 아주 고왔다"고 언급했다. 그는 끈과 천이 부서져서 연구하기가 어렵다고 안타까워했다.[6] 이처럼 부지런했지만 카터는 투탕카멘 무덤에서 발견된 직물들을 기껏해야 '따분한 부록' 정도로 간주했다. 석관이 처음 열렸을 때 그는 눈에 비친 광경이 "조금은 실망스러웠다"고 기록했다. 그가 실망한 것은 관 속의 미라가 "고운 리넨 수의로 덮여 있었기 때문"이었다. 그전에도 다른 관을 열어보고, 안에 들어 있는 것이 파피루스 묶음이라고 생각했지만 알고 보니 그 물건은 리넨이었다. (그는 여기에 대해서도 "당연히 실망"했다고 써놓았다.[7])

나쁘게 표현하면 발굴 현장에서 리넨은 방해물 취급을 받았다. 그들은 마치 먼지투성이 거미줄을 치울 때처럼 리넨을 옆으로 치워버렸다. 관을 덮고 있던 커다란 리넨 보는 원래 짙은 갈색 또는 빨간색이라고 추정되었고 꽃모양 금속 장식이 달려 있었다. 그들은 이 리넨 보를 돌돌 말아 바깥에 내놓고 방치했다. 이집트 당국과 고고학자들이 다툼을 벌이는 동안 그 리넨 보는 비바람에 분해되고 말았다. 투탕카멘의 몸에 정성껏 감겨 있던 수의와 패드와 끈은 그것들을 벗겨내는 동안 망가졌을 것이다. 미라의 겉을 감싸고 있던 붕대 같은 끈들은 파라핀 왁스로 처리되어 있어서, 카터의 표현을 빌리자면 "여러 층이 하나로 붙어 있는 것을 크게 토막 내어 제거"했다고 한다.[8]

　　카터는 물론이고 그 이전과 이후의 고고학자들 모두 시신을 감싼 천보다 여러 겹의 천 사이에 끼워져 있었던 장신구와 부적, 그리고 천 밑에 숨겨진 진기한 향수를 뿌린 몸뚱이를 훨씬 중요하게 여겼다. 이는 불행한 일이다. 고대 이집트 사람들도 그런 견해에는 반대했을 것이기 때문이다. 고대 이집트인들은 리넨에 강력한 의미, 심지어는 마술적인 의미가 있다고 믿었다. 그들에게는 리넨이 있어서 미라가 신성한 것이었다.

# 가늘고 푸른 선*

아마는 대지에서 자란다. 영원히 죽지 않으며 맛 좋은 열매를
길러내는 대지에서. 그래서 아마로 만든 천은 값도 싸고 깨끗하며
어느 계절에나 어울린다. 그리고 사람들의 말에 따르면 아마에
해충이 제일 조금 달라붙는다.

플루타르코스, 「이시스와 오시리스」, 45~120년경

---

＊　　**가늘고 푸른 선**Thin Blue Line은 미국의 경찰복이 푸른색인 데서 유래한 표현으로, 사회를
　　무정부 상태로부터 보호하는 경찰의 역할을 가리킨다_옮긴이

고대 이집트의 건조한 기후와 토양은 당시 사람들의 생활에 관한 온갖
증거를 보존하기에 딱 알맞은 조건이었다. 물론 직물을 보존하는 데도
유리했다. 다른 지역에서라면 직물이 수백 년만 버텨도 행운으로 간주
되지만, 이집트의 경우 7,000년 전 신석기시대의 직물도 아직 남아 있
다. 보존된 직물의 종류도 다양하다. 어떤 것은 염색된 직물이고(투탕카
멘 왕 무덤 안쪽의 관들에서도 빨간 실 2가닥이 나왔다) 어떤 것은 탈색되
어 크림색으로 변했다. 직물의 질감과 무게도 각기 다르다. 1940년대에
뉴욕의 메트로폴리탄 미술관에서 조사한 표본은 1제곱인치 안에 실이
100×200가닥 정도 들어 있는 대단히 질 좋은 직물이었다. 18대 여왕이
었던 하트노퍼Hatnofer의 무덤에서 발견된 다른 직물은 폭 1.6미터에 길
이가 5미터에 이르지만, 아주 고운 재질이어서 무게는 140그램에 불과
하다. 고대 이집트 왕족이 매장된 다른 무덤에서 발견된 직물들은 이보
다 거칠었다.[9]

　오랫동안 보존된 직물들은 대부분 무덤에서 발견됐다. 그래서 우리
는 일상 속에서 자주 보는 리넨보다 수의, 붕대 같은 끈, 고급스러운 관
복에 대해 더 많이 안다. 더구나 이집트 내륙 지대와 비교하면 델타 지
방은 기후 여건상 고고학적 유물을 보존하는 데 불리하다. 또 하나의 문
제는 고대인들이 아마를 재배하고 리넨을 생산했던 방법을 우리가 잘
모른다는 것이다. 하지만 우리가 가지고 있는 단서들은 상당한 흥미를
불러일으킨다. 현재까지 남아 있는 직물들과 마찬가지로, 고대의 아마
재배와 리넨 생산에 관해 우리가 가진 지식은 가락과 가락바퀴, 작은 모
형과 무덤 벽에 그려진 사실적인 벽화 따위를 한데 모아 꿰맨 결과물이
다. 이를테면 무덤의 벽화는 고대 이집트의 아마밭에 꽃이 활짝 폈을 때
그 밭이 무슨 색이었는지를 우리에게 알려준다. 고대 이집트 왕국(기원
전 2649~2150년경)의 화가들은 꽃이 핀 아마밭을 묘사할 때 파란색 물감

으로 가느다란 선들을 그렸다.[10]

지금은 흔적이 거의 남아 있지 않지만, 나일강이 지중해로 흘러드는 길목의 넓은 삼각주에 위치한 사이스Sais는 한때 중요한 도시였다. 헤로 도토스는 사이스에서 해마다 한밤중 축제가 열린다고 기록했다. 사이스 사람들은 접시 모양의 특별한 등불을 들고 집 밖으로 나왔는데, 그 등불 에는 소금과 기름으로 만든 연료에 심지가 둥둥 떠 있고 동이 틀 때까지 내내 불이 켜져 있었다. 사이스는 네이트 여신 숭배의 중심지였다. 네이 트는 빨간 왕관을 쓴 호전적인 여신이며 악어의 신 소벡sobek의 어머니 였다. 소벡은 악어의 신으로서 나일강을 다스리고 사람들의 출산을 관 장했다. 사이스는 삼각주 지대에 위치해 있어서 다른 지역보다 습기가 많았는데, 사이스가 이집트에서 가장 좋은 리넨 생산지로 명성을 떨친 요인이되었다.[11]

삼각주 지대에서 아마 농사는 나일강의 리듬에 따라 이뤄졌다. 씨 를 뿌리는 시기는 나일강이 강둑 경계선 안으로 후퇴하고 홍수로 생겨 난 비옥한 토양만 남는 10~11월이었다. 고운 실을 얻으려면 아마가 아 직 초록색을 띠는 3월에 1미터 높이의 줄기를 뽑아야 했다.[12] 아마 재배 는 직물 생산에 필요한 재료를 얻기 위한 것만이 아니라 아마씨를 얻기 위한 것이기도 했다. 아마씨는 끓이거나 볶아서 사용했고, 압착해서 기 름을 짜내기도 했다. 하지만 아마 섬유와 아마씨를 얻기 위해 농부들은 고된 노동을 해야 했다. 아마는 성가신 작물이었다. 뿌리가 약해서 밭을 잘 갈아야 했고, 아마가 흙의 영양분을 빠르게 소모시켰기 때문에 휴경 도 자주 해야 했다. 씨를 뿌릴 때 간격을 넓게 하면 아마씨를 얻기에 좋 았다. 리넨을 얻으려면 씨를 촘촘하게 뿌려야 했다. 그래야만 아마 줄기 들이 길게 뻗어서 더 긴 인피섬유가 만들어졌다.[13]

기계화가 이뤄지지 않은 전통적인 농사법에서는 아마 뿌리를 뽑은

다음 줄기를 밭에 그대로 두고 며칠 동안 말린다. 그러고 나서는 아마를
두드리고 소모기로 빗거나 흔들어서 이삭을 제거한다. 다음으로 아마를
물에 담가 줄기의 질긴 외피를 벗겨내고 내부의 인피섬유가 드러나도록
한다. 그러고 나서 한동안 아마를 건조한 다음 두드려scutching('타마'라고
도 한다_옮긴이) 껍질을 벗겨낸다. 그리고 섬유를 빗으면서 마지막 남은
목질부의 흔적을 제거한다. 고대 이집트에서 아마를 가공했던 방법을 정
확히 알 수는 없지만, 고대 이집트인들도 대강 이런 과정을 거쳤으리라
는 추측은 가능하다. 무덤 안의 벽화에도 아마를 물에 적시는 장면이 있
다. 고대 이집트의 18대 왕조(기원전 1550~1292년경) 시기에 삼 훑는 도
구rippling board가 사용됐다는 사실이 알려져 있다. 오늘날 아마에서 얻는
섬유는 직경이 15미크론에서 30미크론(1미크론은 1미터의 100만분의 1_옮
긴이) 사이인데, 고대 이집트 섬유의 직경은 평균 15미크론이었다. 고대
이집트인은 나름의 방법으로 인피섬유를 꼼꼼하게 분리해냈는데, 신기
하게도 그 기술은 현대의 가장 좋은 기계에도 뒤지지 않는다.[14]

이집트를 위성사진으로 보면 거칠거칠한 사각형 직물 같아 보인다.
그 사각형을 가로지르며 흐르는 나일강은 마치 꼴사나운 암초처럼 북쪽
의 비취색 삼각주의 폭 넓은 부분에서 남쪽의 새까만 잉크 같은 부분까
지 이어진다. 현실에서는 나일강과 그 강의 물이 이집트라는 나라와 이
집트 사람들을 하나로 엮어준다. 기원전 2100년경에 만들어진 나일강
찬가에서 이름 모를 시인은 다음과 같이 노래한다. "그대는 대지의 위풍
당당한 장식이라오." 4,000년 후 이집트의 정치인들을 신랄하게 조롱하
는 시로 유명해진 아흐메드 푸아드 네금Ahmed Fouad Negm은 다음과 같이
한탄했다. "나일강은 목이 마르다/ 사랑에 목마르고, 향수에 젖었네."[15]

이집트 중왕조 시대, 2명의 파라오 밑에서 일한 고위 관리였던 메케
트레Meketre는 기원전 1981~1975년 사이에 땅에 묻혔다. 이집트의 역사

적인 유적지와 근현대 도시들이 대부분 나일강의 강둑 가까이에 위치한 것과 마찬가지로 메케트레의 무덤도 강둑 근처에 있다. 오늘날 이 무덤은 테베 네크로폴리스 유적지에 속해 있으며 불규칙하게 뻗어나간 도시 룩소르에 인접해 있다. 1920년에 처음 발굴됐을 때 메케트레의 무덤에는 오래전 도굴당한 흔적이 있었지만 방 하나만은 온전히 남아 있었다. 무덤을 만든 사람들이 영리하게도 중앙 묘실로 가는 통로 밑에 그 방을 숨겨놓았던 것이다. 어떤 도굴꾼도 그곳에서 발걸음을 멈추고 한참 동안 꼼꼼하게 살펴보지는 않았을 것이다. 방 안에는 사후에 메케테르에게 필요할 것 같은 물건들(빵, 맥주, 그리고 당연히 리넨도 포함된다)을 만드는 사람들 24명의 나무 모형이 있었다.[16]

　메케트레 무덤의 모형들 중에는 여자들이 은빛이 도는 금색 아마 섬유를 쌓아올린 다음 그 섬유를 손과 허벅지 사이에 넣고 굴려 더 길고 헐겁게 꼬인 조방사를 만드는 모습이 있다. 섬유를 엮어내려면 많이 문질러야 했다. 실을 만드는 사람들의 손과 허벅지는 아마 섬유를 계속 문질러댄 탓에 거칠어졌고, 피부가 거칠어지면 문지르기는 더 쉬워졌다. 섬유 가닥들을 이을 때 섬유의 양쪽 끝부분에 물을 묻히면 아마에 함유된 셀룰로오스가 풀 역할을 해서 더 잘 붙는다. 이렇게 만들어진 조방사는 엉킴을 방지하기 위해 공 모양으로 뭉친 다음 그릇에 담고 물에 살짝 적셔 섬유를 부드럽게 만든다. 그리고 나면 실 잣는 사람들이 그릇에서 실을 뽑아낸다. 그들은 양손에 가락을 들고 한쪽 다리를 들어 올린다. 그러면 가락을 허벅지에 대고 굴리면서 꼬임이 더 잘 만들어지고, 리넨 섬유들은 더 가늘어진다. 앞에서 설명한 대로 리넨 섬유가 가늘다는 것은 바람직한 성질이다. 그 밖에 좋은 리넨이 되려면 강도가 높고 탄력성은 낮아야 한다.

　이집트산 리넨 섬유는 거의 모두 시계 반대 방향 S자 꼬임으로 만들어졌다. 이는 아마가 건조될 때 저절로 시계 반대 방향으로 꼬이기 때문인 듯하다. 다른 여러 나라에서는 실을 고정하고 엉킴을 방지하기 위해 실톳대라는 막대기를 사용했지만 흥미롭게도 이집트에서는 로마 시대 이전까지 실톳대가 도입되지 않았던 듯하다. 이집트인들은 실을 가락에 감거나 공 모양으로 뭉치는 방법을 썼다.[17]

이렇게 실이 만들어지면 옷감을 짤 준비가 된 셈이다. 메케트레 무덤에서 나온 모형 속의 작은 사람들은 나무로 만든 바닥식 직기를 썼다. 바닥식 직기란 수평식 직기의 일종으로, 바닥에 말뚝을 박고 그 말뚝에 가로 막대를 고정시킨 다음 그 사이에 날실을 팽팽하게 고정시키는 형식이다. 수직식 직기가 처음 만들어진 기원전 1500년 이전에는 모든 직기가 수평식이었다. 하지만 기원전 1500년 이후에도 이집트의 수직식 직기는 그리스의 수직식 직기와는 확연한 차이를 보였다. 아마도 바닥식 직기의 영향이 남아서일 것이다. 고대 이집트의 수직식 직기는 날실을 팽팽하게 당기기 위해 추가 아니라 가로 막대를 하나 더 사용했다. 그래서 고대 이집트에서는 옷감 짜기가 더 까다로웠고 자연히 여럿이 어울려 일해야 했다. 직조 감독관인 네페론펫Neferronpet의 무덤 벽면에는 두 여자가 카다란 수직식 직기 앞에서 함께 일하는 모습이 그려져 있다. 고대 이집트에서는 날실과 씨실이 한 올씩 교차하는 가장 기본적인 방법인 평직 천을 많이 썼지만, 바스켓직basket weave(두 올 이상의 씨실과 날실을 평직으로 교차시켜 짜는 방식_옮긴이)으로 짠 튼튼한 직물도 발견된 바 있다.[18]

# 리넨 속에서 살았던 사람들

하얀 리넨 덕분에 그대의 얼굴에서 빛이 나는구나.
초록색 리넨 옷을 입으니 그대의 몸이 활짝 피어나는구나.
그대는 리넨 띠를 머리에 두르고 적을 무찌른다.
승리의 순간에 그대는 빨간 리넨을 손에 들고 있도다…
이시스Isis(고대 이집트의 여신. 오시리스의 아내_옮긴이)
여신이 옷감을 짜고 네프티스Nephthys(이시스의 동생.
죽은 자를 수호하는 여신_옮긴이) 여신이 실을 뽑아낸
이 옷들은 그대에게 꼭 맞아서 그대의 몸을 덮어주고
그대를 반대하는 자들을 물리쳐주는구나.

이집트 에드푸Edfu의 호루스 신전에 있는 제물에 관한 비문, 기원전 1세기

---

고대 이집트의 사회와 문화에서 아마는 특별한 위상을 차지했다. 기본
적으로 아마는 이집트 경제활동의 핵심이었다. 이집트 고왕조의 어느
무덤 벽면에는 아마를 몇 다발 수확했는지 자랑스럽게 기록해놓기도 했
다. 20,000다발, 62,000다발, 78,000다발. 이집트의 평범한 백성들은 아
마를 통해 부를 축적했다. 아마는 시간이 지나도 가치가 일정하게 유지
됐으며 화폐처럼 다른 상품이나 서비스와 교환할 수도 있었다. 기원전
1100년경에 편찬된 『웨나문 보고서The Report of Wenamun』를 보면 이집트
의 리넨, 밧줄과 깔개, 금과 은을 바빌로스 왕이 보낸 향나무와 교환했
다는 기록이 있다. 18대 왕조(기원전 1550~1292년으로 추정) 시기에 알라
시아 왕국의 왕은 흑단, 금, 리넨을 받는 대가로 구리를 내주었다. 페니

키아 사람들은 이집트산 리넨을 사고팔면서 부유해졌다. 그리고 솔직히 말해서 아주 신빙성 있는 증인은 아닌 역사가인 헤로도토스에 따르면, 페르시아의 크세르크세스 왕이 그리스를 침공하기 위해 헬레스폰트 Hellespont(다르다넬스 해협의 옛 이름_옮긴이)를 건너는 다리를 놓았을 때 이집트산 아마로 만든 밧줄이 사용됐다. 실제로 이집트는 19세기까지 줄곧 주요 리넨 생산지의 자리를 지켰다. 그러다 19세기에 어느 프랑스 식물학자가 나일강 삼각주의 무더운 기후에 잘 맞는 품종의 목화를 발견한 후로 이집트의 주된 섬유 작물은 면으로 바뀌게 된다.[19]

고대 이집트 유적에서 아마 외의 직물들도 발견되긴 했지만, 그런 직물은 확실히 소수였다. 예를 들어 아마르나Amarna에 위치한 '일꾼들의 마을' 유적지에서 발굴한 수천 개의 직물 파편 중에 85퍼센트는 아마로 만든 것이다. 이집트에서는 신석기시대부터 양과 염소의 흔적이 발견되며, 고대 이집트인들은 분명 양모를 활용할 줄 알았던 것으로 보인다. 아마르나에서는 양모 표본도 48개가 나왔다. 리넨이 압도적으로 많은 건 진부한 이유일지도 모른다. 고대 로마의 문필가 플루타르코스Plutarch는 『이시스와 오시리스Isis and Osiris』에서 리넨이 값도 싸고 피부에 닿는 느낌도 좋다고 칭송했다. 실제로 리넨은 열전도율이 높아 피부에 닿을 때 시원하게 느껴지기 때문에 더운 지방이나 여름철에 활용도가 높다. 또 리넨은 내구성이 좋은 섬유다. 리넨은 면보다 2배 강하고 양모보다 4배 강하다. 리넨은 세월이 흘러도 큰 변화가 없으며, 자주 입고 세탁할수록 부드러워진다.[20]

고대 이집트인들이 입었던 옷은 단순했고, 시각적으로 직기와 밭을 연상시켰으므로 리넨 본연의 특징을 잘 살릴 수 있었다. 고대 이집트 옷의 상당수는 그냥 직사각형으로 자른 천을 몸에 두르고 끈으로 묶는 것이었다. 바느질은 최소한으로 했다. 리넨 직사각형 천을 반으로 접어 양쪽 모서리를 꿰맨 다음, 팔이 들어갈 구멍을 남기고 접힌 부분에 머리 넣을 구멍을 남겨놓는 식이었다. 고대 이집트인들은 질감, 색, 무게, 직조법이 조금씩 다른 다양한 리넨을 능숙하게 다뤘다. 현재까지 남아 있는 무덤 벽화들 속 여자들은 피부색이 비쳐 보일 정도로 얇은 리넨 상의를 입고 있다. 하지만 더 튼튼한 옷들도 귀하게 여겨졌다. 이런 옷들은 부자들의 무덤에서 발견된다.[21]

리넨은 현실적인 장점들도 가지고 있었지만 문화적으로 청결을 상징했던 듯하다. 이집트를 찾은 외국인들은 리넨이 청결의 상징이라는 사실에 깜짝 놀란다. 헤로도토스는 사제들이 "신을 모시는 의식을 거행할 때면" 항상 새로 세탁한 리넨 옷을 입었다고 썼다. 헤로도토스는 『역사』에서 다른 섬유들은 순수하지 않은 것으로 간주된다고 기록했다. 그런 통념은 플루타르코스에게서도 찾아볼 수 있다. 고대 로마의 소설가였던 아풀레이우스Apuleius는 170년에 쓴 글에서 아마를 "밭에서 나는 작물 중에 가장 깨끗한 최고의 작물"이라고 불렀다. 흥미로운 점은 리넨이 염색 가능한 직물인데도 대개는 나트론natron이라 불리는 천연 소금(미라를 만들 때도 나트론을 썼다)과 햇빛으로 탈색 처리를 해서 크림색으로 만들어 사용했다는 것이다. 어쩌면 이집트인들이 흰색을 선호했던 것은 청결해 보이기 때문이었는지도 모른다. 언어학적으로도 'white(흰색)'라는 단어는 'purity(순결)'와 연관성을 지닌다. 리넨과 흰색 사이에 어떤 연결 고리가 있다는 발상도 별로 이상하게 느껴지지 않는다. 이집트 사회에서 리넨 섬유가 차지한 지위가 종교에까지 반영됐다고 해서 놀랄 필요도 없다.[22]

'아랍의 봄Arab Spring(튀니지에서 촉발되어 중동과 북아프리카로 확산된 민주화 시위_옮긴이)'의 불길이 활활 타오르던 2011년 1월, 사람들은 카이로에 있는 이집트 박물관을 둘러싸고 인간 띠를 만들었다. 이집트 박물관은 카이로의 타흐리르 광장에 위치한 커다란 장밋빛 건물인데, 인간 띠는 그 건물 안에 있는 유물들을 지키기 위해 만든 것이었다. 그들의 노력은 수포로 돌아가 50종에 달하는 유물이 약탈당했다. 얼마 후 박물관 인근에서 두툼한 입술을 지닌 파라오 아크나톤Akhnaton(투탕카멘의 아버지로 알려져 있다)의 동상이 쓰레기 더미 속에 버려진 채로 발견됐다. 나무로 만들어지고 금으로 도금된, 투탕카멘을 떠받치고 있는 여신의 조각상도 이때 약탈당했다가, '아랍의 봄' 사태가 진행되는 동안 피해를 입은 다른 유물들과 마찬가지로 나중에 되찾아 다시금 대중에게 공개됐다. 사람들은 이집트 박물관 약탈을 신을 모독하는 행동으로 간주했다. 하지만 애초에 그 조각상을 만들고 숭배했던 사람들의 눈으로 본다면, 그 조각상들은 이미 오래전에 모욕당한 것이나 마찬가지였다. 그 조각상들에 덮여 있던 천이 벗겨진 순간부터.[23]

카터가 투탕카멘의 무덤에서 발굴한 모든 조각상과 물건들은 리넨으로 공들여 감싸인 상태였다. 첫 번째 성소에서 발견된 곤봉 한 묶음은 아주 진한 갈색 바스켓직 리넨으로 포장돼 있었다. 수호신 조각상에 둘러져 있었던 베일은 선명한 크림색이었고 카터가 "얇은 막 같다"라고 표현한 촉감을 지니고 있었다. 이처럼 조각상을 리넨으로 감싸는 관습이 실물로 목격된 것은 최초였지만, 그전에도 의식과 그림을 통해 그런 관습이 있었다는 사실은 알려져 있었다. 이는 예배 의식에 사용되는 조각상들을 천으로 감싸는 행위가 예배의 중요한 순서였음을 암시한다. 조각상들은 신전 깊숙한 곳의 성스러운 장소에 보관됐고 적어도 하루에 한 번은 사제들이 깨끗한 리넨으로 옷을 갈아입혔다. 리넨은 고대 이집트 신앙의 핵심이었던 비밀스러운 종교의식과 밀접하게 연관돼 있었다.

『고대 이집트의 포장을 벗기다Unwrapping Ancient Egypt』라는 책에서 크리스티나 릭스Christina Riggs는 신성한 그림과 물건들을 감싸는 데 사용된 직물이 그 물건들이 성스럽고 의미 있는 이유의 일부였을 뿐 아니라, 격식을 차린 포장 의식이 거행될 때마다 그 물건들의 의미가 더 새롭고 더 강해졌다고 설명한다. 다시 말하면 리넨은 단순히 조각상을 보호하기 위한 장치가 아니라 그 자체로 중요한 물건이었다. "시체나 조각상을 리넨으로 감싸는 행위에는 평범한, 심지어는 불순한 물질을 순수하고 신성한 것으로 변화시키는 힘이 있었다."[24]

# 리넨으로 채워진 심장

몸통 안에는 12대 왕조 시대에 살았던 세넵티시 부인의 심장이 들어 있었다. 다행히도 서구 세계의 야만인들이 시신을 꺼내놓고 샅샅이 살펴보기 전에 그 심장은 박동을 멈췄다.

《로터스 매거진The Lotus Magazine》, '12대 왕조의 여인', 1912년 1월

기원전 1800년경에 50세 전후의 나이로 사망한 호리호리한 여성 세넵티시의 미라[25]가 리슈트의 피라미드 안에 있는 무덤에서 발견됐을 때, 그녀의 시신은 정성 들여 매장된 것이 분명해 보였다. 세넵티시는 러시아 인형처럼 관 안에 또 관이 들어 있는 형태의 3겹 관 한가운데에 누워 있었다. 가장 안쪽의 관은 가장자리 장식이 달린 10여 장의 리넨 숄로 감싸놓았는데, 리넨 숄은 하나하나가 단정하게 접혀 있었고 시신을 감싼 리넨에는 보석이 꽤 많이 달려 있었다. 그 보석들 중에는 98개의 황금 장미꽃 장식이 달린 황금 고리와 금, 홍옥석, 녹주석으로 만든 목걸이가

있었다. 시신은 원래 똑바로 누워 있었으나 관을 움직이는 동안 시신도 따라 움직여서 현재는 몸 왼쪽을 바닥에 대고 누워 있다. 팔과 다리는 각각 따로 포장해 놓았고 두 팔은 몸통 위로 똑바로 내린 자세였다. 두 손은 무릎 위에서 깍지를 끼고 있었다. 사제들은 여러 겹의 끈과 큰 천을 번갈아 써가며 세넵티시의 몸 전체를 리넨으로 감쌌다. 아서 메이스 Arthur Mace와 허버트 윈록Herbert Winlock이 작성한 발굴 보고서에 따르면 1907년 미라가 발견됐을 당시 "두꺼운 천 몇 장"이 아주 심하게 부패한 상태였지만, 그럼에도 불구하고 세넵티시의 피부에 직접 닿은 제일 안쪽의 천은 가로 50, 세로 30센티미터 정도 크기의 특별히 화려한 천이라는 사실을 눈으로 확인할 수 있었다. 몸 안에는 천이 더 많이 들어 있었다. 시신에서 내장을 파낸 부분인 강腔은 리넨으로 꽉 채워져 있었다. 후에 밝혀진 바에 따르면 미라 만드는 과정에서 심장을 적출하고 심실과 심방은 리넨 뭉치로 눌러 놓았다가 나중에 조심스럽게 새 리넨으로 교체한 것이었다.[26]

이집트 사람들의 생활에서 리넨이 얼마나 중요했나를 감안하면 장례 치를 때도 리넨이 꼭 필요했다는 것은 놀라운 일이 아니다. 직물은 귀한 물건이었고 개개인의 재산에서 상당한 비중을 차지했다. 직물은 뚜껑에 정교한 무늬를 넣은 특별한 궤짝에 보관했다. 간혹 장례를 치르기 위해 특별히 직물을 생산하는 경우도 있었지만 대개는 일생 동안, 아니 일생이 끝나고 나서도 수집한 직물을 장례에 사용한 듯하다. 무덤에서 발굴된 옷들은 여러 번 입어서 꿰매고 덧댄 곳이 있거나, 이름이나 글씨가 수놓아져 있어서 망자의 친척들이 입던 옷임을 알 수 있다. 투탕카멘 왕 무덤에서 발견된 무사 조각상이 입고 있던 튜닉에는 아크나톤이라는 이름이 새겨져 있었다. 아크나톤은 투탕카멘 왕의 아버지로 추정되는 인물이다. 고대 이집트인들은 직물의 출처도 중요하게 여긴 모양이다. 람

세스 3세를 두 번째로 감싸는 데 사용된 천에는 테베의 아문Amun 대사
제 피안크Piankh의 딸이 그 천을 짰다는 사실을 명시한 문구가 새겨져 있
었다.[27]

　　고대 이집트의 매장 풍습이 항상 일정했던 것은 아니다. 신석기시대
에는 시체들을 그냥 얕은 구덩이에 넣고 동물 가죽이나 대충 접은 리넨
으로 덮어놓았다. 초기 왕조(대략 기원전 3150~2686년에 해당되는 시기_옮
긴이) 시대에 이르러서야 강력하고 부유한 왕족의 시신을 리넨으로 꼼꼼
하게 포장한 후 특별히 만든 무덤에 깊이 매장하기 시작했다. 미라를 감
싸는 기술은 시간이 갈수록 정교하게 발전했다. 팔과 다리도 따로 감싸
기 시작했다. 19세기의 어느 평론가는 "모든 손과 발, 아니 손가락과 발
가락 피부에 닿는 천이 각각 따로 있다"고 감탄했다. 투탕카멘의 시신은
16겹으로 포장된 상태로 관 3개와 석관 1개 안에 들어 있었다. 문헌에 따
르면 파라오의 시신을 감싸는 천은 길이가 900미터도 넘었기 때문에 감
싼 부분의 두께가 천 40장의 두께와 같았다. 1세기 후반 또는 2세기 초
반에 사망한 아르테미도나Artemidona는 너무 많은 리넨에 싸여서 미라의
길이가 2미터 가까이 됐다고 한다. 본래 키의 3분의 1이 더해진 셈이다.
아르테미도나의 발 부분은 일부러 길게 잡아 늘여놓아서 길이가 1미터
쯤 돼 보였다. 완성된 미라는 누워 있는 L자 같았다.[28]

　　미라 제작에 관해 가장 자세히 알려주는 이집트의 문헌 중 하나로
『황소신 아피스 사체 보존 의식Apis Embalming Ritual』이 있다. 아쉽지만 이
문서는 고대 이집트의 황소 숭배 문화를 담고 있어서, 사체 보존을 담당
하는 사람들에게 황소 뿔에서 시작해 꼬리로 내려가며 방부 처리를 하
라고 지시한다. 인간의 시체를 미라로 만들던 사람들에게는 해당되지
않는 설명이다. 미라 제작 과정에 관한 다른 자료로는 미라 자체와 헤로
도토스의 설명이 있다. (하지만 헤로도토스는 미라 제작 과정의 피비린내 나

는 장면들을 지나치게 좋아했던 것 같다. "첫째, 그들은 쇠로 만든 갈고리 모
양의 도구를 사용해 콧구멍으로 뇌를 끄집어냈다…" 실제로는 미라를 만들 때
항상 뇌를 제거하는 것은 아니었다.) 시신 처리의 세세한 과정이 어떻든 간
에 이집트의 뜨거운 날씨를 고려하면 속도가 가장 중요했다. 먼저 시신
을 씻어내고, 일반적으로는 복부를 절개해서 장기들을 적출한다. 만약
뇌를 적출하는 경우라면 비강 뒤쪽의 뼈를 한 번 더 절개한다. 그러고
나서는 시신에 나트론 소금, 기름, 송진을 바르고 70일 동안 말린 다음
다시 씻어낸다.[29]

시체 포장 작업은 정교하고 비밀스러운 의식처럼 거행된다. 청결과
순수는 필요조건이었다. 포장은 사막의 모래를 바닥에 몇 미터 높이로
깔아놓고 그 위에 파피루스로 만든 깔개와 리넨 천을 깔아놓은 특별한
방에서 진행된다. 연고와 붕대 같은 재료도 많이 필요했다. 의식에 관여
하는 모든 사람은 일을 시작하기 전에 자기를 정화하기 위해 면도를 하
고 몸을 씻고 깨끗한 리넨 옷을 입었다. 붕대 모양의 천을 감는 역할을
맡은 사제들에게는 '비밀의 수호자'라는 존칭을 부여했다. 일반적으로
그들은 미라를 감싸는 천의 개수와 천을 감는 횟수를 3 또는 4의 배수로
맞추려고 노력했다. 3의 배수와 4의 배수는 특별한 의미가 있다고 여겨
졌기 때문이다. 미라를 감싸는 천과 천 사이에는 부적을 비롯한 갖가지
의미 있는 물건을 끼워 넣었고, 때로는 천에다 직접 의례에 관한 사항을
써놓기도 했다. 1837년 4월 런던에서 토머스 페티그루Thomas Pettigrew가
해체한 프톨레마이오스 왕조 시절의 미라에서는 정성껏 글자를 써넣은
천이 50미터도 넘게 나왔다. 미라를 만들 때는 붕대, 넓은 천, 두툼한 패
드 등의 다양한 직물을 한 겹씩 번갈아 사용했고, 가장 좋은 리넨은 제
일 안쪽과 바깥쪽에 썼다. 황소 사체의 경우 포장하는 작업만 16일이 걸
렸다.[30]

# 기름으로 만든 양초

나는 미라를 처음 열고 각 부분이 드러나던 순간의 짜릿한 감각을 기분 좋게 회상한다. 미라 해부를 직접 보기 위해 6주 동안 기꺼이 우리 집을 찾아준 100명 이상의 과학계와 문학계 인사들 사이에서 나는 들떠 있었다.

아우구스투스 보치 그란빌레, 「이집트 미라에 관한 에세이An Essay on Egyptian Mummies」, 1825년

---

미라는 오랫동안 서구인들의 상상 속에서 특별한 자리를 차지하고 있었다. 'mummy(미라)'라는 단어는 귀한 약으로 쓰이는 '역청'을 의미하는 페르시아어 단어 'mumiya'에서 유래했다. 지금은 모든 미라에 역청이 들어가지는 않았다는 사실이 알려져 있지만, 옛사람들은 역청을 채집하고 거래했으며 가루로 만들어 치약에서부터 간질 치료제에 이르는 다양한 용도로 사용했다. 나중에는 염료로도 썼다. 역청으로 만든 색은 '이집트 갈색' 또는 라틴어로 '죽은 자의 머리'를 의미하는 '카풋 모르툼caput mortuum' 등 여러 가지 별명으로 불렸다.

미라에 대한 관심은 학문의 영역으로 옮아갔다. 1652년 투스카니의 궁정 의사였던 조반니 나르디Giovanni Nardi는 서구의 호기심 많은 독자들을 위해 천을 일부만 벗긴 미라의 모습을 판화로 담아낸 책을 출간했다.[31] 19세기 중반에 이르자 미라 해체는 런던을 비롯한 유럽 각지에서 각광받는 구경거리로 떠올랐다. 토머스 페티그루는 미라 해체로 아주 유명해졌고, 신문은 미라 해체를 마치 연극 공연처럼 보도했다. 프랑스 소설가 피에르 로티Pierre Loti의 서술에 따르면 1909년의 어느 미라 해

체 시연에서는 구경꾼들이 너무 흥분한 나머지 희극적인 소동이 벌어졌
다. 로티는 그날 해부한 왕의 미라가 "눈부시게 아름다운 구불구불한 천
으로 수천 겹 싸여 있었고", "천은 인도의 모슬린muslin보다 고왔다"고 썼
다. 미라를 감싼 천의 길이는 365미터가 넘어서 그 천을 다 풀어내는 데
만 꼬박 2시간이 걸렸다. 마지막 천을 벗겨낼 무렵에는 긴장감이 최고조
에 달했다. 로티는 그 광경을 이렇게 설명했다. "마지막 천을 벗겨내고
그 빛나는 몸뚱이가 나타나자 관중들은 감정이 격해져서 들소 떼처럼
우르르 몰려왔다. 그 바람에 파라오의 시체가 뒤집혔다."[32]

　투탕카멘을 제외하고 역사상 가장 유명한 미라들 중 하나는 미라 속
에 들어간 사람의 이름뿐 아니라 그 미라를 해체한 사람의 이름으로도
알려져 있다. 이탈리아 태생의 외과 의사였던 아우구스투스 보치 그란빌
레Augustus Bozzi Granville가 그 주인공이다. 그란빌레의 삶은 전기로 펴낼
가치가 있다. 그는 나폴레옹 전쟁을 겪고, 그리스와 터키에서 말라리아
와 페스트가 창궐할 때도 살아남았고, 영국 해군에서 일정 기간 복무한
후 런던에 정착해서 의사로 개업했다. 그는 왕성한 에너지와 다양한 관
심사를 가진 사람이었다. 런던에 체류하는 동안 이집트 고고학에 푹 빠
져들었다. 1825년에 그는 영국 왕립협회에 편지를 보내 자신이 얼마 전
에 공개 해부한 미라에 대해 알렸다. 그란빌레가 해부한 미라는 1821년
아치볼드 에드먼스턴Archibald Edmonstone 경에게 받은 것이라고 알려져 있
다. (에드먼스턴 경은 1819년 테베 여행길에 4달러를 주고 그 미라를 샀다.[33])

　논문에서 그란빌레는 미라로 만들어진 시체를 최초로 근대적 방식
으로 해부한 경험을 서술했다. 그의 해부 방법은 당대 미라 연구의 표준
으로 자리 잡았다. 그는 미라 해부 과정을 아주 꼼꼼하게 기록해놓았다.
예컨대 모든 뼈의 크기, 길이, 두께, 각도와 상태를 기록하고 상세한 도
판을 첨부했다. 몸은 천으로 겹겹이 싸여 있어 인간의 몸이라기보다는

길게 늘인 타원에 가까웠다. 그란빌레가 왕립협회에 보고한 바에 따르면 미라는 "아주 치밀하면서도 탄력성 좋은 리넨"으로 만들어진 붕대 모양 천으로 "대단히 솜씨 좋게 감겨 놓았다." 그리고 "오늘날 가장 손재주 좋은 외과 의사가 따라 한다고 해도 쉽지 않을 정도로 깔끔하고 정확하게 처리되어 있었다." 그란빌레는 1시간에 걸쳐 총 12.7킬로그램에 달하는 리넨을 벗겨냈다. 그는 의사로서 자신이 원래 알고 있던 다양한 묶기 방법을 미라에서도 발견했다. 그의 기록에 따르면 "원형으로 묶고, 나선형으로 묶고, 하나로 합치고, 형태를 유지하고, 벌레를 쫓아주는 무시무시한 붕대"가 있었다.[34]

런던에 위치한 그란빌레의 집에서 이뤄진 미라 해부는 매번 다른 손님들이 지켜보는 가운데 꼬박 6주 동안 계속됐다. 그란빌레의 보고서는 전문적이고 무미건조한 분위기에서 개인적이고 엽기적인 분위기로 바뀌었다. 미라 속에는 머리카락을 바짝 깎은 50세 전후의 여성이 있었다. 그란빌레는 짧게 깎은 머리의 촉감을 알아보기 위해 시신의 두개골을 손으로 쓸어봤다. 모든 장기가 몸 안에 그대로 있는 것을 보면 비교적 저예산으로 만들어진 미라 같았지만, 그 덕택에 그란빌레는 폭넓은 의학적 탐색을 할 수 있었다. 그란빌레는 미라의 가슴을 세밀하게 묘사했다. "그녀가 살아 있을 때 가슴이 컸을 것 같다. 가슴이 일곱 번째 갈비뼈까지 내려와 있었기 때문이다." 그는 미라의 배에 생긴 깊은 주름에 대해서도 이야기했다. "배가 상당히 많이 나왔던 것이 틀림없다." 그란빌레는 그녀의 사망 원인이 난소에 생긴 낭종이었다고 생각했다. 하지만 최근에 검사를 해본 결과로는 결핵이나 말라리아가 범인이었을 가능성이 더 높다고 한다.[35]

왕립협회에서 큰 호응을 얻은 덕분에 그란빌레는 왕립 연구소에서 강연을 하게 됐다. 그는 극적인 분위기를 연출하기 위해 미라 주변에 많이

있었던 연한 색의 덩어리진 '역청질 수지 물질resino-bituminious substance'을
추출해서 양초를 만들고 그것으로 강연장에 불을 밝혔다. 그는 그 물질
이 밀랍이라고 생각했다. 하지만 역시 틀린 추측이었다. 그것은 시체가
썩을 때 지방과 부드러운 조직이 분해되어 생기는 사랍adipocere, 일명 시
체 밀랍으로 불리는 회색 물질이었다. 그란빌레는 알지 못했지만 그는
인간의 살로 만든 양초로 불을 밝혀놓은 방에서 청중을 계몽하고 있었
던 셈이다.[36]

오래전부터 언어학에서는 이누이트족의 언어에 '눈'을 가리키는 단어가
10개도 넘는다는 사실에 주목했다. '마차루티matsaaruti'는 썰매 날을 얼어
붙게 하는 질퍽질퍽한 눈이고, '푸카pukka'는 투명하고 보드라운 눈이다.
만약 단어의 가짓수를 통해 문화적 중요도를 어느 정도 파악할 수 있다
면, 고대 이집트 언어에 직물이나 미라 제작과 관련된 단어가 몇 가지나
되는지 알아볼 가치가 있을지도 모른다. 예컨대 황소 방부 처리 의식에
서는 직물로 사체를 감싸는 행위를 가리키는 동사만 3개를 썼다. '웨티
wety'는 포장한다는 뜻이고, '즈엠djem' 또는 '즈암tjam'은 덮는다는 뜻이고,
'제제스tjestjes'는 매듭짓는다는 뜻이다. '헤베스hebes'는 미라를 만들 때 쓰
는 큼직한 정사각형 천이다. 좁은 붕대 같은 천은 '피르pir'라고 부르고,
길게 찢어서 쓰는 붕대 천은 '넵티nebty'라고 부른다. 사제들이 의식을 거
행할 때 쓰는 붕대는 세벤seben, 게바geba, 세헤르seher로 불렸고 천은 세
와sewah, 베네benet, 케레kheret 등이 있었다. 기원전 1500년 경부터는 사
체를 카트khat라고 불렀다. 방부 처리된 사체는 즈에트djet라고 불렀는데,
즈에트는 '영원eternity'을 가리키는 단어와 동음이의어였다. 그리고 머리
에 신성한 덮개를 쓰고 천으로 감싼 사체를 가리키는 '사sah'라는 단어가
따로 있었다.[37]

미라 제작에 관한 가장 보편적인 설명은 사체가 사후에도 온전하게, 나아가 살아 있는 것처럼 보이게 보존하는 용도였다는 것이다. 미라 제작을 긍정적으로 바라보는 이론이다. 이 이론에 따르면 미라는 조심스럽게 천에 싸여 있다가 경매가 끝나면 배를 타고 새로운 거처로 이동하는 옛 거장의 그림과 비슷하다. 하지만 이런 이론에도 약점은 있다. 무엇보다 이 이론은 천 안에 있는 시체만 중요하게 생각하고 미라 제작에 사용된 붕대와 직물들은 하찮은 것으로 취급한다. 다시 말하자면 리넨을 중요한 내용물을 보호하는 덮개 정도로 본다.

이런 생각은 새로운 것이 아니다. 기원전 5세기의 문필가 헤로도토스는 시체를 미라로 만들면 죽은 사람이 "무덤에서 벌레들의 먹이가 되는" 것을 막아준다고 생각했다. 그란빌레 역시 "미라의 표면을 외부의 공기로부터" 보호하기 위해 붕대가 사용됐다고 썼다. 프랑스의 노련한 고고학자로서 이집트의 발굴 및 유물 보존을 총괄했으며 나중에 하워드 카터를 후원자 카나번 경에게 소개해준 가스통 마스페로Gaston Maspero 역시 이런 사고방식에서 자유롭지 못했다. 마스페로는 1886년 6월 1일 오전 9시에 람세스 2세의 미라 해부를 시작했다. 붕대와 천을 잔뜩 벗겨내고 나니 "머리부터 발끝까지 이어진 고운 천 1장"이 나왔다. 마스페로는 다음과 같이 기록했다. "이 마지막 천을 벗겼더니 람세스 2세가 모습을 드러냈다." 그의 감독 아래 발굴에 참여했던 다른 사람들도 천과 시신의 관계를 비슷하게 바라보고 있었다. 카터는 투탕카멘의 석관을 열었을 때 "그 안에 든 것이 매끄러운 리넨 수의로 완전히 덮여 있었다"면서 실망감을 나타냈다. 그는 수의 밑에 있던 "젊은 왕의 황금 조각상"이 나타났을 때, 그러니까 마침내 시신 자체가 나타났을 때 비로소 만족했다.[38]

미라로 보존된 시체들이 가치 있었던 것은 정밀한 조사와 부검을 할 수 있었기 때문이다. 19세기 후반과 20세기 초반에 미라를 조사한 사람들은 인종에 대한 선입견을 가지고 있었다. 마침내 람세스와 대면한 마스페로는 "코는 부르봉 비스킷처럼 길고 가늘고 휘어진 모양이었고", "입술은 두툼하고 부드러웠다"는 기록을 남겼다. 그란빌레는 미라의 골반을 자세히 살펴본 후 그것을 메디치의 비너스 조각상 및 "성숙한 흑인 여성"의 골반과 비교했다. "여성의 뼈에서 인종 간 차이가 가장 뚜렷하게 나타나는 부분이 골반이다." 미라로 보존된 시체에 당대 사람들의 관심사가 투영되는 일은 오늘날에도 일어난다. 그란빌레가 해부했던 미라 조각들이 1980년대 후반 대영박물관의 수장고에 보관된 관 속에서 발견됐을 때, 사람들은 곧바로 그 조각들을 몇 차례 더 해부했다. 그리고 2008년이 되자 그 미라의 진짜 사망 원인에 대한 의학 논문이 쏟아져 나왔다.[39]

　하지만 리넨 안에 숨겨진 시신과 보물에 대한 선입견 때문에 우리는 종종 리넨 자체의 가치와 의미를 간과한다. 비교적 단순한 미라를 만들 때도 엄청난 노력이 요구되며 막대한 양의 리넨이 들어간다. 그란빌레가 미라를 포장하는 여러 가지 방법을 기록으로 남긴 것은 잘한 일이었다. 그림이나 실물로 보존된 미라를 보면 천을 감아 시각적 효과를 만들어내는 기술이 대단히 섬세하게 발달했다는 사실을 알 수 있다. 당대의 문헌들도 미라를 만드는 데 사용되는 직물을 비중 있게 다루면서 다채로운 단어로 그 직물을 묘사하고, 그 직물을 마음대로 사용할 권리를 부여받은 사람들을 '비밀의 수호자'라는 존경 어린 명칭으로 불렀다. 미라를 천으로 감싸면서 시신을 보존하는 데 도움이 된 것은 맞지만, 보존만이 미라 제작의 주된 목표는 아니었던 것 같다. 머리 장식과 가면을 쓴 황소 미라의 특별한 모양은 이집트의 종교 미술을 연상시킨다. 리넨을 사용해 인간을 특별한 형상으로 조각한 것은 신성한 의미를 부여하기 위해서였다. 시체에 방부 처리를 하고 천으로 감싸는 동안 그 시체는 숭배할 만한 가치가 있는 것으로 변했다.[40]

　하워드 카터는 『투탕카멘의 무덤』 머리말에서 그가 막중한 임무를 수행했다고 강조했다. "고대의 무덤 도굴꾼들이 황급히 약탈을 하고 떠났음에도 거의 손상되지 않은 채로 보존된 왕족의 시신을 처음으로 보게 된다." 그는 자신이 했던 행동은 절대로 도굴이 아니었다고 주장했다. 그는 독자들에게 이렇게 약속했다. "해부가 끝나면 왕의 시신은⋯ 경건한 마음으로 다시 포장해서 석관에 도로 넣어둘 것이다." 카터는 정말로 그럴 작정이었을 수도 있지만, 어떤 이유에서인지 그의 계획은 실행에 옮겨지지 못했다. 그것은 '투탕카멘의 저주(투탕카멘의 무덤이나 미라 발굴에 관여한 사람들이 의문의 죽음을 당한 데서 비롯된 말_옮긴이)'를 받았다는 소문 때문일 수도 있고, 미라의 몸에 숨겨진 보물 때문이었을 수도 있다. 1968년에 석관을 다시 열었을 때 투탕카멘의 시신은 상태가 좋지 않았다. 연구자들이 나중에 쓴 글을 보자. "미라는 한 덩어리가 아니었다. 머리와 목이 몸통과 분리된 상태였고 팔다리도 떨어져 나왔다⋯ 더 자세히 살펴보니 팔과 다리는 군데군데 부러져 있었다."[41] 미라를 이처럼 훼손한 것은 카터의 연구진이었다. 카터는 미라의 몸을 드러내기 위해, 그리고 미라를 동여맨 천들 사이사이에 끼워진 부적과 장신구를 얻기 위해 거친 방법을 썼다. 몸통에서 분리된 두개골에서 황금 가면을 벗겨내기 위해 불에 달군 칼을 가면 안으로 집어넣기도 했다. 소년 왕 투탕카멘은 무덤 안에 다시 누워 휴식을 취하게 됐지만 3,360년 전 비밀의 수호자들이 만들어낸 '리넨으로 조각한 사_sah_'가 아니라 여기저기 부서진 엉성한 '카트' 같은 모습이었다. 나중에 투탕카멘은 포장이 풀린 채로 다시 매장됐다.[42]

# 3 선물과 말

고대 중국의 비단

# 단어를 엮다

나의 선기도 시는 서방님을 꿈꾸고, 기쁜 마음으로
생각을 엮어냅니다. 셀 수도 없이 많은 별이 반짝여요.
서방님의 슬픔과 사랑을 고스란히 담은 별들이지요.
내 슬픔의 한가운데에 서방님의 얼굴이 있어요.
셀 수도 없이 많은 별이 반짝이는 기쁨.

소혜, 「선기도」의 일부(데이비드 힌턴David Hinton 번역), 4세기

---

4세기의 중국 여인 소혜蘇蕙는 마음에 상처를 입고 고통 속에서 빛나는
걸작을 뽑아냈다. 그녀가 사랑했던 남편은 진나라의 관리였는데 고향에
서 멀리 떨어진 사막지대로 유배를 당했다. 게다가 남편은 소혜에게 사
랑을 고백해놓고 유배지에 도착하자마자 다른 여자를 첩으로 맞아들였
다. 소혜는 매우 화가 나고 심란했다. 상처 입은 자존심과 슬픔과 굴욕
감 속에서 창의력을 발휘하기란 쉽지 않은 일이었을 텐데도 소혜는 자
신의 감정을 「선기도璇璣圖, Star Gauge」라는 작품에 담아냈다. 「선기도」는
비단에 수를 놓아 만든 독특한 구조의 시로 약 500년 동안 탁월한 짜임
새를 가진 작품으로 인정받았다.[1]
　「선기도」의 원본은 가로 29자, 세로 29자로 이뤄진 정사각형 모양이
다. 비단 천에 색색의 실로 글자를 하나하나 새겼다. 「선기도」는 중국 시
문학에서 '회문시回文詩, reversible poem'라고 불리는 형식을 취하고 있다.
아니, 이 작품은 회문시의 정점에 위치한다. 회문시란 중국의 한자가 서
양의 문자들과 달리 어느 방향으로나 읽을 수 있다는 점에 착안한 형식
이다. 그 명칭에서 유추할 수 있듯이 앞에서부터 읽을 수도 있고(오른쪽

위에서 아래로 내려온다) 뒤에서부터 읽을 수도 있다. 그러나 소혜의 「선기
도」는 단순한 회문시가 아니다. 선기도는 독특한 구조를 지니고 있어서
독자들이 수평으로, 수직으로, 혹은 사선으로 읽어도 각기 다른 의미의
시가 되는 작품이다. 선기도 안에 포함된 시를 다 합치면 3,000수가 넘
는다고 한다.

　맨 처음 제작했을 때도 「선기도」는 시각적으로 대단히 아름다운 작
품이었을 것이다. 비단에 새긴 강박적인 사랑. "꿈이 나의 아름다움을
갉아먹는다." 어떤 줄은 이렇게 해석된다. "나는 상처 입은 연정들 사
이를 헤치고 나아간다. 나의 상념들은 그런 느낌이다." 「선기도」 원본은
오래전에 소실됐으나 커다란 사각형이었다고 알려져 있다. 5가지 색으
로 수놓은 글자들로 영역을 구분했고, 각 영역은 서로 다른 규칙을 따랐
다. 「선기도」라는 제목은 중국에서 천체의 운동을 측정하기 위해 사용하
던 선기璇璣라는 고리 모양 기구에서 따온 것이다. 선기는 옥으로 만든 여
러 개의 고리로 이뤄져 있었는데, 각각의 고리는 각기 다른 천체의 자오
선을 가리켰다. 아마도 소혜는 선기의 구조를 보고 회문시를 구상했을
것이다. 「선기도」의 뼈대에 해당하는 부분은 7자로 이뤄진 구들이다. 이
7자 구는 시를 시각적으로 가로, 세로로 구분하는데, 이것은 선기의 고
리들이 하는 역할과 비슷하다. 「선기도」는 어떤 순서로도 읽을 수 있다.
독자들은 구와 구가 교차하는 지점에 이를 때마다 방향을 바꿀 수 있다.
(이 구들을 여러 방법으로 읽어보면 2,848편의 한시가 만들어진다.[2])

　시대적 배경을 고려하면 「선기도」는 한층 놀라운 작품이 된다. 당시
중국은 혼란기였다. 100년쯤 후 중국 역사가들은 303년부터 439년 시기
에 '5호16국 시대'라는 별명을 붙였다. 왕조들이 금방 생겨났다 사라지
던 혼란의 시대였다는 뜻이다. 이 왕조들의 왕은 대부분 티베트족, 몽골
족, 그리고 아시아 대초원 지대의 기마민족인 흉노족 등 한족이 아닌 사

람들이었다. 이들은 새로운 풍습과 문화를 전파했지만 큰 혼란을 초래
하기도 했다. 이들이 경쟁국들을 제압하려 하고, 관리와 지식인들이 주
도하던 중국의 안정적이고 정교한 통치 체계를 무너뜨리거나 돈으로 매
수하려고 했기 때문이다. 그 시대에는 여성의 지위가 높지 않았으므로
소혜가 글을 쓸 줄 알았다는 것 자체가 놀라운 일인데 수천 편의 시를
지었다고 하니 놀라울 수밖에 없다. 이 시대 여류 시인의 작품 가운데
아직까지 전해지는 것은 「선기도」가 유일하다. (우리는 이 점에 감사해야
한다. 수백 년 동안 「선기도」는 보물로 간주되지 않았으며 언젠가 분실된 적도
있었다.[5])

　「선기도」가 재발견되고 새로운 생명을 얻은 것은, 실연당한 여인의
작품이기 때문인지도 모른다. 이야기는 일종의 민담이 되어 연극, 소설,
시로 다시 만들어졌다. 소혜 이야기를 원형으로 하는 것들 중 가장 유명
한 민담에서는 소혜가 바람난 남편이 돌아오기를 바라며 「선기도」를 지
었다고 한다. 이 민담에서 소혜는 수를 다 놓자마자 그 시를 남편에게
보낸다. 남편은 소혜가 세상에서 제일 좋은 여자라는 사실을 깨닫고 첩
과 헤어지고, 부부는 행복하게 재결합한다.

　이런 결말은 여성의 정조라는 전통적인 가치에 부합하긴 하지만 「선
기도」라는 작품의 특징과는 일치하지 않는다. 우선 「선기도」는 신비로울
정도로 모호한 작품이다. 그것은 작가가 의도한 바다. 소혜는 자신의 시
에 대해 "정처 없이 방황하고 뒤틀고 빙글빙글 도는" 작품이라고 묘사한
바 있다. 보수적인 사회에서 똑똑한 여자가 남자를 유혹하기 위해 이런
방법을 쓸 것 같지는 않다. 만약 「선기도」가 정말로 바람 피운 남편에게
돌아오라고 간청하는 글을 비단에 새긴 작품이라고 하더라도, 그 비단
에는 상당히 적대적인 장식이 달려 있다. 소혜는 남편이 첩으로 들인 여
인보다 자신이 더 나은 여자일 뿐 아니라, 비록 지금 슬픔에 빠져 있긴

하지만 자신이 남편보다도 나은 사람이라고 말하는 듯하다.[4]

# 나뭇잎에 빗방울
# 떨어지는 소리

누에를 치는 달에는 뽕나무 가지에서 잎을 따낸다.
우리는 도끼와 손도끼를 가져오고,
어린 뽕나무들은 울창하다.

「시경」, 기원전 11~7세기

전해지는 이야기에 따르면 중국의 비단 생산은 가장 중국적인 또 하나
의 특산물과 함께 시작됐다고 한다. 그 특산물은 바로 차※였다. 중국 황
제 헌원씨의 젊은 부인 서릉씨가 궁전 안뜰의 뽕나무 아래 앉아 차를 마
시고 있었다.[5] 그때 부드러운 '찌르릉' 소리와 함께 뜨거운 액체가 몇 방
울 튀었다. 황후의 머리 위에 있던 나뭇가지에서 누에고치 하나가 찻잔
으로 똑 떨어진 것이다. 서릉씨는 본능적으로 나뭇가지를 이용해 그 거
슬리는 물체를 빼내려고 했지만, 놀랍게도 그 고치는 차에 다 녹아 없어
졌다. 단단한 크림색 덩어리 대신 비단실이 끊이지 않고 이어지며 타래
를 이루고 있었다. 서릉씨가 그 비단실을 안뜰 여기저기에 흩어놓았더
니 꼭 자욱한 안개 같았다.

　이것은 고대 중국의 비단 생산에 관련된 수많은 전설 중 하나다. 중
국, 특히 양쯔강과 황허강 주변은 누에나방과 누에나방의 주된 먹이인

뽕나무가 많이 자라는 곳이었다. 이곳에서 최초의 양잠이 시작됐다. 사육이 이뤄지자 누에나방은 잘 날지 않고 많이 돌아다니지도 않게 됐다. 누에나방의 생애 주기도 원래보다 짧아졌다. 야생 누에나방은 보통 1년에 1번 짝짓기를 하며, 열대지방에서는 1년에 3번까지 짝짓기를 한다. 요즘 상업적으로 비단실을 생산하는 사람들은 1년 동안 누에를 8세대까지 기를 수 있다.[6]

누에나방Bombyx mori(줄여서 B. mori라고도 한다)의 생애는 4단계로 이뤄진다. 알에서 시작해 애벌레로 태어나고, 애벌레에서 번데기로 변했다가 최종적으로 누에나방이 된다. 이 모든 과정은 40일에서 60일에 걸쳐 진행된다. 누에나방 성충은 은은한 달빛 같은 색이고 온몸이 털로 덮여 있으며 날개가 너무 약해 날아다니지 못한다. 암컷은 갓 고치에서 나왔을 때부터 이미 알을 품어 통통하다. 암컷은 페로몬을 배출해 수컷을 유혹한 다음 짝짓기를 한다. (사람이 사육하는 환경에서는 몇 분 만에 짝짓기가 완료된다.) 그러고 나면 암컷은 곧 500개쯤 되는 알을 낳는다. 건강한 알은 청회색을 띠는 타원형이고 크기는 다임dime(미국과 캐나다에서 쓰는 10센트짜리 동전)의 O자 안에 딱 맞게 들어갈 정도다. 10일쯤 지나면 육안으로 보기 힘들 만큼 작은 애벌레가 태어나 꼬물거린다.[7]

야생 누에나방의 알은 뽕나무 잎사귀 위에 붙어 있다. 누에를 사육할 때는 환기가 잘 되는 납작한 트레이를 겹쳐 쌓아놓고 그 안에 누에 애벌레를 넣어둔다. 트레이 안의 누에는 빈둥거리다가 사람이 갖다주는 뽕나무 잎을 배불리 먹는다. (누에에게 먹이를 줄 때는 정신이 없다. 트레이에 가득 찬 누에 애벌레들이 요란한 소리를 내는데, 그 소리는 몇 미터 떨어진 곳에서 들어도 숲속의 맹렬한 폭풍우 같다.) 누에 애벌레들은 이렇게 폭식을 하면서 신비로운 변태에 필요한 에너지를 얻는다. 누에의 몸무게는 10배로 늘어난다. 허리둘레도 빠른 속도로 늘어나기 때문에 4번이나 허물을 벗는다. 다음 단계로 넘어갈 준비가 될 때쯤 누에들은 크림 같은 상아색으로 변한다. 때로는 회갈색 고리가 생기기도 한다. 길이와 폭은 여자의 새끼손가락과 비슷하다.[8]

번데기로 변하기 직전의 누에는 안절부절못하고 평소보다 많이 움직이면서 고치를 만들기에 좋은 장소를 찾는다. 고치 하나를 만드는 데는 길면 3일이 걸리는데, 그동안 애벌레는 머리를 앞뒤로 쉴 새 없이 움직이면서 입 밑에 있는 2쌍의 토사관spinneret에서 명주실을 토해낸다. 누에의 실 분비 기관인 실샘에서 만들어지는 견사 단백질silk protein은 누에의 몸속에서는 액체로 존재하다가 토사관을 통과해 밖으로 나오는 순간 고체가 된다. 이때 누에의 몸길이는 5센티미터 내외지만 누에 한 마리가 만들어내는 명주실의 길이는 한 가닥이 최장 1킬로미터에 달한다. 실의 굵기는 사람 머리카락의 절반 정도인 30미크론(100만분의 1미터)에 불과하다. 누에는 명주실을 토해내는 동안 고치를 빳빳하게 만들어주는 일종의 고무진인 세리신sericin이라는 물질로 실을 감싼다. 그래서 명주 생사, 生絲를 고무 명주라고도 부른다. (황후 서릉씨의 잔에 떨어져 뜨거운 차에 녹아버린 물질이 바로 세리신이었다.) 누에고치는 개체별로 차이가 크지만 일반적으로 계란 모양에 크기는 메추라기 알과 비슷하고, 색은 크림색에서 진한 노란 빛을 띤 주황까지 다양하다. 누에고치를 그냥 내버려두면 고치가 완성되고 나서 그 안에 있는 누에가 번데기로 변한다. 다시 15일쯤 지나면 번데기는 누에나방으로 변해 고치와 세리신을 뚫고 나온다.[9]

황후와 차의 전설만 생각하면 양잠이 나른한 오후에 취미 삼아 쉽게 할수 있는 일처럼 느껴지지만, 사실은 그렇지 않다. 누에나방은 어느 단계를 거치고 있든 간에 연약해서 사육하기가 어렵다. 암컷은 부화하지 않

을 알도 많이 낳는데, 이런 알은 검은색이 돈다. 애벌레로 사는 몇 달 동
안에는 식욕이 왕성하다. 누에 애벌레는 뽕잎만 먹는데, 밤낮 가리지 않
고 서너 시간마다 뽕잎을 새로 채워줘야 한다. 양잠업자가 마련해둔 뽕
잎이 동나면 새로운 공급처를 찾든가 이웃에게 부탁하든가 해서 뽕잎을
계속 넣어줘야 한다. 이것은 보통 일이 아니다. 12,000마리의 누에는 날
마다 약 20자루의 뽕잎을 먹어치운다. 명주 1킬로그램을 생산하려면 뽕
잎 220킬로그램이 필요하다고 추정된다. (실제로 고대에는 뽕잎이 부족했
기 때문에 누에가 짝짓기를 하는 봄철에는 사람들이 뽕나무를 베는 것을 금지
했다.) 누에에게 주는 뽕잎은 깨끗하고 물기가 없어야 하며 너무 뜨겁지
않아야 한다. 뜨거운 한낮에 따온 뽕잎은 그늘에 말려 시원하게 만들어
야 한다. 뜨거운 잎을 그냥 먹이면 누에는 죽고 만다.

　누에는 질병에도 취약하다. 적강균(누에가 적강균에 감염되면 누에 굳음
병에 걸린다_옮긴이) 감염 여부는 누에가 허물을 벗고 나오는 순간 확인할
수 있다. 몸에 붉은 빛깔이 돌면 그 누에는 곧 죽는다. 흑강병이라는 병에
걸린 누에는 몸이 검은색으로 변하고 악취를 풍기며 죽어간다. 누룩곰팡
이병은 더 무시무시하다. 누룩곰팡이병에 걸린 누에는 피부가 팽팽하게
당겨지고 머리가 부풀어 오르며 입에서는 노란 액체가 흘러나온다.[10]

　하지만 누에에게 먹이를 충분히 공급하고 병균을 잘 막아냈다면 양
잠업자의 노력은 통통한 누에고치 수확으로 결실을 맺는다. 고치 중 몇
개는 다음 세대의 누에를 얻기 위해 남겨놓았다가 부화시키지만 대부분
은 수확해서 명주실을 얻는다. 수확의 첫 단계는 가장 바깥쪽의 실을 벗
겨내는 것이다. 가장 바깥쪽의 실은 인장력이 낮아 겨울옷에 덧대는 천
으로 쓴다. 그러고 나면 고치를 증기로 찌거나 굽거나 소금물에 담가 성
충을 죽인다. 그렇지 않으면 성충이 나방으로 변하면서 자기 몸을 감싼
명주실 뭉치를 망가뜨릴 수 있기 때문이다. 다음으로 고치를 뜨거운 물에

담가 끈끈한 세리신을 제거한다. 이 작업이 끝나면 명주실은 20~30퍼센
트 정도 소실된다. 물에서 꺼낸 명주실은 실패에 감아 실이 곧게 펴지고
엉키지 않게 한다. 이렇게 감은 실은 대부분 몇 가닥씩 꼬아서 옷감 짜
기에 적합한 굵은 실로 만들고 염색도 한다. 오랜 세월 이 명주 실타래
는 대단히 생산성 높은 원자재 구실을 했다.[11]

# 5,000년의 독점

남자는 밭을 갈고, 여자는 베를 짠다.

중국 속담

12세기 송나라 황제 휘종은 통치자로서는 무능했지만 예술가로서는 뛰
어난 인물이었다. 〈도련도搗練圖(새로 짠 비단을 손질하는 궁궐 여인들)〉라
는 작품은 그의 재능을 여실히 보여준다. 긴 비단 두루마리에 먹과 물
감, 금가루로 그린 그림은 세 무리의 여자들이 비단을 가공하는 과정을
단계별로 보여준다. 맨 오른쪽의 여자 4명은 명주에 다듬이질을 하고 있
다. 중앙에서는 여자 2명이 비취색 깔개 위에 앉아 바느질을 하고, 왼쪽
에서는 다른 여자들이 긴 비단을 펼쳐 들고 있다. 이 여자들은 황제의
첩일 가능성이 높다. 고대 중국 사회에서 황제의 첩은 좋은 집안에서 태
어난 여자들이었다. 그들은 허리선이 높고 하늘색, 초록색, 살구색, 진
홍색 등 서로 잘 어울리는 색의 무늬가 들어간 의복을 입고, 머리는 정
교하게 모양을 낸 뒤 빗 장신구로 고정한 모습이다. 사전 지식이 없는

사람의 눈에는 격식을 차린 장면으로 보이겠지만, 사실 이 그림에 묘사된 비단 손질의 3단계 공정은 모두 성적인 시에 나오는 비유들이다. 예컨대 옷감에 다듬이질을 하는 동작은 원래부터 여성의 성욕에 대한 은유로 자주 쓰였다. 즉 황제는 비단으로 몸을 감싼 이 매력적인 여자들이 황제를 향한 좌절된 욕망을 해소하기 위해 비단을 더 많이 만들어내고 있다고 암시하는 그림을 비단 캔버스에 그린 셈이다.[12]

다른 천연섬유와 마찬가지로 비단 또한 고고학자들이 발굴할 수 있는 흔적을 잘 남기지 않는다. 따라서 비단이 처음 생산된 시점을 정확히 알아내는 일은 두 눈을 가린 사람이 날아다니는 나방을 잡으려고 하는 일만큼이나 막막한 일이다. 추측건대 양잠은 6000~7000년 전에 처음 시작됐다. 그 무렵에는 다양한 기술을 가진 세련된 문명이 발달해 있었다. 신석기시대 유적지인 시인西陰에서는 기원전 2200~1700년 사이의 것으로 추정되는 누에고치가 깔끔하게 반으로 쪼개진 상태로 발견됐다. 중국 남부의 저장성(절강성)에서는 기원전 2750년경에 생산된 것으로 추정되는 평직물tabby weave 조각이 나왔다. 다른 신석기 유적지인 허난성 중부의 지아후賈湖에서는 더 오래된 비단 생산의 흔적이 발굴됐다. 지아후는 문화와 예술 활동의 유산이 풍부한 곳으로 알려져 있다. 지아후 유적지에서는 가장 오래된 악기라 할 수 있는 뼈로 만든 피리가 나왔고, 쌀과 꿀과 과일을 발효시켜 만든 술의 흔적도 발견됐다. 약 8,500년 전의 무덤군에서는 견사 단백질의 흔적(견사 단백질 자체는 오래전에 부패했지만)도 발견됐다. 먼 옛날에도 비단은 특별한 물건이라 사람들이 무덤까지 가져가고 싶었던 모양이다.[13]

놀랍게도 5,000년 가까운 세월 동안 누에나방에서 명주실을 뽑아 비단을 만든 나라는 중국밖에 없었다. 그리고 비단이라는 물질 자체는 썩어 없어졌지만, 비단 생산에 필요한 바늘, 베틀, 북 같은 물건들은 아직 남아 있다. 신석기 유적지인 허무두에서는 기원전 4900년쯤의 물건으로 추정되는 상아색 대야가 출토됐는데, 이 대야에는 한 쌍의 누에로 보이는 장식이 달려 있다. 기원전 1500년에서 기원전 1050년 정도까지 지속된 상 왕조 시대에는 동아시아 최초의 문자였던 갑골문자가 만들어졌다. 갑골문자는 보통 황소와 양의 견갑골 또는 거북의 껍질에다 새기는데, 내용에 질문이 들어 있어서 이것으로 점을 쳤다. 상 왕조의 갑골문자 중 약 1,000자를 해석해보니 10퍼센트 정도는 '뽕나무', '누에', '비단의 여신' 등 비단과 관련된 말이었다.[14]

　중국에서 비단을 다양한 용도로 쓰기 시작한 때는 상 왕조 시대였다. 언제 어디에서나 그렇듯 비단이 가장 잘 보존된 경우는 비단이 장례에 사용된 경우였다. 고대 이집트 사람들이 부장품을 리넨으로 감쌌던 것처럼 중국에서는 옥, 청동기, 손도끼 같은 부장품을 비단으로 감쌌다. 중국 중부의 창사 지역에 위치한 마왕두이馬王堆 유적지에서는 정교한 장식이 있는 관 안에 또 다른 관이 겹겹이 들어 있는 무덤이 발견됐다. 마왕두이 1호 무덤에서 발견된 4개 관들 가운데 가장 바깥쪽 관은 겉이 검정, 안이 빨강으로 칠해져 있었다. 고대 중국의 장례 의식에서 검정과 빨강의 조합은 상징적인 의미를 지니고 있었다. 관을 감싼 곽에는 구름과 도깨비 장식이 있었다. 제일 안쪽 관 역시 검정과 빨강이었고, 기하학적 무늬가 들어가고 깃털 장식이 달린 브로케이드에 싸여 있었다. 마왕두이의 다른 무덤에서는 상복 입는 방법을 설명하는 글과 도표가 새겨진 비단이 출토됐다. 이 비단들 역시 천에 꼼꼼하게 싸여 있었다. 수백 년이 지나 기원전 316년 주나라의 고위 관리였던 소타邵佗가 사망해 허베이성에 매장됐을 때 그의 무덤에는 77가지의 직물이 함께 묻혔다. 77가지 직물 중 15가지가 견직물이었다. 때로는 무덤에서 출토된 기록이 실제로 무덤에 매장된 비단들의 양을 다소 과장하기도 한다. 548년

봉인되어 어떤 무덤에 묻힌 문서에는 브로케이드 1,000필, 다마스크 10,000필, 그리고 약 30만 킬로미터 길이의 명주실을 타고 "하늘로 올라갔다"는 과장된 설명이 등장한다.[15]

비단은 다른 종교의식과도 엮여 있었다. 중국 한나라(기원전 206~서기 220년)의 역사가였던 사마천은 전통적으로 황제가 주관했던 '봉선 의식'에 대해 긍정적으로 서술했다. 이 의식에는 3종류의 비단과 양과 야생 거위와 꿩을 축하 선물로 받는 순서가 포함됐다. 사마천은 유 황제가 이 의식을 거행하지 않아서 권좌를 잃었다고 기록했다. "하늘에서 황실로 보낸 두 마리 용이 떠났다." 나중에는 불교에서도 경전과 조각상을 비단으로 감쌌다. 7세기 중국의 어느 수도승은 인도 북부의 마하보디 Mahabodhi 사원에서 커다란 부처 조각상을 감싸기에 딱 좋은 크기의 장막을 만들었다. 그 장막은 산둥성의 신도들이 공양한 비단으로만 만든 것이었다. 종교의식을 거행한 데 대한 보상으로 황제와 귀족들이 사제들에게 비단을 하사하기도 했다. 720년경 탄트라 불교의 스승인 불공不空 (아모가바즈라Amoghavajra라고도 한다)이 중국에 왔는데, 그가 비단을 어찌나 많이 선물받았는지 사람이 모래언덕에 오르는 것처럼 그 비단 더미에 올라갈 수도 있었다고 전해진다.[16]

적어도 공자가 살았던 시대부터는 비단 생산과 여성의 사회적 역할이 연결되기 시작했다. 하 왕조(기원전 2070~1600년경) 시대에도 여자들은 집에 머물면서 옷감 짜는 일을 해야 한다는 관념이 있었다. 4세기의 어떤 문헌은 이 점에 대해 분명한 의견을 보여준다. "여자들은 실을 뽑고 옷감을 짜기 위해 아침 일찍 일어나고 밤늦게 잠자리에 든다… 그것은 그들의 일이다." 상 왕조(기원전 1500~1050년) 시대부터 누에 신이나 누에 여신이라는 개념이 생겨나면서 여성과 비단의 연결 고리는 한층 강해진다. (누에 신 또는 누에 여신은 전설 속에서 뜨거운 차에 누에고치를 빠뜨린 서릉씨와 동일시되기도 했다.) 누에 여신 숭배의 흔적은 이런저런 형태로 19세기 상하이의 공장 노동자들에게도 나타난다.

누에 여신 숭배가 수천 년 넘게 계속된 이유 중 하나는 전통적인 문화 규범에 대한 일종의 저항이 여성이 지배하던 영역에서 이뤄졌기 때문인지도 모른다. 유교적 가치 아래서는 여성 영웅이 출현하기가 힘들었지만, 누에 여신은 소혜와 마찬가지로 힘을 가진 존재였다. 누에 여신에게 제물(보통 목판 형식으로 제작했다)을 바치는 제의는 누에가 부화하는 철에 맞춰 해마다 열리는 중요한 문화 행사로 간주됐다. 명나라 때는 베이징의 자금성보다 조금 더 북쪽에 위치한 북해공원에 서릉씨를 모시는 사당을 짓기도 했다. 매년 12월 12일은 누에 여신의 생일로 정해 기념했다.[17]

오늘날 우리도 쉽게 이해할 수 있는 비단의 대표적인 쓰임새는 지위를 나타내는 것이다. 공자가 편찬했다고 알려진『예기禮記』에는 다음과 같은 가르침이 나온다. "왕의 관은 빨강[비단]으로 안감을 두르고 갖은 금속으로 만든 못을 박아 고정한다. 높은 관리의 관은 검정[비단]으로 안감을 두르고 소뼈로 만든 못을 박는다. 낮은 관리의 관에는 안감을 두르되 못은 박지 않는다." 상 왕조와 주 왕조 시대(기원전 1600~256년경)에 비취와 비단은 귀족들 사이에서 가장 귀하게 여겨지는 선물이었다. 비취에는 상징적인 문양을 새길 수 있었고, 비단은 상징적인 무늬를 넣어 짤 수도 있고 완성된 비단에 자수를 놓을 수도 있었다. 황허 하류 지방에서 생산된 직물에는 "상서로운 무늬", "무리지어 있는 4개의 구름", "거울에 비친 꽃", "빠르게 치는 파도"와 같은 매력적인 이름이 붙었다. 비단을 짜는 직공들은 사람들의 수요에 부응해 점점 더 정교한 무늬를 만들어냈는데, 그 무늬는 시대에 따라 달랐다. 예컨대 당나라 때는 밝은색이 유행했지만 송나라 때는 연한색이 인기를 끌었다. 송나라 항주杭州(현재

의 항저우)의 직공들 역시 송나라의 큰 행사와 명절에 맞춰 특별한 비단
을 생산했다. 입춘에는 "춘번春幡(금과 은 그리고 비단을 이용하여 만든 깃발
모양의 장식물_옮긴이)", 원소절에는 "등롱燈籠(원소절에 집 안에 거는 등불_
옮긴이)"이 눈에 띄었으며, 단오절의 용선龍船 축제에서도 많은 비단이 생
산됐다. 비단길을 통해 외국 문물이 중국 땅에 들어온 다음부터는 비단
에도 그 영향이 반영됐다. 그래서 중국에서 생산된 직물에서 그리스, 인
도, 페르시아 문양의 흔적이 모두 발견되는 것이다.[18]

중국 황제들은 화려한 비단을 매우 좋아했다. 7세기부터는 노동력
을 아주 많이 투입해야 만들 수 있는 야들야들한 노란색 비단은 황제들
만 사용할 수 있는 법이 만들어졌다. 궁전에는 비단 염색과 직조 설비가
있었고, 황제의 정식 부인인 황후가 친히 양잠 기관을 감독하기도 했다.
금나라의 황제 장종은 1190년 황위에 올랐을 때 1,200명의 직공을 불러
들여 특별한 문양이 들어간 다마스크를 짜라고 지시했다.

사치 금지법은 특정 견직물을 특정 계층에게만 허용했다. 예컨대 직
조 전에 염색한 비단으로 만들어진 옷은 직급이 높은 관리들만 입을 수
있었다. 용을 수놓은 관복(용포)은 중국에서 극소수만 입을 수 있는 옷이
었다. 옆구리 부분을 끈으로 조이고 옷깃 장식과 함께 착용하는 용 문양
관복은 왕을 보필하는 신하들이 선호하는 옷이었고, 황제가 자주 하사
하는 선물이기도 했다. 용포에는 상징적인 장식이 많이 들어갔다. 청나
라 때는 중간 직급 관리들 용 8마리가 새겨진 관복을 입은 반면 직급이
높은 관리는 용이 1마리 더 들어간 옷을 입었다. 대개 용은 겉감 안쪽,
끈을 조이는 곳 아래에 숨겨져 있었다. 궁궐에서는 관복 관리를 아무에
게나 맡기지 않고 황실의 의복 담당자에게만 맡겼다.[19]

이렇듯 다양하게 활용되는 비단을 공급하려면 노동력이 많이 필요했
고 혁신도 일어나야 했다. 가장 원시적 형태의 직기인 수평식 베틀은 적

어도 7,000년 전부터 사용됐다. 수평식 베틀은 베 짜는 사람의 체중을 이용해 날실을 팽팽하게 당기는 방식을 썼다. 옷감 수요가 늘어나면서 직기도 다양해졌고 때로는 아주 특수한 직기가 발명되고 사용됐다. 비단을 꾸준히 공급하기 위해 비단 생산은 무조건 할당량에 맞추고 품질 관리도 세심하게 이뤄졌다. 주나라 때는 전국의 양잠업만을 감독하기 위한 행정기관이 설립됐다.

넓게 말하자면 수백 년 동안 비단을 생산하는 방법은 크게 3가지였다. 첫째, 농가에서 여자들이 해마다 나라에 세금으로 바치기 위해 비단을 짰다. (개개인의 입장에서 보면 생산량은 적었지만 고대 중국에서는 이렇게 만들어진 비단의 양이 상당히 큰 비중을 차지했다. 예컨대 1118년에는 세금을 내기 위해서 생산된 비단만 총 390만 필이었다.) 둘째, 직업적으로 옷감을 짜는 가구들이 생겨났다. 이들은 고도의 기술을 발휘해 아름다운 비단을 짠 다음 그것을 팔아서 생활했다. 셋째, 국가가 관장하고 황실에서 운영하는 공방에서 황제와 궁궐 사람들의 옷에 들어가는 비단을 생산했다. 이 공방에서는 생산이 대규모로 이뤄졌다. 측천무후가 황후였던 시기(685~705년)에 황실의 비단 공방에서 일한 사람은 5,029명이었다고 한다. 재고관리를 맡은 사람이 27명, 서기가 17명, 회계사만 3명이었다. 황실 공방은 능직 기술자 83명과 고급 기술을 가진 직공 42명을 고용하고 있었다. 한참 뒤인 명나라(1368~1644년) 시대에는 황제의 칙령에 따라 난징에 직기 300대를 갖춘 국영 비단 공장이 설립됐다. 이 공장에는 매년 비단 5,000필을 생산하라는 지시가 떨어졌다.[20]

〈도련도〉에서 비단이 주제, 소재, 풍자의 3가지 역할을 수행한 것처럼, 중국의 비단은 문화적으로 풍부한 의미를 지닌 동시에 부의 원천으로도 중요했다. 1578년이 되자 중국 전체 세수의 10퍼센트가량이 국영 공장의 비단 생산에 쓰였다. 사실 중국의 비단 생산은 오래전부터 경제활동의 핵심이었다. 진나라에는 뽕나무 잎을 훔친 사람은 설령 훔친 잎이 동전 한 푼의 가치도 없더라도 30일간 강제 노동에 처한다는 법령이 있었다. 국가들 간에 비단 생산을 두고 경쟁이 벌어지기도 했다. 비단 생산이 민감한 문제였다는 증거는 589년 주나라가 위나라(오늘날의 산둥성 등지)를 침공한 후에 진행한 협상에서 발견된다. 노나라가 100명의 목공, 수예공, 직공을 주나라에 보내 기술을 전수하는 데 동의한 후에야 평화 협상이 타결됐다.[21]

　단순하게 말하면 비단은 다양한 경우에 화폐 대신 사용됐다. 주나라의 청동 제단에는 말 1마리와 비단 몇 필을 노예 5명과 교환했다는 기록이 새겨져 있다. 왕망王莽이 신新 왕조를 다스리던 서기 9년에서 23년 사이에 무늬 없는 비단 1필은 약 60킬로그램의 쌀과 맞바꿀 수 있었고 아주 고운 비단은 쌀 80킬로그램과 교환할 수 있었다. 그리고 내수 시장이 비단 생산을 좌우하긴 했지만 중국인들이 대외무역에 전혀 관심 없었다고 생각하는 것은 오산이다. 20세기 초에 중국을 여행했던 고고학자 아우렐 스타인Aurel Stein은 고비사막 가장자리의 폐허가 된 망루에서 조그만 비단 조각을 발견했다. 그 망루는 교역의 중요한 기착지였다. 비단 조각에 적힌 내용은 아주 유용했다. "전촉前蜀 나라의 강북 지방에서 온 비단 1필. 폭은 2.6인치, 길이는 12미터. 무게는 708그램, 가격은 618냥." 1127년 송나라가 멸망하자 화려한 다마스크 비단을 만들기 위한 새로운 공방이 세워졌다. 이 공방에서 생산된 비단은 티베트족의 말과 교환했다. 나중에는 중앙아시아를 가로지르는 교역로들의 네트워크에 아예 비단이라는 이름을 붙이기에 이르렀다. 이것이 '비단길'이다. 비단 교역은 대부분 상업적 이윤을 얻기 위해 이뤄졌지만 간혹 두려움 때문에 이뤄지기도 했다.[22]

# 적에게 주는 선물

흉노족은 사막에 살고 불모의 땅에서 세력을 키운다.
이들은 아무런 재주가 없어서 하늘로부터 버림받은 사람들이다.

『염철론鹽鐵論』, 기원전 81년

1세기 전후 중국 북부에 살았던 사람들에게 흉노만큼 무서운 것이 또 있
었을까?

　　몽골 대초원 지대의 지배자였던 흉노족은 거칠고 잔인하며 무예가 뛰
어난 전사들로 알려져 있었다. 게다가 그들은 유목 생활을 했는데, 중국
의 한족에게는 그것이 매우 거슬렸던 모양이다. 기원전 110년에서 90년
사이에 집필된 역사서 『사기』는 흉노족을 "산악 지대의 야만인들"로 칭
하고 그들을 미개한 존재로 묘사한다.

　　[그들에게는] 성벽으로 둘러싸인 도시나 집이 없다. 그들은 어떤
　　농사도 짓지 않는다…. 문자가 없어서 모든 약속과 합의는 구두로
　　한다. 사내아이들은 어려서부터 양의 등에 올라타 활과 화살로 새
　　나 쥐 따위를 쏘면서 놀고, 어느 정도 자라면 여우 사냥을 한다….
　　그래서 젊은 청년들은 모두 다 활을 쏠 줄 알고 전시에는 기갑부대
　　로 변신한다.[23]

흉노족은 전쟁터에서 두려움을 몰랐으므로 한족에게는 골치 아픈 이웃

이었다. 흉노족과 한족은 수백 년 동안 비슷비슷한 충돌을 거듭하며 세력 다툼을 벌였다. 그러는 동안 흉노족은 이웃한 남쪽 나라들을 수시로 습격해 가축을 약탈하고 그 나라 사람들을 노예로 삼고는, 한족이 전투 태세를 갖춰 반격을 개시하기 전에 초원지대로 퇴각했다. 한족은 군사력으로 흉노를 제압하지 못하자 교묘한 책략을 준비했다. 흉포한 흉노족을 고분고분하게 만들기 위한 한족의 계획은 오랜 시간과 비밀 무기를 필요로 하는 것이었다. 한족은 그 비밀 무기를 통해 궁극적으로 승리할 수 있으리라 자신했다. 그 비밀 무기는 바로 비단이었다.

한족의 책략은 외교를 기본으로 하는 것이었다. 우선 그들은 흉노족과 조약을 맺고 이른바 '조공 체계'를 수립했다. 조약의 실질적인 내용은 다음의 4가지였다. 첫째, 중국 황제의 딸이 흉노족의 우두머리인 '선우'에게 시집을 간다. 둘째, 만리장성을 양쪽 나라의 경계선으로 삼는다. 상대국의 허락 없이 만리장성을 넘어가면 조약 위반으로 간주한다. 셋째, 양측은 대등한 '형제' 국가로서 둘 중 어느 쪽도 다른 쪽에 예속되지 않는다. (나중에 흉노는 한나라와 대등한 지위가 아닌 조공을 바치는 입장이 됐지만, 그렇다고 해서 조약의 나머지 3개 항이 무효가 되지는 않았다.) 조약의 넷째 항목에서 비단이 등장한다. "양국 간에 합법적인 교역을 활성화한다." 교역 활성화를 위해 만리장성 부근에 특별한 시장이 열렸다. 한족은 흉노족이 기를 쓰고 훔치려 했던 온갖 물건들을 넘쳐나게 제공했다. 흉노의 선우(선우는 왕을 의미한다)와 한나라 황제는 해마다 선물을 주고받으며 유대 관계를 강화했다. 명목상으로는 '형제' 국가 사이의 선물 교환이었지만 실제로는 금품 갈취와 별반 다르지 않았던 것 같다.[24]

최초의 조약을 체결한 것은 기원전 198년이었으나, 조약은 몇 번이고 깨졌다 다시 체결됐다. 예컨대 135년에는 대초원 지대의 흉노족이 황소가 끄는 수레 1,000대 규모의 한족 상인들의 행렬을 습격했다. 한족을 더 화나게 한 것은 그 수레들이 국경 지대의 시장 중 한 곳으로 향하고 있었다는 사실이다. 흉노족이 약탈을 그만두고 합법적인 방법으로 한족과 교역하면서 이익을 추구할 수 있도록 하려고 특별히 시장을 개설했는데 말이다. 앞서 기원전 177년에는 흉노족이 한족의 동맹국 몇 군데를 침공했다. 양국이 다시 평화적인 관계를 수립한 것은 3년 후 흉노가 한족의 우 황제에게 사신을 보냈을 때였다. 사신은 한편으로 사과를 하면서도 다른 한편으로는 흉노의 군사력과 최근의 무공을 과시했다. 우 황제는 흉노의 의도를 눈치 채고 자수가 들어간 비단 10필, 무늬가 들어간 브로케이드 30필, 빨간색과 연녹색 비단 각각 40필과 황제 자신의 관복 몇 벌을 선물로 보냈다. 우 황제는 이런 답장을 써 보냈다. "사신이 말하기를 선우께서 친히 귀국의 군사들을 이끌었다고 했소. 전투에서 공을 세우고 고생도 많이 하셨다고 들었소. 그래서 우리 황실의 물건 중에 자수와 능직 테두리로 장식된 관복, 자수로 장식된 외투, 테두리 장식이 들어간 평상복, 그리고 능직 비단으로 만든 겉옷을 보내오."[25]

　세월이 흐르자 흉노 왕실이 요구하는 선물의 규모도 커졌다. 기원전 51년에 흉노 왕실은 명주실 6,000근(1근은 약 605그램 정도 된다)과 비단 8,000장을 받았는데, 서기 33년에 이르면 명주실 16,000근과 비단 18,000장으로 늘어났다. 유목 민족들의 지도자에게 비단은 권위를 나타내는 중요한 상징물이었고, 이들 역시 중국처럼 왕족의 무덤에 비단을 함께 넣는 경우가 많았다. 지금까지 몽골 북부에서는 무덤 부장품으로 묻혔던 직물이 상당수 발굴됐다. 예컨대 흉노 귀족의 무덤이 200개 이상 있는 노인울라Noin-Ula 유적지에서는 조공의 답례품으로 받았을 법한 귀한 능직 비단을 비롯한 중국 견직물이 많이 출토됐다.[26]

　조공 조약이 자주 깨지고 체계를 유지하는 비용이 점점 증가했는데도 중국이 조공 체계를 유지한 이유가 궁금해지기도 한다. 그 이유 중

하나는 편의주의였다. 흉노족이 중국에서 보내온 선물과 중국이 설치
해준 시장을 귀중하게 여겼다는 것만은 분명하다. 선물과 시장은 135년
흉노가 한나라를 침공한 후 양국 간의 갈등을 봉합할 때 흉노족 외교사
절단의 요청에 포함돼 있었다. 한족은 이런 협약이 흉노의 침공을 완전
히 중단시키지는 못할지라도 침공을 감소시키는 효과가 있으리라고 기
대했다. 한족은 적국인 흉노와 교역을 하면 흉노가 경제적으로 어려워
질 것이라는 교활한 계산도 했다. 한족이 유목 민족인 흉노족보다 질 좋
은 사치품을 많이 생산했으므로 교역의 균형추가 항상 한족에게 기울어
질 것이라는 생각이었다. 실제로 흉노족은 중국 사치품을 구입하면서
낙타, 당나귀, 말과 같은 짐 나르는 동물들을 내놓았다. 흉노가 전투에
서 승리하기 위해서는 그런 동물들이 꼭 필요했으므로 한족의 입장에서
는 그 동물들이 많이 넘어올수록 유리했다. 기원전 81년 한족의 어느 관
리는 이런 계략을 다음과 같이 표현했다.

> 중국의 무늬 없는 비단 1필을 흉노족에게 주면 금 몇 덩어리의 가
> 치가 있는 물건들과 바꿀 수 있다. 그리하면 적의 자원이 감소한다.
> 노새, 당나귀, 낙타가 줄줄이 국경선을 넘어 들어온다. 요란한 울음
> 소리를 내며 껑충껑충 뛰는 얼룩무늬 말도 우리 손에 들어온다.[27]

그러나 비용이 많이 드는 조공 체계를 한족이 장기간 유지했던 데에는
장기적인 계산과 음흉한 동기가 있었다. 한족은 흉노족에게 질 좋은 옷
감과 음식을 비롯한 한족 문물을 제공하면 흉노의 군사력이 약해지리라
고 믿었다. 그들은 흉노가 경제적·문화적으로 중국에 의존하고 중국의
사치품에도 의존하게 되기를 바랐다. 전쟁을 통해 얻을 수 없는 것을 영
리한 외교와 인내로 얻겠다는 속셈이었다. 그 책략을 가장 먼저 구체화

한 사람은 전한의 초대 황제인 고조(재위는 기원전 201~169년)였다. 고조
는 그 책략을 '5가지 미끼' 작전이라는 이름으로 불렀다. 맛있는 음식과
구경거리, 음악과 여자, 건축물, 풍부한 곡식, 아름다운 옷이 흉노에게
삼손의 머리카락을 자르는 것과 같은 작용을 하리라는 구상이었다.

　　사실은 흉노족도 그런 선물이 위험할 수 있다는 점을 인지하고 있었
다. 흉노로 망명한 한족 관리 한 사람이 흉노족에게 "당신들은 한족의
계략에 놀아나고 있다"고 직설적으로 이야기하기도 했다.

> 흉노족의 강성한 힘은 음식과 옷이 한족의 음식이나 옷과 다르다
> 는 데서 나옵니다…. 지금부터 당신들이 한족의 비단옷을 얻을 때
> 마다 그 옷을 입고 당신네 말에 올라 덤불과 풀숲 사이로 달려보십
> 시오! 얼마 못 가서 당신들의 옷과 각반은 갈기갈기 찢어질 겁니
> 다. 그러면 비단은 실용성과 내구성에서 모직과 가죽을 절대 따라
> 갈 수 없다는 것을 두 눈으로 똑똑히 확인하게 되겠지요.[28]

비단은 남편에게 배신당한 아내 소혜, 허영심 많은 황제 휘종, 그리고
흉노족의 침공에 시달리던 한족 황제들을 하나로 엮어준다. 이들은 모
두 비단을 유혹의 매개체로 사용했다. 여성 혐오 시대에 살았던 여성인
소혜는 비단을 통해 자기 목소리를 냈다. 유교적 사고방식에 따르면 비
단 생산은 여자들이 도맡아 해야 하는 일이었다. 비단 생산은 여자들이
사회에 물질적으로 기여할 수 있는 활동이었고, 자수와 직물은 여자들
이 탁월한 실력을 뽐낼 수 있는 영역 중 하나였다. 19세기에 「자수론」을
쓴 딩 페이는 독자들에게 "바늘은 글을 쓰는 붓"이라고 말하면서 자수가
하나의 독자적인 예술형식이라고 당당하게 주장했다. 그녀의 글에 따르
면 자수는 "감정으로 물들어 있어야" 한다. "[그래야] 고층 건물이 1인치

의 옷감에 담기더라도 작아 보이지 않는다." 소혜는 똑똑한 머리와 바느
질 솜씨를 활용해서 비단에 글자를 새겼다. 글의 내용은 읽는 사람이 어
떻게 해석하느냐에 따라 달라지는데, 멋들어진 시를 통해 남편이 돌아
오게 하려는 듯 보이기도 하고, 남편의 기를 죽여 항복을 받아내려는 듯
보이기도 한다.[29]

　휘종 황제는 조금 다른 비단 캔버스를 사용해 사랑 이야기를 풀어놓
았다. 휘종은 그에게 욕정을 품은 여인들의 모습을 그리기 위해 예술적
재능을 십분 발휘했다. 게다가 그 그림에 등장한 황제의 첩들로 보이는
사람들은 그 시대에 가장 지위가 높고 영향력 있는 여자들이었다. 사치
스러운 옷은 그 여인들을 더 아름답게 하고 간접적으로는 휘종 자신의
남성적 매력을 강조한다. 어떤 의미에서 휘종은 비단의 문화적 가치와
언어를 이용해서 자기 자신을 여자들이 갈망하는 정력적인 남자로 신화
화했다고 여겨진다. 그와 같은 시대에 살았던 사람들의 의견은 달랐을
수도 있지만.

　흉노족에 대한 유혹은 그보다 더 교활했다. 한족은 자신들의 비단으
로 흉노의 전쟁 야욕을 꺾을 수 있을 것이라고 자신했다. 유목 민족인
흉노가 비단을 귀한 보물로 여긴 것은 사실이었다. 비단은 질감이 우수
하고 가벼워서 말등에 싣고 다니기 좋았기 때문이다. 흉노의 귀족들은
비단으로 만든 옷과 침구를 쓰기 시작했고 자신들의 장례식에도 비단을
사용했다. 중국에서와 마찬가지로 흉노 사회에서도 값비싼 비단을 소유
하는 것은 권력의 표식이 됐다. 중국의 사치 금지법이 계층별로 어떤 색
과 품질의 비단을 써야 할지 정해놓았던 것처럼, 비단은 흉노족의 선우
가 자기의 지위를 확고하게 다지는 데 중요한 역할을 했다. 비단은 곧
권력이었다.

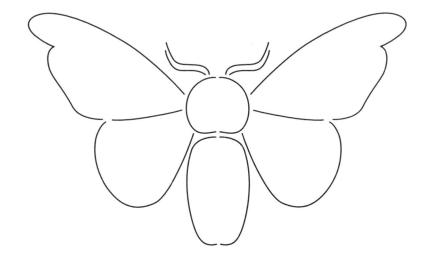

4

## 비단이 건설한
## 도시들

실크로드

# 동굴 속 도서관

나라가 우리의 우정을 든든히 지켜주고,
하늘이 언제나 우리 가까이에 있는데,
자네는 어째서 갈림길에서 머뭇거리는가?
왜 슬픔에 빠진 아이처럼 눈가를 훔치는가?

왕보王勃(650~676년), 관직을 맡기 위해 사천 지방으로 떠나는 친구 두에게 써준 작별시

아우렐 스타인Aurel Stein 경은 친구들에게 영원한 수수께끼 같은 존재였다. 하지만 친구들도 그가 보내주는 이국적인 선물은 항상 고맙게 받았다. 1862년 11월 26일 헝가리 부다페스트에서 유대인 부모의 아들로 태어난 아우렐 스타인은 21세가 되자 독일어, 헝가리어, 그리스어, 라틴어, 프랑스어, 영어, 산스크리트어, 페르시아어를 할 줄 알게 됐다. 그는 162센티미터의 단신이었지만 튼튼한 몸과 끈기를 가지고 있어서, 한창 때를 넘긴 후에도 건재했다. 60대 때 그는 인도 북서부의 고지대에서 도보 여행을 했는데, 그때 현지의 젊은 안내인은 자기가 맡은 손님의 체력을 과소평가했다가 크게 후회했다. 안내인은 자기 상사에게 불평을 늘어놓았다. "스타인 씨는 초능력 같은 걸 가진 분입니다. 그분이 산속에서 저를 계속 끌고 다니는 바람에 다리가 아파 죽겠어요. 그분의 속도를 따라갈 수가 없습니다. 저를 그분에게 다시는 보내지 말아주세요." (물론 안내인이 수고비를 더 받으려고 불평했을 가능성도 있다.) 하지만 수십 년 전부터 스타인은 능력과 에너지를 다른 곳에 집중하고 있었다. 수백 년의 세월과 고비사막의 바람에 날리는 모래 속에 파묻힌 보물을 발굴하는 일이었다.[1]

　　고비사막은 요즘 관광객들이 즐겨 찾는 곳은 아니지만 20세기 초반 수십 년 동안은 금기의 장소나 마찬가지였다. 고비사막에 몇 번이나 갔던 스타인은 매우 검소한 여행을 했다. 기온이 뚝 떨어지는 밤에는 두꺼운 모직 천을 여러 겹 덮고, 얼굴에 동상을 입지 않으려고 털외투를 머리 위까지 덮어쓴 다음 소매 구멍으로 숨을 쉬면서 잤다. 낮에는 조랑말을 타고(사실 고비사막을 횡단하려면 낙타를 타는 것이 제일 좋았지만) 대시라는 이름의 개와 함께 줄곧 모래밭을 돌아다녔다. 동상을 방지하기 위해 개에게도 맞춤 제작한 캐시미어 털외투를 입혔지만, 결국 개는 뚜껑에 구멍이 달린 바구니에 넣어 끌고 다녀야만 했다.

　　1990년 12월 18일 스타인은 단단 윌릭(중국 신강 위구르 자치구에 있는 불교 유적_옮긴이) 유적지에 도착했다. 단단 윌릭은 8세기 말에 폐허가 된 곳으로, 먼 옛날에 과수원이었던 자리에 죽은 과일나무 한두 그루의 꼭대기 부분이 햇빛에 바랜 채 남아 있는 것이 전부였다. 7년 후 스타인은 과거에 사막을 하나로 꿰매주었던 교역로의 뚜렷한 흔적을 발견했다. 하지만 이번에는 스타인이 직접 발견한 것은 아니었다.[2]

　　아우렐 스타인이 유물과 유적을 찾으려고 사막을 샅샅이 뒤지는 동안 도교 수도승 왕위안루王圓籙는 혼자서 근사한 사원들을 지키고 있었다. 둔황 석굴Mogao Caves 또는 '천불동千佛洞(부처가 1,000명 있는 사원)'이라는 이름으로 알려진 이 석굴사원은 중국 북서부에 속하는 고비사막 가장자리의 둔황 오아시스 인근에 위치한다. 초창기의 석굴들은 4세기에 만들어졌고, 7세기 무렵에는 아름답게 장식된 석굴이 1,000개가 넘었다. 둔황 석굴의 전성기에는 부유하고 영향력 있는 신도들이 이곳을 많이 찾아왔다.[3]

　　수백 년이 지나자 비단길은 사람이 다니지 않는 길이 됐고 둔황의 석굴사원을 기억하는 사람도 별로 없었다. 그래서 왕위안루는 외롭게 수

도를 하고 있었다. 스타인이 카슈가르(중국 신강 위구르 자치구에 있는 오
아시스 도시_옮긴이)와 야르칸드(중국 신강 위구르 자치구에 있는 도시. '사
처莎車'라고도 한다_옮긴이)를 떠나 단단 윌릭에 이르는 여행을 하던 바로
그해의 어느 날, 왕위안루는 둔황의 커다란 석굴 한 곳에 앉아 담배를
피우다가 신기한 것을 발견했다. 담배 연기가 똑바로 위로 올라가거나
동굴 입구 쪽으로 빨려 들어가지 않고(이것이 일반적인 예상이다) 뒤쪽 벽
을 향해 빠르게 흘러가더니 마치 유령처럼 동굴 벽화 속으로 사라지는
것이 아닌가? 어리둥절해진 왕위안루가 동굴의 그 부분을 자세히 살펴
보니, 그가 단단한 바위라고 생각했던 것은 사실 교묘하게 만들어진 벽
이었다. 그는 조심스럽게 구멍을 뚫고 그 11세기의 벽 안으로 들어갔다.
벽 뒤에는 방이 하나 있었다. 그 방은 아무도 기억하지 못하는 먼지가
겹겹이 쌓인 종이와 두루마리로 가득했다. 어두컴컴한 곳에 종이와 두
루마리가 높이 쌓여 있어서 꼭대기 부분은 제대로 보이지도 않았다. 왕
위안루는 새로 발견한 보물을 보존하기 위한 재정 지원을 받고 싶어서
그 지방의 공무원들에게 그 사실을 알렸다. 공무원들은 그의 제안을 거
절했다. "그 방을 다시 봉해놓으시오."[4]

　겉으로는 무관심해 보이던 공무원들도 호기심이 동했는지 자기들끼
리는 이야기를 주고받았다. 마치 유약을 잘못 바른 도자기 주전자에서 물
이 새는 것처럼, 비밀 동굴이 있다는 소문이 조금씩 새어나갔다. 1907년
답사단을 조직해 고비사막으로 답사를 떠났던 아우렐 스타인은 둔황으
로 발길을 돌렸다. 나중에 그는 이렇게 회상했다. "솔직히 말하자면 중
요한 석굴이 하나 더 있지 않을까 하는 은근한 기대로 마음이 들떠 있었
다." 2달 전에 "고대의 훌륭한 경전이 비밀스럽게 보관되어 있다는 뜬구
름 같은 소문"을 들었던 그는 그 소문의 진위를 확인하고 싶어 견딜 수
가 없었다. 그리고 그의 소망은 이뤄졌다. 그는 왕위안루의 반대를 무릅

쓰고 그 수도승이 뚫어놓은 구멍 안으로 들어갔다. "그 수도승의 작은
등잔에서 나오는 희미한 빛 속에서 옛날 필사본 한 더미가 모습을 드러
냈다. 종이들이 층층이, 하지만 불규칙적으로 쌓여 있었다. 높이는 바닥
부터 3미터나 되고, 부피를 재보니 28리터 가까이 됐다."[5]

그 방에서 발견된 유물은 20세기의 가장 위대한 고고학적 발견 가
운데 하나로 손꼽힌다. 나중에 존경의 뜻으로 '도서관The Library'이라 불
리게 된 이 비밀 동굴에는 원래 17개 언어로 집필된 경전과 24개의 필
사본이 있었는데, 대부분은 오래전에 소실됐다. 그 방에서 발굴된 유물
가운데는 부처의 가르침을 담은 경전이자 세계에서 가장 오래된 인쇄
물인 '금강반야바라밀경(금강경)'도 있었다. 회화 작품과 비단 직물도 다
수 출토됐다. 꾸러미 하나를 열어본 스타인은 "비단과 면에 그린 훌륭
한 그림, 갖가지 비단과 무늬 비단으로 만든 봉헌물이 가득하다"고 말했
다. 그는 달랑 130파운드만 지불하고 1만 장의 서류와 예술작품을 구입
해 대영박물관에 보냈다. 이 놀라운 발견은 전 세계의 학자들에게 수세
기 전 비단길 주변에서 살았던 사람들과 비단길을 통해 오고갔던 상품
을 바라보는 창을 열어줬다. 특히 여기저기 흩어졌던 유물들이 2013년
에 디지털화되고 다시 한자리에 모인 다음부터는 사료로서의 유용성이
더욱 커졌다.[6]

# 교역과 시련

사람들은 모두 무함마드의 법을 따른다. 그 도시에는 부지런한
상인들이 산다. 그들은 갖가지 비단과 황금으로 옷을 만들고,
목화를 다량으로 재배한다.

마르코 폴로, 페르시아 사람들에 대해, 「동방견문록」, 1298년경

스타인이 발견한 것들 중 가장 호기심을 자아내는 물건은 부처에게 제물
로 바쳐진 나무판자였다. 그 판자에는 중국이 사실상 독점하며 5,000년
이라는 오랜 세월 동안 비밀로 남아 있었던 비단 제조법이 외국에 전해
진 과정에 관한 유명한 설화가 그림으로 표현돼 있었다.[7]

  그 이야기는 조금씩 다르게 전해지긴 하지만 공통적으로 누란(중국
신강 위구르 자치구, 타클라마칸사막의 동쪽 끝부분에서 번영했던 고대 왕국_
옮긴이) 왕국의 공주가 중심에 놓인다. 소녀였던 공주가 처녀가 되자마
자 공주의 부모는 공주를 이웃 호탄Khotan(중앙아시아 타림분지 남부에 위
치한 오아시스 도시_옮긴이) 왕국의 왕과 약혼시켰다. 공주가 원래 살던
나라에서는 양잠이 널리 행해졌으므로 결혼 전까지 그녀는 늘 비단옷을
걸치고 생활했다. 하지만 약혼자의 나라에는 비단이 없었다. 앞으로 비
단옷을 입지 못한다는 생각에 절망한 공주는 왕실에서 특별한 용기에
담아 보관하던 하얗고 부드러운 누에고치 몇 개를 슬쩍 집어 정교하게
모양낸 자신의 머리카락 속에 찔러 넣고 앞으로 살게 될 나라로 몰래 가
져갔다.

  이 설화는 비단길에 대한 오래된 고정관념을 뒷받침한다. 대부분의

상품이 지금의 중국 땅(기원전 3세기 전까지는 중국이 통일된 상태가 아니
었다)에서 서쪽으로 이동했다는 생각이다. 하지만 역사적 진실은 그렇게
단순하지 않다. '비단길Silk Roads'은 19세기 독일에서 페르디난트 폰 리히
트호펜Ferdinand von Richthofen이라는 지리학자가 처음 만든 용어다.[8] 비단
길의 영문 표기가 복수형이라는 데 주목하자. 비단길은 중앙아시아 전
역에 마치 식물의 뿌리처럼 퍼져 있었던 사람들이 많이 다니던 길들을
가리키는 말로서, 고정된 하나의 통로가 아니라 끊임없이 변화하는 네
트워크였다.

　　동쪽에서 서쪽으로 가는 가장 유명한 길은 한나라의 수도였던 장안
長安에서 출발해 하서회랑河西回廊을 따라 타림Tarim분지와 파미르Pamir고
원을 건너고, 투르키스탄(보통은 사마르칸트를 경유한다)을 통과해 지금의
이란, 이라크, 시리아 땅을 거쳐 최종적으로 지중해 해변에 도착하는 길
이다. 하지만 상품들이 단순히 길의 한쪽 끝에서 출발해서 반대쪽 끝까
지 운반됐으리라는 생각은 틀렸다. 중국은 기원전 2세기 우 황제 때 중
앙아시아, 서아시아 나라들과 본격적으로 교역을 시작했지만, 중앙아
시아 국가들 사이의 교역로는 그전에도 존재했다. 중국과 인도 사이에
도 오래전부터 교역이 활발하게 이뤄지고 있었다. 그 증거는 중국 대륙
이 통일되기 전인 기원전 4세기에 작성된 인도의 행정 지침서『아르타
샤스트라』에도 나온다. 나중에도 그랬지만 그 무렵에도 교역 물품 중에
서 비단이 차지하는 비중은 크지 않았다. 그래도 비단은 매우 중요한 물
품이었다.『아르타샤스트라』에는 '중국 비단 한 필'을 뜻하는 '치나파타
cinapatta'라는 단어가 나온다. 비단길을 따라 이뤄진 물물교환의 상당 부
분은 근거리 교역이었을 것이다. 그리고 비단길 주변에 사는 사람들은
대부분 유목 민족 또는 농업에 종사하는 사람들이었다. 이들은 평소에
는 비단길에서 이뤄지는 교역과 무관하게 생활하다가 가끔 모피, 과일,

말 따위를 가져와 다른 나라에서 생산된 연장이나 물건이나 재료와 교
환했을 것으로 보인다.[9]

　물론 전문적으로 교역을 하는 상인들도 비단길을 이용했다. 상인들
의 수레는 수없이 많은 작은 길을 따라 온갖 물건을 이리저리 실어 나르
면서 중앙아시아 일대를 십자형으로 가로질렀다. 그들 자신은 몰랐겠지
만 그들은 동서양의 사상과 예술 양식, 종교, 심지어는 질병도 전파하
고 있었다.[10] 서신과 소식 또한 이 길들을 통해 전해졌다. 세계사에서 중
국 문헌과 서양 문헌에 동시에 기록된 최초의 사건은 기원전 130년 그리
스-박트리아 왕국의 멸망이었다. 비단길이 항상 일정했던 것은 아니다.
비단길에도 흥망성쇠가 있었다. 주변 지역의 수요와 정치적인 변화에 따
라 비단길도 끊겼다가 다시 이어지곤 했다. 비단길은 기원전 2세기 무렵
동쪽으로 밀고 들어와 중국까지 연결됐다. 대략적으로 말해서 비단길이
활기를 띠었던 시기는 기원전 100년부터 서기 1년 사이, 2세기와 3세기,
중국은 당나라였고 이슬람은 공동체 형성의 초기였던 7세기와 8세기,
그리고 몽골제국이 유라시아의 광범위한 영역을 지배하면서 무역을 활
성화했던 13세기와 14세기였다.[11]

　20세기에 들어서도 비단길로 여행을 하는 것은 쉬운 일이 아니었다.
비단길은 급격한 기온 변화와 숨 막히는 모래 폭풍으로 악명 높은 고비
사막을 비롯한 험한 땅을 지난다. 박트리아 왕국의 낙타는 사막의 척박
한 환경에 적합한 동물이었으므로 교역에 종사하는 상인들에게 높은 가
치를 인정받았다. 박트리아 낙타는 짐을 나르는 다른 동물들보다 튼튼하
고 사막 지형에 쉽게 적응했으며, 모래 폭풍이 다가올 때 그것을 미리 감
지할 수 있었다. 사막을 건너는 여행자들이 미리 대비하지 못한 상태로
모래 폭풍을 맞으면 치명상을 입을 수도 있었다. 어느 작가의 표현을 빌
리자면, 사람들이 불길한 징조를 알아차리기도 전에 박트리아 낙타들은

"벌떡 일어서서 한꺼번에 으르렁거렸다." 그래서 여행자들은 낙타의 울음소리를 들을 때마다 "코와 입을 펠트 천으로 감싸서 덮었다"고 한다.[12]

경험 많은 상인들에게도 고충은 있었다. 670년의 법정 기록을 보면 중국에 살던 이란 사람이 자기 형이 돌려받아야 하는 비단 273필을 되찾을 수 있도록 해달라고 법에 호소했다는 내용이 있다.[13] 그 형은 비단을 자신의 중국인 동업자에게 빌려준 후에 낙타 2마리, 소 4마리, 당나귀 1마리를 데리고 교역을 위해 사막으로 떠났다. 그날 이후로는 형의 행방을 찾을 길이 없었다. 비단길에 상품과 사람이 아주 많을 때는 강도가 달려들기도 했다. 비단길 인근에 위치한 어느 도시의 보고서에는 "배(과일) 7줄, 거울 1개, 색색의 비단으로 만든 라스투가lastuga(일종의 드레스), 그리고 귀걸이"를 도난당했다는 기록이 있다. 나중에 도둑이 잡혀서 자백하긴 했지만 이미 장물은 내다 팔고 그 돈도 다 써버린 후였으므로 피해자에게 돈으로 갚아줄 수는 없었다.

위험을 감수할 의향이 있는 사람들은 이 정도의 위험을 감수하고 두둑한 보상을 챙겼다. 장거리 교역에 능했던 아르메니아인들은 무게 8.1킬로그램의 비단 1꾸러미를 20크라운에 사서 30크라운에 되팔았다. 말 1마리에는 비단을 30꾸러미 정도 실을 수 있었고, 튼튼한 낙타 1마리가 있다면 55꾸러미도 실을 수 있었다. 이렇게 짐을 실을 때마다 상당한 이익이 발생했다. 오늘날의 사마르칸트 일대에서 중앙아시아 문화의 영향을 받은 소그디아나(소그디아, 소그드라고도 한다_옮긴이) 사람들 역시 장거리 교역에 능숙했다. 천불동 근처의 폐허가 된 망루 안에서 아우렐 스타인은 4세기 초에 중국 땅에 살던 소그디아나 사람들이 쓴 것으로 추정되는 편지 한 묶음을 발견했다. 그 편지들 중 두세 통은 기근과 사회 불안, 그리고 훈족이 비단길의 주요 도시들을 파괴하는 상황에 대한 공포를 담고 있었다. 한편으로 그 편지들은 여기저기로 이주한 소그디아나 사람들이 중앙아시아를 가로질러 교역을 하던 길들과 그들이 교역을 위해 만들어내고 요긴하게 사용했던 신용 시스템에 대해서도 알려준다.[14]

중세 초기에 살았던 바이킹족과 바이킹루스Viking Rus족(그들의 고향인 러시아Russia와 벨라루스Belarus는 그들의 이름을 딴 것이다)도 지칠 줄 모르는 장거리 무역상들이었다. 그들은 비단길을 따라가다가 만나는 여러 도시에서 밀랍, 호박amber, 꿀, 그리고 비단을 사들여 장거리 교역을 했다. 바이킹과 바이킹루스족은 육로를 이용하지 않고 수로를 이용했다. 그들은 길쭉한 배를 타고 오데르Oder강, 네바Neva강, 볼가Volga강, 드네프르Dnieper강을 따라 이동했는데, 그들의 배는 강과 호수들 사이에서 필요한 경우 사람이 들고 다닐 수 있게 만들어졌다. 비록 최근의 역사학 연구는 바이킹족의 호전성에서 그들의 장사꾼적인 면모를 부각하는 쪽으로 옮겨 오긴 했지만, 바이킹루스족에 관한 당대의 기록을 보면 호전적이라는 성격이 틀리지 않았다는 생각이 든다. 당대의 어느 마음씨 좋은 무슬림은 바이킹족의 '정력과 끈기'를 칭찬했다. 하지만 어떤 사람들은 바이킹족이 방탕한 잔치를 열고, 동료를 배신하고, 조그마한 기회라도 생기면 동료를 약탈하고 살해한다고 비난했다. 다른 문인의 글을 한 번 읽어보자. "그들은 용변을 보러 갈 때도 절대로 혼자 가지 않고 자신들을 지켜줄 친구를 3명이나 데려간다. 그들끼리도 서로 믿지 못하기 때문에 칼을 손에 쥐고 간다." 특히 비잔틴제국의 수도였던 콘스탄티노플 사람들은 바이킹족에 대한 불신이 컸다. 860년에 바이킹족이 콘스탄티노플을 급습한 이후로 바이킹족은 그 도시에 들어갈 수가 없게 됐다. 바이킹족은 한 번에 50명 이상 콘스탄티노플 시내로 들어갈 수 없었고, 명단을 제출한 후 미리 지정된 문으로만 들어가야 했으며, 콘스탄티노플을 떠나는 순간까지 빈틈없는 감시를 당했다.[15]

비단길, 그리고 그 길로 다니던 상인들과 낙타 행렬, 상품과 돈은 주변 나라들에 실질적인 영향을 미쳤다. 교역이 활발하게 이뤄지는 거점들과 오아시스 주변에는 부가 축적됐다. 시리아사막 가장자리의 팔미라Palmyra가 그런 장소들 중 하나였다. 팔미라 유적에는 그리스 문화, 페르시아 문화, 로마 문화, 이슬람 문화의 흔적이 모두 뚜렷하게 남아 있다. 한때 팔미라는 "모래 속의 베네치아Venice of the Sands"라는 별명으로 불렸다. (팔미라의 풍부한 다문화적 유적지들은 2015년 IS가 팔미라를 점령하고 나서 파괴되고 말았다. 커다란 로마식 노천극장의 상당 부분이 파괴되고 1,800년 동안 서 있었던 개선문도 망가졌다.)

　비단길의 도시들을 본 사람들은 하나같이 깊은 인상을 받았다. 13세기 비단길을 따라 유람하면서 여행기를 쓴 마르코 폴로는 그 도시들을 열렬히 예찬했다. 그의 여행기에 따르면 중동의 항구도시인 '코르모스Cormos(페르시아만 입구에 위치한 지금의 '호르무즈'를 가리키는 것으로 추정된다_옮긴이)는 인도에서 온 배들로 바글바글했고, 그 배에는 "온갖 향신료, 보석과 진주, 비단과 금, 상아 같은 물건들"이 실려 있었다. 동쪽으로 더 가면 타이윈푸Taiuanfu(태원부太原府)와 피안푸Pianfu(평양부平陽府)라는 도시들이 나오는데, 이 도시들은 "중국에서 유일하게 포도주가 생산되는 지역"인 동시에 "누에의 먹이가 되는 나무가 많이 자라서 비단이 풍부한" 곳이었다.[16]

　비단길에 사람이 많이 오가는 시기에 그 길 주변 나라들은 그저 그 자리에 있다는 이유만으로 다양한 문화를 잘 흡수하는 곳이 됐다. 그래서 어떤 장소에서는 이슬람교, 조로아스터교, 기독교 같은 여러 종교가 서로 어깨를 나란히 하거나 공존했다. 팔미라의 경우 이러한 영향들이 돌에 뚜렷이 새겨졌다. 물론 비단길을 통한 문화 전파의 흔적은 다른 장소에서도 발견된다. 예컨대 메소포타미아의 유대인들은 비단길을 통한 교역에 관여했다. 유대교 경전과 동등한 권위를 인정받는 유대교 율법

해설서인 『미드라시midrash』에는 상인이 값비싼 비단을 팔지 않고 따로 챙겨놓는 이야기가 나온다. 어떤 손님이 그 비단을 사겠다고 약속했기 때문이다. 그 손님은 한참 동안 비단을 사러 오지 않았지만 상인은 신의를 지킨다. 마침내 손님이 나타났을 때 상인은 말한다. "나에게는 당신의 말이 돈보다 힘이 셉니다."[17]

중국에서 불교가 융성하게 된 이유 중 하나는 비단길을 통해 생각의 교환이 이뤄졌기 때문이다. 나중에 불교는 중국의 3대 종교 중 하나로 자리를 잡았다. 불교의 의식에서도 비단은 빠질 수 없다. 비단은 중요한 성물과 경전을 감싸는 데 쓰였다. 나중에는 기독교를 비롯한 다른 종교에서도 불교의 관행을 따라 성물을 비단으로 감쌌다. (영국 웨어머스Wearmouth와 재로Jarrow의 대수도원장이었던 베네딕트 비스콥Benedict Biscop은 7세기 중반에 5차례에 걸쳐 로마를 여행한 후에 책 몇 권과 성물, 그리고 그것들을 감쌀 고급스러운 비단을 가지고 수도원으로 돌아왔다.) 불교 사원들 중에는 수도승들이 계율을 위반할 때마다 비단 몇 필을 벌금으로 내게 한 곳도 있었다. 불교의 성물은 부처의 고향이자 불교의 요람인 인도에서 중국으로 유입됐다. 이른바 '도서관 동굴'이 발견된 천불동 사원은 중국에서 불교가 성행했다는 증거들 중 하나일 뿐이다. 단단 윌릭에도 불교의 흔적은 있다. 1900년 12월 11일 스타인이 단단 윌릭을 발견하고 나서 2주가 지났을 때 그는 10여 개의 다른 구조물을 발굴했다. 그중에는 사원도 있고 집도 있었다. 그가 발견한 미술 작품에는 인도의 문자들이 새겨져 있었고, 그가 발굴한 불교 경전들은 산스크리트어로 쓰여 있었다.[18]

불교 승려들과 순례자들도 상인들과 마찬가지로 비단길을 이용했다. 승려들이 약탈이나 공격을 당하는 일은 드물었다. 승려들에게 잠자리를 제공하는 것 자체가 신앙심의 표현이었으므로 상인들의 행렬에 승려를 끼워주는 경우도 있었다. '도서관 동굴'에서 발굴된 문서에는 호탄의 일곱 왕자가 여행을 떠난 이야기가 적혀 있는데, 그 왕자들 역시 3명의 승려와 함께 여행을 했다. 그들 일행이 둔황의 어느 왕에게 푸대접을 받은 후에 밀사가 왕을 찾아갔다. 그러자 왕이 사과의 말을 했다고 전해진다. "내가 그 수도승들을 잘 대접하지 못해서 나의 평판을 떨어뜨렸구나." 그 시대에 종교적인 이유로 여행을 했던 순례자들 중 가장 유명한 인물은 중국의 현장玄奘이었다. 현장은 7세기 초에 인도와 서역을 여행했다. 아우렐 스타인이 천불동을 혼자 지키고 있었던 왕위안루를 설득할 때도 현장의 이름을 언급했다고 한다. 스타인은 당시 도교 신도들에게 영웅으로 통하던 현장의 이름을 대면서 도서관 동굴을 구경시켜달라, 그리고 동굴 안에 있는 물건들 중 일부는 돈을 내고 사고 일부는 그냥 가져가게 해달라고 부탁했다.[19]

# 비단 비즈니스

현재의 최북단 지점, 바다가 끝나는 바깥 가장자리에,
시나〔중국〕라고 불리는 아주 넓은 내륙 도시가 있다. 비단 명주솜,
명주실, 비단의 육로 운송이 이곳에서 시작된다. 박트리아를 거쳐
바리가자Barygaza로, 갠지스강을 거쳐 다시 리미리케Limyrikê로.

작자 미상, 『에리트레아 항해지Periplus Maris Erythraei』, 40~70년경으로 추정

상인들이 거래한 물건이 비단밖에 없었던 것은 아니지만, 비단은 값이 비싸고 가장 꾸준히 거래됐으며 낙타의 등에 실어 사막을 건너고 산을

넘어 운반하기에도 용이한 물건이었다. 비단은 대부분 중국에서 수출했
다. 중국은 누에나방의 서식지인 동시에 누에의 먹이인 뽕나무가 많이
자라는 나라였으므로 자연스럽게 세계 최초로 양잠을 시작했다.[20]

　수천 년 동안 중국인들은 양잠 기술을 발전시키고 누에의 먹이를
공급하기 위해 뽕나무가 무성한 과수원을 만들었으며, 굉장히 화려하
고 복잡한 직물을 짜는 데 필요한 특수한 직기들도 발명했다. 기원전
140~134년 한漢 왕조가 수립되기 전까지는 중국이 비단을 공식적으로
수출한 적은 없었다. 그전까지는 누에의 알이나 고치는 물론이고 뽕나
무 씨앗이나 묘목을 밀수하다가 발각된 사람은 사형을 당하기도 했다.
누에나 뽕나무는 다른 나라에 가면 비싼 값으로 팔렸다. 기원전 1세기
이집트에도 중국에서 만든 비단이 알려져 있었다. 고대 로마의 시인 루
카누스Lucan는 클레오파트라가 '시도니안Sidonian' 옷을 입고 있다고 묘사
하면서 그녀의 가슴이 드러난 모습을 호색적으로 묘사했다. 아마도 그
옷은 가장 얇은 비단으로 만들었던 것 같다. "이 아름다운 옷들은 세레
스Seres(고대 그리스, 로마 사람들이 중국인을 이르던 말_옮긴이)의 솜씨로 만
들어졌다. 나일강 수예공의 바늘이 씨실을 잡아당겨 날실을 끄집어내고
헐렁하게 늘어뜨렸다."[21]

　수입된 비단을 이렇게 재가공하는 것은 드문 일이 아니었다. 서아시
아에는 중국의 무늬 없는 비단을 사서 수를 놓거나 올을 풀어내고 특별
한 능직 비단 또는 금사가 섞인 천으로 다시 짜는 전통이 있었다. 하지
만 곧 양잠에 관한 지식과 관행이 서아시아에도 뿌리를 내렸다. 527년부
터 565년까지 비잔틴제국을 통치했던 유스티니아누스 1세는 2명의 수도
승에게 동양 여행길에 누에고치를 몰래 빼내 오라고 지시했다고 알려져
있다. 누에를 빼돌리다 발각되면 어떻게 될지 잘 알고 있었던 두 수도승
은 영리하게도 텅 빈 지팡이 속에다 누에고치를 감췄다. 이 흥미진진한

이야기가 사실이든 아니든 간에, 페르시아에서 비단이 생산되기 시작하고 나서부터 페르시아인들은 빼어난 솜씨를 자랑했다고 알려진다. 누에 애벌레들의 먹이가 되는 검은뽕나무의 원산지가 페르시아라는 점도 유리하게 작용했다. 누에에게 검은뽕나무를 먹였더니 나중에 만들어진 실은 조금 덜 고왔다. 하지만 서아시아 일대의 비단 생산량은 연간 1만 줌zoom(1줌은 2베일bales과 같다. 1줌과 2베일의 무게는 모두 2파운드다)에 이르렀다. 특히 페르시아인들은 값비싼 금속을 박아 넣거나 숫자, 동물, 식물 등의 문양을 섬세하게 장식한 풍성한 비단을 잘 만들었다.[22]

　비단은 선물로도 손색이 없었다. 997년 무슬림의 통치자 만수르Mansur는 전쟁에서 크게 승리한 후 부하들에게 상을 내렸다. 2,285필의 티라즈tiraz(의복의 소매 끝이나 깃 등에 띠 모양으로 문구를 수놓거나 짜 넣은 의류 장식_옮긴이) 비단, 용연향을 뿌린 관복 2벌, 다홍색 옷감 11필, 7장의 능직 깔개를 비롯한 다양한 직물을 기독교인과 무슬림에게 똑같이 나눠줬다. 그로부터 200년쯤 전에는 중국의 현장이 비단을 하사받았다. 현장이 중앙아시아의 고창국을 방문했을 때 고창국의 왕은 독실한 불교 신도였다. 그는 비단을 비롯한 여러 가지 선물을 아낌없이 하사했으므로 현장은 그 물건들을 다 싣고 가기 위해 30마리의 말과 20명이 넘는 짐꾼을 동원했다. 또 왕은 현장이 순례길에 통과하게 될 나라의 왕들에게 보내는 소개장을 24장이나 써줬다. 모든 편지는 능직 비단 1필에 붙어 있었고, 가장 강력하면서 아마도 가장 무서운 왕이었을 서투르크의 약부 칸Yagbu Khan에게는 능직 비단과 그림을 그려 넣은 비단 500필에다 과일 2수레를 따로 보냈다.[23]

　비단길이 있었기에 가능했던 사상과 문화의 풍부한 융합은 당대에 생산되고 거래된 비단의 디자인에도 자취를 남겼다. 중국에 서식하지 않거나 중국인들이 숭상하지 않는 동물인 사자, 코끼리, 공작, 날개 달린 말, 낙타 등이 자수 비단의 문양에 포함되기 시작했다. 기원전 334년 전후 알렉산더 대왕Alexander the Great이 중앙아시아를 정복한 이후로 고대 그리스의 태양신인 헬리오스Helios가 중앙아시아에서도 권위를 지니게 된 것처럼, 중국에서는 불교가 종교적 기반을 다지기 시작하면서 불교의 각종 상징들이 사용되기 시작했다. 또 중국과 사산조 페르시아(224년부터 651년까지 중앙아시아 땅의 대부분을 통치했던 나라)의 교역량이 증가하면서 중국인들도 페르시아인의 취향에 맞춰 섬세하고 알록달록하게 직조한 '진jin'이라는 직물을 생산하기 시작했다. 455년 무렵 페르시아의 진 직물은 널리 보급되어 있었고 보시진bosijin(페르시안의 비단이라는 뜻)이라는 특유의 명칭도 생겼다. 중국 문헌에서 '보시진'이라는 단어는 귀족들의 특별한 취향을 가리키는 표현으로서 여러 번 등장한다.[24] 그럼에도 불구하고, 아니 이런 이국적 직물이 인기를 끌었기 때문인지도 모르겠지만, 중국에서는 외부의 영향을 차단하려는 시도가 여러 번 있었다. 예컨대 771년 당나라 대종 황제는 보시진 직물의 생산을 법으로 금지했다. 아마도 그 방법은 처참하게 실패했던 것 같다. 50년 후 원종 황제가 다시 법을 선포했다. 이번에는 화려하고 아름다운 요령遼寧식 능직 다마스크를 짜는 데 필요한 특별한 직기를 모두 불태워 버리라고 명령했다. 하지만 한발 늦었다. 외국 문화의 영향은 중국산 비단의 생산 과정에 깊이 박혀 있어서 단번에 뿌리 뽑기가 어려웠다. 이 점은 유일하게 현존하는 동한 왕조(25~220년) 시대의 비단 조각에서 확인할 수 있다. 이 비단 조각의 한가운데에는 그리스의 태양신 헬리오스가 불교적 상징인 연꽃 왕좌 위에 인도식으로 다리를 꼬고 앉아 있다. 헬리오스가 앉은 진줏빛 원은 물론이고 이 비단 조각의 무늬 전체가 사산조 페르시아의 영향을 드러낸다. 하지만 이 비단 조각에는 중국 문화의 고유한 요소들도 있다. 용머리가 달린 깃발이 보이고, 직조법도 분명히 중국식을 따랐다.[25]

비단이 어디로 이동했고 어떤 직조법 또는 문양이 사용됐느냐를 떠나서 비단은 언제나 지위의 상징이었고 가치 있는 교역 상품이었으며 비단을 생산하는 모든 나라의 잠재적인 수입원이었다. 1237년에 작성된 어느 문헌은 '검은 여진족Black Tartars'에 대해 다음과 같이 전한다. "몽골인들의 옷은 오른쪽에서 여미는 방식이고 사각형 옷깃이 달려 있다. 원래 몽골인들은 모직물과 양가죽으로 옷을 만들어 입었지만 요즘에는 금실과 새틴으로 만들어 입는다." 1271년 중국을 정복하고 원나라를 세운 몽골의 통치자 쿠빌라이 칸Kublai Khan(1215~1294년)은 비단을 각별히 사랑했다. 어떤 작가는 쿠빌라이 칸의 연회에 40,000명이 참석했으며 시중드는 하인들은 코와 입을 "비단과 고운 금실 천으로 감싸서 음식과 음료에 그들의 입 냄새나 분비물이 들어가지 않도록 했다"고 썼다.[26] 물론 이 작가는 효과를 극대화하기 위해 이야기를 다소 과장한 듯 보인다.

비단을 향한 욕망과 갈망은 저 멀리 유럽 대륙에서도 다르지 않았다. 1099년에 처음 결성된 예루살렘의 성요한 기사단에 속한 십자군들은 전통적으로 성지순례를 다녀온 후에 비단 외투를 받았다. 쿠빌라이 칸이 태어난 지 1년 후에 멀리 영국 땅에서 사망한 존 왕King John 역시 비단을 사랑하기로는 쿠빌라이 칸에 뒤지지 않았다. 존 왕이 가장 좋아하는 별장이었던 영국 도싯의 코프성Corfe Caslte에서 1216년 발견된 물건들 중에 비단 셔츠만 185벌이었다.

수백 년 후에 영국을 통치한 제임스 1세(1566~1625년)도 비단에 홀딱 빠져 있었다. 사실 그는 비단을 사랑한 나머지 영국에 비단 산업을 정착시키려고 투자를 많이 했지만 성공하지는 못했다. 그는 왕실 재정으로 신하들에게 10,000그루의 뽕나무를 제공해 누에 먹이를 충분히 확보한 다음, 런던 남동부의 어떤 지역에 어느 부부를 보내 1년에 60파운드의 연봉을 주면서 '그리니치 실크Greenwich Silk'를 생산하도록 했다. 또 그는 양잠을 담당하는 장관을 따로 임명한 후 그 장관에게 "왕이 가는 곳마다" 꾸물거리는 누에 한두 마리를 꼭 데리고 따라다니라고 지시했다. 신대륙에는 그의 이름을 딴 버지니아주 제임스타운이라는 정착지가 있었는데, 그는 누에와 뽕나무 묘목을 위탁받아 그 정착지로 보내기도 했다. 그는 영국의 식민지에서 비단을 생산할 수 있기를 바랐지만, 몇 년 동안 진행된 실험의 성과는 미미했다. 1731년에서 1755년 사이에 버지니아에서 생산한 명주실의 총량은 113킬로그램에 지나지 않았다. 영국산 비단이 소량 생산되고 덴마크의 앤 여왕이 어느 해 제임스 1세의 생일에 영국산 비단 태피터taffeta(광택이 있는 뻣뻣한 견직물. '호박단'이라고도 한다_옮긴이) 드레스를 입긴 했지만, 제임스 1세의 실험은 소리 없이 중단되고 말았다.[27]

　비단은 중세 스칸디나비아로도 수출됐다. 지금까지 중국산 비단은 스웨덴, 덴마크, 핀란드, 노르웨이의 무덤에서 발굴됐다. 바이킹의 무덤에서 비잔티움과 페르시아의 직물이 발견되기도 했다. 하지만 스칸디나비아반도에서 발견된 가장 값비싼 비단은 1900년대 초에 발굴된 선박 오세베르그Oseberg호에 있던 비단일 것이다. 오세베르그호는 834년 여성 2명의 장례를 치르면서 땅에 함께 묻힌 선박이다. 1904년 노르웨이 베스트폴Vestfold에서 오세베르그호가 처음 발굴됐을 때 배 안에는 비단 조각이 100장도 넘게 있었다.[28]

　오세베르그호에서 발견된 비단은 대부분 금실과 은실을 섞어 화려하게 짠 새마이트samite라는 중세 직물이었다. 가늘게 잘라진 새마이트가 옷단에 장식용으로 달려 있었다. 외국산 실로 만들어진 자수 작품 10여 점과 양모와 실크를 사용해 노르웨이에서 자체적으로 생산한 직물도 함께 발견됐다. 이 직물들은 대부분 중앙아시아 고유의 직기로만 구현할 수 있었던 복잡한 기술을 써서 짠 것이었다. 이 직물들 중 적어도 하나

에는 문자 그대로 '새의 왕'을 뜻하는 샤노크shahnokh라는 무늬가 들어가
있었다. 샤노크는 매와 비슷한 생김새에 부리로 진주 머리장식을 꽉 물
고 있는 동물로서, 페르시아 신화에서는 왕실의 축복을 상징한다. 다른
무늬들 중에는 무시무시하게 생긴 '클로버 잎 도끼clover leaf axe'와 12궁
에서 따온 조로아스터교의 상징이 있었다. 오세베르그호에서 발견된 비
단은 노르웨이 바이킹 시대의 비단 중에 가장 오래된 물건이었다. 처음
에는 그 비단이 영국이나 아일랜드를 침공해서 훔쳐온 것이라고 추측했
다. 하지만 그 이후 비슷한 시기의 비단이 더 많이 발굴되자, 그 비단이
교역을 통해 스칸디나비아로 직접 수입된 것일 가능성이 높다고 여기게
됐다.[29]

# 불건전한 의상　　　　　

이렇게 팔다리가 부실하고 점잔이나 빼는 인간들,
구불구불한 머리카락을 물결치듯 늘어뜨리고,
이름이 계속 바뀌는 비단옷을 수도 없이 걸치고,
화냥년들과 호색한들을 낚아채는 인간들이 어디에서든
열렬한 환영을 받는다.

페트로니우스, 「사티리콘」, 1세기

1세기 말 로마 사회의 사치 풍조는 유명했다. 이 시대에 네로 황제의 신
하였던 페트로니우스Petronius는 저속하고 외설적인 연회의 밑바닥을 파

헤치면서 『사티리콘Satyricon』이라는 신랄한 풍자시를 썼다. 원래 노예였다가 갑자기 엄청난 부자가 된 트리말키오Trimalchio는 상류층 손님들에게 부를 과시하기 위해 헛된 노력을 계속한다.[30] 트리말키오의 하인들은 말을 하는 대신 노래를 불렀다. 그들은 겨울잠쥐를 꿀에 재우고 양귀비 씨앗을 뿌린 요리, 황도 12궁의 모든 별자리를 나타내는 요리, 살아 있는 새로 속을 채운 돼지 구이를 내놓았다. 손님들의 손은 포도주로 씻게 하고, 실수로 은 접시를 떨어뜨리면 그냥 내다 버렸다. 마침내 트리말키오는 집안사람들 모두에게 그의 장례식 예행연습을 시킨다. 그래서 식구들 모두 호사스러운 비단옷을 차려 입었다.[31]

『사티리콘』이 탄생한 시대에 부富는 해외의 점령지에서 로마로 흘러 들어왔다. 기원전 31년 악티움Actium 전투에서 클레오파트라가 패배한 다음부터는 주로 이집트의 부가 로마로 이전됐다. 이자율이 12퍼센트에서 4퍼센트로 떨어졌으므로 로마의 평범한 시민들도 자기가 좋아하는 외국 상품을 마음껏 구입할 수 있었다.『사티리콘』은 외설적인 표현으로 채워져 있지만 로마 시민들이 갑자기 집착하게 된, 지나치게 사치스러운 옷차림을 자세히 묘사했다는 점에서 인류학 문헌에 가깝다. 페트로니우스의 눈에 비친 하나의 특별한 사치품은 비단이었다.

비단은 비단길을 거쳐 로마제국으로 들어왔다. 로마인들은 이집트의 곡물, 스페인의 금, 홍해의 토파즈, 산호와 유리, 포도주와 양모를 주고 비단을 사왔다. 로마에 비단이 처음 들어온 시점이 정확히 언제인지는 불확실하다. 디오 카시우스Dio Cassius의 주장에 따르면 로마인들이 고급 비단을 처음 본 것은 기원전 53년에 카레Carrhae 전투에서 파르티아 군사들이 깃발을 확 펼쳤을 때였다. (그게 사실이라면 파르티아 군대는 그렇게 거창하게 입장할 필요가 없었다. 로마군은 금방 진압됐기 때문이다.) 로마인들은 중국이라고 하면 비단이라는 한 가지 상품만 떠올렸다. 라틴어로 중국은 '세리카Serica'라고 했고 비단은 '세리쿰sericum'이라고 했다. 하지만 로마와 중국은 너무 멀리 떨어져 있었고, 양잠에 관한 이야기를 들으려고 해도 까마득히 먼 중국에서 희미하게 전해지는 이야기밖에 없었으므로 처음에 로마인들은 비단 생산에 관해 이상한 착각을 했다. 고대 로마의 선지자인 대大플리니우스Pliny the Elder가 저술한 『자연사Natural History』의 어느 장에서는 중국 숲의 나무에서 "털 같은 물질"을 얻는다고 언급했다. 하지만 곤충에 관한 장에는 더 정확한 정보가 담겨 있다. 대플리니우스는 다음과 같이 썼다. "누에는 거미줄과 비슷한 그물을 짜낸다. 그 그물은 비싸고 사치스러운 여성용 의류를 만드는 데 사용된다."[32]

　일반 시민들만 비단을 활용했던 것도 아니다. 장식적인 직물은 공용 건축물에 극적인 분위기와 화려한 색을 입히기 위해 사용되기도 했다. 율리우스 카이사르Julius Caesar는 전투에서 승리한 그를 환영하러 나온 구경꾼들에게 그늘을 만들어주기 위해 비단을 사서 로마 시내 곳곳에 천막을 치도록 했다. 그것은 카이사르가 부를 과시하는 동시에 권력을 획득하겠다는 의지를 분명하게 선언하는 행동으로 받아들여졌다. 네로 황제는 원형극장들 위쪽에 별 모양 장식이 달린 파란색 차양을 설치하고, 전차 안에 서 있는 자신의 초상화가 들어간 직물을 주문했다. 그 직물은 아마도 보라색으로 염색한 비단이었을 것이다. 로마 시대에 이런 비단을 주문 제작하는 것은 요즘 사람들이 스포츠카를 몰고 있는 자신의 모습을 초상화로 주문 제작하는 것과 비슷한 행동이었다.[33]

　헤르쿨라네움Herculaneum과 폼페이Pompeii에 있는 벽화(이른바 '신비의 빌라Villa of Mysteries'에 있는 핏빛 방의 벽화가 가장 유명하다) 속의 상류층 여자들은 반투명한 천으로 만든 옷을 입고 있다. 그 천은 고운 실로 헐겁게 짠 비단과 매우 비슷해 보인다. 그 천은 로마 시대의 브리타니아Roman Britain에도 전해졌다. 하드리아누스 성벽Hadrian's Wall 근처에는 그

지역에 주둔하는 군대에 비단 깃발을 공급했던 팔미라의 상인들을 기리
는 비문이 새겨져 있다.

비단은 멀리 이동해도 그 매력을 잃지 않았다. 비단은 매력적인 데
다 터무니없이 비쌌기 때문에, 페트로니우스가 『사티리콘』에서 신랄하
게 풍자했던 허영심 많은 로마인들은 비단을 통해 부를 과시할 기회를
얻었다. 로마의 풍자 시인이었던 마르티알리스Martialis는 시의 한 구절에
금으로 만든 머리핀을 언급했다. "머리핀을 하나 꽂아서 땋은 머리를 고
정하세요. 당신의 촉촉한 머리 때문에 반짝이는 비단이 상하면 안 되니
까요."[34]

비단을 들여오는 것에 대한 반작용도 당연히 있었다. 당시 로마 사
람들은 외국산 비단에 막대한 돈을 쓰는 것을 비판했다. 대플리니우스
는 황제들이 동양의 비단을 구입하는 데 매년 1억 세스테르sesterces(1억
세스테르는 금 10만 온스) 정도를 썼다고 증언했다. 1억 세스테르는 황실
1년 예산의 10퍼센트 정도에 해당하는 큰돈이었다. 황제만 그런 것도 아
니고 평민들과 허영심 많은 여자들(대플리니우스는 이들을 더 나쁘게 묘사
했다)도 비단에 돈을 많이 썼다. 이것은 순전히 "로마의 귀부인이 사람들
앞에서 외모를 자랑하려고" 지출하는 비용이었다. 대플리니우스는 이처
럼 큰돈을 더 가치 있는 일에, 그리고 되도록 로마에서 생산되는 상품에
쓰면 좋겠다고 생각했다. 물론 대플리니우스는 교역이 양방향으로 이뤄
진다는 사실은 간과하고 있었다.[35]

비단은 퇴폐적인 취미로 간주되기도 했다. 아직 비단이 신기한 물
건으로 취급되던 기원전 8세기에 세상을 떠난 로마의 시인 호라티우스
Horace는 매춘부들을 지금의 '얼리어댑터' 같은 사람들로 다음과 같이 묘
사했다. "코안 비단Coan Silk(에게해 남동부에 위치한 코스Cos섬에서 만들어
진 비단을 가리킨다_옮긴이)을 통해 우리는 그 옷을 입은 여자가 벌거벗

없는지 아닌지, 그녀의 다리가 못생겼는지 아닌지, 그녀의 발이 못생겼는지 아닌지를 한눈에 알 수 있다. 그녀의 허리를 당신의 눈으로 자세히 살펴볼 수도 있다." 이게 사실이라면 로마 여자들이 너도나도 비단을 사 들이게 됐을 때 보수적인 지식인들이 난리를 쳤던 것이 조금은 이해된다. 세네카Seneca는 격한 반응을 보였다. "요즘 비단옷이 눈에 많이 띈다. 그러나 몸을 보호하거나 단정한 느낌을 주는 부분이 하나도 없는데 어떻게 그걸 옷이라고 부를 수 있을지⋯ 비단이 수입된 탓에 유부녀들이 길거리에서 사람들에게 몸을 보여줄 수 있게 됐다. 마치 침실에서 연인에게 몸을 보여주는 것처럼."[36]

비단옷을 입는 여자들도 욕을 먹었지만, 가장 통렬한 비난은 비단옷을 입는 남자들에게 돌아갔다. "남자들이 비단옷을 입는 것을 금지한다 Ne vestis serica viros foedaret"라는 법도 만들어졌다. 이처럼 로마 사회는 남자답지 못하다고 여겨지던 이색적인 소비를 여러 가지 방법으로 억제했다. 예컨대 사적인 연회에서는 금 접시를 사용할 수 없었다. 『사티리콘』 은 가공의 인물 트리말키오가 티레Tyre(고대 페니키아의 항구도시. 옛 이름은 티루스_옮긴이)의 연체동물에서 추출한 진한 보라색 염료로 물들인 비단을 좋아하는 것을 한껏 비웃었다. 그 보라색 비단은 고대 세계에서 가장 값비싼 직물이었다. 로마의 정치가였던 수에토니우스Suetonius가 남긴 기록에 따르면, 비록 악의적인 소문이긴 하지만 칼리굴라Caligula 황제(12~41년)는 팔찌를 차고 비단 튜닉tunic(고대 그리스인이나 로마인들이 입던, 소매가 없고 무릎까지 내려오는 헐렁한 상의_옮긴이)에다 보석과 자수로 장식된 외투를 걸쳤으며 때로는 "여자들이 주로 신는 발목 아래까지만 오는 구두를 신고" 공개 석상에 나서기를 좋아했다.

로마의 보수적인 시민들은 사치스러운 옷들이 일찍이 로마를 부유한 제국으로 만들었던 용맹한 정신을 무디게 할 것이라며 걱정했다(이것은

중국인들이 흉노족에게 비단을 공급하면 그들의 군대가 덜 위협적이 되리라고
믿었던 것과 비슷한 사고방식이다). 대플리니우스의 글에도 그런 두려움이
역력히 드러난다.

> 이제 남자들조차도 부끄러운 줄 모르고 가볍다는 이유로 여름에
> 비단옷을 입는다. 한때 우리는 가죽 갑옷을 입는 데 익숙했지만,
> 요즘 우리는 토가toga(고대 로마 시민이 입던 헐렁한 겉옷_옮긴이)조차
> 도 너무 무거운 옷으로 취급하면서 괴상망측한 옷차림을 하고 다
> 닌다. 그래도 우리는 아시리아인들의 비단 드레스는 여자들에게
> 양보하고 있다. 아직까지는.[37]

비단길을 통과하는 사치품 속에서 멸망의 씨앗을 본 사람들은 로마인들
만이 아니었다. 아우렐 스타인 경이 '잃어버린 도시' 단단 윌릭을 찾기
위해 고비사막을 뒤지기 시작했던 1900년, 그 사막에 살던 원주민 한 사
람은 그에게 고대 도시를 찾으려 하지 말라고 경고했다. "그 도시는 아
직 그 자리에 있소. 보물이 가득한 것도 사실이오. 모래에 닳아 매끄러
워진 돌멩이들 사이에 금과 은이 두껍게 깔려 있다오. 문제는 그 도시
전체에 저주가 걸려 있다는 거요. 수백 년 동안 많은 사람들이 그곳으
로 갔소. 보물을 실어 오려고 낙타 같은 동물들도 데려갔소. 그 사람들
은 노새와 낙타들이 끙끙거릴 정도로 짐을 잔뜩 실었지만, 막상 출발하
려고 하자 꼼짝할 수가 없었소. 그들 일행이 사막을 향해 나아가려고 할
때마다 단단 윌릭의 폐허가 된 과수원과 무너진 벽들이 다시 나왔소. 결
국 사람들과 짐승들 다 지쳐 쓰러지고 말았다오. 전설에 따르면 그 도시
의 저주를 푸는 방법은 보석과 금은괴를 모두 내려놓고 처음 왔을 때와
똑같이 빈손으로 떠나는 것이라오."[38]

5 　　　　　　　파도 타는 용

바이킹의 모직 돛

# 왕의 흙무덤

언젠가 어머니가 말씀하셨지.
나에게 바이킹의 배를 사주시겠다고.
근사한 노가 딸린 배가 생기면
바이킹족과 함께 항해를 떠나
선미재에 서서
웅장한 전함을 조종하다가
다시 항구로 돌아가
적들을 물리칠 거야.

「에길의 사가Egil's saga」[1] (아이슬란드의 바이킹 시인이었던 에길의 일대기를 그린 작품_옮긴이)

---

1879년 가을의 어느 날, 10대 소년 2명이 드디어 유혹에 넘어갔다. 두
소년은 그전까지 내내 노르웨이 사네피오르Sandefjord에 위치한 아버지의
농장에서만 살았다. 사네피오르는 오슬로에서 남쪽으로 100킬로미터쯤
떨어진 조용한 바닷가 마을이었고, 두 소년은 그 마을을 구석구석 잘 알
았다. 그런데 들판의 어느 한 장소가 오래전부터 두 소년의 호기심을 자
극했다. 마을 사람들이 '왕의 무덤'이라고 부르던 장소였다. 그곳은 높이
솟아오른 땅 혹은 흙무덤이었는데 직경이 45미터 정도였고 당시에는 높
이가 5미터 정도였다. (원래는 더 높았지만 수백 년 동안 쟁기질을 해서 낮아
졌을 것이다.) 전설에 따르면 그 '왕의 흙무덤'에는 보물이 숨겨져 있다고
했다. 아니, 적어도 옛날에는 보물이 숨겨져 있었다고 했다. 두 소년은
삽을 하나씩 들고 땅을 파기 시작했다.[2]
　　과연 그 흙무덤은 보물로 채워져 있었다. 하지만 두 소년이 기대했

던 것과는 다른 보물이었다. 비옥한 흙으로 이뤄진 여러 개의 층 밑에 아주 커다랗고 오래된 배와 두툼한 떡갈나무 노들이 묻혀 있었다. 두 소년이 배와 노를 발견한 이야기가 오슬로 대학에 전해지자 골동품 수집가들이 달려들어 그 흙무덤을 매입했다. 오래된 배를 덮고 있는 흙 장막을 힘겹게 걷어내고 나니 비교적 잘 보존된 거대한 바이킹선의 잔해가 나왔다.

　고크스타Gokstad라는 이름의 그 배는 850년경에 만들어져 바다에서 10~15년 동안 활동한 후에 바닷가로 끌려와 호화로운 장례식에서 중요한 역할을 맡았다. 그 배 안에는 자작나무 껍질로 덮인 묘실이 만들어져 있었고, 묘실의 침대에는 키 크고 건장한 중년 남자의 시체가 누워 있었다. 남자는 관절염이나 통풍으로 고생하긴 했지만 아마도 전쟁터에서 격전 끝에 사망한 것 같았다. 그의 뼈 일부와 몸 주위에 쌓여 있던 보물들은 대부분 오래전에 도굴꾼들에게 털렸다(묘실로 직접 연결되는 흙무덤 옆면에 구멍이 뚫려 있었던 것을 보면 도굴꾼들은 자신들이 찾는 물건이 무엇인지를 잘 알고 있었던 것 같다). 도굴꾼들은 시신 주위에 놓여 있었던 말 12마리, 개 6마리, 공작 1마리의 뼈들은 가져가지 않았다.[3]

　일반적인 상황이었다면 배의 골조는 수백 년 전에 썩어 없어졌을 것이다. 고크스타호가 오랫동안 보존된 비결은 그 배를 덮는 데 사용된 물질 때문이었다. 왕족의 시신과 부장품들을 배 안에 넣은 후에 마치 과일 케이크 위의 마지팬marzipan처럼 배에 파란색 점토를 두껍게 발라놓았는데, 이 점토가 성능 좋은 방부제 역할을 했다. 현재 오슬로의 바이킹선 박물관에 전시돼 있는 고크스타호는 길이 23미터, 폭 5.25미터에 현연(뱃전)에서부터 용골 밑바닥까지의 깊이가 2미터 정도 된다.[4]

　고크스타호는 지금까지 건조된 배들 중에서 가장 아름답다고 알려져 있으며, 실제로도 상당한 눈요깃거리를 제공한다. 고크스타의 곡선들은 조각 작품을 연상시킨다. 큰 곡선을 이루는 나무판자들은 배가 땅에 묻혀 있었던 수백 년 동안 색이 어두워져서 지금은 꼭 숯처럼 보인다. 또 선체의 폭이 좁기 때문에 배가 가볍고 유연하다. 일반적으로 가볍고 유연한 것이 선박에 유리한 성질은 아니지만, 이 배는 일부러 이렇게 건조한 것으로 보인다. 선체 무게는 7톤밖에 안 된다. 양 측면에는 노를 끼우는 구멍이 16개씩 뚫려 있으므로 건장한 선원 32명이 탔을 것으로 짐작된다. 또 고크스타호에는 파도를 가로질러 앞으로 나아가게 해주는 견고한 소나무 돛대가 있었다. 선체 내부에서는 흰색과 빨간색의 두툼한 직물 파편들이 발견됐다. 그것은 양모로 만든 돛의 흔적이었다.[5]

바이킹족의 생활에서 배는 반드시 필요한 물건이었다. 바이킹의 장례에 배가 사용됐다는 점에서도 그들이 배를 중요시했다는 것을 알 수 있다. 그들은 많은 배를 땅에 묻었다. 배 안에 시신을 넣고 땅에 묻으면 배가 망자를 사후세계로 데려다준다고 믿었을 것이다. 오슬로 피오르드의 서쪽이지만 바다가 보이는 보레Borre에서는 지금까지 흙무덤 7개와 돌무덤 1개가 발견됐는데, 옛날에는 이곳에 무덤이 더 많았다. 어떤 배들은 장례식에서 불을 피울 때 장작으로 사용됐다. 10세기의 여행가이며 볼가 강의 바이킹에게 매료당했던 이븐 파들란Ibn Fadlan은 바이킹을 "대추야자나무처럼 크고 금발이며 혈색이 좋고 완벽한 육체를 가진 민족"이라고 불렀다. 파들란의 여행기에는 화장 의식에 대한 상세한 설명이 나온다. 먼저 죽은 사람의 몸뚱이를 배의 한가운데 넣고, 그의 여자 노예 중 한 명을 데려와서 파들란에게는 잘 이해되지 않았던 무시무시한 의식을 치렀다. 죽은 사람의 부하들이 여자 노예를 강간하고 칼로 찔러 죽인 다음 시신의 옆에 눕힌다. 이 의식이 끝나면 피에 흠뻑 젖은 배에 불을 붙인다. "불은 장작더미를 다 잡아먹고, 다음으로는 배를 태우고, 다음으로는 천막과 남자와 여자 노예와 그 배 안에 있던 모든 것을 태웠다."[6]

아이슬란드의 사가saga(12~13세기 북유럽에서 성행한 영웅담이나 모험 이야기_옮긴이)에서도 배는 높은 위상을 차지했다. 배들은 "노 젓는 말", "파도 타는 용", "피오르드의 사슴", "바다를 누비는 들소", "가재네 집의 말"과 같이 동물 이름이 들어가는 재미있는 애칭으로 불렸다. 때로는 작은 배들로 이뤄진 선단을 '수달 부대'라고 불렀다. 바이킹족에게 배는 자부심과 권력의 상징이었다. 전설에 따르면 998년 올라프Olaf 왕을 위해 '롱 서펀트Long Serpent'라는 거대한 배가 만들어졌다고 한다. 무장한 군인 200명과 노잡이 68명을 태울 수 있는 배였다. 다른 전설에는 20미터 높이의 돛대가 달린 배가 나온다. 100년 전쯤 이런 이야기를 했다면 사람들은 코웃음을 쳤겠지만, 선수에서 선미까지 길이가 40미터에 가까운 배들을 고고학자들이 발굴한 지금은 이런 전설이 허황된 이야기로 들리지 않는다.[7]

하지만 바이킹선의 여왕인 스키드블라드니르Skithblathnir호는 실제로 존재한 적이 없는 배다. 스키드블라드니르호는 노르웨이 전설 속에서 프레이Frey라는 신을 위해 난쟁이들이 만든 마법의 배였다. 스키드블라드니르호는 노르웨이의 모든 신들과 그들이 가진 무기를 다 태울 만큼 컸고, 아주 정교하게 만들어졌으므로 항해에 쓰이지 않을 때는 프레이 신이 한 벌의 예쁜 옷처럼 접어 주머니에 넣어서 가지고 다닐 수도 있었다. 하지만 스키드블라드니르호의 가장 큰 강점은 돛이었다. 그 배가 언제, 어디에 있든 간에 돛을 올리기만 하면 거센 바람이 불어와 원하는 곳까지 정확히 데려다준다. 이 대목에서는 예술이 실제를 모방하고 있다. 바이킹선에는 선박 애호가들이 정신을 못 차릴 정도로 매력적인 특징이 많지만, 실제 바이킹선을 멀리까지 나아가는 강력한 배로 만들어준 것은 돛이었다.[8]

바이킹이 등장하는 옛이야기들은 하나같이 그들이 무방비 상태의 도시와 수도원을 대담하고 난폭하게 습격했다는 내용이다. 바이킹족은 뛰어난 항해술을 이용해 교묘한 작전을 구사하고 적의 허를 찔렀다. 바이킹족의 긴 배는 물 위에 높이 떠 있었기 때문에 항구가 없어도 거의 모든 곳에 정박할 수 있었다. 그래서 그들은 온갖 장소를 다 공격할 수 있었다. 그러나 한편으로 바이킹족은 무역에 종사하는 상인들이었다. 바이킹족은 배를 타고 강을 거슬러 올라가 유럽 곳곳의 중요한 항구를 돌아다니고, 흑해로도 진출해 비단길의 서쪽 끄트머리에서 왕성하게 활동했다. 무역 거점들 사이를 분주하게 오가던 바이킹선에는 상아, 바다코끼리의 엄니, 호박, 사냥용 매, 노예, 북부 지방에서 온 모피, 담비 가죽, 비버, 겨울 다람쥐 등이 실려 있었다. 이것은 모두 유럽 대륙에서 귀하게 여겨지는 물건들이었다. 스칸디나비아 지방의 무덤에서는 중국이나 페르시아처럼 먼 나라에서 생산된 비단 직물이 다양하게 발견된다. 실제로 아라비아의 문양과 글자, 혹은 이슬람에서 유래한 디자인이 유럽에서 높은 지위의 상징으로 통했다는 증거가 있다.[9]

중세 노르웨이 사람들은 청어 절임, 순록 똥으로 훈제한 양고기, 발효시킨 연어 같은 저장용 음식을 배에 잔뜩 실어 가지고 다녔으므로 장거리 여행에 능했다. 그들의 배에 항상 돛이 달려 있었던 것은 아니다. 옛 스칸디나비아 사람들은 쪽배dug-out나 가죽배를 사용했고, 5세기에 앵글Angles이라는 부족이 잉글랜드에 도착했을 때는 노 젓는 전함을 타고 왔다. 하지만 바이킹족은 돛을 가지고 있었기 때문에 더 멀리까지 더 빠르게 여행하며 넓은 세상을 만날 수 있었다. 선박 건조술과 항해술이 뛰어났기 때문에 수로는 그들에게 장애물이 아니라 통로가 됐다. 그들은 새로운 땅에 정착하고 새로운 예술 양식과 풍습을 받아들여 문화를 꽃피웠다. 바이킹족은 아이슬란드와 그린란드에 살았다. 더 나은 삶을 위해 보트를 타고 아이슬란드로 온 사람들 때문에 아이슬란드 인구는 단 60년 만에 0명에서 7만 명으로 늘어났다. 바이킹족은 노르망디와 이탈리아반도 일부를 점령했으며 아일랜드, 잉글랜드, 스코틀랜드 북부의 셔틀랜드Shetland, 페어 아일Fair Isle(섬), 흑해, 나아가 아메리카까지 진출했다.[10]

고고학자들은 붓, 수건, 양동이 같은 도구를 가장 많이 쓴다. 사라 파칵Sarah Parcak에게는 다소 특이한 도구 하나가 더 있었다. 그 도구는 바로 인공위성이었다. 파칵은 지구 표면 기준으로 616킬로미터 높이에 설치된 카메라로 찍은 위성사진을 보면서 토양이나 식물 생장과 관련된 특이한 사항들을 찾아본다. 예컨대 과거에 그 자리에 서 있었던 구조물의 흥미로운 증거를 발견하기도 한다. 그녀는 위성 촬영 기술을 이용해 그 전까지 발견되지 않고 발굴되지 않았던 이집트, 페루, 고대 로마 문화 유적의 위치를 알아냈다. 로마 인근의 옛날 등대 자리를 찾아낸 적도 있다. 그리고 그녀는 2016년 인공위성 렌즈를 조정해 새로운 발견에 더 가까이 다가갔다.

　바이킹족이 아메리카 대륙까지 이동했고 그곳에서 무엇을 했는지에 관해 우리가 가진 정보는 아이슬란드의 영웅전설에 나오는 것이 대부분이다. 하지만 아이슬란드의 영웅전설은 이상적인 문헌 자료가 못 된다. 옛 노르웨이 사람들, 또는 모험담을 들려주는 시인과 그 가족이 특별히 용감하고 멋져 보이도록 하려고 과거의 일들을 실제보다 부풀렸기 때문이다. 아이슬란드의 영웅전설은 전투와 영웅적인 죽음을 화려하게 묘사한다. 여자들이 했던 일에 대해서는 거의 언급하지 않는다. 영웅전설 중 2편은 그린란드의 서쪽에 있는 빈란드Vinland라는 장소에 대해 이야기한다. 빈란드는 사냥감이 풍부하고, 배를 만들 목재가 많고, 넉넉한 강물

과 탐스럽게 익은 포도 덩굴vine이 있는 땅이다. '빈란드'라는 이름도 포
도 덩굴에서 유래한 것이다. 비유적으로 표현하자면 이 낙원에도 뱀 한
마리가 있었다. 바로 빈란드의 원주민들. 바이킹족은 그들을 '야비한 사
람들'이라는 뜻의 '스크라엘링skraeling'이라고 불렀다. 스크라엘링족은 바
이킹족이 자기네 땅에 들어온 것을 무척 싫어하면서 활과 화살을 쏘았
다. 그들의 공격은 점점 격렬해져서 새로 개척한 마을이 몇 년 만에 완
전히 파괴됐다. 그래서 바이킹족은 배를 타고 고향으로 돌아왔다고 2편
의 전설은 전한다.

　19세기에는 빈란드가 사실은 아메리카였다는 추측이 무성했다. 1894년
에는 새로 발굴된 고크스타호와 똑같은 복제품이 만들어졌다. 이것은
어느 선박 제작자가 바이킹선으로 노르웨이에서 아메리카까지 항해가
가능했다는 점을 입증하려고 만든 배였다. 제작 의도에 걸맞게 배의 이
름은 '바이킹'으로 정했다. 바이킹호는 마그누스 안데르센Magnus Andersen
선장의 지휘 아래 선원 10여 명과 화물 30톤과 맥주 1,000병을 싣고 4월
30일 일요일 노르웨이의 베르겐Bergen에서 서쪽으로 출발했다. 그들은
5월 27일 캐나다 동해안의 뉴펀들랜드Newfoundland에 도착해 호기심 어
린 관중의 환영을 받았고, 6월 14일에는 미국 코네티컷주 동남부의 뉴
런던New London에서 축배를 들었다. 험한 날씨 속에서 머리털이 곤두설
정도로 조마조마한 항해를 했지만, 바이킹호는 사람들의 오랜 상상처럼
바이킹족이 그들의 고향에서 미국까지 바이킹선으로 이동하는 것이 가
능하다는 사실을 입증했다. 나중에 안데르센 선장은 다음과 같은 글을
썼다. "격랑 속에서 배의 용골이 2센티미터 정도 오르락내리락했다. 하
지만 신기하게도 배에 물이 차는 일은 없었다."[11]

　바이킹족이 정말로 아메리카 대륙에 갔다는 더 확실한 증거가 뒤따
라 나왔다. 1960년에 2명의 고고학자가 뉴펀들런드의 란세오 메도스

L'Anse aux Meadows에서 서기 1000년 무렵 바이킹족이 정착했던 마을의 잔해를 발견했다. 메인주에서는 구리 동전이 나왔는데, 그 동전은 노르웨이의 올라프 3세 왕이 통치하던 시기였던 1065년과 1080년 사이에 스칸디나비아에서 주조된 것이었다.

사라 파칵은 인공위성을 이용해서 아메리카 대륙에 과거 바이킹족의 정착지였던 곳이 또 있는지를 알아보고 있다. 가능성이 높은 장소는 캐나다의 포인트 로제Point Rosee라고 한다. 포인트 로제는 뉴펀들랜드의 세인트로렌스만 안으로 돌출한 반도로서 날씨가 험하고 바람이 많이 부는 곳이다. 란세오 메도스에서는 남서쪽으로 640킬로미터쯤 떨어져 있다. 파칵이 이 지역에 주목한 것은 인공위성 사진에 이상하게 변색된 지점들이 나타났기 때문이다. 그것은 그전까지 발견되지 않은 인공적인 구조물의 윤곽선 같았다. 파칵 일행은 2016년 땅을 파헤치기 시작한 지 얼마 되지 않아 난로 같은 구조물을 발견했다. 처음에는 시커멓게 변한 돌덩이로 보였지만, 땅을 깊게 파보니 그것은 철광석을 굽기 위해 사용된 난로 같았다. 그리고 근처의 다른 구덩이에서는 12.7킬로그램의 화산암재가 나왔다.[12]

포인트 로제는 북아메리카에 바이킹족이 건설했던 정착지가 아닐지도 모른다. 연구는 계속 진행 중이지만 아직까지 결정적인 증거가 발견되지는 않았다. 하지만 바이킹족이 배와 돛을 다루는 솜씨가 뛰어났던 덕택에 크리스토퍼 콜럼버스보다 500년 먼저 아메리카 대륙에 도착할 수 있었다는 점에는 이제 의심의 여지가 없다.

# 배 모양

날씨가 좋지 않은 날이면 피오르드에 부는 폭풍이
바람에 날리는 돛을 긁어댄다.

음유시인 시그바트르Sigvatr the Skald, 11세기

18세기 중반 영국의 제임스 쿡James Cook 선장이 지구를 한 바퀴 돌았을
때, 그는 그전까지 알려지지 않았고 서구인들에게는 관심 밖이었던 태
평양의 섬들을 방문했다. 쿡 선장이 태평양 일대를 성공적으로 여행하
는 데는 여행 도중에 만난 투파이아Tupaia라는 폴리네시아 남자의 도움
이 컸다. 폴리네시아 라이아테아Raitea섬의 지도자였던 투파이아는 쿡 선
장의 항해에 합류하자마자 중요한 존재가 되어, 서양 선원들과 그들이
마주치는 섬 주민들 사이를 중재했다. 하지만 투파이아의 가장 훌륭한
업적은 그가 알고 있는 세상 전부를 순전히 기억에 의존해 지도로 그린
것이다. 물론 그 지도는 완벽과 거리가 멀었다. 그를 도와준 영국 장교
들도 타이티어로 '북쪽'과 '남쪽'을 가리키는 단어들을 계속 혼동했기 때
문에 별 도움을 주지 못했다. 하지만 투파이아의 지도에는 폴리네시아
와 피지에 위치한 중요한 군도들이 거의 다 표기돼 있다. 그 지도는 현
재 미국 영토의 동서 방향 폭보다 긴 4,180킬로미터 정도 거리를 포괄하
며 항해에 반드시 필요한 해류, 기후, 파도, 바람에 관한 정보를 충분히
담고 있다. 더 놀라운 점은 투파이아가 지도에 담아낸 지역이 당시에 그
의 부족민들이 항해할 수 있었던 범위를 훨씬 넘어섰다는 것이다. 사실

투파이아의 지도는 그가 혼자 만든 것이 아니었다. 그 지도는 여러 세대를 거치면서 축적된 지식과 오래전에 종료된 여러 차례의 길고 위험한 항해를 통해 얻은 지식의 결정체였다.

역사는 긴 직물로 만든 돛과 그 돛 밑에서 움직이던 배들 덕분에 가능할 수 있었던 굉장한 여행들로 가득 차 있다. 지난 5만 년 동안 인류는 돛과 배 덕분에 지구의 표면 위에 마치 잃어버린 구슬처럼 흩어져 있는 섬들에도 가볼 수 있었다. 홍적세 말기에만 해도 섬에서 섬으로 옮겨 다니는 짧은 여행Island hopping이 보통이었는데, 약 12,000년 전부터 인류는 야망에 찬 장거리 여행을 하게 됐다. 육지에서 가장 먼 섬들에도 인류가 거주하게 된 지는 길어야 1,000년밖에 되지 않은 셈이다.[13]

하지만 정확히 어떻게 이런 변화가 일어났으며 옛날 뱃사람들이 어떤 기술을 썼는지를 알아내기란 불가능에 가깝다. 증거가 없기 때문에 옛사람들의 항해를 재창조하기도 한다. 가장 유명한 사례는 콘 티키Kon-Tiki 원정을 재현한 것이다. 노르웨이의 작가이자 탐험가였던 토르 헤위에르달Thor Heyerdahl은 1947년 4월 27일 발사나무balsa(중앙아메리카·남아메리카 북부를 원산지로 하는 가볍고 튼튼한 나무_옮긴이)로 조잡하게 만든 뗏목을 타고 리마에서 출발해 프랑스령 폴리네시아로 향했다. 헤위에르달의 목표는 폴리네시아의 섬에 정착한 사람들이 아시아인이 아니라 남아메리카인이었다는 가설을 검증하는 것이었다. 그는 101일 동안 항해를 했고, 도중에 상어를 잡으며 시간을 보내기도 했다. 그는 항해를 끝까지 해냈고 뗏목들도 부서지지 않았지만, 지금은 대부분 그의 가설이 틀렸다고 보고 있다.[14]

어떤 사람들은 언어적 단서를 이용해 옛사람들의 항해에 관해 알아보려고 노력했다. 쿡 선장은 태평양에 갔을 때 그가 방문한 폴리네시아의 섬들이 대부분 비슷한 혈통을 가진 사람들에 의해 개척됐다고 추측

했다. 그 섬들에서 사용되는 언어가 서로 비슷했기 때문이다. 더 흥미로
운 사실은 필리핀과 인도네시아의 가장 외딴 군도에서 사용되는 오스트
로네시아어족Austronesian의 언어에서 가장 오래된 단어가 '돛대', '돛', 그
리고 '현외 장치outrigger boom'를 가리키는 말들이라는 것이다. 항해술 덕
분에 지구의 가장 구석진 곳에 있는 몇몇 지역에도 인류가 거주할 수 있
었다는 추론이 가능하다.[15]

　　오늘날 우리에게 익숙한 배나 돛도 어느 한 사람의 머릿속에서 온전
한 형태로 설계된 것은 아니었다. 배와 돛은 1,000년 동안 산호초나 투
파이아의 지도처럼 서서히 누적된 지혜와 경험의 산물이다. 최초의 배
는 갈대 다발로 만들었을 것이고, 그 배의 돛은 나뭇가지나 속이 빈 통
나무 돛대에 동물 가죽을 씌운 형태였을 것이다. 우리에게 알려진 가장
오래된 배는 1만 년 전 지금의 네덜란드 땅에서 구주소나무scots pine를 베
어 만들었다고 추정되는 3미터 길이의 페세 카누Pesse canoe다. 하지만 이
처럼 단순하게 만든 배로는 바다의 비바람을 오랫동안 이겨낼 수가 없
었다. 더 오랫동안 험난한 바다에서 항해를 하려면 파도와 바람의 채찍
질을 견뎌낼 수 있는 안정적인 배가 필요했다.[16]

　　돛은 별도의 발명품이었다. 돛의 기능은 바람을 이용해 물 위에서
배를 움직이는 것이다. 하지만 이처럼 단순한 전제에서 100만 가지 가능
성이 생겨난다. 인류의 역사 속에 돛이 얼마나 많았는지 그것을 다 설명
하려면 하나의 언어 전체가 동원돼야 한다. 돛의 크기와 모양은 무한정
다양하다. 갈고리 모양, 사각형, 커다란 삼각형…. 또 어떤 돛들은 인도
네시아 전통 선박인 피니시pinisi라든가 최근에 건조된 경주용 단선체 요
트인 모스Moth 같은 특정한 배에만 달려 있다.

　　현대적인 돛은 보통 데이크론Dacron(미국의 듀폰사가 ICI사로부터 제
조 판매권을 양도받아 만든 폴리에스터계 합성섬유_옮긴이), 나일론, 케블라

Kevlar(강도와 탄성이 뛰어난 합성섬유_옮긴이) 같은 합성섬유로 만들어진다. 하지만 19세기에 증기선이 발명되기 전까지 기적에 가까운 항해에 사용된 돛들은 리넨, 면, 마, 모와 같은 천연섬유로 만든 것들이었다. 증기선이 발명된 이후에도 돛의 상당수는 이런 천연섬유였다. 만약 돛천으로 쓸 직물이 없었다면 15세기 명나라 정화鄭和의 서남아시아 원정이라든가 노르웨이의 항해가 로알 아문센Roald Amundsen의 북서항로 정복과 같은 과감한 항해는 불가능했을 것이다.

오래전부터 사람들은 최초의 항해는 이집트에서 시작됐다고 믿었다. 고대 이집트 문명은 나일강 주변에 형성되어 있었는데, 나일강은 남쪽에서 북쪽으로 흘렀고 바람은 반대 방향으로 불었다. 그래서 나일강 하류로 가려면 그냥 흘러갈 수도 있었지만, 강을 거슬러 올라가는 것이 여러 면에서 유리했을 것이다. 사각형 리넨을 돛으로 쓴다는 발상은 배의 중앙에 가림막을 높이 매달던 풍습에서 유래했다고 추측된다. 이런 풍경은 고대 유적에 묘사된 종교적 기념 의식에서 찾아볼 수 있다. 배에 내걸린 가림막이 바람을 붙잡았기 때문에 배가 물살을 거슬러 움직일 수 있었을 것이다. 이런 가설에 대한 확정적인 증거는 고대 이집트의 상형문자에 남아 있다. '강의 상류로 향한다'는 뜻의 상형문자는 돛이 달린 배 그림인 반면 '강의 하류로 향한다'는 뜻의 상형문자는 돛은 없고 노만 있는 배 그림을 보여준다.[17]

하지만 이 명쾌한 이론은 나중에 발견된 증거들과 일치하지 않았다. 사우디아라비아 동부, 바레인, 카타르 등지에서 기원전 6~5세기 메소포타미아의 도자기가 발굴된 것이다. 이 도자기는 주로 해안 지방에서 발견됐다. 한동안 고고학자들은 이것을 기원전 6~5세기 사람들이 바다 여행을 했다는 징표로 해석했으나 직접적인 증거는 없었다. 그러다가 옛날에는 비바람이 들이치지 않는 걸프만이었던 지역의 고고학 유적지에

서 갈대로 만든 뗏목의 일부였을 것으로 추정되는 따개비가 붙은 파편
들이 나왔다. 도자기로 만든 뗏목 모형도 있었고, 돛대가 2개 달린 배 그
림이 그려진 직경 7센티미터짜리 원반형 도자기 접시의 파편도 발굴됐
다. 이 파편은 인류가 돛대와 돛을 사용했다는 증거들 가운데 가장 오래
된 것이다.[18]

　　우리가 바이킹선을 상상할 때는 항상 돛이 있는 배를 머릿속에 그리
지만, 스칸디나비아 사람들의 배에 돛이 달린 것은 다소 시간이 지난 후
의 일이었다. 1세기에 살았던 로마 황제 타키투스Tacitus는 『게르마니아
Germania』에서 노르웨이 사람들의 독특한 배에 대해 언급한 적이 있다.
"그들의 배는 우리의 배와 모양이 많이 다르다. 그들의 배는 양쪽 끝 모
두에 뱃머리가 달려 있어서 배를 돌리지 않고도 언제든지 해변으로 노
를 저어갈 수 있다. **그리고 그들의 배는 돛으로 움직이지 않는다**(강조는
지은이). 측면에 노 젓는 자리가 있지도 않아서 노 젓는 사람들이 여기저
기 옮겨 다닌다." 그로부터 몇 세기가 지난 후에야 비로소 돛이 사용된
다. 돛이 있으면 상품과 사람을 더 많이 싣고 이 항구에서 저 항구로 이
동하기가 쉬웠기 때문이다. 그리고 바이킹족의 생활에서 사람과 상품을
많이 운반하는 능력은 점점 더 중요해졌다. 교역을 할 때나 다른 나라를
침략할 때, 그리고 새로운 땅을 개척할 때도 돛을 단 배가 반드시 필요
하게 됐다. 스웨덴에서 발견된 고틀란드Gotland 암각화에는 6세기의 노
젓는 배들과 7세기의 돛대와 사각 돛이 달린 단순한 배가 새겨져 있다.
이 돛들에는 꼬인 문양이나 바둑판무늬가 들어가 있는데, 이런 무늬는
장식용일 수도 있지만 무늬를 넣으면 돛이 더 튼튼해졌으리라는 가정도
가능하다. 정교한 범선이 출현한 것은 11세기의 일이다.[19]

　　새로운 문물을 늦게 받아들인 사람들이 흔히 그렇듯 노르웨이 사람
들은 돛에 열광했다. 그것은 자연스러운 일이었다. 돛은 노르웨이인들의

활동 반경을 급격히 넓혀주었고, 짐을 더 많이 싣고 멀리까지 여행하게
해줬으며, 경쟁자보다 결정적으로 유리한 위치에 서게 만들었다. 11세기
전반부에 크누트 왕King Canute이 노르웨이, 덴마크, 영국을 잇는 북해 제
국을 건설할 무렵, 노르웨이의 모든 배들(웅장한 전투선에서 소박한 어선
까지)에 돛을 달려면 약 260만 제곱킬로미터의 돛천이 필요했다. 이 돛
천은 대부분 양모로 만들었다.[20]

# 배 무리에서 선단으로

그리고 돛대 옆을 보니 바다의 옷(그러니까 돛!)이 밧줄로
단단히 묶여 있었다. 바다의 나무는 끽끽거렸고,
바람은 파도 너머로 붕 떠올라 여행하는 기술을 남김없이 보여줬다.
배는 앞으로 나아갔다.

『베오울프Beowulf』(베오울프라는 한 영웅의 일대기를 그린 영문학 최초의 서사시_옮긴이), 975~1025년

1989년 늦가을, 노르웨이 북부의 모양이 들쭉날쭉한 땅에 위치한 트론
데네스Trondenes라는 교구의 작은 교회가 마침내 보수공사를 끝냈다. 원
래 예정보다 많이 늦어진 공사였다. 해변에 바짝 붙어 있는 교회 건물은
흰색이었고 가파르게 기울어진 빨간색 지붕을 이고 있었다. 이 건물은
노르웨이 최북단에 위치한 중세식 석조 교회라는 점에서 특별했다. 지
붕을 수리하던 일꾼들은 나무판자들 사이와 벽돌들 사이의 틈새에 뭉치
로 된 뭔가가 끼워져 있는 것을 발견했다. 그 뭉치는 아주 오래된 천 조

각들이었는데 지저분하고 뻣뻣해서 가죽 조각들과 비슷해 보였다. 그러
나 정밀 검사를 해본 결과 지붕의 틈새를 메우기 위해 사용된 그 천 조
각들은 한때 전혀 다른 용도로 쓰였다는 사실이 밝혀졌다. 그것은 700년
전 어느 배의 돛이 되어 바람을 받았던 와드멀wadmal(거친 실로 짜여져 잔
털이 있고 부피가 큰 모직물. 옛날 잉글랜드와 스칸디나비아에서 겨울옷 재료
로 많이 썼다_옮긴이)이었다.

모직물은 돛을 만들기에 안성맞춤인 소재처럼 보이지는 않는다. 모
직물의 따뜻한 성질(전통적으로 양모가 귀하게 여겨진 이유는 보온성이 우수
해서였다)은 돛을 만들 때는 별다른 소용이 없다. 실제로 모직물이 따뜻
한 것은 섬유 한 가닥 한 가닥에 생기는 주름 때문이다. 주름진 섬유를
한데 엮어 짤 때 생기는 공기층이 단열재 노릇을 한다. 하지만 주름이
있다는 것은 공기가 빠져나갈 수 있는 작은 구멍이 아주 많다는 뜻이다.
그래서 모직물은 바람을 붙잡는 데는 그다지 유리하지 않다. 그리고 모
직 스웨터를 세탁해본 사람이라면 누구나 알겠지만, 모직물은 물을 다
량으로 흡수하고 아주 무거워지며 건조하는 데도 오래 걸린다. 이런 단
점들을 생각하면 누군가가 양모로 돛을 만들 생각을 했다는 사실 자체
가 놀랍기도 하다. 하지만 양모 돛은 대형보트longboat에 표준처럼 쓰였
을 뿐 아니라, 바이킹족이 유럽 곳곳을 누비며 상품을 거래했을 때와 (아
마도) 아메리카 대륙을 오가며 장거리 항해를 했을 때도 쓰였다.

돛을 만들 수 있는 다른 직물을 구하기가 쉬워진 순간부터 양모 돛은
사용되지 않았으리라는 추측도 가능하다. 하지만 역사적 사실은 그와
반대였다. 20세기에 들어서도 스칸디나비아반도와 페로제도Faroe Islands
에서는 여전히 사각형 모직 돛을 만들어 썼다.

트론데네스 교회에서 발견된 천 조각들이 세월을 이겨내고 남아 있
다가 연구 대상이 된 것은 기적 같은 일이다. 보통 양모 돛은 닳아 해지

면 버려졌기 때문에, 트론데네스 교회의 발견이 없었다면 바이킹족의 돛에 대한 고고학적 기록은 거의 없었을 것이다. 그리고 그 천 조각들은 지금은 보잘것없어 보이지만 연구자들에게 옛 노르웨이 배들의 제작 과정과 성능에 관한 풍부한 통찰을 제공한다. 우리는 그 양모 천이 어떤 품종의 양에게서 얻은 것인지, 어떻게 가공되고 직조되고 바느질은 어떻게 됐는지 알아냈다. 우리는 그런 돛들이 실제 항해에서 얼마나 성능이 좋았는가, 그리고 그런 돛을 달고 항해할 때의 느낌이 어땠는가와 같은 갖가지 질문에도 답할 수 있다. 교회 지붕에 끼워진 천 조각들 중 하나에서는 주름을 펴봤더니 과거에 밧줄이 통과했던 구멍이 완벽하게 보존돼 있었다. 1280년과 1420년 사이의 어느 시점에 이름 모를 사람의 손으로 꼼꼼하게 만들어진 구멍이었다.

바이킹족의 돛이 만들어진 과정에 대한 이야기는 양모로 만든 다른 물건들의 이야기와 마찬가지로 양에서 시작된다. 노르웨이, 스코틀랜드, 아이슬란드 사이에 위치한 섬들은 수백 년 동안 양이 많이 자라왔고, 양털로 옷감을 짜는 편물공들의 솜씨가 좋기로 유명했다. 예컨대 스코틀랜드의 페어아일에 사는 사람들은 1600년대부터 근처를 지나는 선박들에게 모직물을 주면서 물물교환을 했고, 1902년에는 남극 원정에 필요한 스웨터 100벌을 주문 받아 제작하기도 했다.[21]

　오늘날 페어아일 스웨터를 구입하는 사람들은 대부분 알지 못하는 사실이지만, 이 은혜로운 직물은 독특한 재래종 양에게서 얻는다. 북대서양에서 자라는 재래종 양은 오늘날 의류와 침구류에 사용되는 양털을 공급하는 롬니Romney와 메리노Merino 같은 현대의 건장한 양들보다 몸집이 작고 양털 생산량도(그리고 고기 생산량도) 적다. 하지만 이 재래종 양들은 무게가 적게 나가는 대신 강인함과 적응력으로 단점을 만회하고도

남는다. 대개의 경우 재래종 양들은 자립적으로 생활하기 때문에 현대
의 양들처럼 애지중지할 필요가 없다. 재래종 양들은 아주 거친 풀을 먹
고도 살아남고 번성한다. 오크니제도Orkney Islands의 최북단에 위치한 노
스 로날드세이North Ronaldsay라는 지역에서 유래한 품종은 먹이가 해초밖
에 없는 환경에 적응했다. 이 품종의 양들은 해변의 미끄러운 바위 위를
조심조심 걸어 다니고, 더 맛이 좋은 초록색 먹이를 주더라도 잘 먹지
않는다.[22]

바이킹족이 이 튼튼한 양들을 봤다면 무척 마음에 들어 했을 것이
다. 이 재래종 양들은 바이킹족이 키우던 고대 스칸디나비아 품종의 꼬
리가 짧은 양들과 비슷했다. 이 양들도 몸집은 커다란 개만 했고(요즘
에 많이 키우는 품종의 절반 크기밖에 안 된다), 잔디가 우거진 초원이 아니
라 헤더로 덮인 거친 황무지에서 먹이를 찾았으며, 1년에 한두 번만 주
인과 가까이 지내면서 반쯤 야생으로 살았을 것이다. 양의 무리는 보통
10여 마리 정도로 사육 규모가 작았다. 농사나 어로를 병행하던 소규모
자작농들이 양을 쳤을 것이다. (노르웨이에서 양 한 마리 한 마리가 다 수록
된 세금 장부를 만든 1657년에는 확실히 그랬다. 그 당시 노르웨이의 양은 총
329,000마리 정도로 집계됐다.) 양털의 질도 오늘날과는 딴판이었을 것이
다. 바이킹이 키우던 고대 스칸디나비아 양들의 털은 검은색, 갈색, 흰
색 등 다양한 색을 띠고 있었지만 깎아낸 양털은 2개의 층으로 이뤄져
있었다. 빳빳한 바깥쪽 털이 단열재 역할을 하는 부드러운 안쪽 털을 덮
고 있었다. 오늘날 농장에서 주로 키우는 양들에게서는 찾아보기 힘든
모습이다. 그리고 옛 노르웨이 양털은 요즘 양털과 달리 라놀린lanolin(양
모에서 추출하는 오일. 피부 크림을 만드는 데 쓴다_옮긴이) 함량이 높아서
물이 잘 스며들지 않았다. 이것은 돛을 만들기에 매우 유리한 성질이었
다.[23]

소규모로 양을 키웠기 때문에, 큰 배에 돛을 공급하기에 충분한 양모를 확보하려면 여러 가구가 협력해서 지속적인 노력을 기울여야 했을 것이다. 털이 2겹인 양들은 날씨가 따뜻해지는 늦봄과 여름에 저절로 털갈이를 했다. 한여름이면 양들을 한곳에 둥글게 모은 다음, 손으로 헐거워진 털을 뽑아냈다. 이것은 고된 노동이었다. 아직도 노르웨이의 전통 기술을 가르치는 리사Rissa의 포센 민속고등학교에서는 사람 4~5명이 양 1마리에게서 느슨해진 털을 모두 뽑아내는 데 10분 정도 소요된다. 기계로 양털을 깎아내는 것보다 시간은 더 걸리지만 손으로 털을 뽑는 방법에는 나름의 이점이 있다. 손으로 뽑아낸 양털은 방수성이 더 좋고, 깎아낸 양털에서 새로 자라난 짧은 양모 섬유들을 제거하는 소모carding 또는 빗질combing 작업을 적게 해도 된다. 양털은 뽑아내는 즉시 분류했을 것이다. 가장 좋은 털은 양의 목 부분에서 나오는데, 이 털은 화려한 숄을 만들기 위해 남겨두었을 것이다. 양의 허벅지에서 나온 털은 거칠게 쓰는 털장갑이나 털양말을 만들기에 적합했다. 아직 짝짓기를 하지 않은 3살짜리 양에게서 얻은 털은 튼튼하고 굵어서 특히 귀하게 여겼다. 털을 뽑고 분류하는 과정이 끝나면 양털을 꼬아 실타래로 만들고 어유魚乳를 바른 동물 가죽 가방에 넣어 보관하면서 1년 내내 사용했다.[24]

시간이 오래 걸리는 작업은 낮이 짧고 추워서 실내에서 시간 보내기가 좋은 가을과 겨울에 진행됐다. 우선 온 가족이 모여 앉아 부드러운 안쪽 털은 남겨두고 겉부분의 긴 털을 제거했다. (돛을 만들 때는 특히 이 작업이 중요했다.) 그리고 나서 부드러운 안쪽 털에 어유를 약간 뿌리고 잠시 그대로 놓아둔다. 기름이 천천히 스며들어 섬유가 더 부드러워지도록 하는 것이다.

그다음 일은 주로 여자들이 맡았던 실 뽑기, 옷감 짜기, 손질하기였다. 길고 거친 섬유는 빗질로 제거하고, 가락바퀴를 써서 섬유를 시계 방향으로 팽팽하게 꼬면 아주 튼튼한 실이 만들어진다. 이렇게 만든 실은 방수가 잘되고 인장응력tensil stress과 바람을 잘 견뎌내는 날실이 된다. 안쪽 털은 더 살살 다루면서 시계 반대 방향으로 느슨하게 실을 뽑아냈다. 이 부드럽고 느슨한 실은 씨실로 썼다. 섬유가 서로 잘 뭉쳐지도록 문지르는 축융fulling 과정을 거치면 이 부드러운 섬유들의 표면이 보다 치밀해지고 바람을 잘 견디게 된다. 이 두 종류의 실을 만들기 위해서는 숙련된 기술과 오랜 시간이 필요하다. 솜씨 좋은 전문가는 가락과 실톳대를 가지고 1시간에 30~50미터의 실을 만들어냈다. 길이가 90미터쯤 되는 커다란 사각 돛을 만드는 데는 현대의 노동시간을 기준으로 2년 반의 노동이 필요하다.[25]

옷감을 짜는 과정은 지역에 따라 차이가 컸다. 바이킹족이 쓰던 직기는 날실에 추를 매다는 아주 단순한 형태였다. 돛천은 대부분 능직twill을 약간 변형한 직물이라서 마치 천에 사선들을 그려 넣은 것처럼 보였다. 하지만 아이슬란드의 돛 제작자들은 2/2 능직을 선호했던 반면 바이킹 시대에 스웨덴과 덴마크에서 돛을 만들었던 사람들은 2/1 능직tuskept을 사용했다.[26]

천의 무게는 돛의 크기에 따라 제각각이었다. 한 변의 길이가 약 100미터인 사각 돛 1장을 만들기 위해서는 무거운 천을 짰다. 작은 배에 매달 돛을 만들 때는 천도 훨씬 가벼워졌다.[27] 천을 짜는 일은 시간을 많이 잡아먹는 노동이었다. 돛천 1미터를 짜는 데 약 20시간이 걸렸다. 천을 다 짜고 나면 축융 작업을 통해 천의 질을 좋게 만들었다. 바람이 세게 부는 환경에서 사용할 돛을 만들 경우 축융은 더욱 중요했다. 축융을 할 때는 특수한 축융판felting board을 사용하기도 하고, 천을 그냥 조석점(바닷물이 만조일 때 이르는 지점_옮긴이) 바로 앞에 놓고 무거운 돌 몇 개를 올려놓아 바닷물이 밀려왔다 빠지면서 천의 질을 균일하게 만들기도

했다. 축융이 끝난 천은 신축가공stretch을 하고 잘 말렸다. 직기는 보통
바이킹족에게 필요한 돛보다 폭이 좁았기 때문에, 다음으로는 천(이것을
거미줄webs이라고 불렀다) 여러 장을 꿰매 붙여 바이킹의 상징인 사각형
돛을 최종 완성했다. (하지만 돛을 꿰매는 방법도 지역별로 차이가 있었다.)
페로제도에서는 직기로 약 5미터 길이의 옷감을 짤 수 있었으므로 직기
만 가지고도 사각 돛을 만들어냈다.[28]

　마지막 마무리는 스뫼링smörring이라고 불리는 2단계 공정이다. 첫
째, 물과 말기름horse fat 또는 어유, 오커ochre를 섞은 액체를 옷감에 바른
다. 오커란 자연적으로 형성되는 붉은 황토를 뜻한다. 천을 말리고 나서
는 뜨거운 액체 상태의 우지beef tallow 또는 전나무 타르fir tar를 돛에 골고
루 바른다. 기름을 바르면 꿰맨 천들의 차이가 줄어들어 바느질한 자리
로 공기가 잘 통하게 되는 반면, 황토 입자는 양모 섬유 사이의 틈을 메
워준다. 바이킹족의 표준 제작법으로 만든 직물을 현대식으로 시험해보
면, 축융만 하고 가공은 하지 않은 직물이 축융을 하지 않은 같은 소재
의 직물보다 공기를 30퍼센트 정도 적게 통과시킨다. 그리고 스뫼링으
로 마무리한 모직물은 통기성이 0에 가까워 돛으로 쓰기에 딱 좋다. 바
이킹의 돛들은 워낙 잘 만들어져서, 관리만 제대로 하면 40년에서 50년
까지 사용할 수 있었다.

　직물을 만드는 일, 특히 까다로운 기술이 요구되는 돛을 만드는 일은
배를 만드는 일보다 더 많은 노력을 요구한다. 추측에 따르면 숙련된 선
박공 2명이 바이킹선 1척을 건조하는 데 2주 정도가 걸린 반면, 돛 1개
를 만들기 위해서는 똑같은 수준의 기술을 가진 여자 2명이 꼬박 1년 또
는 그 이상을 일해야 했다. 정확한 소요 시간은 돛의 크기에 따라 달라
졌다.[29]

　트론데네스 교회의 일꾼들이 지붕 틈새를 막다가 오래된 양모 돛

을 발견했을 때 정확히 무슨 생각을 했는지는 알 길이 없지만, 왜 그 양
모가 지붕에 끼워졌는지는 짐작해볼 수 있다. 돛을 만드는 일이 공동체
의 주요 행사였던 것과 마찬가지로 돛을 보수하는 일도 마을 주민들이
함께했다. 1309년 노르웨이 왕 호콘 5세는 전시에 사용하는 배 1척씩을
관리하고 보수하는 임무를 몇몇 마을에 맡기는 법을 제정했다. 그 법은
"나라를 지키는 데 사용되는 돛과 같은 장비들은 오랜 전통에 따라 교
회에 보관해야 한다"고 규정했다. 마을 사람들이 힘을 합쳐 배에 필요
한 비품과 선원들의 옷을 만드는 장면이 떠오른다. 돛천이 지역별로 다
른 이유와 돛천 만드는 작업이 그토록 정교하게 이뤄진 이유도 이것으
로 설명된다. 사람들은 긴 겨울밤에 집에서 자신들의 형제와 아들, 남편
과 아버지가 사용할 천과 돛을 만들었던 것이다.[30]

최근 실험고고학experimental archaeology(고대 유물 등을 실증적으로 재
현해 그 시대를 이해하려는 연구 방법_옮긴이)에서는 트론데네스 교회에
서 발견된 천 조각들을 단서 삼아 바이킹족이 타던 배를 재현하려는 시
도를 했다. 그 결과 우리는 양모로 동력을 생성하는 배를 타고 항해하는
느낌이 어떨지에 대한 매력적인 통찰을 얻었다. 예를 들면 그동안 우리
는 바이킹선에 쓰인 사각 돛이 강의 하류로 이동할 때만 도움이 되므로
비효율적이라고 생각했다. 그런데 실험을 해보니 그게 아니었다. 원본
에 충실하게 재현한 바이킹선은 바람이 불어오는 방향에서 약 50도 기
울어진 각도로 운항할 수 있었는데, 이것은 현대식 범선이 운항할 때와
5도밖에 차이가 나지 않는 수치다.[31]

# 돛을 달고 항해하다

주여, 노르만의 광포로부터 저희들을 구하소서
A furore normanorum, libera nos, O Domine

유럽의 기도문, 9~10세기

793년 7월, 잉글랜드 북동부 노섬브리아Nothumbria의 수도원에 재앙이 닥쳤다. "다음으로 그들은 린디스판Lindisfarne 교회에 도착했다." 어떤 연대기 제작자의 기록은 다음과 같이 이어진다. "사정없는 약탈로 모든 것을 폐허로 만들고, 지저분한 발로 성소를 마구 짓밟고, 제단 밑의 땅을 파헤쳐 성스러운 교회에 묻혀 있던 보물을 모조리 가져갔다." 성직자들도 무사하지 못했다. 어떤 성직자는 살해당하고, 어떤 성직자들은 바다에 빠져 익사하거나 족쇄에 채워진 채 끌려갔다. 추측건대 끌려간 성직자들은 평생 노예로 살았을 것이다. 이 글에 나온 불한당은 당연히 바이킹족이었다. 바이킹이 린디스판을 습격했다는 충격적인 소식은 기독교 세계 전체를 뒤흔들었다. 잉글랜드의 학자였던 요크의 앨퀸Alcuin of York은 격노한 나머지 자신과 친분이 있는 권력자들 모두에게 편지를 보냈다. 에설레드 왕King Æthelred에게 보낸 서한에서 그는 다음과 같이 열변을 토했다. "영국에서 이렇게 끔찍한 일이 벌어진 적은 일찍이 없습니다. 지금 이교도들 때문에 우리가 이런 수모를 당하는 겁니다."[32]

유럽 기독교 세계는 그 후로도 여러 번 치욕을 당했고, 공포는 급속하게 퍼졌다. 바이킹족의 습격이 큰 충격이었던 것은 그전까지 바다는 교통로가 아닌 보호 장벽으로 간주되고 있었기 때문이다. 앨퀸은 에설

레드 왕에게 보낸 편지에서 이 점을 정확히 지적했다. "바다에서 그런 습격이 가능할 거라고는 꿈에도 생각지 못했습니다." 바다는 장벽이라는 믿음이 굳건했기 때문에 린디스판 교회 같은 종교 건물들은 사방이 바다로 둘러싸인 호젓한 땅에 세워졌다. 하지만 바이킹족의 입장에서는 그런 곳이야말로 습격하기에 딱 좋은 위치였다. 바이킹의 길쭉한 배는 수심이 깊은 항구를 필요로 하지 않았다. 그리고 전투가 그들에게 불리해질 경우(실제로 그런 경우는 거의 없었지만) 바다를 통해 재빨리 퇴각할 수 있었다.

바이킹의 습격은 계속됐다. 그다음 해에는 영국의 수도승 비드Bede the Venerable가 한때 머물렀던 웨어머스와 재로의 유서 깊은 수도원들이 공격당했다. 스코틀랜드의 아이오나Iona섬에 세워진 수도원도 그 이듬해에 습격을 당하고 802년과 806년에 또다시 습격을 당해 거의 모든 것을 강탈당했다. 지금은 작은 어촌이지만 중세에는 활발한 종교 공동체가 있었던 스코틀랜드의 포트마호맥Portmahomack에서도 폭력적인 약탈의 증거가 발굴됐다. 거무스름한 재와 부서진 조각상의 파편들이 두툼하게 쌓여 있었고, 날카로운 칼날 같은 것에 의해 쩍 갈라진 두개골 한 조각이 발견됐다. 확실히 알 길은 없지만, 그 칼날을 휘두른 팔은 중세 노르웨이인의 것이었다는 추측이 충분히 가능하다.[33]

고집 세고 사나운 바이킹족의 이미지를 생각하면 그들의 생활에 부드러운 양모 털실이 반드시 필요했다는 것이 신기하게 여겨지기도 한다. 만약 양모 털실이 없었다면 바이킹족의 생활양식은 크게 달라졌을 것이다. 바이킹의 배와 전사들은 오늘날의 시 속에서도 낭만적으로 묘사되고 찬양받고 있지만, 그들이 거둔 성공의 밑바탕에는 모직 옷감과 그 옷감을 만든 사람들이 있었다. 20세기에 들어서도 3개월짜리 항해를 떠나는 노르웨이 선원들은 3번 입을 분량의 속옷, 셔츠 1벌, 항해용 털장갑 5켤레, 일반 털장갑 2켤레, 그리고 레깅스와 스타킹 몇 켤레를 챙겨갔다. 이 의류들은 대부분 코바늘뜨기crochet로 만들었거나 바늘 하나만 사용하는 낼바인딩nålebinding(니들 바인딩needle binding이라고도 한다_옮긴이)으로 만든 것이었다. 전통적으로 선원들의 의류는 모두 양모로 만들었으므로 자주 깁고 새것으로 바꿔야 했다. 경제적 여유가 있는 운 좋은 선원들은 두툼하고 화려한 항해용 담요(sjørya라고 불렀다)도 가져갔다. 이 담요 1장을 만들려면 양 17마리의 털이 필요했다.

　바이킹족이 왜 고향을 떠나 세계 곳곳을 탐험했는지에 대해서는 여러 가지 가설이 있다. 어떤 이들은 철 생산량이 늘면서 더 좋은 도구를 만들 수 있었기 때문이라고 말한다. 또 어떤 이들은 인구 증가와 국가 간 교역량 증가, 그리고 심지어는 지구 기온이 높아지던 시기의 곡물 수확량 증가가 원인이라고 이야기한다. 어떤 가설은 양모 자체에 초점을 맞춘다. 바이킹족이 여행과 교역을 많이 하게 되면서 그들이 필요로 하는 양모의 양도 늘었다는 것이다. 배를 더 만들려면 돛과 선원들의 옷도 더 많이 생산해야 했다. 그래서 직물이 더 많이 필요하고, 양을 더 많이 키워야 하고, 양을 키울 목초지가 더 많이 필요해졌다. 직물사학자인 리세 벤데 예르겐센Lise Bender Jørgensen 같은 사람들은 양과 목초지와 양모 수요의 급증은 바이킹족이 노르망디, 그린란드, 그리고 아메리카 같은 새로운 땅에 공격적으로 진출했던 이유 중 하나라고 주장했다.[34]

　추정치에 따르면 일반적인 바이킹 화물선 1척과 그 배에 타는 선원들에 필요한 돛, 의류, 침구 등의 설비를 공급하기 위해서는 200킬로그램이 넘는 양모와 10년분의 노동이 요구된다. 선원이 70명쯤 탑승하는 대규모 전투선에 비품을 공급할 경우 그 숫자는 어마어마하게 커진다. 양모 1.5톤과 60년 분량의 노동. 이처럼 많은 양의 직물을 생산하려면 큰

공동체의 집중적인 투자가 필요하다. 그리고 그중 대부분이 여성이어야
한다. 중세 노르웨이의 양 1마리에서 1년 동안 얻는 양털이 1~2.5킬로
그램밖에 되지 않고, 그중에 돛천의 재료로 적합한 양털은 고작 500그램
정도라는 사실을 감안하면 바이킹족에게는 놀랄 만큼 많은 양이 필요했
을 것이다. 바이킹 시대 노르웨이 선단의 모든 돛천을 만들기 위해서는
양 200만 마리에서 얻은 양털이 필요했으리라는 계산도 있다.[35]

6

# 왕의 몸값

중세 잉글랜드의 양모

# 링컨 그린색 옷을 입고

오늘 죽어야 한다면 얼마나 무서울까.
나는 목사님 말씀에 나오는 '하느님 아버지'를
아주 잘 알지는 못하지만
로빈 후드 노래의 가사는 잘 안다네.

윌리엄 랭글런드William Langland, 「농부 피어스의 꿈Piers Plowman」(당대의 부패한 종교와 사회, 인간성을 풍자하는
작품_옮긴이), 1367~1386년

로빈 후드Robin Hood에 관해 우리가 알고 있는, 아니 알고 있다고 생각하
는 것은 모두 14세기부터 생산된 설화시ballads와 문학작품 속의 묘사들
과 잡다한 문헌 정보들을 조각 이불처럼 꿰어 맞춘 결과물이다. 로빈 후
드는 모순적인 인물이다. 어떤 설화시에서 그는 낡은 옷을 입은 중간계
급 남자로서 정의로운 도둑질로 획득한 물건들을 가난한 사람들에게 기
꺼이 나눠준다. 다른 설화시에서 그는 훔친 물건들을 혼자 다 가진다.
어떤 설화시는 로빈 후드를 성모마리아를 열렬히 숭배하는 사람으로
그리고, 어떤 설화시는 로빈 후드가 메리언이라는 아가씨를 사랑했다
고 이야기한다. 추방당한 사람들의 숲속에서 로빈 후드가 마주친 사람
은 에드워드 왕이라고도 하고 리처드 왕이라고도 한다. 하지만 로빈 후
드가 부패한 성직자와 관리들을 미워했다는 것, 그리고 링컨 그린Lincoln
Green(영국 링컨 지방에서 만들던 녹색 나사羅紗천의 색. 회색을 띤 황록색을
말한다_옮긴이)색 옷을 입었다는 것은 대다수 문헌에 일관되게 나타나는
특징이다.

오늘날 '링컨 그린'은 단순히 색이름으로만 인식되지만, 중세의 독자

들에게 '링컨 그린'은 그 이상의 의미를 지닌 단어였다. 링컨은 영국 양
모 교역의 중심지로서 질 좋은 모직물을 생산하는 부유한 도시로 유명
했다. 엘리자베스 시대의 시인이었던 마이클 드레이턴Michael Drayton이
잉글랜드와 웨일스를 찬양하기 위해 쓴 15,000행의 장편시 「축복받은
나라Poly Olbion」에는 다음과 같은 문장이 있다. "예로부터 링컨 지방에서
물들인 초록빛 옷감이 영국 최고였다."

계층과 계층 사이의 경계선이 확실했던 시대에 옷은 사람들의 정체
성을 나타내는 역할을 했다. 옷은 어떤 사람이 무슨 일을 하며 그 사람의
사회적 지위는 어떠한가를 표시했다. 이야기 속의 로빈 후드는 숲속에서
살았는데도 항상 최고 품질의 새 옷감을 넉넉히 공급받는 것처럼 보인
다. 그는 자기 손에 들어온 옷감을 가지고 가난한 사람들에게 새 옷을 공
급하는 대신 변장에 도움을 받거나 여러 가지 부탁을 들어달라고 한다.
현존하는 가장 오래된 설화시인 15세기 말의 『로빈 후드의 위업A Geste
of Robin Hood』에서는 리틀 존Little John이 포목상이고 로빈은 '메리 잉글론
드mery Englond'에서 가장 부유한 상인이다. 이 설화시의 절정에 해당하
는 우스꽝스러운 장면에서는 왕실 사람이 갑작스럽게 로빈을 찾아온다.
"우리의 미남 왕 에드워드"는 로빈에게 "초록색 옷감" 33야드(약 30미
터)를 팔아달라고 졸라댄다. 로빈이 왕의 명을 따르자 왕과 그의 수행원
들은 "링컨 그린 옷을 입고" 말을 달려 노팅엄Nottingham으로 가서는 그
곳 주민들을 위협한다. 처음에 그들은 처음에 왕의 수행원들을 보고 부
랑자들이 복수하러 온 줄로 착각했다.[1] 옛이야기를 들려주는 사람과 듣
는 사람의 세계에서 직물이 중요했던 것처럼, 모직물과 모직물의 거래
는 로빈 후드 이야기 곳곳에 등장한다. 사치금지법의 적용을 받는 특정
한 직물들은 값이 무척 비쌌다. 그래서 어떤 사람이 입은 옷의 질감과
색깔만 힐끗 보고도 그 사람의 계층과 지위, 나아가 성격까지도 짐작할

수 있었다. 예컨대 부유하고 과시욕이 강한 성직자들은 지배계층이 사
랑하는 고운 다홍색scarlet 천으로 만든 옷을 입고 다녔다. 조금 더 겸손하
고 마음 따뜻한 성직자들은 거친 러셋russet으로 만든 옷을 입었다. 러셋
은 목동과 농부들의 옷을 만드는 천이었다. 그러나 옷은 단순히 개인적
취향의 문제만은 아니었다. 에드워드 3세의 재임 기간인 1337년에 통과
된 법률은 호화로운 직물과 모피의 수입을 제한했다. 아마도 이것은 영
국의 직물 산업을 발전시키기 위한 수단이었을 것이다. 약 30년 후에 통
과된 또 하나의 법은 사회적 지위에 따른 구분을 위해 특별히 제정한 법
으로서, "재산과 지위에 맞지 않게 별나고 사치스러운 옷을 입는 사람"
을 태형에 처하도록 했다. 하인들의 옷에는 금실이나 은실 자수가 들어
갈 수 없었다. 기사 아래 신분인 젠틀맨은 4½마르크(3파운드 정도)보다
비싼 옷을 구입할 수 없었다. 직공이나 자작농은 비단옷을 입지 못하고
옷에 자수를 넣지도 못했다. 이런 법률은 특정 계층에게만 비단을 허용
했던 고대 로마의 법만큼 효과적이었다. 14세기 말을 향해 가는 동안에
도 중세의 대표적인 연대기 작가 헨리 나이튼Henry Knighton은 이런 불평
을 늘어놓고 있었다. "미천한 사람들이 화려한 옷과 소품을 걸치고 있었
다… 그래서 미천한 사람과 높은 사람을… 구별하기도 쉽지 않다."[2]

　이런 법률들의 실효성과 무관하게 이런 법률들이 불러일으킨 분노는
로빈 후드의 전설 속에서 똑똑히 들리고, 나아가 1381년 농민 반란의 핵
심 구호로 울려 퍼졌다. "아담이 밭을 갈고 이브가 실을 잣던 시대에 귀
족이 어디 있었나?"

# 양털 덩어리<sup>*</sup>

오 양모, 귀부인 같은 당신은 상인들의 여신이라오…
오 아름답고, 오 하얗고, 오 기분 좋은 양모여,
당신의 사랑은 따끔거리고 구속력이 강해서,
당신을 거래하는 사람들의 심장을 꼭 붙들어놓는구려.

존 가워John Gower, 「명상자의 거울Mirour de l'Omme」, 1376～1379년

13세기에 프랑스 북부 아르투아Artois 출신의 어느 시인은 "영국으로 양모를 운반한다"라는 표현을 썼다. 이것은 영국인들이 "뉴캐슬로 석탄을 운반한다"라고 말하는 것과 비슷했다. 양모는 영국을 대표하는 상품이었다. 양모는 비교적 저렴하고 편리하며 여러 가지 색으로 염색이 가능했다. 양모만 가지고 실을 뽑고 옷감을 짜서 겉옷을 만들 수도 있었고, 리넨과 혼합하면 피부에 직접 닿는 내의를 만들 수도 있었다. (실제로 채색 삽화가 들어간 이 시대의 편람을 보면 질 좋은 모직 옷을 입는 것이 건강에 좋다는 내용이 있다.) 영국의 산비탈은 양떼가 많아 얼룩덜룩했다. 가난한 집들은 기름 바르기, 실 잣기, 옷감 짜기 등 가공 단계에 따라 다른 양털들이 방바닥마다 가득 차 있었을 것이다. 부유한 집의 벽은 알록달록한 태피스트리tapestry로 장식되어 있었을 것이다. 영국의 항구는 플랑드르, 프랑스, 피렌체로 향하는 푹신하고 불룩한 양털 자루들로 꽉꽉 차 있었

---

\*　　**양털 덩어리**staple diet에는 '주식'이라는 뜻이 있으므로, 저자는 staple이라는 단어로 말장난을 하고 있다_옮긴이

을 것이다.[3]

노르만족(노르만Norman이라는 명칭은 그들이 노르웨이 바이킹Norse Viking의 후손임을 보여준다)은 1066년 잉글랜드를 정복했다. 조상인 바이킹처럼 노르만족 역시 모직물 산업을 통해 형성된 부를 그들의 목표로 삼았다. 하지만 노르만족은 바이킹과 달리 대단히 조직적이었다. 그들은 20년에 걸쳐 잉글랜드의 모든 마을의 실태와 수익을 조사하고 《둠즈데이 북The Domesday Book》이라는 토지대장을 펴냈다. 그들이 그런 수고를 한 데는 이유가 있었다. 《둠즈데이 북》의 글은 노르만족이 새로 획득한 땅의 경제적 가치와 그 땅에서 거둬들일 수 있는 세금 액수에 대한 완전한 그림을 제공했다. 그들이 잉글랜드의 각 지방 농민들에게 누가 지배자인가를 똑똑히 보여주기 위해 건설한 비대한 성들은 1,000년이 지난 지금도 그대로 서 있다. 노르만족은 잉글랜드의 제일 좋은 땅을 노르만 귀족들과 교회에 나눠준 다음, 양모 생산 방식을 재정비하는 일에 착수했다.

당시 잉글랜드의 대지주들은 양을 수만 마리씩 치고 있었다. 예컨대 14세기 초 윈체스터 주교Bishop of Winchester는 자신의 영지에서 양 29,000마리를 키우고 있었다. 링컨의 백작 헨리 레이시Henry Lacy는 13,400마리를 소유하고 있었다. 중세에 양을 키운 일차적인 이유는 젖을 얻기 위해서(양젖으로 치즈를 만들었다)라는 주장도 있지만, 지금까지 전해지는 가격표를 보면 양들의 값을 매기는 데 양털이 매우 중요했다는 사실을 알 수 있다. 털이 특별히 고운 양은 마리당 10펜스였다. 당시 10펜스는 경험 많은 소매상인에게 2~3일치 수고비로 지급하던 돈이었다. 털이 거친 품종의 양은 6펜스에 거래됐다.

양의 몸에서 분리된 양털을 사고팔았던 상인들은 자루sack와 마대 sarpler로 양털을 측량하는 방법을 생각해냈을 것이다. 조금 헷갈리긴 하지만 중세 시대에 1자루는 약 166킬로그램 정도를 가리키는 단위였다. 1마대는 배에 싣기 위해 다시 포장한 양털 1자루가 조금 넘는 분량을 의미한다. 이 시대의 양털 운송에 관한 현존하는 기록에 따르면 총 113½자루를 한번에 운송했다고 한다. 이때 양 1마리에서 깎아낸 양털의 무게는 1~1.5킬로그램 정도였으므로, 1회의 운송 물량은 무려 37,455마리의 양에서 나온 양털이었던 셈이다.[4]

12세기와 13세기에 잉글랜드에서는 지방마다 양을 치고 양털을 팔았다. 자기 고장의 양털이 최고로 좋다는 평판을 얻기 위해 지역끼리 경쟁을 벌이기도 했다. 1343년의 가격표에 따르면 웨일스와의 경계선 부근에서 얻은 양털이 가장 비쌌다. 1세기 후에 작성된 다른 가격표에서는 '렘스터Lemster(오늘날의 레민스터Leominster)'가 가장 비싼 양털의 영예를 차지했다. 지역별 특화는 직물 생산으로도 이어졌다. 링컨은 초록색 직물뿐 아니라 붉은색 직물로도 유명했다. '링컨 스칼렛Lincoln Scarlett'이라는 붉은 직물을 찾는 사람이 워낙 많았으므로 그 이름은 오늘날의 디자이너 라벨과 비슷한 대우를 받았다. 13세기 중반 베네치아에서 링컨 스칼렛은 가장 인기가 많고 가장 값비싼 직물들 중 하나였다.[5]

이 시기에 양모로 일관된 명성을 유지한 두 지역은 잉글랜드 남부의 코츠월즈Cotswolds와 북부의 요크, 링컨, 스탬퍼드를 잇는 삼각지대였다. 사실 요크가 오랫동안 번창했던 이유는 주변 여러 지방에서 생산된 양모의 집결지였다는 데 있다. 요크의 상인들은 농부들과 양모를 헐Hull 항구에서 해외로 수출하는 무역상 사이를 매개하면서 부를 축적했다. (13세기에 북해의 해적들이 '하얗고 폭신폭신한 금'이 잔뜩 실린 배를 노렸을 때 헐과 요크도 큰 피해를 입었다. 해적들이 출몰하자 무역상들은 번거로움을 무릅쓰고 양모를 런던까지 육로로 운송했다.)

전통적으로 잉글랜드 북부의 양모는 거칠거나 '털이 많았다.' 하지만

북부의 부유한 지주들(여기에는 시토파Cistercian 수도승도 여러 명 포함된다)
은 12세기부터 이 지역에서 영향력이 더 커졌다. 이들이 인기 있는 양
품종을 사들이고 더 나은 사육 기술도 획득했으므로 양모 품질도 더 좋
아졌다. 그럼에도 불구하고 양모의 품질은 여전히 고르지 않았다. 13세
기와 14세기의 가격표를 보면 최고의 요크셔Yorkshire 양털은 잉글랜드에
서 6번째로 비쌌던 반면 가장 거친 양털은 아주 싸게 거래됐다.[6]

코퍼게이트Coppergate('구리의 문'이라는 뜻_옮긴이)는 요크의 우즈강River
Ouse 둑에 웅크리고 앉아 있다. 수백 년 동안 강물이 주변 땅의 흙 속으
로 조금씩 흘러 들어간 덕분에 흙은 촉촉한 토탄질로 유지됐고, 일반적
인 경우라면 비바람에 썩어 보기 흉해졌을 인공물도 무사히 보존됐다.
1976년과 1981년 사이에 이곳을 파헤치자 600년 동안 생산된 직물들
이 나왔다. 가장 오래된 것은 9세기에 만들어진 것도 있었다. 1,000제곱
미터 면적에 9미터 깊이의 코퍼게이트에서 직물과 관련된 인공물만 총
1,107개가 출토됐다.[7]
　소량의 아마와 몇 가닥의 비단실이 발굴되긴 했지만(비단은 완성된 직
물로 수입됐을 수도 있고 실 형태로 수입됐을 수도 있다) 가장 많이 나온 것
은 양모였다. 생사 덩어리staple(양털이 자연스럽게 빠져 뭉쳐진 덩어리)가
25개, 앵글로 스칸디나비아 시대와 중세 시대의 직물 120장, 그리고 털
실과 노끈 58묶음이 발견됐다. 양모를 가공하기 위해 만들어진 도구들
도 있었고, 양털에 잘 생기는 기생충도 곳곳에 있었다. 하지만 이 보기
흉한 물건들 덕분에 연구자들은 중세의 양모 교역이 어떻게 이뤄졌는가
에 관해 정교한 그림을 그릴 수 있었다.[8]
　코퍼게이트에서 출토된 양모의 3분의 2 정도가 흰색이었던 것은 인
근 농장들에서 양 품종을 신중하게 선택했다는 증거가 된다. 다른 지역

에서 발견된 양모에 비해 흰색의 비율이 높은 편이라는 점도 흥미롭다. 흰색 양털은 물들이기가 쉬워서 가치가 더 높다. 아니나 다를까 코퍼게이트의 흙에서도 염료용 식물의 잔해가 많이 발견됐다. 노란색을 내는 웰드weld(유럽산 목서초속木犀草屬의 일종_옮긴이), 청색 염료로 쓰이던 대청woad, 그리고 섬세하고 다소 과시적인 빨강색을 내는 꼭두서니madder. 중세 시대에 영국은 진홍색으로 물들인 천으로 유명했다. 11세기에 윈릭Winric of Treves(1068~1097년)이 쓴 시에서 화자인 양은 플랑드르의 초록색 옷감, 라인란트Rhineland의 검은색 염료와 이탈리아 수아비아Suavia의 황갈색에 가까운 빨강을 찬양하고 나서 세상에서 가장 눈부신 빛깔로 넘어간다. "피도 아니고, 태양도 아니고, 불도 아니고, 너처럼 붉게 빛난다, 영국이여, 내 외투 안에서 루비색으로 반짝여라."[9]

　바이킹족의 나라와 마찬가지로 중세 잉글랜드에서도 양모 가공의 첫 단계는 양털을 등급에 따라 분류하는 것이었다. 하지만 잉글랜드에서는 상당한 양의 양모가 판매용과 수출용이었으므로 이 단계에 특별한 경제적 의미가 더해졌다. 우선 양털을 분류할 때 섬유의 품등(표준 길이)과 색 같은 요소들을 고려하고 어떤 양에게서 얻은 털인지도 중요했다. (최하품으로 친 몰링morling이라는 양모는 죽은 양에게서 뽑아낸 털이었다.) 특정 지역의 고유 품종인 양들의 털은 섬유 길이가 길거나 짧아서 사용처도 각기 달랐다. 가장 고운 양모는 고급 의류 시장에 판매했다. 예컨대 피렌체의 의류 제작자와 상인들이 그런 양모를 샀다. 그보다 등급이 약간 아래인 양모는 런던으로 운반되거나 부유한 지방 상인들에게 팔렸다.[10]

　지역 시장에 보내야 하는 양털이나 상인들이 당장 직물로 바꾸기를 원하는 양털은 생산지에서 곧바로 가공했다. 우선 섬유에 발라진 천연 기름과 라놀린을 제거하기 위해 세척을 했다. 기름과 라놀린이 묻어 있으면 염료를 잘 흡수하지 못하기 때문이다. 염색을 하는 경우 양모를 염색약 통에 담갔다가 손으로 다시 기름을 발라 섬유를 부드럽게 만든다. 1683년의 어느 문헌은 다음과 같은 방법을 추천한다. "최고급 유채 기름이 좋고, 유채 기름이 부족할 경우 맑게 걸러낸 거위 기름 또는 돼지 기름을 쓴다."[11]

다음으로 섬유가 짧은 품종이라면 소모梳毛(짐승의 털을 다듬어 짧은 섬유는 없애고 길이가 긴 섬유만을 골라 끝이 가지런하게 만드는 일_옮긴이)를, 섬유가 긴 품종이라면 빗질combing을 한다. 그러면 엉켜 있던 털이 풀리고 솜뭉치 속 섬유들이 조금 헐거워져서 실을 자아낼 때 섬유가 쉽게 뽑힌다. 코퍼게이트에서는 8세기의 도구로 추정되는 양털 고르는 빗wool-comb 조각이 발굴됐다. 그 빗 조각의 나무 몸통에는 철로 만든 이teeth가 2줄로 박혀 있고, 반대쪽에는 원래 나무 손잡이가 달려 있었을 자리에 구멍이 뚫려 있다. 원래 이 도구는 사악한 마녀의 빗자루처럼 보였을 것이다. 그리고 코퍼게이트에서는 230개가 넘는 가락바퀴가 출토됐다. 가락바퀴는 묵직한 구슬 또는 원반 모양으로, 실을 감는 가락 끝부분에 끼워 섬유가 잘 감기고 실이 고르게 뽑히도록 해주는 도구다. 가락바퀴를 쓰면 완성된 실이 울퉁불퉁해지지 않는다. 코퍼게이트에서 출토된 가락바퀴들 중 56개는 동물 뼈로 만든 것이고 36개는 근처에서 얻은 돌로 만든 것이었다. 10세기의 가락바퀴 하나는 놀랍게도 로마 시대의 도자기를 깎아 만든 것으로 밝혀졌다.

실을 뽑아내고 나면 실로 옷감을 짤 수 있었다. 앞에서도 언급했지만 어떤 등급의 양모를 써서 어떤 종류의 직물을 만들지 결정할 때는 여러 가지 요소를 고려해야 했다. 직물을 짜는 방법에 따라 직물의 보온성과 내구성이 달라지기 때문에 특정한 옷을 만드는 데 적합한지 여부가 바뀐다. 그래서 직물을 누가 구입할 것인지를 미리 알거나 예상할 수 있

어야 했다. 직조공이 아주 가늘고 투명한 양모를 사용해서 거친 질감의
천을 짜봤자 그것이 두둑한 지갑을 가진 누군가에게 매력적으로 보이지
않는다면 별 소용이 없다. 예컨대 러셋, 블랭킷blanket, 부렐burel 같은 성
긴 직물은 자투리 양털과 굵고 울퉁불퉁한 실로 만들었다. 왕궁의 신하
들에게나 어울리는 아주 고운 직물을 짜려면 고르고 가는 실이 많이 있
어야 했다. 그런 실로 옷감을 짜면 직조의 흔적을 찾아보기 힘들 정도로
표현이 매끈했다. 예컨대 고급 브로드클로스broadcloth 옷감 1필을 짜려
면 길이 27미터쯤 되는 날실 2,000~3,000개가 필요하며 완성되기까지
꼬박 12일이 걸린다.

　중세에도 수평 막대에 날실을 걸고 무거운 물건을 매달아 날실을 팽팽
하게 만드는 수직식 직기가 보편적으로 쓰였다. 코퍼게이트에서도 33개의
점토로 만든 추가 발견됐다. 하지만 이 시대에는 발판식 직기treadle loom와
2단식 직기two beam loom 같은 새롭고 효율적인 신형 직기가 점점 인기를
끌고 있었다.[12]

　다음으로 모직물, 특히 고운 모직물은 반드시 축융이라는 과정을 거
쳤다. 축융을 하면 좋은 점이 몇 가지 있었다. 첫째, 축융은 옷감을 짜는
동안 섬유에 묻은 기름을 제거하는 데 도움이 된다. 이 단계에서 직물
을 염색할 경우 기름이 묻어 있으면 염색약이 잘 배지 않는다. 또 축융
을 하면 모직물의 섬유 하나하나가 부풀려지고 한데 엉혀서 직물이 더
두꺼워지고 투과성은 낮아진다. 그리고 직조의 흔적은 눈에 덜 띄게 된
다. 축융은 고대 로마 시대부터 했던 작업이지만(로마인들은 직물을 소변
으로 가득 찬 통에 담그거나 강물에 담가놓고 마구 밟았다), 맨 먼저 기계화
가 진행된 과정들 중 하나가 바로 축융이었다. 12세기 무렵부터 수력으
로 움직이는 기계가 사람의 발을 대신했다. 축융을 마친 직물은 재양틀
tenter이라는 액자처럼 생긴 도구에 대고 고르게 폈다. 재양틀은 작은 갈

고리로 덮여 있어서 완성된 직물의 크기와 형태를 정확히 잡아줬다. 그리고 마지막으로는 산토끼꽃teasel(가시가 많은 식물. 바싹 말린 후에 양털을 다듬는 데 사용했다_옮긴이)으로 천을 빗질해 보풀을 일으킨 다음 시어링Shearing을 통해 직물 표면을 곱고 매끈하게 만들었다.

중세 시대에도 실 잣기와 옷감 짜기는 여전히 가정에서 여자들이 손으로 하는 일이었지만, 이제는 직물을 전문적으로 생산하는 공방도 빠르게 늘어나고 있었다. 영국의 회계장부인 '파이프롤Pipe Roll'을 보면 1164년에 '요크 직공조합York Weavers'이라는 길드에 관한 기록이 있다. 이 길드에 속한 직공들은 높은 임금을 받았고 나중에는 이탈리아와 스페인에 직접 직물을 수출했다. 피렌체의 부유한 세력가였던 알베르티Alberti 가문은 1396년에 그들 소유의 배들 가운데 3척을 동원해 잉글랜드에서 투스카니Tuscany의 포르토 피사노_Porto Pisano로 양모를 운반했다. 왕성하게 활동하는 공방 또는 공장들은 양털을 모직물로 가공하는 과정의 일부 또는 전부를 수행하고 돈을 받았다. 지주들이 소작인들과 계약을 체결하면서 반드시 자신이 소유한 기계를 사용해야 한다는 조항을 넣기도 했다. 모직물 산업은 생산 과정의 단계마다 '돈벌이가 되는 일money-spinner(영어에서 큰돈이 되는 상품 또는 사업을 가리키는 관용적 표현. 저자는 일부러 spin이라는 단어가 들어간 이 표현을 쓴 것으로 보인다_옮긴이)'이었다.[13]

# 하얀 금

나는 신을 찬양한다.
앞으로도 영원히 찬양할 것이다.
나에게 신이란 돈을 대주는 양이다.

어느 양모 상인의 집 창문에 새겨진 문구, 15세기

796년 신성로마제국의 초대 황제였던 샤를마뉴Charlemagne는 잉글랜드
남부 머시아 왕국의 오파Offa 왕에게 쓴 편지에서 잉글랜드 북부의 특산
물이었던 폭 넓은 모직 망토를 언급했다. "망토의 길이에 대해 말씀드리
자면, 지난날에 우리에게 판매하던 것과 똑같은 길이로 만들도록 왕께
서 명령을 내려주시면 좋겠습니다." 안타깝게도 오파 왕의 답신은 오늘
날 전해지지 않지만, 샤를마뉴가 품질 좋은 옷을 기대하고 있었다는 사
실만으로도 영국 모직물의 평판을 엿볼 수 있다. 전설적인 존재인 샤를
마뉴 외에도 적지 않은 사람이 영국 모직물의 품질을 예찬했지만, 샤를
마뉴의 편지는 생사生絲가 아닌 완성품을 언급했다는 점에서 찾기 드문
예다.

사실 중세 시대 내내 유럽에서 고급 모직물 생산으로 명성을 떨친 장
소들은 고운 양털의 생산지로 알려진 곳이 아니었다. 예컨대 플랑드르
와 피렌체의 직물 산업은 부르고뉴Burgundy, 스페인, 그리고 특히 잉글랜
드에서 가져오는 양털에 의존하고 있었다. 특히 피렌체의 직물 산업은
막대한 규모를 자랑했다. 피렌체의 연대기 작가인 빌라니Villiani는 14세
기 초 피렌체의 직물 산업에 고용된 사람이 30,000명쯤 된다고 추정했

다. 잉글랜드는 적어도 노르만 정복Normal Conquest 때부터 양털을 배에
실어 피렌체로 보냈다. 13세기가 되자 잉글랜드는 피렌체에 질 좋은 양
털을 가장 안정적으로 공급하는 나라가 됐다. 이처럼 장거리 교역이 활
발해진 것은 당시만 해도 생소한 거래 수단이었던 환어음 덕분이었다.
14세기 초가 되자 피렌체 상인들은 중개인을 거치지 않고 환어음을 이
용해 제일 좋은 영국산 양모를 사우스햄턴에서 직접 수입했다. 그러는
동안 다른 면에서는 보잘것없는 지역이었던 잉글랜드가 유럽 경제에서
중요한 역할을 하게 되고 안정적인 이윤의 원천으로 자리 잡았다.[14]

　　모직물 교역은 사람들을 부자로 만들기도 했다. 13세기에 양모 수
출 물량은 약 700만 마리의 양에서 얻은 양털을 불룩하게 채운 자루
33,000개로 늘어났다. 수출 물량은 총생산량의 약 60퍼센트를 차지했
다. 13세기의 유명한 상인 러들로Ludlow의 니컬러스Nicholas는 1274년에
1,800파운드에 달하는 양털 거래에 관여했다. 당시 1,800파운드는 큰돈
이었다. 헐Hull 지역의 드 라 폴스de la Poles 가문 역시 양모로 부를 쌓았
고, 그 집안의 윌리엄 드 라 폴스William de la Poles는 나중에 영국 대법관
자리에까지 올랐다. 왕족이 양모에 손을 대기도 했다. 재위 기간 내내 모
직물 산업에 지대한 상업적 흥미를 나타냈던 에드워드 4세는 이탈리아
직공 20명에게 돈을 주면서 직물 생산의 마무리 공정과 최신 염색 기술
을 영국 직공들에게 가르쳐달라고 요청했다. 나중에 에드워드 4세는 왕
실이 소유한 배들을 사용해 직물과 주석을 직접 수출하기도 했다. 모직
물 산업은 사회적 지위가 낮은 사람들의 경제활동에도 반드시 필요했
다. 동전을 많이 모을 수가 없었던 영세 자작농과 소작농들은 지대의 일
부 또는 전부를 양털로 내기도 했다.[15]

　　이렇게 양모를 통해 부와 영향력이 축적되었고, 그 결과 드레이퍼
길드Drapers Guild(포목상 길드), 머서 길드Mercers Guild(수입직물상 길드), 머

천트 테일러Merchant Taylors(양복점 길드) 같은 강력한 길드가 형성됐다. 길드는 조합원들이 엉성한 제품을 만들었다거나 옷감 길이를 잘못 쟀다거나 하는 사소한 잘못을 일일이 단속하고 처벌하면서 명성을 유지했으며, 대개는 독점을 용인하면서 자기 조합원들의 시장 지배를 보장했다. 1356년 에드워드 3세가 왕실의 허가를 받아 설립한 요크의 양모 상인 길드는 매년 3,500필의 직물을 수출했다. 수출품은 대부분 브로드클로스(조직이 촘촘한 모직물)로서 연 4회 앤트워프Antwerp에서 열리는 박람회에서 판매됐다.

길드는 사회에서 특수하게 격상된 지위를 가지고 있었다. 왕실의 결혼식과 같은 화려한 행사에서 길드 조합원들은 특별히 눈길을 끄는 옷을 입었다. 에드워드 1세가 프랑스의 마거릿Margaret 왕녀와 결혼했을 때 길드 조합원 600명이 빨간색과 흰색 정복을 입고 마상 행진을 했다. 포목상 길드는 1483년의 정복으로 '보라색 장식이 달린 회색 직물' 야회복과 '진홍색 장식이 달린 회색' 두건을 정복으로 지정했다. 1495년의 정복은 머리murrey(어두운 적자색)와 보라색이 함께 들어간 옷이었다. 이런 규정들을 보면 로빈 후드가 에드워드 왕에게 링컨 그린색 '제복lyveray'을 입으면 어떻겠느냐고 제안했던 일이 생각난다. 이것은 서사시의 낭만적인 발상 같지만 아주 비현실적인 것도 아니었다. 실제로 왕들이 길드의 명예 조합원이 된 적도 있었기 때문이다. 리처드 2세와 그의 왕비는 각각 20실링이라는 거액을 지불하고 양복점 길드에 입회했으며, 그 대가로 각각 8실링짜리 직물 몇 야드와 30실링의 가치가 있는 타탄Tartain 직물 한 점을 받았다(공짜로 받았는지, 돈을 주고 샀는지는 기록에 정확히 밝혀져 있지 않다). 일부 왕들은 길드를 지원하고 길드의 비위를 맞춰주는 대신 넉넉한 자금 지원을 요구했다. 예컨대 1462년과 1475년 사이 왕은 35,000파운드가 넘는 돈을 빌렸다. 에드워드 4세의 선왕인 헨리 4세가 똑같은 거래처에서 빌린 돈의 3배였다. 하지만 이 금액도 1343년과 1351년 사이에 3개의 독점 기업들이 왕에게 빌려준 돈을 합친 369,000파운드와 비교하면 아주 적은 액수가 된다.[16]

양모 교역에 묶인 자금과 투자할 가치가 있다는 믿음(양모 교역에 투자하면 20퍼센트 수익이 가능하다)은 경제활동이라는 바퀴에 기름칠을 하고, 왕국 내는 물론 국경 밖으로도 확장 가능한 신용의 토대를 제공했다. 성직자들은 생산자로서 양모 교역에 참여한 경우도 있었지만, 일부 성직자들은 개인적으로 수익을 올리기 위해 양모 교역에 투자했다. 예컨대 요크에서는 교구장이었던 스카버러Scarborough, 성당 평의원 로버트 그라Rovert Gra와 니컬러스 엘러커Nicholas Ellerker가 투자에 나섰다. 1290년에 유대인들이 추방당했을 때, 양모 교역을 통해 영국과 사업적 관계를 맺고 있던 이탈리아의 은행업자들이 유대인 대신 신용 대출에 뛰어들었다. 피렌체의 은행업자들은 마치 길드처럼 영국 왕실에 거액의 돈을 빌려줬다. 물론 양모에 대한 세금 수입을 담보로 잡았다. 왕실이 아닌 평범한 상인들에게 대출한 경우에는 부지런히 빚을 독촉했다. 1280년 밴버리Banbury의 상인 5명이 리카르디Riccardi 은행가들에게 빚진 양털 5자루를 갚지 못하자, 은행가들은 소송을 걸었다.[17]

양모 교역과 영국 국민들이 축적하고 있던 부는 왕실의 눈을 피해갈 수 없었다. 거의 항상 전쟁을 하고 있었던 영국 왕실은 수익성이 높은 돈벌이 수단을 간절히 원했다. 왕 리처드 1세, 에드워드 1세, 에드워드 3세가 필요할 때 가끔씩 백성들의 양모를 직접 빼앗아가거나 '빌려다' 썼다면, 다른 왕들은 대부분 양모에 세금을 매겨 왕실 주머니를 채웠다. 사실 이것은 나중에 국가적 논란의 한가운데 서게 될 문제였다. 1297년 초대 의회의 구성원이었던 백작들은 양모가 나라 전체 가치의 절반쯤 된다면서 양모에 세금이 너무 높게 매겨져 있다고 주장했다. "양모에 대한 세금 때문에 마을 전체가 부담을 느끼고 있다." 그들은 강조를 위해 요점을 한 번 더 이야기했다. "세금이 지나치게 높다."[18]

그들의 걱정에는 타당한 이유가 있었다. 양모 교역에 왕실이 개입하면 결과가 좋지 않을 가능성이 있었고, 실제로도 결과는 좋지 않았다. 1270년부터 1275년까지 헨리 3세는 은근히 외교적인 힘을 과시했다. 플랑드르가 영국에 경제적으로 의존하고 있음을 보여주기 위해 영국 양모의 플랑드르 수출을 금지한 것이다. 1290년대에 영국이 프랑스를 침공했을 때 영국의 에드워드 1세는 세금을 올리고 상당량의 동전을 해외로 보냈다. 그러자 백성들이 신용 대출을 받기가 어려워졌다. 그 결과 영국에서 수출하는 양모의 양은 3년 연속해서 반으로 줄어들었고 가격은 점점 낮아졌다. 위기가 해소된 후에는 양모 생산자들과 모직물 생산자들이 상인들보다 훨씬 큰 타격을 입었다. 수출세가 그들의 이해관계를 확연히 갈라놓았다. 1294년부터 양모 1자루당 5마르크의 특별세maltote 가 부과됐다. 특별세 때문에 생산자들에게 지불하는 돈은 줄어드는 반면 양모의 판매 가격은 높아졌다. 14세기 모Meaux의 대수도원장은 이렇게 한탄했다. "그러니까 양모를 가지고 있는 사람들이 왕에게 이 세금을 낸다. 왕에게 보조금을 주는 상인들은 세금을 내지 않는다. 양모가 낮은 가격에 팔릴수록 왕에게 낼 수 있는 세금은 늘어난다."[19]

# 수도승의 의복

"오, 형제여, 저 어리석은 자들을 조심하라!" 그가 말했다.
"예수께서도 그런 자들을 거짓 예언자라고 부르시면서 그들을
조심하라고 경고하셨지. '그들은 양의 탈을 쓰고 너희에게
나타나지만, 속에는 너희의 것을 빼앗으려는 사나운 이리가 들어
있다(마태복음 7장 15절에 나오는 구절_옮긴이).'"

「농부 피어스의 꿈」, 14세기 말

1098년 프랑스에서 설립된 시토 수도회Cistercian Order의 두드러진 특징
2가지는 둘 다 양모와 관련이 있다. 첫째, 시토 수도사들은 염색하지 않
은 옅은 색 옷을 입었기 때문에 진한 색 옷을 입는 다른 수도사들과 구
별됐다. 그들은 '하얀 수도승'이라는 별명으로 불렸다. 둘째, 시토 수도
회는 수도원을 새로 지을 때 외따로 떨어진 쓸쓸한 장소, 심지어는 험
한 장소를 선호했다. 베네딕트 수도사였던 생 티에리의 윌리엄William of
St-Thierry은 시토 수도회의 중심지인 클레르보Clairvaux 수도원의 부지가
"인접한 산봉우리들의 협곡 안에 위치한 울창한 숲속"에 있어서 베네딕
트 수도회의 시조인 성 베네딕트St Benedict의 동굴을 연상시킨다고 말했
다. 다른 작가는 12세기 초에 잉글랜드 북동부에 세워진 리보Rievaulx 수
도원을 가리켜 "공포와 지독한 고독의 장소"라고 묘사했다. 이처럼 구석
진 장소들은 대체로 양을 키우기에 이상적인 곳이었다. 목양은 시토 수
도회의 중요한 활동이 되고, 수도사들은 양모 거래에서 큰 성공을 거뒀
다. 그러자 시토 수도회는 탐욕스럽게도 양을 치기에 적합한 땅을 사들

이기 시작했다.[20]

넓은 땅을 단기간에 확보하는 방법 중 하나는 빚을 지고 땅을 저당 잡힌 사람들의 땅을 사들이는 것이었다. 그러기 위해 시토 수도회도 빚을 졌다. 그들은 새로 사들인 땅에서 양을 키워 털을 얻게 되면 금방 빌린 돈을 갚을 수 있으리라고 판단하고 도박을 한 셈이다.[21]

14세기에 피렌체 상인이었던 프란체스코 발두치 페골로티Francesco Balducci Pegolotti는 양모를 생산하는 수도원의 목록을 작성했다. 85퍼센트는 시토 수도회 소속이었고, 시토 수도회의 수도원들은 다른 생산자들보다 양모 값을 비싸게 받고 있었다. 어떻게 보면 이것은 시토 수도사들이 양을 잘 치고 섬유 가공도 잘한다는 징표였다. 양의 영양 상태가 좋으면 빽빽하고 무거운 양털을 얻을 수 있었기 때문이다. 그것은 규모의 경제와도 연관이 있었다. 시토 수도회는 양을 워낙 많이 키웠으므로 그들은 양모를 대량으로 방출해 비용을 낮출 수 있었다. 그들은 양모 산업에 투자도 했다. 모 수도원의 8대 수도원장이었던 미셸 브룬Michael Brun은 양모 창고를 석조 건물로 새로 지으면서 납 지붕을 설치했다. 『멜사 연대기Chronicle of Melsa』에 따르면 다른 건물들은 "부패하지 않은 참나무"로 지었다. 모 수도원에서는 수도사들의 모직 의류를 직접 바느질해서 만들었는데, 그 옷을 만드는 옷감 역시 평수사들이 짠 것이었다. 물론 관행과 규정은 지방마다 달랐지만, 시토 수도회의 수도원들은 서로에게 도움을 주기 위해 지식과 물자를 공유했던 것 같다. 월트셔Wiltshire의 킹스우드 수도원Kingswood Abbey은 특별히 일솜씨가 좋아서 해마다 25자루의 고품질 양모가 남았다. 킹스우드 수도원은 1241년 링컨셔Lincolnshire에 위치한 다른 시토 수도원으로부터 숫양을 구입하고 스태퍼드셔Staffordshire에 있는 듀라크레스Dieulacres 수도원과 플린트Flint에 있는 베싱워크Basingwerk 수도원의 수도원장에게 선물을 보냈다.[22]

양모 교역은 12세기와 13세기 시토 수도사들을 부유하게 만드는 동시에 그들을 세속화했다. 그들이 거래하는 '하얀 금'의 양이 늘어날수록 수도사적인 이상과는 멀어졌다. 이러한 사실을 인지하고 있었던 수도회 총회General Chapter는 수도회가 양모 교역에 참여하는 것을 통제하려는 노력을 계속했다.

1157년에는 수도사들이 양모를 사들였다가 영리 목적으로 거래하는 것을 금지하는 규칙이 제정됐으나, 이 규칙은 번번이 깨졌다. 그러나 1262년 링컨셔의 교역상들은 왕에게 시토 수도회의 불법적 양모 거래를 고발하는 청원서를 제출했다. 교역상들은 시토 수도사들의 불법적인 거래 때문에 "왕의 도시인 링컨이 가난해지고 있다"고 주장했다. 그들의 청원은 양모의 불법 거래가 왕실 재정에 미쳤을 것으로 짐작되는 영향들을 예리하게 지적했다. 일반인들의 양모 거래에는 관세가 부과되는데 수도사들의 양모 거래에는 관세를 매기지 않고 있다는 것이었다. 그 주장은 받아들여졌다. 적어도 왕은 교역상들의 손을 들어줬다. 그럼에도 불구하고 시토회 수도사들은 불법 거래를 계속했던 것으로 보인다. 1314년에 수도사들이 영리 목적의 불법적 거래를 한다고 고발하는 문서가 영국에 도착했다.[23]

양모를 수확하기 전에 미리 판매하는 일종의 투기 역시 불행한 결과로 이어지곤 했다. 1181년 수도회 총회는 다음과 같은 규칙을 선포했다. "한 해 동안 생산된 양모는 필요한 경우에 한하여 미리 판매할 수 있다. 기한은 1년을 넘지 않아야 한다." 1277년 수도회 총회는 이 규칙을 더 엄격하게 적용하려는 시도를 했지만, 1년 후에는 다시 후퇴할 수밖에 없었다. "양모는 몇 년 연속으로 미리 판매할 수 있다. 단, 거래 대금은 1년치 양모에 대해서만 지급할 수 있다." 모 수도원의 10대 수도원장을 지낸 로버트 드 스카이레나Robert de Skyrena의 이야기는 우리에게 반면교

사가 된다. 스카이레나는 수도원의 양모 생산량을 훨씬 뛰어넘는 금액의 돈을 빌려 썼다. 그가 물러난 후에 수도원장이 된 사람들은 3,678파운드 3실링 11펜스의 빚을 넘겨받았다.[24]

# 사자왕을 구한 양털

그대는 반성해야 마땅하다. 악마가 설치고 있다.

프랑스 왕 필립 2세, 영국 왕 리처드 1세의 형제인 존 백작에게 보낸 편지

로빈 후드 이야기는 그 시대 잉글랜드의 다른 영웅, 사자왕Lionheart(영국 왕 리처드 1세의 별명이다_옮긴이) 리처드의 이야기와 종종 얽힌다. 고전적인 로빈 후드 이야기의 대단원은 잘못을 저지른 왕이 성지순례를 마치고 돌아와 메리언의 처형을 가까스로 중지시킨 후 그녀와 로빈의 결혼식을 거행하고 동생 존의 착취와 폭정으로부터 영국을 구한다는 것이다.

물론 전설은 불편한 세부 사항들을 대충 덮고 넘어가기 마련이다. 리처드 1세가 백성들에게 사랑받은 왕이었던 건 사실이다. 사람들은 그를 "착한 왕 리처드"라고 불렀다. 하지만 그는 좋은 왕이 못 됐다. 그는 재위 기간 대부분을 전쟁터에서 보냈다. 잉글랜드에 머무르는 동안에는 그 모든 전쟁의 자금을 마련하기 위해 더 많은 돈을 거둬들일 방법을 열심히 찾았다. 그의 출생지이자 고향인 아키텐Aquitaine 지방에서 그의 별명은 '착한 왕 리처드'가 아닌 '예, 아니오'였다. 그가 말을 짧고 간결하게 했기 때문이다. 리처드 1세가 쓰던 3가지 언어는 아키텐 지방의 방언인

옥시탕Occitan, 공식적인 자리와 외국인들과의 서신 교환에 썼던 라틴어, 그리고 프랑스어였다. 그가 잉글랜드 백성들의 말을 이해하려면 통역관이 필요했을 것이다.

대부분의 유럽 기독교인들과 마찬가지로 리처드 1세는 신성한 땅을 되찾기 위한 제3차 십자군 전쟁의 매력에 사로잡혀 있었다. 대중의 열성적인 지지를 이끌어내기 위해 음유시인들과 사제들이 동원되었고, 원정에 가담하는 사람들에게는 특혜가 주어졌다. 십자군이 된 사람은 과거에 저지른 죄와 앞으로 저지를 죄를 모두 사면받고 확실히 천국에 간다고 했다. 십자군 원정에 참가하지 않은 사람들에게는 실톳대와 털실이 주어졌다. 이교도와 싸우지 않으려거든 차라리 여자가 되어 실 잣는 일이나 하라는 뜻이었다.

원래부터 리처드 1세는 전쟁터에서 무모하게 행동하기로 유명했다. 제3차 십자군 전쟁 시기에는 역사의 흐름이 바뀌고 있다는 믿음이 팽배했는데, 리처드는 자신이 그 시대의 영광을 차지하겠다고 확실히 마음먹고 있었다. 아크레 공방전Siege of Acre을 비롯한 몇 차례의 소규모 전투는 곧바로 설화시로 만들어졌다. 당대의 무슬림 역사가들 중 가장 유명했던 바하 알딘Baha al-Din, 이마드 알딘Imad al-Din, 이븐 알아티르Ibn al-Athir조차 리처드 왕이 과감하고 용맹했다고 평가했다. 야파Jaffa 성벽 바깥쪽에서 벌어진 공방전 같은 몇 차례의 전투 이야기는 기독교 세계에서 반향을 일으켰다. 야파 전투에서 리처드는 17명쯤 되는 기사들과 약 300명의 보병을 데리고서 수가 훨씬 많은 술탄의 군대를 물리쳤다. 하지만 이미 관심과 전리품이 리처드 왕에게 집중되는 데 화가 나 있었던 동맹국들은 리처드 왕의 오만한 태도에 격노했다. 그래서 같은 편인 십자군을 공격하면 파문을 당한다는 위험에도 불구하고 그들은 복수의 기회가 찾아오자마자 기꺼이 달려들어 그 기회를 잡았다.[25]

신성로마제국의 황제 하인리히 4세가 1192년 12월 28일에 프랑스의 필립 왕에게 보낸 편지에 따르면, 리처드는 베네치아 근처에서 배가 난파하면서 곤경에 처했다. 배를 잃은 리처드는 경쟁자들이 다스리는 적대적인 영역을 소수의 호위병과 함께 도보로 통과해야 했다. 체포될 위험을 2번 넘긴 후에 리처드 왕은 마침내 "비엔나 근처의 초라한 집에서" 하인리히 4세의 사촌이자 오스트리아의 대공이었던 레오폴드에게 붙잡혔다. "이제 그는 우리 손안에 있소이다." 하인리히 4세는 이런 결론을 내렸다. "이 소식을 들으면 왕께서도 무척 기뻐하실 것으로 생각하오."[26]

리처드는 다 합쳐서 1년 6주 3일 동안 오스트리아에 인질로 붙잡혀 있었다. 오랜 협상 끝에 결정된 그의 몸값은 어마어마하게 비쌌다. 1193년 밸런타인데이에 뷔르츠부르크Würzburg에서 이뤄진 합의에 따르면, 리처드를 풀어주는 대가로 영국은 10만 파운드를 2회에 걸쳐 분할 지불하며 갤리선 50척과 기사 200명을 1년 동안 오스트리아에 빌려줘야 했다. 이는 영국 왕실 1년 총수입의 2배가 훌쩍 넘는 천문학적인 금액이었다.[27]

거액의 몸값을 지불하기 위해서는 특별한 조치가 필요했다. 리처드는 1193년 4월 아내 엘리너에게 쓴 편지에서 왕후와 왕실 최고 사법관들이 모든 수단을 강구해야 한다고 지시했다. 그들이 직접 충분한 돈을 내놓아서 "모범을 보이고 다른 신하들도 따라 하게 만들어야" 한다고도 했다. 심지어는 돈을 빌려서 몸값을 치르자고 제안했다. 머지않아 영국 왕실은 모든 소득과 동산의 가치에 25퍼센트의 세금을 부과하고, 교회가 가지고 있는 금식기와 은식기도 전부 내놓으라고 명령했다. 그리고 자금을 더 마련하기 위해 온갖 수단을 찾아보다가 마침내 리처드 왕의 총애를 받던 시토 수도회를 주목했다.[28] 연대기 작가인 뉴버러의 윌리엄William of Newburgh은 다음과 같은 기록을 남겼다. "지금까지는 왕실의 모든 금품 징수에서 면제였던 시토회 수도사들도 이제는 무거운 짐을 짊어지게 됐다… 그들도 세금을 내고 그들이 키우는 양들의 털까지 강제로 내놓아야 했다. 양털은 그들의 주된 수입원인데도."[29]

리처드 왕이 포로로 잡혔다는 소식이 알려졌을 때 그 지역의 공의회에서는 시토파 사제 2명을 사절로 독일에 보내 인질로 잡힌 왕을 찾도록 했다. 사절단이 뷔르츠부르크에서 멀지 않은 작고 평범한 마을인 옥센푸르트Ochsenfurt에서 왕을 찾아냈을 때, 왕은 "상냥하고 쾌활하게" 그들을 맞이했다. 그들은 왕에게 그의 아우가 그를 배신했으며 대륙에 있는 그의 땅을 프랑스의 필립 왕이 넘보고 있다는 긴급한 소식을 전했다.

하지만 리처드 왕은 당장 거액의 돈이 필요한 입장이었으므로 그가 느꼈을 감사의 마음보다 금전적 필요를 앞세웠다. 그는 영국으로 돌아가자마자 그해 수확한 양털을 다 거둬갔다. 그는 나중에 그를 찾아온 대수도원장들에게 이렇게 털어놓았다. "신성로마제국 황제에게서 풀려난 우리는 빈털터리 신세가 되어 조국으로 돌아왔소. 우리는 당신들을 신뢰하기 때문에, 나라가 큰 위기에 처한 상황에서, 당신들이 생산하는 양모의 가치가 외국인 상인들에게 넘어가기 전에 꼭 필요한 곳에다 좀 썼소이다."[30]

시토 수도회는 크게 분노했다. 요크셔의 웨스트 라이딩West Riding에 위치한 모 수도원의 수도원장이자 연대기 작가였던 머튼의 토머스Thomas of Merton는 자기 집이 "현금과 현물, 즉 양모와 성배 같은 귀한 물건들로 300마르크를 냈는데도" 더 많은 것을 뺏겼다고 기록했다. "그들은 폭력적으로, 나중에 돈과 물건을 돌려주겠다고 사기를 치면서 더 많은 것을 가져갔다." 14세기의 역사를 다룬 『여러 시대의 연대기Polychronicon』의 저자 히그던Higden은 이 사건을 다음과 같이 짧게 설명했다. "하얀 수도승white monk(시토 수도회의 수사들을 일컫는 말_옮긴이)들의 양모와 다른 수도사들의 양모를 모조리 가져갔다." 그러자 정말로 심각한 문제가 발생했다. 시토 수도회는 영국의 다른 어떤 수도회보다 양모에 많이 의존하고 있었다. 게다가 그들은 양모를 외국 상인들에게 미리 판매하고 그 대가로 동전을 받았을 가능성이 높기 때문에 왕실에 양털을 빼앗기고 나서 타격이 더욱 컸을 것이다. 양털을 미리 구입했던 외국 상인들이 그들의 처지를 동정했을 것 같지는 않다. 계약을 이행하지 못하게 된 시토회 수도원들이 그 빚을 다 갚으려면 수십 년이 걸릴 판이었다. 뉴버러의 윌리엄은 왕의 행동에 염증을 느꼈다. "겉으로는 듣기 좋은 소리를 하면서 이런 식으로 종교인들의 재물을 탈취했기 때문에 가장 유명한 시토회 수도원들이 이례적으로 가난한 상태가 됐다."[31]

양모는 잉글랜드 재정의 엔진이었다. 양모는 투기와 부당이득을 조장하고 대출 한도를 늘렸다. 또한 양모는 부를 전달하고, 빈부격차를 확대했으며, 좁은 땅을 가진 젠트리gentry 계급의 몰락을 재촉했다. 그러는 한편으로 양모는 잉글랜드 왕국이 유럽 대륙 전반의 문제에 관여할 수 있는 발판을 제공했다. 예컨대 양모를 사고팔면서 축적된 부가 없었다면 사자왕 리처드가 제3차 십자군 전쟁에서 중심적인(혹은 돈이 많이 드는) 역할을 하기는 어려웠을 것이다. 그래서 그의 몸값을 치르는 수단도 양모였다는 사실이 어색하지 않다. 중세에는 양모의 생산과 가공, 거래를 직업으로 삼은 사람도 많았다. 개인 소작농부터 길드와 공방까지 만들어졌는데, 우즈강 둑에 있었던 공방도 그중 하나였다. 양모는 생활 구석구석에 다 존재했기 때문에, 다른 공통점이 전혀 없는 사건들의 그물망에 흰색 실 한 움큼이 떡하니 걸려 있는 셈이다. 이야기 속 무법자 로빈 후드가 입었던 옷, 이탈리아 은행가들이 시토 수도회에 대출 한도를 늘려준 사연, 그리고 마지막으로 왕의 몸값을 지불하기 위해 2년치 양모를 몰수당한 수도원의 분노.

리처드 1세 이후의 왕들은 길드와 수도사들이 앞으로 빌려줄지도 모

르는 자금을 의식해서인지(사실은 지옥에 가게 될 것이 두려워서였는지도
모른다) 길드와 수도회를 존중하는 모습을 보였다. 1364년 에드워드 3세
는 상원 의장의 자리에 '울색Woolsack'이라 불리는, 양모로 속을 채운 크
고 빨간 좌석을 만들었다. 울색은 영국의 번영에 양모가 얼마나 중요했
는가를 보여준다. 울색은 현재까지도 가장 명예로운 자리로 여겨진다.

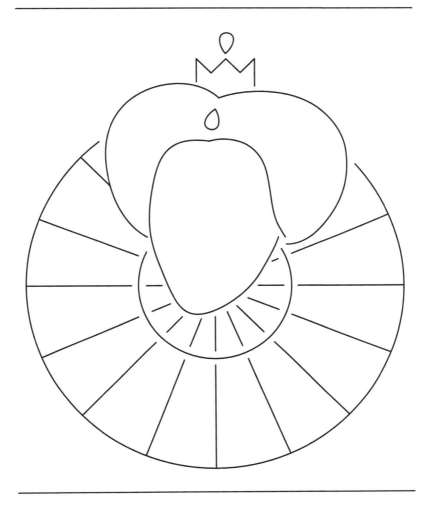

7

# 다이아몬드와
# 옷깃

레이스와 사치

# 레이스 뜨는 여인

선생님, 그리스어Greek는 레이스와 비슷합니다.
모두가 최대한 긁어모은다는 점에서요.

새뮤얼 존슨의 말, 제임스 보즈웰James Boswell, 「새뮤얼 존슨의 생애The Life of Samuel Johnson」, 1791년

한 여인이 두 손에 뭔가를 들고 완전히 몰입한 상태로 일하고 있다. 여인은 흰색의 휑한 방에 앉아 있는데, 장식이나 물건이 하나도 없어서 그 공간이 방인지 아니면 그녀의 시선이 한곳에만 머물러서 텅 비어버린 허공인지 분간하기가 어렵다. 여인은 광택 나는 레몬색 옷을 입고 있다. 머리는 땋아서 두건 속에 넣고 가느다란 끈을 둘렀기 때문에 머리카락이 얼굴로 흘러내리지 않는다. 우리의 시선도 여인의 시선을 따라간다. 여인의 손가락 밑을 먼저 보고, 그녀가 레이스를 뜨기 위해 보빈 한 쌍을 V자 모양으로 잡고 있는 곳을 쳐다보게 된다. 이름 모를 이 여인의 초상화는 네덜란드의 화가 요하네스 페르메이르Johannes Vermeer가 그의 말년인 1669년 또는 1670년에 제작했다. 아마도 네덜란드 황금시대Dutch Golden Age에 함께 활동한 동료 화가 피터르 클라스Pieter Claesz를 위해 그린 것 같다. 이 그림은 〈레이스 뜨는 여인〉이라는 제목으로만 알려져 있다.[1]

이 그림을 그리고 2년 후에 페르메이르는 파산하고 말았다. 프랑스 왕 루이 14세의 네덜란드 침공에서 비롯된 네덜란드의 경제 위기가 원인이었다. 페르메이르를 후원하던 사람들의 재산이 무더운 날의 물웅덩이처럼 순식간에 증발해버렸고, 원래 높은 인기를 구가했던 페르메이르의 아름다운 캔버스들은 먼지를 뒤집어쓴 채 그의 작업실에 남게 되었

다. 페르메이르는 1675년에 잠깐 병을 앓고 나서 아내와 11명의 자녀에게 막대한 빚을 남기고 세상을 떠났다.[2]

그러나 〈레이스 뜨는 여인〉은 페르메이르가 형편이 좋았을 때 그린 그림이다. 붓질 하나하나에 자기 확신이 묻어난다. 이 작품은 풍요로운 시대와 나라의 자신감을 보여준다. 페르메이르는 거의 평생을 헤이그와 로테르담 사이에 위치한 작고 아름다운 도시 델프트Delft에서 보냈다. 그리고 17세기에 델프트에는 상인들과 도자기 공장과 태피스트리(장식용 직물 벽걸이_옮긴이) 공방이 많았다. 〈레이스 뜨는 여인〉은 가로 21센티미터, 세로 24센티미터로 페르메이르의 작품들 중에서도 가장 작은 축에 속하지만, 1870년 이 작품이 루브르 박물관에 처음 전시됐을 때 29세의 야심만만한 화가 한 사람이 그 작품을 보고 깊은 감동을 받았다. 그 화가의 이름은 오귀스트 르누아르Auguste Renoir였다. 르누아르는 그가 만나는 모든 사람에게 〈레이스 뜨는 여인〉이 세상에서 가장 아름다운 그림이라고 말하고 다녔다.[3]

이 그림의 색채는 페르메이르가 선호한 진줏빛 회색, 노랑, 파랑의 조합을 충실히 따르고 있다. (페르메이르처럼 이 3가지 색을 좋아했던 화가 빈센트 반 고흐는 "나에게는 이 색들이 벨라스케스의 검정, 흰색, 회색, 분홍의 조합만큼이나 강렬해 보인다"는 글을 남겼다.) 페르메이르는 1669~1672년까지 단순한 가사 노동에 몰두하는 여자들의 모습을 부드러운 필치로 그린 작품을 여러 점 남겼는데, 이 그림도 그런 작품들 중 하나였다.[4]

당대 사람들은 〈레이스 뜨는 여인〉을 여자들의 미덕을 표현한 교훈적인 작품으로 이해했다. 바느질은 여자들의 일 중에 가치 있는 것이고, 여자들이 그 일에 집중하면 말썽을 일으키지 않고 얌전히 집 안에 머물거라고 사람들은 생각했다. 몇 년 전 네덜란드의 다른 장르 화가인 카스파르 네츠허르Caspar Netscher가 똑같은 주제로 그린 작품은 갖은 상징을 동원해 고귀한 노동이라는 개념을 부각시켰다. 이 작품 속의 여인 역시 가만히 앉아 레이스 뜨기에 몰두하고 있다. 여인은 관람객을 비스듬히 마주하고 있으며 그녀의 얼굴은 조신하게 그림자 속에 있다. 벽에 기대 놓은 빗자루는 가사 노동과 잘 정돈된 집을 상징하고, 여인의 발치에 있는 홍합 껍데기는 안전한 보금자리를 연상시키며, 버려진 나막신 한 켤레는 그 여인에게 외출할 의사가 없음을 말해준다. 여인은 자신에게 잘 어울리는 공간에 머무는 데 만족한다.[5]

하지만 페르메이르는 비유적인 장치들을 일절 넣지 않았다. 페르메이르의 그림 속 여인은 관람객과 가까운 곳에 270도 각도로 위치하며, 자신이 관찰당한다는 사실을 모른다. 이 그림에는 깊이가 다른 여러 공간들이 함께 존재하는데, 그 깊이 차이가 관람객을 그림의 중간 영역으로 끌어당긴다. 여인의 앞쪽에서 약간 오른쪽, 관람객과 아주 가까운 전경을 보면 무거운 주름이 잡힌 보자기를 깔아놓은 탁자가 있고 그 탁자 위에는 흰색과 파란색 반짇고리함이 놓여 있다. 뚜껑이 살짝 열린 반짇고리함 속에서는 주홍색vermillion 실과 흰색 실들이 뒤엉켜 삐져나와 있다. 헐거워진 실과 카펫의 금색과 빨간색 무늬 부분의 초점을 흐린 덕분에 관람객의 시선은 그림의 초점이 되는 가운데 부분으로 모인다. 여인의 두 손은 재빠르게 보빈을 놀린다. 페르메이르가 빛을 능숙하게 처리한 덕분에 빛의 효과는 극대화된다. 관람객은 여인의 왼쪽 어깨에 드리워진 소박한 리넨 옷깃에 주목한 다음 여인의 왼쪽 이마와 코, 그리고 마지막으로 정확한 동작을 수행하고 있는 손가락에 시선을 두게 된다.

그림의 크기, 흥미를 끄는 물건들로 채워진 전경, 그리고 주인공이 일에 완전히 매료되어 몰두하는 모습. 이 3가지 특징이 어우러진 결과 관람객은 캔버스를 향해 몸을 기울이게 된다.

〈레이스 뜨는 여인〉은 공예, 창의성, 그리고 소박한 재료로 아름다움을 만들어내는 인간의 능력에 대한 묵상으로 해석될 수도 있다. 흰색 리넨 레이스는 땅에 뿌려진 보잘것없는 씨앗에서 비롯된 것이니까. 하지만 거꾸로 생각해보면 레이스는 화려하고 장식적인 직물의 대표 격이기도 하다. 레이스는 그것을 두른 사람의 지위와 취향, 부를 과시하는 것 외에 별다른 기능을 수행하지 않는다. 레이스는 인간을 따뜻하게 해주지 않는다. 레이스는 아주 섬세해서 쉽게 찢어지고 올이 풀리기 때문에 부주의했다가는 보기 흉하게 뜯어질 가능성도 있다. 하지만 17세기 유럽 사회 사람들은 남녀를 불문하고 레이스를 통해 겉치레를 하려는 욕구에 사로잡혀 있었다. 옷에 레이스가 없으면 사람들이 이상하게 여기고 한 마디씩 할 정도였다. 레이스가 인기를 끌고 비싼 가격에 팔리게 되자 레이스는 특권의 상징이 되었으며 고용을 창출했다. 레이스 생산량과 소비량의 증감이 국가들 간 외교 관계에 긴장을 초래하기도 했다.

# 허공의 바늘땀

나는 레이스야말로 환상적인 자연 세계를 모방해서 만든 것 중
가장 예쁜 물건이라고 생각한다….
인간의 영혼으로 만들어낸 어떤 발명품도
레이스보다 우아하고 정확한 기원을 가질 수 없을 것 같다.

가브리엘 샤넬Gabrielle Chanel, 《릴뤼스트라시옹L'Illustration》, 1939년

우리가 페르메이르의 그림 속에서 레이스 뜨는 일에 집중하고 있는 여인에게 당신의 기술은 어디서 유래한 것이며 왜 레이스가 그렇게 인기

를 끌게 됐느냐고 물어본다면, 그 여인도 얼른 대답하지 못할 것이다. 레이스는 무에서 창조된 것이 아니라 진화의 산물이다. 비슷한 이유로 레이스가 무엇인가를 정의하기도 어렵다. 어떤 사람들은 레이스를 "직조 과정 없이 바늘과 실, 또는 바늘과 실패(보빈)에 감긴 실로 만든 직물"이라고 설명하는데, 이 설명에 따르면 편물과 마크라메도 레이스에 속하게 된다. 레이스의 족보에서 가장 꼭대기에 있는 조상은 필레filet일 것이다. 필레란 북 또는 바늘로 만든 사각형 그물을 뜻한다. 필레는 옛날부터 알려져 있었지만 16세기에 이르러 기하학적인 성격을 띠면서도 확연히 레이스와 비슷한 모양으로 만들어지기 시작했다. 하지만 레이스의 진짜 조상은 자수였다. 자수는 15세기에 유럽인들이 사랑했던 고운 리넨의 솔기와 가장자리를 장식하기 위해 점점 많이 사용하게 됐다. 그리고 꼰실이나 끈으로 만든 장식인 파스망트리passementerie도 레이스의 진짜 조상으로 인정받는다.[6]

레이스가 오랜 세월 진화했다는 사실은 레이스와 관련된 용어가 매우 혼란스럽게 쓰인다는 점에도 반영된다. 15세기에도 '레이스lace'라는 단어가 쓰였지만, 이때의 레이스는 진짜 레이스가 아니라 골지 천을 가리키는 것이었다고 짐작된다. 레이스가 조금 더 자리를 잡고 나서는 용어의 혼란이 덜해지긴 했지만, 그래도 단어에만 의존하는 것은 현명하지 못한 일이다. 예컨대 16세기 영국 왕실에서 사용한 옷 테두리 장식들을 보자. 메리 1세가 착용한 "금실 파스망Pasmens of gold"과 에드워드 6세가 착용한 "파스메인 리반드passmeyn riband(riband는 오늘날의 리본ribbon이다_옮긴이)"는 비슷한 종류의 장식이었지만, 아마도 진짜 레이스는 1553년 왕실 시종장의 기록에 등장하는 "금실로 만든 파스메인 레이스 Passmeyn lace of bone work of gold"였을 것이다. 16세기 중반에 이르면 레이스는 남녀 모두의 우아한 옷에 빠짐없이 들어가는 장식이 됐고, 유럽의

모든 나라에서 골고루 사랑받았다.[7]

처음에는 직업적인 수예가들도 레이스를 만들었지만, 손재주 좋은 보통 사람들이 자기가 착용할 레이스를 직접 만들기도 했다. 오늘날까지 보존되고 있는 레이스 패턴 책들 중에는 1524년에 인쇄된 것도 있다(시트가 1개인 디자인을 수록한 책은 더 일찍 출간됐을 것이다). 이런 책에는 여자들이 보고 따라 할 수 있는 레이스 디자인이 담겨 있다. 1591년 에이드리언 포인츠Adrian Poyntz는 "레이스 뜨기는 주로 중상류층 여성들이 의미 있는 일로 시간을 때우기 위해 많이 하던 일"이라고 설명했다. 직업적인 레이스 제작자들, 그리고 레이스를 다량으로 만들어 시장에 내다 팔던 사람들은 대부분 레이스 뜨기를 가족에게 배우거나 남들이 하는 것을 보고 자연스럽게 배웠을 것이다. 그럼에도 불구하고 레이스 패턴이 담긴 책들은 유럽 전역에 다양한 양식과 모양의 레이스가 빠른 속도로 퍼져나가는 데 기여했으리라고 생각된다. 예컨대 마티오 파가노Mathio Pagano의 『여자들의 장식을 위한 오리기와 매듭의 작은 정원 Giardinetto novo di punti tagliati et gropposi per exercito e ornamento delle donne』이라는 매력적인 제목이 붙은 책은 1542년 베네치아에서 초판본이 나온 이래 유럽 각국에서 30회 정도 재출간됐다. 레이스 뜨기에 관한 기술적 지침은 드물었다. 레이스 패턴 책을 구입하는 사람들은 그 책에 실린 상당히 복잡한 디자인을 만들어내는 데 필요한 바느질쯤은 능숙하게 할 수 있다는 것이 당연시됐다.

사실 바느질은 계층을 불문하고 모든 여자들이 익히도록 장려되던 몇 안 되는 취미 중 하나였다. 스코틀랜드의 메리 여왕과 이탈리아 메디치 가문 출신 프랑스 왕비 카트린 드 메디시스Catherine de' Medici는 바느질을 사랑하기로 유명했다. 카트린 왕비의 재산 목록에는 그녀가 직접 만든 정교한 자수가 들어간 필레 수천 점이 포함됐는데, 그 작품들 중에는

침구 일체도 있었다.[8]

레이스 생산에 들어가는 원료로는 일반적으로 고운 아마실을 썼다. 16세기와 17세기의 거의 모든 초상화 속 인물의 목과 팔에 둘러진 진주 광택의 흰색 레이스는 아마실로 만들어졌다. 아마실은 작품을 만들었을 때 썩지 않고 보존될 확률이 가장 높은 재료였지만, 경우에 따라서는 다른 재료로 레이스를 만들기도 했다.

아마실 대신 명주실로 만든 검정 레이스는 17세기 중반에 굉장한 인기를 끌었다. 흰색 레이스를 직물의 장식으로 사용할 때는 레이스와 직물이 시각적으로 뚜렷이 대비되는 효과가 있었지만, 검정 레이스는 똑같이 짙은 색 직물과 함께 썼으므로 눈썰미가 좋은 사람들만 알아볼 수 있는 은근한 매력을 풍겼다. 검정 레이스의 매력은 1620년경 화가 코르넬리스 판 데르 보르트Cornelis van der Voort가 사망하기 직전에 제작한 라우렌스 리아엘Laurens Reael의 초상화에서 확인된다. 이 그림은 현재 암스테르담의 레이크스 미술관에 전시되어 있다.

판 데르 보르트에게 라우렌스 리아엘은 중요한 의뢰인이었다. 리아엘은 네덜란드 동인도회사의 사장으로서 3년의 임기를 마치고 네덜란드로 돌아온 직후였는데, 동인도회사의 사장은 당대의 가장 힘 있는 자리 중 하나였다. 그의 위대한 업적을 기록으로 남기기 위한 초상화는 아주 꼼꼼하게 제작해야만 했다. 판 데르 보르트가 선택된 것은 그가 호화로운 직물을 잘 그리는 화가였기 때문이었을 것이다. 리아엘이 자신의 의복에 신경을 썼다는 데는 의심의 여지가 없다. 그는 우아한 레이스 소매 장식과 헐렁하게 주름 잡힌 옷깃 장식ruff a la confusion을 착용하고 있다. 그의 옷깃은 SSS 형태로 만들어진 일반적인 옷깃이 아니라 일부러 불규칙하게 접었거나 고정시킨 모양이었다. 그의 소매는 금실로 장식돼 있고 바지 무릎 뒷부분에는 금색 레이스가 약간 들어가 있다. 소매 장식과 바지 장식, 그리고 그의 꼭 끼는 상의는 풍성하고 반짝이는 직물(아마도 실크일 것이다)로 만들고 질감이 살아 있는 검정 레이스 또는 끈으로 장식한 모습이다. 17세기에는 옷과 실내장식에 검정 레이스가 광범위하게 사용됐지만(1624년 유명한 귀부인 앤 클리퍼드Anne Clifford의 남편이었던 도싯 백작Lord Dorset의 유언장에는 그의 마차를 "초록과 검정 실크 레이스"로 꾸몄다는 내용이 등장한다), 정작 검정 레이스는 좀처럼 주목받지 못했다. 검정 레이스가 초상화에서 눈에 확 들어오지 않기 때문이기도 하지만, 또 하나의 빤한 이유는 검정 레이스 실물이 거의 남아 있지 않아서 연구가 불가능하다는 점이었다. 검정 염료를 실크에 정착시키기 위해 썼던 매염제가 산성이었으므로 검정 레이스는 쉽게 망가지거나 부식됐으며 대부분 나중에는 부식되어 사라졌다.[9]

　하지만 16세기와 17세기에 사람들이 갈망했던 또 하나의 레이스, 즉 금속사 레이스의 경우는 이러한 약한 성질이 별다른 문제가 되지 않았다. 호메로스가 『오디세이』에서 "금실로 짠 베일"을 아주 생생하게 묘사했듯이, 고운 금속사metal thread나 철사로 섬세하고 장식적인 망사를 만든다는 아이디어는 아주 새로운 것은 아니었다. 하지만 금속사 레이스는 이 시기에 과시적인 소비를 원했던 사람들에게 특별히 인기를 끌었다.[10]

　1577년 프랑스의 앙리 3세는 삼부회(구체제 프랑스의 신분제 의회_옮긴이)를 협박하려는 의도에서 3,657미터(4,000야드)나 되는 금실 레이스를 몸에 걸치고 의회에 나타났다. 엘리자베스 1세 여왕의 옷은 뻣뻣하고 거추장스러웠을 것이 틀림없다. 엘리자베스 1세는 금실과 은실을 잔뜩 사들여 아낌없이 썼다. 페티코트petticoat(겉에 입는 치마보다 짧은 여성용 속치마_옮긴이) 1벌에 7.3미터 길이의 금실과 은실이 들어갔다. 금실과 은실 레이스는 값이 아주 비쌌기 때문에 왕족과 최상류층 귀족들에게 사랑받았다. 그들보다 지위가 낮은 사람들은 구리실로 만든 레이스

를 썼을 것이다.[11]

모든 레이스를 허영의 표식으로 보아 반대했던 당대의 윤리주의자들
금속사 레이스를 보고 기겁을 했다. 필립 스텁스Philip Stubbes는 동시대의
문화와 풍습 전반을 맹렬히 비판한 소책자『낭비의 해부학An Anatomie of
Abuses』에서 옷깃 장식에 대해 다음과 같이 비난했다. "값비싼 금과 은,
혹은 실크 레이스가 덕지덕지 붙어 있다. 옷깃 여기저기에 수를 놓아 장
식했는데, 해와 달과 별 외에도 괴상하게 생긴 옛날 문양이 박혀 있어서
기묘한 모습이다."[12]

검은색 계통의 금속사 레이스는 지금까지 남아 있는 것이 거의 없
다. 금속사 레이스는 귀한 물건이라 쉽게 부식되지는 않았지만, 금속을
다른 데 쓰기 위해 금속사 레이스를 녹인 경우가 많았다. (프랑스에서는
금속사 레이스 자체가 불법이었던 시기가 몇 번 있었다. 금속은 동전을 만드
는 데 반드시 필요했기 때문이다.) 영국의 격동기에 살았던 정치가 새뮤얼
피프스Samuel Pepys는 직업적 성공을 거둘 때마다 점점 사치스러운 레이
스를 구입했다. 1664년 8월 12일 금요일에 그가 쓴 일기에는 "낡은 은사
레이스를 교환하려고 세공사 스티븐스를 찾아갔다"는 대목이 나온다.
짐작건대 그는 은사 레이스를 돈으로 바꾼 듯하다. 그러고 나서 "페티코
트에 장식할 새 실크 레이스를 사러" 갔기 때문이다.[13]

레이스는 언제나 부와 취향과 지위를 보여주기 위해 활용된 사치품이
었다. 레이스가 사회적 지위의 표지로서 가치를 가진 이유는 그것이 정
교한 물건이며 제작 과정이 복잡하고 가격이 비싸다는 데 있었다. 레이
스가 지위의 뚜렷한 상징이었기 때문에 권력자들은 평민들이 자신들보
다 신분이 높아 보이도록 레이스를 착용하는 것에 법적 제약을 가했다.
1579년 영국에서는 "남작의 아들, 기사, 일반적인 직업을 가진 젠틀맨,

여왕의 시중을 드는 사람보다 신분이 낮은 사람들"은 "영국에서 만들었 거나 수놓은 옷깃"을 착용해선 안 된다는 칙령을 반포했다. 또 베네치 아의 유대인 빈민가에 거주하는 사람들은 흰색 레이스, 금사와 은사 레 이스, 그리고 손가락 4개보다 폭이 넓은 보빈 레이스bobbin lace를 착용할 수 없었다.[14]

아마는 재배와 가공이 까다롭고 시간이 많이 소모되는 작물이었다. 아마에서 실을 뽑아내 그 실로 옷감을 짜서 최고의 결과물을 만들어내 려면 기술 숙련도가 높아야 했다. 레이스도 사치품 소비와 똑같은 경로 를 따라갔다. 레이스는 몇 킬로미터 길이의 진줏빛 리넨사로 만들어졌 고, 디자인과 제작 과정 모두 빈틈없는 솜씨와 치밀한 계획과 상당한 수 학적 계산을 요구했다. 페르메이르의 그림에는 보빈이 5개만 보이지만, 최고로 복잡한 레이스를 뜨려면 바늘 600개가 필요했다. 보빈의 개수를 계속 정확히 맞추면서 디자인 하나를 처음부터 끝까지 뜨려면 주도면밀 한 계획이 있어야 했다.[15]

또한 레이스는 가벼운 느낌이 나야 했다. 레이스에는 구멍이 뚫려 있어서 천이나 살갗이 살짝 들여다보이는 효과가 있다. 초기에는 컷워 크cutwork라는 방식으로 이런 효과를 얻었다. 컷워크란 리넨에 밑그림을 그리고 버튼홀 스티치buttonhole stitch(단춧구멍을 만들 때 쓰는 자수 기법_ 옮긴이)를 한 다음 스티치로 둘러싸인 부분을 잘라내는 기법이다. 아니 면 드론워크drawn threadwork라는 기법도 있었다. 드론워크는 직물의 씨실 을 뽑아내고 그 자리에 남은 실로 패턴을 만들거나 그 자리를 자수로 장 식하는 기법이다. 하지만 곧 사람들은 이 두 가지 방법으로 만든 것보다 더 가벼워 보이는 장식을 원하게 됐다. 프랑스 플랑드르와 이탈리아(레 이스가 어느 나라에서 처음 만들어졌는지는 여전히 논쟁의 대상이다)의 숙련 된 수예공들은 다른 방향에서 문제에 접근하기 시작했다. 직물의 일부

를 잘라내거나 실을 뽑아내는 대신 처음부터 구멍 뚫린 디자인을 한 땀
씩 만들어 나간다는 발상이었다.[16]

레이스를 뜨는 방법은 크게 두 가지였다. 보빈으로 뜨거나 바늘로
뜨거나. 보빈으로 뜨는 레이스는 군대 제복에 흔히 사용되는 옷단 장식
의 일종인 파스망트리와 상당히 비슷하다. 하지만 파스망트리는 자수에
서 직접 파생된 것이고, 보빈 레이스는 전통적으로 어떤 패턴(16~17세기
유럽에서는 주로 양피지로 패턴을 만들었다)을 토대로 만든다. 보빈 레이스
를 뜰 때는 패턴 모양이 흐트러지지 않도록 패턴을 쿠션에 핀으로 단단
히 고정시켜 놓는다. (페르메이르의 〈레이스 뜨는 여인〉에도 여인이 두 손을
올려놓고 있는 하늘색 받침 쿠션 위에 굵은 분홍색 선으로 인쇄된 패턴이 보인
다.) 패턴에는 디자인을 표시하기 위해 바늘로 콕콕 찔러 구멍을 뚫어놓
았다. 구멍들은 그 디자인을 만들기 위해 어디에 스티치가 필요한지를
알려준다. 스티치가 완성되면 인쇄된 패턴 위에서 한 쌍의 작은 나무 가
락 또는 보빈에 감겨 있는 실을 땋고, 꼬고, 매듭을 짓거나 엮는다. 작업
이 어느 정도 진행되면 핀은 구멍 안에다 꽂는다. 다음번 실들이 움직이
는 동안 방금 만든 스티치들이 움직이지 않도록 제자리에 고정하기 위
해서다. 맨 나중에는 핀을 빼버린다.

니들 레이스는 문자 그대로 보빈이 아니라 바늘로 만드는 레이스를
가리킨다. 레이스 제작자들은 니들 레이스를 만들 때도 양피지 패턴을
사용했지만, 디자인은 구멍으로 표시하지 않고 그림으로 그려 넣었다.
니들 레이스는 굵은 실로 표시한 외곽의 선들 사이에 한 땀 한 땀 바느
질한 버튼홀 스티치의 연속으로 이뤄진다. 초기의 이탈리아 니들 레이
스는 '푼토 인 아리아Punto in aria'라는 이름으로 불렸는데, 이 이름은 문자
그대로 해석하면 '허공의 스티치'라는 뜻이다.[17]

보빈 레이스와 니들 레이스, 그리고 이 두 가지에서 파생된 수많은

레이스들은 유행과 수요의 변화에 민감하게 반응했다. 유럽 대륙 곳곳
에서 상류층의 마음을 사로잡을 특이하고 참신한 디자인을 만들어냈다.
그러다가도 새로운 디자인이 나타나면 기존 디자인은 선호도가 떨어져
급격히 추락했다. 16세기와 17세기에 레이스 디자인은 딱딱하고 기하
학적인 것에서 관능적이고 장식적인 것으로 바뀌었다. 때때로 사람들은
자기에게 특별한 의미가 있는 문양이나 단어가 들어간 레이스를 따로
디자인해서 만들거나 주문 제작했다. 예컨대 1588년에 만들어진 침구
하나는 고대 그리스 신화 속의 세이렌siren 여신이 거울에 비친 자기 모
습을 바라보며 긴 머리를 빗고 있는 그림으로 장식돼 있다. 이 침구에는
"Vertu pas tout(미덕이 다는 아니다)"라는 문구가 수놓아져 있다. 어쩌면 당
시 코르티잔courtesan(고급 매춘부_옮긴이)이 쓰던 침구였는지도 모른다.[18]

주인이 누구든 간에 그처럼 비실용적인 재료로 만들어진 옷소매 장
식, 속옷, 실내장식 용품들은 부를 나타내는 물건들이었다. 그런 물건들
은 처음에 돈을 주고 사야 하는 것은 물론 잘 관리하고 적절히 교체해야
했다. 청결과 화려함이 많은 재산을 가진 소수만 가질 수 있는 미덕이었
던 시대에 고급 의류를 잘 관리하려면 지위가 높고 꼼꼼해야 했다. 예컨
대 조지 시대 영국에서 품위를 유지하려면 일주일 내내 깨끗한 리넨 셔
츠가 날마다 1벌씩 있어야 했는데, 이 리넨 셔츠를 관리하려면 적지 않
은 수고와 비용이 들어갔다. 16세기와 17세기에 비누는 사치품이었다.
당시 유럽 대륙에서는 식물성기름으로 섬세하고 비싼 비누를 만든 반
면, 영국에서 가장 보편적으로 사용하던 비누는 쇠기름으로 만들었다.
쇠기름은 양초 만드는 데도 필요했으므로, 영국에서는 쇠기름 양초가
터무니없이 비싸지는 것을 막기 위해 비누에 무거운 세금을 매겼다. 그
래서 레이스를 깨끗하게 관리하기란 대단히 어려운 일이었다. 1753년
영국의 한 목사는 양어머니와 이복누이의 방문을 앞두고 근심에 잠겼

다. 그들이 오면 세탁물이 늘어나기 때문이었다. "어머니는 빨래를 해
주는 여자를 고용하자면서 비눗값도 내주신다고 했지만, 석탄은 대단히
귀한 물건이다(특히 우리에게는). (…) 게다가 젖은 옷에 대해 불평을 계속
해서 시끄러울 것 같다."[19]

당대 사람들은 실용적 가치가 없다는 이유로 레이스를 공격했다.
17세기 영국의 문인 토머스 풀러Thomas Fuller는 레이스를 "살갗을 가려주
지도 않고 더위를 막아주지도 않기 때문에 불필요한 의상"이라고 불렀
다. 하지만 그런 주장을 펼친 사람들도 대부분 레이스를 사용했다. 레이
스는 승마용 바지와 마찬가지로 멋진 옷차림의 일부가 돼 있었다. 게다
가 풀러도 인정했듯이 레이스는 "몸치장에 도움이 된다."[20]

# 옷깃 외교

비켜봐! 지금 우리는 특별한 비상사태를 맞이했다고!
운동 경기나 즐길 때가 아니야. 레이스가 걸려 있는 문제라고!

엘리자베스 개스켈Elizabeth Gaskell, 「크랜퍼드의 폴 아가씨Miss Pole in Cranford」, 1851년

1660년대 중반에 프랑스의 재정총감이었던 장 바티스트 콜베르Jean-
Baptiste Colbert는 깊은 고민에 빠졌다. 왕과 왕실이 사치를 부려 국가의
재정이 흔들리고 있었다. '태양왕'이라는 별명으로 불린 루이 14세가 오
늘날까지도 사치의 대명사로 통하는 것은 우연이 아니다. 그는 어린 나
이에 정치적 소요를 겪으며 몇 번이나 파리를 몰래 빠져나가는 굴욕을
겪었지만, 어린 시절의 대부분은 어머니의 뜨겁고 헌신적인 사랑의 빛

에 흠뻑 젖은 상태로 보냈다. 짐작건대 헌신과 과잉보호, 그리고 공포와
계략이 버무려진 경험은 그가 왕좌를 차지하고 나서 왕성한 욕구를 보
인 원인이 됐을 것이다. 예컨대 루이 14세는 10년 가까이 정부로 삼았던
프랑수와즈 아테나이스Françoise Athénaïs라는 금발 여자를 베르사유궁에
들였다. 아테나이스는 재치 있는 여자였고 루이 14세에게 아이도 여러
명 낳아주었다. 루이 14세는 그녀의 거처를 왕비와 같은 층에 마련하고,
별도로 성도 하나 선물했다. (아테나이스도 무분별한 지출을 남발하기로는
뒤지지 않았다. 그녀는 단 한 철 동안 아름다운 경치를 보기 위해 정원사들을
고용해 8,000송이의 수선화를 심었다.[21])

　당연히 레이스를 구입할 때도 사치스러운 경향이 나타났다. 루이
14세는 2개의 커다란 직사각형 모양에, 턱 밑에서 매듭을 짓는 형태의
'콜 아 라바col à rabat' 라는 옷깃 장식을 좋아했다. 콜 아 라바는 짝이 맞는
디자인의 소매 장식, 랭그라브rhingrave(블라우스처럼 크게 부풀어 오르고
무릎에는 프릴 장식이 달린 승마 바지), 캐니언canion(무릎 주위에 작은 레이
스 깃이 달린 남성용 바지) 등과 함께 착용했다. 루이 14세는 레이스를 몸
에 걸치는 용도로만 쓰지 않았다. 1667년에 왕실이 취득한 물품 목록을
보면 루이 14세가 베르사유 대운하에서 즐겨 타던 유람용 바크범선들의
벽감 위에 구멍이 숭숭 뚫린 커튼을 설치했다고 나온다.[22]

　콜베르가 보기에 문제는 이 막대한 양의 레이스가 전부 베네치아에
서 수입하는 물건이라는 것이었다. 베네치아에서 생산하던 그로푸앵gros
point(point de venise라고도 한다)은 가장 알아보기 쉬운 레이스 중 하나였
다. 바로크 시대의 미적 전통에서 유래한 그로푸앵 레이스는 묵직하게
소용돌이치는 무늬들이 화려하게 펼쳐지는 것이 특징이며 때때로 '동양
적' 성격이 가미된다. 하지만 그로푸앵 레이스가 특별한 것은 무늬의 일
부분을 더 굵은 실로 도드라지게 짜고 그 위에 버튼홀 스티치를 해서 더

욱 풍성하고 3차원적인 효과를 내기 때문이다. 그로푸앵은 다른 지역에서 생산되는 어떤 제품과도 달랐다. 17세기 중반 유럽에서 그로푸앵은 그전까지 최고로 여겨지던 플랑드르 레이스를 제치고 가장 귀한 대접을 받는 레이스로 등극했다.[23]

태양왕이 베네치아산 그로푸앵 레이스를 대량으로 사들일 때마다 그의 옷차림은 한층 멋있어졌지만, 콜베르는 그 돈을 프랑스산 공예품에 쓰는 것이 훨씬 낫다고 생각했다. 프랑스 북부 노르망디를 중심으로 레이스 공방이 몇 군데 있긴 했지만, 프랑스산 레이스는 독자적인 양식이 없어서 수요도 많지 않은 것이 문제였다. 실천가였던 콜베르는 1665년 8월 5일 "바늘을 놀려 만들든 쿠션에다 수를 놓아 만들든 간에 베네치아산 레이스와 비슷한 각종 수예품을 제작하는 공장"을 아라스Arras, 랭스Rheims, 샤토 티에리Château Thierry, 알랑송Alençon 등의 프랑스 소도시에 세우겠다고 발표했다. 그는 왕실 디자이너와 화가들에게 왕실 지정 공장에서만 제작할 참신한 디자인을 내놓으라고 요구했다. 이 새로운 프랑스산 레이스의 이름은 '푸앵 드 프랑스point de France'라고 지었다.[24]

레이스가 주요 수입원이었던 베네치아 공화국은 프랑스의 이런 시도만으로도 짜증이 났을 것이다. 그런데 콜베르는 한 술 더 떠서 이탈리아와 플랑드르의 수예공들에게 프랑스 시민권을 약속하고 그들을 프랑스로 데려왔다. 콜베르는 베네치아의 프랑스 대사와 긴밀하게 접촉했다. 국가들 간의 외교는 워낙 민감한 문제였으므로 두 사람이 주고받은 편지는 대부분 암호로 돼 있다. 하지만 암호로 되어 있지 않은 몇 통의 편지는 프랑스인들이 레이스 산업에 관한 자세한 정보를 의도적으로 빼돌리고 있었다는 사실을 보여준다. 편지에는 베네치아의 레이스 생산량과 가격에 관한 숫자들이 인용돼 있다. 다시 말하면 그것은 국가가 허가한 산업스파이 활동이었다. 이탈리아인들은 그런 스파이 활동을 용인할 의

사가 없었다. 베네치아는 즉시 칙령을 반포해 콜베르의 제안에 유혹을 느끼는 직공들에게 그 제안을 받아들이지 말라고 명령하고, 이미 프랑스로 이주한 직공들에게도 반역죄로 처형되고 싶지 않으면 즉시 돌아오라고 명령했다.

　그러나 때는 이미 늦었다. 프랑스 레이스 직공들은 1~2년 만에 독자적인 레이스 양식을 개발했다. 푸앵 드 프랑스는 베네치아의 그로푸앵보다 소박하고 규칙적이며 태양, 해바라기, 백합과 왕관 등 루이 14세를 암시하는 상징으로 채워져 있었다. 콜베르의 선언이 발표된 시점에서 7년이 지나자 베네치아산 레이스를 전문으로 취급하던 어느 상인의 재고 목록에 "콜베르 레이스laces alla Colberta"가 포함됐다. 콜베르 레이스는 그가 취급하는 상품 중에서도 가장 비싼 축에 속했다. 콜베르 레이스는 프랑스 왕실의 취향, 특히 루이 14세의 취향에 딱 맞았다. 1666년 7월 한 달 동안 프랑스 왕 루이 14세는 18,491리브르의 푸앵 드 프랑스 레이스를 구입했다. 콜베르는 국가 재정이 튼튼해지는 광경을 보며 기뻐했을 것이 틀림없다.[25]

1660년대 후반에 벌어진 프랑스와 베네치아의 레이스 전쟁은 레이스 때문에 벌어진 국제분쟁 중 하나였다. 1662년 영국은 실제로는 30년쯤 전에 통과된 법안 하나가 실제로 집행되기 시작했다. 그것은 "외국산 레이스, 컷워크, 술 장식fringe, 단추, 실이나 비단으로 만든 외국산 수예품을 영국 내에서 판매 또는 수입하는 행위"를 금지하는 법안이었다. 유럽에서 가난한 망명자로 살다가 돌아온 찰스 2세는 자신이 직접 선포한 법을 준수할 마음이 없었다. 그는 수요가 많은 베네치아 레이스를 수입할 권리를 단 1명의 상인(그 자신이 고용한 상인)에게만 허가하는 방법으로 규제를 우회했다. 그 상인은 왕실로부터 혜택을 입고서도 고객인 왕에게

물품 대금을 비싸게 받았다. 1668년 7월 2일 날짜의 청구서에 따르면 왕
은 레이스 값으로 80파운드 8실링 1페니를 내야 했는데, 여기에는 1야
드에 32실링씩 하는 '고급 베네치아 레이스'가 포함됐다.[26]

레이스를 생산하는 이탈리아의 여러 지역과 도시들, 네덜란드, 프랑
스는 새로운 디자인을 만들어내기 위해 서로 경쟁했다. 그 경쟁은 패션
의 변화와 전문성과 혁신을 이끌어내는 엔진 역할을 하는 동시에 문화
적 · 정치적 · 국가적 사상의 캔버스를 제공했다. 예컨대 17세기 초반에
플랑드르 지방의 소도시들은 유럽에서 손꼽힐 정도로 번창했다. 그것은
1602년에 동인도회사가 설립된 덕분이었다. 당시에 크게 유행했던 플랑
드르산 레이스는 프랑스를 상징하는 카네이션, 수선화, 튤립과 같은 자
연 문양들로 채워졌다. 이 꽃들은 네덜란드 문화에서 특별한 의미를 지
닌다. 반면 프랑스 레이스에는 태양왕을 상징하는 문양이 들어가는 경
우가 더 많았다.

소비 경향에도 차이가 있었다. 1590년대에 유럽 각지를 여행했던 링
컨셔의 젠틀맨 파인스 모리슨Fynes Moryson은 폴란드에 갔을 때 오스트리
아 태생인 여왕이 "독일 귀부인처럼 옷을 입었다"는 점에 주목했다. 반
면 그의 눈에 폴란드 일반 백성들은 "목에 옷깃도 달지 않고 리넨 띠를
두르지도 않아서" 아주 이상하게 보였다. 스위스에서 모리슨은 백성들
의 다수가 상업에 종사했으므로 "어두운색" 옷을 수수하게 입고 "레이스
로 약간의 장식을 넣었다"고 기록했다.

이탈리아 사람들의 옷깃에 대한 취향은 영국, 프랑스, 스페인 사람
들과 달랐다. 그들의 옷깃은 대회에 출품하는 호박처럼 거대해졌다. 가
장 큰 옷깃은 마치 후광처럼 얼굴을 둥그렇게 감싸면서 펼쳐졌는데, 이
런 옷깃은 정교한 레이스를 자랑하기에도 좋았다. 레이스가 자기 무게
때문에 축 늘어지지 않고 가장 아름다워 보이도록 철사로 뼈대를 만들

어 레이스를 받치기도 했다.[27]

여러 겹으로 된 두툼한 옷깃은 레이스의 수요를 크게 증가시켰다. 이제 각 가정에서 여자들이 만드는 레이스만으로는 안정적인 공급을 보장할 수가 없었다. 16세기 후반에 이르면 레이스는 양복점에서 사고 파는 상품이 됐다. 양복점 상인들은 공방, 수녀원, 고아원, 그리고 국제 무역에 종사하는 상인들에게서 레이스를 공급받았다. 1695년 니콜라 드 라르므생Nicolas de l'Armessin의 판화 작품인 〈리넨 상인의 옷Habit de Lingére〉은 당대의 소비자들이 그런 선택을 어떻게 받아들였는가를 짐작케 해준다. 판화의 주인공은 제목에 등장하는 여자 리넨 상인이다. 그녀는 아주 높은 프릴 장식이 달린 모자를 쓰고 자신의 상점 안에 서서, 마치 반가운 손님을 보는 것처럼 관람객을 내다보고 있다. 하지만 이 작품에는 초현실적인 요소도 있다. 여자의 몸은 그녀가 판매하는 물건들과 합쳐져 있어서 어디까지가 몸이고 어디서부터 옷인지 분간하기가 어렵다. 그녀의 드레스 윗부분에는 서랍이 달려 있고, 서랍마다 각기 다른 레이스의 이름이 붙어 있다. 플랑드르 레이스, 메클린Mechlin 레이스, 라바Rabat 레이스, 네덜란드 레이스. 탁자 위로는 그녀의 몸통이 보이는데, 그 몸통은 수납장이고 그 속에 더 많은 레이스가 보관되어 있다. 이번에는 리넨 스타킹과 셔츠 사이에 르아브르Le Havre 레이스가 보인다.

푸앵 드 프랑스가 유럽 패션의 정점에 섰을 때 프랑스 레이스 직공들은 콜베르에게 감사해야 마땅했다. 그러나 불행히도 콜베르의 후임자들은 레이스 직공들을 그만큼 살뜰하게 보살피지 않았다. 신생 산업이었기에 오랜 명성에 의존할 수가 없었던 프랑스 레이스 제조업은 콜베르가 레이스 생산을 장려하기 위해 썼던 유인책들이 사라지자 곧 어려움에 처했다. 결정타는 1685년 루이 14세가 반포한 퐁텐블로 칙령Edict of Fontainebleau이었다. 퐁텐블로 칙령은 프랑스에서 개신교도인 위그노들이

낭트 칙령Edict of Nantes 이후 100년 가까이 누리고 있었던 종교적 자유를
폐지한다는 내용이었다. 전통적으로 프랑스의 레이스 산업은 위그노들
이 중심이었기 때문에 그들이 기술을 가지고 집단으로 프랑스를 떠났을
때의 결과는 치명적이었다. 노르망디에서만 레이스 직공의 수가 반으로
줄었다.[28]

　　프랑스 외의 나라들은 또 다른 문제로 골머리를 앓았다. 이탈리아의
레이스 산업, 특히 베네치아의 레이스 산업은 부유한 후원자들과 수도
원에서 재빠른 손놀림으로 레이스를 만드는 수녀들에게 의존하고 있었
다. 수녀들은 집안 살림이나 가족을 돌보는 일에서 자유로웠으므로 레
이스를 만들어 저렴한 가격에 판매할 수 있었다. 하지만 플랑드르의 레
이스 직공들에게는 경제 위기의 충격을 막아주는 보호막이 없었다. 페
르메이르의 재산을 앗아간 바로 그 불황 때문에 플랑드르의 최상급 레
이스 직공들도 심각한 곤경에 빠졌다.[29]

# 레이스 멋지게 착용하기

하지만 알랑송 공작Duc d'Alençon과 오랑주 공Prince of Orange을
추모하는 자리에서 여왕은 은과 진주로 호화롭게 장식된 검정 벨벳
드레스를 입었다. 드레스 위에 걸친 은빛 숄은 꼭 거미줄로 짠
것처럼 투명했다.

루폴드 본 베델Lupold Von Wedel, 1585년 12월 27일

1593년 영국의 재무대신이었던 존 포테스큐John Fortescue 경은 상원에서

여왕 엘리자베스 1세의 씀씀이에 관한 질문에 시달렸다. "여왕 폐하의
옷은 지위에 걸맞게 고귀하고 기품이 있지만 과하게 사치스럽지는 않습
니다." 포테스큐 경의 답변이었다. 엘리자베스 1세의 통치가 끝나고 나
서도 수백 년 동안 '비싸고 화려한 옷을 잔뜩 쌓아놓고 있었다'는 평이
그녀를 따라다녔지만, 사실 엘리자베스 1세의 의상은 그녀와 비슷한 시
대에 살았던 영국 여왕 메리 1세, 영국 왕 헨리 8세의 왕비였던 캐서린
아라곤Catherine of Aragon, 그리고 오스트리아의 마리아 크리스티나 여대
공Christina de Lorena과 엇비슷했다. 사교적인 만남의 언어에서 옷은 중요
한 단어와도 같았다. 유럽의 작은 왕국들의 여왕은 더 크고 부유한 나라
의 여왕과 왕비들에게 관찰당하기 때문에 다양한 어휘가 필요했다. 이
때 레이스는 마치 수사학자의 웅변술처럼 설득력 있는 마지막 미사여구
역할을 했다.[30]

　엘리자베스 1세가 레이스를 아주 많이 가지고 있었던 것은 사실이
다. 니컬러스 힐리어드Nicholas Hilliard가 그린 유명한 펠리컨 초상화(가슴
에 펠리컨 모양의 펜던트가 그려져 있어서 '펠리컨 초상화'라 불린다_옮긴이)
속의 엘리자베스 1세는 온통 레이스에 휘감겨 있다. 검은색 자수 장식이
달린 리넨 소매와 파틀렛partlet(목선을 가리기 위해 입었던 일종의 배자_옮
긴이) 위로 가느다란 띠 모양의 금사 레이스가 보이고, 파틀렛의 가장자
리에도 검은색 니들 레이스가 장식되어 있다. 소매 장식과 옷깃은 섬세
한 컷워크로 만들었고 정교한 레이스를 달았다. 힐리어드는 수고스럽게
도 이 장식들을 일일이 묘사했다. 이 초상화를 특수한 조명 아래서 자세
히 살펴보면, 힐리어드가 레이스 부분에 흰색 물감을 특별히 두껍게 발
라 그 부분이 마치 잎사귀 뒷면의 잎맥처럼 살짝 도드라지도록 처리했
다는 사실을 알 수 있다.

　1592년경 왕실 화가였던 마커스 기레아츠Marcus Gheeraerts가 그린 엘

리자베스 1세의 초상화는 흰색 드레스와 외투 차림의 그녀를 아주 경직
된 모습으로 묘사했다. 그녀는 사람이라기보다 창백하고 괴상한 까마귀
처럼 보인다. 그녀의 목에 둘러진 큼지막한 컷워크 옷깃은 여왕의 신체
비율을 심하게 왜곡해 더욱 비인간적인 느낌을 자아낸다. 게다가 이런
옷차림은 '검소한 옷차림'이라는 명분으로 누군가에게 맹렬한 비난을 퍼
붓기를 좋아하던 영국 남자들에게 딱 맞는 표적이 되었다. 필립 스텁스
는 『낭비의 해부학』에서 이렇게 썼다. "커다란 괴물 같은 옷깃. 어떤 부
분은 깊이가 4분의 1야드(약 23센티미터)쯤 되고, 또 어떤 부분은 그보다
더 깊었다. 그보다 얕은 부분은 거의 없었다." 화려한 옷깃 장식은 비도
덕적일 뿐 아니라 시간과 생각을 잡아먹어 기도에 몰두하지 못하게 한
다는 것이 그들의 주장이었다. "중상류층 부인 한 사람이 몸단장을 하는
것보다 배 한 척을 단장하는 것이 빠르다." 1607년 토머스 톰킨스Thomas
Tomkins는 이렇게 불평했다.[31]

엘리자베스 여왕의 레이스는 대부분 고급 리넨과 레이스를 취급하던
런던의 여성 포목상 앨리스 몬태규Alice Montague에게서 공급받았다. 예컨
대 1576년 '부인의 날Lady's Day'에 앨리스가 여왕에게 공급한 물품 목록에
는 43가지나 되는 물품이 등장하는데 그중에는 "베네치아산 금사와 은
사로 만든 레이스" 10온스도 있었다. 그 이후 6개월 동안 여왕은 금속사
레이스를 추가로 구입했다. 성 미카엘 축일Michaelmas의 공급 목록에는
"손으로 짠 풍성한 베네치아 레이스 6파운드 1온스"와 "각종 베네치아
금사와 은사로 만든 본 레이스bone lace(보빈 레이스의 옛 이름_옮긴이)와 로
메 레이스(원문은 loume lase. 금속이 들어간 라메lame라는 직물로 만든 레이
스를 가리키는 듯하다_옮긴이) 27파운드"가 포함됐다.[32]

레이스는 선물로도 인기가 높았다. 여왕의 비위를 맞추려는 대신과
조신들은 다량의 레이스 또는 레이스 달린 옷을 선물로 보냈다. 예컨대

여왕은 1578년 새해를 맞아 "흰색으로 나뭇가지와 나무가 수놓아 있고 가장자리에는 하얀 보빈 레이스와 왕관 장식이 달린 두툼한 옷"을 받았다. 이듬해에는 링컨의 백작 부인이 여왕에게 "베네치아산 은사로 떠서 만든 작은 체인 레이스Cheyne lace를 가장자리에 둘러 장식한 벨벳"을 보냈다. 아마도 여왕이 선물로 받은 직물류 가운데 가장 호사스러운 것은 1584년 그녀가 케닐워스Kenilworth를 방문했을 때 그녀에게 경의를 표하기 위해 방 전체가 눈부시게 새로 단장됐던 일이 아닐까. "금사와 은사로 만든 납작한 스팽글(원문은 spangells)과 보빈 레이스로 꾸민 색색의 깃털 5개(원문은 Fyve plumes)가 컵 안에 꽂혀 있다. 침대 틀은 금사, 은사, 진홍색 실크로 장식했으며 5개의 커튼에는 금사와 은사 보빈 레이스 장식이 세로 방향으로 들어갔다."[33]

　　레이스 장식을 좋아했던 사람은 엘리자베스 1세 말고도 또 있었다. 엘리자베스 1세의 최대 경쟁자였던 스코틀랜드의 메리 여왕은 1579년 교수대에 오를 때도 흰색 리넨 보빈 레이스 옷을 입었다. 그로부터 20년쯤 전에는 왕실에 대항해 반란을 일으킨 토머스 와이엇Thomas Wyatt 경이 "폭 넓은 보빈 레이스를 두른 벨벳 모자"를 쓰고 참수형을 당했다. 한편 프랑스 패션의 선두주자였던 생 마르 후작Marquis de Cinq-Mars은 1642년에 처형당하면서 레이스 두른 부츠만 300켤레가 넘게 남기고 갔다. 당대 사람들이 레이스의 미묘한 차이에 얼마나 민감했는지를 엿볼 수 있는 사례로 화가 디에고 벨라스케스Diego Velázquez와 귀족가 아가씨 사라고사Zaragoza 사이의 분쟁이 있다. 사라고사는 자신의 옷깃에 달린 레이스의 느낌을 벨라스케스가 제대로 묘사하지 못했다는 이유로 이미 완성된 초상화를 인수하기를 거부했다. 그 레이스는 "아주 섬세한 플랑드르산puntas de Flandes muy finas"이었다고 전해진다.[34]

프란스 할스Frans Hals의 〈웃고 있는 기사당원The Laughing Cavalier〉은 여러 측면에서 수수께끼 같은 그림이다. 이 그림 속의 남자는 기사당원도 아니고 웃고 있지도 않다. 26세(그의 나이는 1624년이라는 연도와 함께 초상화에 적혀 있다)인 주인공의 얼굴은 불그스름해서 건강해 보인다. 그의 콧수염은 통통한 볼의 선을 따라 위로 쭉 말려 올라갔다. 그런데 입술과 짙은 색 눈동자는 방금 어떤 농담을 하고 나서 그것을 지나치게 자랑스럽게 여기는 모습을 들킨 사람처럼 살짝 비뚤어져 있다. 이 젊은이는 자기의 유머 감각뿐 아니라 자기 옷에 대해서도 우쭐해하는 듯하다. 폭이 넓은 검정 모자, 확 벌어진 옷깃. 자수로 장식된 남성용 더블릿doublet(르네상스 시대의 몸에 밀착되는 남성용 상의_옮긴이)은 팔 윗부분의 일부가 터져 있어 그 밑에 있는 고급 리넨이 드러난다. 이 옷들은 모두 부와 사회적 지위와 상당한 허영심을 표현한다. 하지만 그 시대에는 이 젊은이처럼 옷을 통해 허세를 부리며 뽐내던 사람이 많았다. 요즘에는 레이스가 여성적인 소품으로 통용되지만 이 시대에 레이스는 남자들이 훨씬 많이 착용했다.

16세기 말과 17세기에 남자들은 일상적으로 목과 손목에 레이스를 착용했다. 사실 17세기 중엽에는 남자들의 옷이 사람들 앞에서 과시할 기회가 훨씬 많았다. 예컨대 갑옷 위에 걸치는 레이스 옷깃이 유행한 적도 있었다. 광택 나는 금속 갑옷 위에 섬세한 리넨을 두르면 대조 효과가 확실했을 것이다. 이 시기에 반 다이크Van Dyck가 그린 초상화들도 그 효과를 보여준다. 유행에 민감한 신사들의 목에서 옷깃 장식이 사라지고 나서 남자들은 정교한 니들 레이스로 만든 아주 커다랗고 납작한 깃을 착용하기 시작했다. 또 장화의 윗단, 남성용 승마 바지의 솔기, 외투, 더블릿에도 레이스가 살짝 들어갔고, 캐니언이라는 바지가 유행하던 시기에는 무릎 둘레에 작은 프릴 장식을 달기도 했다. 레이스에 대한 남성의 주

도권은 레이스를 짤 때 들어가는 문양에도 반영됐다. 한때 루이 14세의
물건이었다고 짐작되는 레이스 크라바트 엔드cravat end(크라바트는 넥타이
의 전신으로, 17세기에 남성이 목에 두른 스카프를 가리킨다. 크라바트 엔드
는 스카프의 목 부분에서부터 밑으로 내려오는 장식인데, 이 부분을 보통 레이
스로 만들었다_옮긴이)가 아직까지 보존되고 있는데, 이 레이스에는 전쟁
과 관련된 단순한 이미지들이 들어가 있다. 북, 군기, 대포, 승리의 나팔
을 부는 두 명의 천사.[35]

채널제도 건너편에서는 왕 제임스 1세가 선대 여왕보다 훨씬 더 의
복에 사치를 부리고 있었다. 엘리자베스 1세 여왕의 재임 기간 중 마지
막 4년 동안 의류에 지출한 돈이 9,535파운드였던 반면 제임스 1세는 즉
위하고 첫 5년 동안 해마다 36,377파운드를 지출했다. 그 돈의 상당 부
분은 레이스에 들어갔다. 예컨대 1613년 제임스 1세의 딸 엘리자베스와
팔라틴Palatine 상원의원의 결혼식을 앞두고 왕실 의류 담당자가 받은 지
급 증서는 다음과 같다. "스팽글 달린 은사 보빈 레이스 698온스, 금사
와 은사 매듭 레이스(원문은 byndinge lace) 467온스, 금사와 은사 고리 레
이스(원문은 loope lace) 38온스…." 목록은 이런 식으로 계속된다. 다 합
치면 1,100파운드가 넘는 레이스가 등장한다.

레이스는 왕실 남자들만 착용하는 것이 아니었다. 1590년대에 버
클리Berkely 경과 그의 재단사 사이에 보기 흉한 소송이 벌어졌다. 버클
리 경은 재단사가 자신의 양복들 중 한 벌에 들어가는 은사 레이스를 원
래 약속했던 양보다 훨씬 적게 쓰고 차액을 자기가 챙기는 방식으로 사
기를 쳤다고 주장했다. (사실 영수증을 보고 레이스의 양이 다르다는 사실을
처음 알아차린 사람은 하인이었다. 영수증에는 실제 완성된 양복에서 발견된
것보다 레이스가 '80온스' 더 있다고 표기돼 있었다.) 1632년에는 찰스 1세
가 레이스와 고급 리넨을 좋아한다는 이유로 영국이 매년 2,099파운드

를 지출하고 있다는 사실이 밝혀졌다. 사람들이 거세게 항의하자 왕실 의류 부서의 경비를 삭감하는 계획이 세워졌고, 찰스 1세는 다소 언짢아 했다. (그러나 찰스 1세는 언짢아할 필요가 없었다. 그 계획은 실행에 옮겨지지 않았고, 왕은 머지않아 참수형을 당했다.) 왕당파 내의 반대 세력들은 소박한 옷차림을 소리 높여 외쳤지만 그들 역시 사치와 전혀 무관하지는 않았다. 1658년에 사망한 올리버 크롬웰Oliver Cromwell은 초상화를 "실제 모습 그대로warts and all" 그려 달라는 요청을 했다고 알려져 있지만, 땅에 묻힐 때는 값비싼 플랑드르산 레이스를 두른 옷을 입었다.[36]

# 레이스 뜨는 여인들

작은 실 한 가닥에 예술과 산업이 얽혀 있다.

토머스 풀러, 레이스에 관한 글, 『영국 명사들의 역사The History of the Worthies of England』, 1662년

얼핏 보면 레이스의 역사는 사치품의 역사 같지만, 다른 측면도 들여다 볼 필요가 있다. 유럽의 가장 부유한 사람들의 목을 장식했고 지금도 그들의 초상화에서 하얗게 빛나는 레이스는 대개 가장 가난한 계층 사람들이 촛불을 밝혀놓고 한 땀 한 땀 손으로 떠서 만든 것이었다. 어떤 경우에는 바늘이 유일한 생계 수단이 되기도 했다. 1529년 9월 1일 암스테르담시에서는 "나이를 불문하고 [모든] 가난한 집의 여자들 중에 레이스를 뜰 줄 모르거나 생활비를 벌지 못하는 여자들"은 매일 아침 6시 전에 무료 교습소에 모이라고 명령했다. "그들이 실 잣기를 비롯한 수공예를

배우면 빈민가로 굴러떨어지지 않을 것이다." [37]

  신대륙 발견과 새로운 무역로 개척의 결과 구대륙의 금고에 막대한 부가 쏟아져 들어오던 시대였지만 부유층과 빈곤층의 격차는 더 커졌다. 그리고 앞에서 설명한 대로 부유한 사람들은 레이스에 막대한 비용을 지불할 준비가 돼 있었지만, 그 돈은 절대로 그 레이스를 만든 사람들에게 흘러가지 않았다. 그 이유 중 하나는 절대 다수가 여성이었던 레이스 직공들이 협회나 길드를 결성하지 않았기 때문이다. 길드나 협회의 유무는 대단히 중요했다. 길드는 직공들이 개인적인 차원에서 획득하기 힘든 사회적 지위를 부여했다. 레이스 직공들은 힘을 합치지 않았기 때문에 파스망트리 직공들이나 염색공들처럼 자신들의 노동이 경제적으로 가치 있다고 주장하면서 더 높은 임금과 지위를 요구하기가 어려웠다. 하지만 때로는 길드의 엄격한 규칙이 경제적 기회를 제약하거나 방해했다. 예컨대 귀한 금속을 가지고 작업하는 것은 파스망트리 직공 길드의 특권이었으므로, 파스망트리 직공들은 소박한 아마사는 자신들이 쓰는 실보다 못하다고 생각했다. 그래서 그들은 레이스 직공들을 길드에서 배제했다. 보통 비공식적인 가내 공방에서 바늘과 보빈으로 일하던 레이스 직공들은 여기저기 흩어져 있었던 탓에 하나로 조직되기가 어려웠다.[38]

  젠더는 다른 면에서도 레이스 직공들의 낮은 지위와 임금에 원인을 제공했다. 여성들의 절대 다수가 마치 필수과목처럼 바느질을 배웠기 때문에 레이스 산업에는 잠재적 노동자층이 아주 두터웠고, 그래서 임금이 낮게 유지되었다. 1692년 르아브르의 시장은 시내 전체에 레이스 직공이 20,000명 있다고 추산했다. 도싯 백작Lord Dorset은 영국 전체의 레이스 직공 수를 비슷한 숫자로 추산했는데, 이 수치는 다소 적어 보인다. 코시모 데 메디치Cosimo de Medici와 함께 잉글랜드 곳곳을 여행한 로

렌초 마갈로티Lorenzo Magalotti는 데본셔Devonshire에 대해 다음과 같이 기록했다. "영국의 모든 카운티에, 혹은 서머싯Somerset 카운티에 흰색 레이스를 다량으로 생산하지 않는 집은 단 한 채도 없다. 그래서 왕국 전체에 레이스가 충분히 공급되고 수출 물량도 아주 많다."[39]

1589년 겐트Ghent시의 치안판사는 하녀들이 일을 그만두고 레이스 직공으로 취직하는 것을 금지하는 법을 통과시켰다. 집에서 부모와 함께 사는 12세 미만 아이들만 보빈 레이스 만드는 일을 계속할 수 있었다. 1649년에는 프랑스 남부의 도시 툴루즈에서도 비슷한 법안이 통과됐다. 법을 만드는 사람들은 너무 많은 여자들이 레이스 생산에 참가하고 있어서 가정부를 좀처럼 구할 수가 없다고 투덜거렸다. 그리고 그들은 레이스를 착용하는 사람이 워낙 많아져서 레이스는 더 이상 "고귀한 신분과 미천한 신분les grades et les petites"을 구별하는 확실한 징표가 될 수 없다고 생각했다.[40]

임금은 분명히 유혹적이었지만, 유행이 금방 바뀌어 갑자기 어떤 지방의 레이스가 각광을 받는 경우 레이스 직공 일자리는 안정적이지 못했다. 레이스 산업은 대중의 취향과 경제 환경의 변화에 따라 급격하게 확장과 수축을 거듭했다. 콜베르가 프랑스 레이스 공방에 예산과 인력을 쏟아부었던 1660년대에, 베네치아산 그로푸앵 레이스를 만드느라 바빴던 이탈리아 직공들은 그들의 생산물에 대한 수요가 거의 하룻밤 만에 크게 감소했다는 사실을 발견했다. 또한 레이스 직공들은 값싸고 풍부한 노동력의 저수지인 고아원과 수도원 때문에 임금 후려치기의 위험에 항상 노출돼 있었다.

레이스 직공들의 임금과 잘사는 사람들이 레이스 가격으로 지불하는 돈에는 큰 차이가 있었다. 영국의 시골 유지였던 제임스 매스터James Master의 회계장부에 따르면 그는 1651년 10월 7일에 "나의 넥타이와 소매 장식을 만들기 위해 플랑드르 레이스를 1¾야드 조금 넘게 사고" 3파운드를 냈다고 기뻐했다. 사흘 뒤 그는 하인 리처드에게 해당 분기의 임금으로 1파운드 5실링을 지불했다. 이러한 금액의 차이는 암스테르담시의 기대와 달리 여자들에게 보빈 레이스 기술을 가르친다고 해서 그들이 빈곤층이 되는 것을 막지 못했던 이유를 조금은 설명해준다. 1597년 입스위치Ipswich의 빈곤층에 관한 조사 보고서에는 그 교구에서 보조금을 받아 근근이 생활하는 과부 엘리자베스 그림스턴Elizabeth Grimston의 절망적인 상황이 기록되어 있다. "그녀는 보빈 레이스를 만들었다." 그녀가 받은 임금은 주당 9펜스였다.[41]

8

## 솔로몬의
## 외투

면, 아메리카, 교역

# 도망자

미국 사람들의 죄는 우리가 노예들에게 지나치게 화려한 옷을
입게 놔둔다는 거예요. 우리는 노예들에게 옷을 너무 많이 입혀요.
그래서 노예들이 건방져졌잖아요.
나중에 우리는 대가를 치러야 할 거예요.

사우스캐롤라이나의 어느 호텔에서 엿들은 미국 남부 여성의 말, 1862년

1851년 8월 초, 솔로몬은 도망치고 있었다. 그의 나이는 도주 노예들의
평균 연령의 2배에 가까운 45세였지만 그에게는 아직 조지아주 할로 스
프링스Hollow Springs에서 출발해 북쪽의 자유로운 주로 건너갈 만큼의 기
운은 있었다. 그는 173센티미터 정도의 중간 키에 탄탄한 몸을 가지고
있었으며, 피부색은 특별히 희지도 않고 특별히 짙은 색도 아니었다. 그
에게는 일반적으로 노예 소유주들이 노예를 감별할 때 사용하는 뚜렷한
징표가 없었다. 이가 빠지지도 않았고, 발가락이 하나 없는 것도 아니었
고, 어깨와 뺨에 상처도 없었다. 그래서 원래 모습으로 다녀도 신분을
감추기에 상대적으로 유리했다. 유리한 점은 또 있었다. "1급 대장장이"
였던 그는 다른 곳에 가서도 일자리를 구할 가능성이 높았다. 또 태생적
으로 과묵한 성격이어서 "술에 취했을 때만 빼고" 거의 아무 말도 하지
않았기 때문에 실수로 자기 정체를 밝히지도 않을 터였다. 그리고 그는
미리 계획을 세워놓았다가 도주했는지 원래 가지고 있던 옷을 전부 챙
겨갔다. "새로 산 구릿빛 바지 2벌, 검은색 데님 프록코트frock coat(허리선
까지 단추로 채우는 남성용 정장 외투_옮긴이) 1벌, 빨강과 검은색의 헐렁
한 옷[외투] 1벌, 호두색으로 물들인[원문 그대로] 헐렁한 외투 1벌, 검

은색 털모자 하나, 가게에서 산 신발 1켤레.”[1]

우리가 솔로몬에 관해, 그리고 그의 외투에 관해 알고 있는 것은 노예주였던 존 덩컨John Duncan이 8월 7일 자《서던 배너Southen Banner》에 솔로몬을 잡아달라고 광고를 내면서 그를 찾은 사람에게 100달러를 주겠다고 약속했기 때문이다. 18세기와 19세기 미국의 신문 지면은 이런 식의 도망 노예를 찾는 광고로 뒤덮여 있었다. 특히 남부의 신문에 이런 광고가 많이 실렸다. 보통 이런 광고에는 도망친 노예가 등에 봇짐을 메고 있는 모습이나 흰색 드레스를 입고 앉은 흑인 여성의 모습이 담긴 사진이 함께 실렸다. 상품과 서비스, 혹은 노예를 판매한다는 광고가 실리는 면마다 이런 사진들이 흩뿌려져 있었다. 처음에 그 지면은 도망친 도제, 하인, 부양가족 등을 찾는 광고를 실었다. (1855년에는 애나 마리아 Anna Maria라는 여자의 다정한 남편이 “그녀를 내게 돌려주는 사람은 누가 됐든 머리통을 부숴놓겠다”는 광고를 냈다.) 하지만 머지않아 광고란은 북쪽이나 동쪽으로 가기로 마음먹은 남녀 흑인 노예를 추적하는 광고에 점령당했다. 도망친 노예들은 아프리카로 돌아가거나, 나중에 영국으로 건너가서 망명을 신청하고 자유를 찾기를 희망하고 있었다.[2]

도망 노예를 추적하는 광고들은 호기심을 자극하는 자료다. 어떤 개인에 대해 자세히 알려주지만 감정이 섞이지는 않은 내용이기 때문이다. 신기하게도 노예 추적 광고들은 하나같이 옷에 집착하면서 도망 노예의 복장에 관해 세세한 것까지 다 기록하고 있다. 1847년 3월 존 H. 스미스John H. Smith라는 사람이 찾고 있었던 노예 프레스턴은 달아났을 당시 “회색 오버코트overcoat(무릎 아래까지 내려오는 두꺼운 외투_옮긴이), 검둥이들이 입는 판탈롱pantaloon(19세기의 남성용 바지_옮긴이)과 새로 만든 벨벳 모자”를 착용하고 있었다. 또 다른 노예는 “품질이 아주 좋은 모자, 흰색 홈스펀homespun(촉감은 트위드와 비슷한데 평직으로 짠 천. 나중에는 트위드와 혼용되었다_옮긴이) 긴바지 1벌, 뒷면에 파란색 장식이 달린 구리색 조끼"를 입었다. 어떤 노예는 짝짝이 버클이 달린 신발을 신었고, 또 어떤 노예는 한쪽 옆구리에 백랍 단추들이 달린 조끼를 입었다. 1772년 크리스마스 전주에 도망친 보나는 아프리카 "이보 나라Ibo country"에서 최근에 데려온 "새 검둥이"여서 "새로 산 신발과 스타킹"을 신었는데 스타킹은 "편물로 짠 것이고 흰색과 검은색 물방울무늬가 있다"고 했다. 실제로 노예 추적 광고의 4분의 3 정도는 노예의 복장을 구체적으로 설명했으며, 노예들이 도망칠 때 제일 많이 가지고 갔던 물건도 바로 옷이었다. 연장, 무기, 돈, 심지어는 음식보다도 옷이 더 중요한 물건이었던 모양이다.[3]

솔로몬, 보나, 프레스턴 같은 노예들이 도망치면서 옷에 각별한 주의를 기울인 데는 매우 실용적인 이유가 있었다. 노예주들은 노예들에게 입힐 옷이나 옷감을 구입할 때 2가지를 고려했다. 수명과 가격. 그리고 대체로 노예주들은 옷이나 옷감을 한 번에 많이 사들였다. 대규모 플랜테이션 농장을 운영하면서 꼼꼼한 회계 기록을 남긴 존 레이John Ray는 그 전형적인 경우로서 매년 1회 노예들의 옷감을 구입했다. 예컨대 그는 1853년에 "검둥이들의 신발" 13켤레를 켤레당 1.06달러에 구입했다. "검둥이 의류… 염가 판매, 현금만 거래"라든가 "저렴한 검둥이 옷"을 궤짝 단위로 판다거나 "저가 면으로 만든 판탈롱"을 "최저가로 판매"한다는 광고들이 신문에 자주 실려 노예주들을 유혹했다. 그 결과 대부분의 노예들, 특히 농장에서 일하는 노예들은 상당히 눈에 잘 띄고 획일적인 튼튼한 갈색 옷을 입게 됐다. (1767년에 솔로몬만큼 치밀하게 준비하지 못한 어느 도망 노예를 찾는 광고에는 그 노예가 "일하는 검둥이들이 보통 입는 옷"을 입고 달아났다는 문구가 있다.) 어떤 도시에서 또는 노예해방이 이뤄진 주에서 누군가가 거칠고 볼품없는 갈색 옷을 입고 있으면 그 사람이 도망친 노예라는 사실을 한눈에 알 수 있었다.[4] 또한 옷은 일종의 화폐 역할을 했다. 노예들은 자기가 가진 옷을 다른 옷 또는 현금과 교환해서 도주에 필요한 경비를 마련하기도 했다.[5]

하지만 옷은 조금 더 섬세한 기능을 수행하기도 했다. 시각문화가 꽃피던 시대였으므로 보는 것과 남의 눈에 보이는 것이 소비의 열쇠였다. 영국의 에세이 작가이자 정치가였던 조지프 애디슨Joseph Addison은 다음과 같은 말을 남겼다. "시각은 우리의 모든 감각 중에서 가장 완전하고 유쾌한 감각이다." 사회적 지위가 낮은 사람들이 사회적 지위가 높은 사람들과 시각적으로 구분돼야 한다는 전제도 있었지만, 실제로는 지위가 낮은 사람들은 눈에 잘 띄지 않았다. 그림과 판화에 지위가 낮은 사람들은 자주 등장하지 않지만, 어쩌다 그런 사람들이 등장하더라도 여기저기 흩어져 자기가 맡은 일을 하고 있는 모습으로 묘사되거나 부차적인 역할을 수행한다. 19세기 중반에 제작되고 1865년 파리에서 처음으로 전시된 에두아르 마네Edouard Manet의 〈올랭피아Olympia〉를 예로 들어보자. 이 그림은 매춘부가 과감하게 관람자를 정면으로 쳐다보도록 그렸다는 점에서 전통적 관습에 위배되긴 하지만, 흑인 노예는 여전히 후경에 배치했다. 흑인 노예는 백인 매춘부보다 높은 곳에 위치하지 않으려고 불편하게 몸을 웅크린 채 공손한 태도로 그녀에게 꽃다발을 내밀고 있다. 이처럼 불평등한 시선은 당대의 문헌 자료에서도 발견된다. 부유한 백인들이 쓰고 읽은 여행기, 일기, 편지들은 하인과 노예들에게 별다른 주의를 기울이지 않다가 그들이 사회적 관습을 어길 때만 그들을 언급한다. 즉 그들은 '잘못'을 저질러야만 갑자기 눈에 보이는 존재가 되는 것이다.[6]

이 무렵 면은 서구에서 가장 인기를 끄는 직물이 됐다. 노예무역을 통해 저렴한 면화 생산이 가능했던 것도 하나의 원인이었다. 이때부터

1970년대 후반 합성섬유가 상승세를 타기 전까지 면은 세계적으로 가장 널리 활용된 섬유였다. 평상복으로 입는 티셔츠와 비트족의 청바지에서 부터 도쿄 고급 호텔의 푹신한 고급 침구에 이르기까지, 면은 가장 기본적인 직물이며 사람들이 자신의 지위와 정체성을 물질적으로 표현하는 가장 흔한 매체들 중 하나가 됐다. 노예가 되기 위해 아프리카에서 아메리카 대륙으로 끌려간 사람들에게도 마찬가지였다. 면은 그들에게 어느 정도의 자존감을 가지고 개성을 실현할 수단이 되었다. 즉 면은 대서양 노예무역의 토대 중 하나인 동시에 개개인이 정체성을 형성하고 선언하는 매체였다.[7]

목화는 아프리카 대륙 전체에서 널리 재배되는 작물이었다. 안달루시아의 아랍인 여행가 알 바크리Al-Bekri는 일찍이 1068년에 말리Mali를 여행하면서 "집집마다 목화를 키우고 있다"고 기록한 바 있다. 그리고 동네 사람들끼리 "고운 면으로 만든 옷감"과 소금, 곡식, 생선, 버터, 쪽, 고기를 교환하기도 했다고 한다. 오랜 강제 노동에 시달리다가 1766년에 스스로 번 돈으로 자유를 산 뒤 노예 폐지론자로 명성을 떨친 올라우다 에퀴아노Olaudha Equiano는 자신이 납치되기 전에 입었던 옷에 관해 몇 번 설명했다. 기니에서는 남녀 모두 "긴 옥양목calico 또는 무슬린muslin으로 몸을 헐렁하게 감싸는데, 스코틀랜드의 체크무늬 의상과도 비슷하다." 지금과 마찬가지로 그때도 아프리카 대륙의 직물과 옷차림은 나라마다 매우 다양했다. 옷차림은 경제 형편과 사회적 관습에 따라 정해졌다. 1930년대에 채니 맥Chaney Mack이라는 아프리카계 미국인은 18세의 나이에 유럽으로 건너왔던 자신의 아버지가 "옷을 입어야 하고, 집에 살고, 일을 해야 한다는 것"을 꽹장히 힘들어했다고 회상했다. 그전까지 그녀의 아버지는 아무것도 입지 않고 사는 데 익숙했다고 짐작해볼 수 있다.

(실제로 기니 사람들이 그렇다기보다는, 아버지가 원래 살던 나라의 생활환경을 그녀가 나름대로 해석한 것 같다.) 한편으로는 일부 유럽인들이 시누아즈리chinoiserie(17~18세기 유럽 귀족들 사이에서 유행한 중국풍 취미_옮긴이)를 받아들인 것과 비슷하게, 해안의 무역 거점 도시에 살던 아프리카의 일부 상류층은 지위의 상징으로서 유럽풍 옷을 입으며 자신이 외국 문물을 알고 있음을 과시했다.[8]

하지만 노예가 된 사람들은 각자의 취향이 어떻든 간에 일단 알몸이 되고 나서 그들의 지위에 맞는(노예를 거래하던 상인들의 시각에서) 옷을 강제로 입어야만 했다. 그때부터 어느 노예가 어떤 옷을 입느냐는 주인의 경제력과 기분에 달려 있었다. 어느 대규모 플랜테이션 농장에서는 밭에서 일하는 성인 노예에게 거친 오스나부르그osnaburg(굵은 면사를 써서 평직으로 짠 거칠고 수수한 느낌의 직물_옮긴이) 7야드, 체크무늬 천 3야드를 정기적으로 지급하고 매년 10월이면 베이즈baize(당구대 등에 사용되는 초록색 모직 천_옮긴이)를 3야드씩 주면서 사실상 옷을 직접 만들어 입도록 했다. 실내에서 일하는 노예들(그래서 조금 더 눈에 띄었던 노예들)은 서서히 더 나은 옷을 입게 됐다. 어떤 노예주들은 기성복을 사서 노예들에게 제공했고, 어떤 노예주들은 노예들이 알아서 해결하도록 놓아두었다. 프레더릭 더글러스Frederick Doublass는 자유를 찾아 탈출했던 일을 회상하며 다음과 같이 썼다. "가장 무더운 여름날이나 매섭게 추운 겨울날이나 나는 거의 벌거벗고 지냈다. 신발도 없고, 긴 양말도 없고, 재킷도 없고, 바지도 없고, 자투리 리넨으로 만든 거칠거칠한 셔츠만 딱 한 벌 있었는데 그 셔츠는 내 무릎까지만 내려왔다… 내 발은 동상으로 다 갈라져 있다. 지금 내가 손에 쥐고 있는 펜을 그 갈라진 틈에 넣을 수도 있다."[9]

1735년 사우스캐롤라이나에서는 노예들이 가장 값싸고 가장 거친 옷만 입도록 하는 법이 통과됐다. 이 법은 종종 조롱의 대상이 되지만,

법안을 보면 어떤 직물을 가리키는 "검둥이 옷감"이라는 표현이 거듭해
서 등장한다. "검둥이 옷감"이란 대개 영국에서 수입한 싸구려 모직물인
흰색 웨일스 평직물Welsh plains을 가리킨다. 19세기 초반 영국에서 싸게
들여온 웨일스 평직물은 미국에서 1야드당 80센트 정도에 판매됐다. 그
밖에 남성 의류에 자주 쓰이던 흔한 직물로는 브로드클로스, 진jean, 오
스나부르그가 있었다. 브로드클로스는 웨일스 평직물과 마찬가지로 양
모로 만든 옷감이지만 진과 오스나부르그는 면으로 만드는 것이 보통이
었다. 오스나부르그는 평직으로 짠 거친 직물이었고, 진은 능직으로 짜
여 내구성이 좋고 특징적인 사선 모양의 골이 있었다. (헷갈리지 마시라.
오늘날 우리가 알고 있는 진 청바지는 데님denim이라는 다른 직물로 만들어진
다.) 하지만 이 시대의 문헌에 가장 자주 언급되는 직물은 '홈스펀'이다.
이름에서 유추할 수 있듯이 홈스펀은 플랜테이션 농장의 노예들이 스스
로 짰거나 농장 부근의 업자가 생산한 직물이다. 모와 면 중에서 그때그
때 더 구하기 쉽고 시세가 싼 재료를 사용해 평직으로 짰다. 여자 노예
들은 홈스펀이나 옥양목으로 옷을 만들어 입었다. 옥양목이란 평직으로
짠 면직물로서 일반적으로 작은 줄무늬나 격자무늬 장식이 들어간다.
옥양목의 색은 갈색과 파랑이 가장 많았다. 둘 다 노예들의 농장 근처에
서 구할 수 있는 쪽indigo과 호두 같은 염료를 사용해서 색을 냈다. 도망
노예 솔로몬의 외투 중 한 벌도 호두로 물들인 옷이었다. 아니면 그냥
흰색 옷도 많이 입었다.[10]

　　예컨대 1885년《서던 워치맨Southern Watchman》이라는 신문에 테렐 박
사Dr Terrell라는 사람이 기고한 글은 노예주가 노예를 먹여 살리는 동안
그 노예는 "돈을 모아놓았다가 자기 옷을 사 입어야 한다… 그리고 자기
옷을 세탁하고 수선하는 일은 스스로 해야 한다"고 주장했다. 시중에 판
매되는 것 중에 가장 초라하고 값싼 직물로 획일적인 옷을 만들어 노예

들에게 강제로 입히는 것이 비인간적인 일이라는 생각은 테렐 박사의 머릿속에 전혀 없었다. 미국의 백인들은 "옷차림은 소박해야 하며", "허영은 죄"라는 그럴싸한 구호를 외치면서도 소박한 직물들은 가급적 멀리했다.

다시 말하자면 옷은 힘의 대결이 벌어지는 또 하나의 풍경이었다. 매끄러운 직물보다는 거칠고 성긴 직물, 몸에 잘 맞는 옷보다는 헐렁한 옷, 밝은색이 아닌 거무스름한 색, 부드럽지 않고 까슬까슬한 질감, 윤기가 흐르는 직물이 아닌 칙칙한 직물. 백인들이 공급하고 결정했던 노예들의 옷은 노예의 미천한 신분을 시각적으로 뚜렷하게 표현하고 있었다. 적어도 의도는 그랬다. 하지만 실제로 노예들은 이론상으로 자신들에게 금지된 의류도 손에 넣을 능력이 있음을 멋지게 입증했을 뿐 아니라 (조심스러우면서도 의식적으로) 흑인 고유의 미학을 창조해냈다.[11]

　흑인 고유의 미학을 창조하려면 그들만의 옷감을 구하거나 적어도 시각적으로 차별화를 해야 했다. 예컨대 노예들 중에는 흰색은 노예의 옷이라는 관념 때문에 흰색 옷 입기를 거부하는 사람이 많았다. (약삭빠른 노예주들은 그것을 자신에게 유리하게 이용했다. 예컨대 1780년대에 헨리 로런스Henry Laurens 목사는 "아주 모범적으로 행동한 검둥이에게는 흰색 평직물보다 좋은 천을 줘야 한다"고 주장했다.) 오스나부르그로 만든 셔츠에 대해서도 비슷한 선입견이 존재했다. 오스나부르그 셔츠는 농장에서 일하는 노예의 전형적인 옷으로 인식됐다. 노예였다가 자유를 찾은 사람들은 글을 쓰며 자유를 누렸을 뿐 아니라 옷으로도 자유를 한껏 즐겼다. 올라우다 에퀴아노는 자유인이 되자마자 댄스파티에 참석하고 직접 파티를 열기도 했는데, 그럴 때마다 "고급스러운 파란 옷"을 입었다. 그는 자신이 그런 옷을 입으면 "눈에 띄는 외모"를 가진 사람이 됐다고 자랑

스럽게 썼다.[12]

여전히 노예 상태였던 사람들은 괜찮은 옷을 자기가 가지려고 공을 들였다. 주인에게서 옷을 받기도 했다. 노예주들은 특별한 일이 있을 때 자기가 가장 아끼는 노예에게 상을 주거나 '집안의' 노예들을 농장 노예들과 구별하기 위해 자신이 입었던 옷을 주거나 빌려주곤 했다. 공식적으로 그런 행동은 장려되지 않았고 아예 불법인 경우도 있었지만, 현실에서는 그런 일이 흔하게 일어났다. 해리엇 존스Harriet Jones는 그녀의 결혼식 날에 "나의 드레스들 중 한 벌을 길게 늘어뜨려" 입고 진홍색 허리띠로 치장했다. 1847년 3월 광고에 등장했던 노예 프레스턴은 "새로 만든 벨벳 모자"를 가지고 있었는데, 아마 이 모자는 선물로 받았을 것이다.[13]

어떤 노예들은 이왕 도둑이 될 바엔 바늘 도둑보다 소도둑이 낫다는 생각으로 손에 잡히는 대로 다 집어 들고 도망쳤다. 뉴올리언스의 11세 소녀였던 로사는 주인의 흰색 실크 모자, 손수건 몇 장, 레이스 숄, 그리고 '아기 옷'들을 가지고 달아났다. 그녀는 그 옷들을 팔아 도주에 필요한 현금을 마련하려 했을 것이다. 노예가 오랫동안 눈독 들이던 옷을 가지고 달아난 것으로 짐작되는 사례들도 발견된다. 1814년 테네시주의 노예였던 셀리아는 각각 파란색과 노란색인 옥양목 외투 2벌, 흰색 케임브릭cambric(얇은 아마포_옮긴이) 드레스 2벌, 홈스펀 드레스 2벌, 격자무늬 깅엄gingham(줄무늬나 격자무늬가 들어간 평직 면직물_옮긴이) 머릿수건과, 흥미롭게도 "빨간 모로코식 눈알 장식과 노란 리본이 달린 슬리퍼 1켤레"를 가져갔다. 1774년 6월 13일 가브리엘 존스Gabriel Jones의 버지니아주 대규모 농장에서 하인 노릇을 하다가 달아난 바커스Bacchus는 자기가 가져갈 수 있는 모든 것을 가져갔다.

[그가] 입거나 가져간 옷가지는 다음과 같다. 흰색 '러시아산 드릴

drill(능직의 튼튼한 무명_옮긴이) 외투' 2벌. 하나는 파란색이고 나머지 하나는 평범한 새 외투였다. 화려하게 장식된 흰색 '금속제 단추', 파란색 플러시plush(벨벳과 비슷하나 길고 보드라운 보풀이 있는 비단 또는 무명 직물_옮긴이) 승마바지, 고급스러운 '퐁파두르pompadour(흰 바탕에 분홍색·파란색·금색의 작은 꽃무늬가 있는 견직물_옮긴이) 조끼', 얇은 '여름용 재킷' 2~3벌, '흰색 실로 짠 가지각색의 양말', 흰색 '셔츠' 5~6벌. 그중 2벌은 꽤 좋은 옷이었다. '깔끔한 신발', '은 버클', '마카로니 모양'의 챙이 위로 젖혀진 고급스러운 '모자', 가장자리가 2겹으로 처리된 '칙칙한 갈색 그레이트 코트great coat(털 안감을 대어 묵직해 보이는 방한용 외투_옮긴이)' 1벌, 그리고 잡다한 다른 옷가지들 몽땅.[14]

흑인 남녀 다수가 좋은 옷을 소유하고 착용까지 하자 백인들은 대경실색했다. 자연과 사회의 질서가 미리 정해져 있다는 그들의 사고방식이 뿌리째 흔들렸다. 노예 소유주들은 노예들이 자기 외모에 지나치게 관심을 쏟는다면서 비웃었지만 한편으로는 불안해하고 있었다. 1744년 11월 《사우스 캐롤라이나 가제트South Carolina Gazette》에 글을 쓴 익명의 통신원은 이렇게 투덜거렸다. "이제는 여자 노예들이 부유하지 않은 보통 백인 여자들보다 더 우아하게 옷을 입는다."[15]

　　플랜테이션 농장에는 자신뿐 아니라 다른 노예들을 위해 실과 염료, 직물과 옷을 직접 만드는 여자 노예들이 많았다. 원래 노예였던 템페 헌던 더럼Tempe Herndon Durham은 '노스캐롤라이나 서사North Carolina Narratives 프로젝트'에 참여해 인터뷰를 하던 중 그 여자 노예들의 기술에 대해 생생하게 묘사했다.

실을 잣고 옷감을 손질하는 방에 흑인들이 가득했어요. 물레가 빙
빙 돌면서 내는 '웅… 웅…' 소리와 노예들이 실을 자아내면서 노래
하는 소리가 지금도 귓가에 맴돌아요. 레이철 아주머니는 염색하
는 방에 계셨지요. 아주머니는 염색에 대해 모르는 게 없었어요.
온갖 종류의 뿌리, 나무껍질, 나뭇잎, 열매를 다 알고 있어서 빨강,
파랑, 초록 등 원하는 색이라면 뭐든지 만들어냈지요…. 물들인 옷
감을 햇볕 아래 널어 말릴 때면 무지개의 모든 색이 보였어요.[16]

하지만 플랜테이션 농장에서 일하는 사람들에게 자부심의 원천이 됐던
것에 대해 백인들은 감탄하지 않았다. 흑인들이 만들어낸 옷에는 갖가
지 색과 스타일이 섞여 있었는데, 백인들은 이런 옷들이 야단스럽고 어
색하다고 생각했다. 취향의 차이는 댄스파티라든가 교회에 갈 때, 결혼
식에 갈 때처럼 큰 행사나 뭔가를 축하하는 자리에서 두드러지게 나타
났다. 그럴 때 흑인들은 그들 고유의 취향에 맞는 옷을 입고 자기 모습
을 뽐냈다. 1790년대 후반 올버니Albany에서 사육제와 비슷한 노예들의
축제를 진행한 '킹 찰스King Charles'라는 노예는 금사 레이스로 장식된 영
국산 다홍색 군복 재킷에 노란 사슴 가죽으로 만든 반바지와 파란 스타
킹을 짝지어 입었다.

노예주들이 노예들에게 매년 옷을 한두 벌씩만 제공하던 시대에 덧
대기와 짜깁기는 반드시 필요한 기술이었다. 덧대기와 짜깁기는 노예
들 사이에서 유행이 됐다. 솔로몬의 "빨강과 검정" 외투 역시 천을 덧대
거나 수선했기 때문에 색이 두 가지로 나뉜 것으로 짐작된다. 하지만 옷
의 원래 색과 비슷한 색의 천을 쓰지 않고 색이 다른 천을 덧댄 경우가
워낙 많기 때문에 우연으로 보기는 어렵다. 예컨대 어느 도망 노예 찾기
광고에는 "앞쪽보다 뒤쪽에 파란색이 더 많은" 재킷이 등장한다.[17]

흑인들이 그들만의 새로운 규칙을 따르는 모습에 백인들은 불안해
지기 시작했다. 1830년대 후반 조지아주 플랜테이션 농장주의 아내였던
패니 켐블Fanny Kemble은 그들이 거느린 노예들의 "안식일 옷차림"이 다
음과 같았다고 회상했다. "서로 어울리지 않는 것들을 괴상하게 조합했
다… 무지개의 모든 색이 다 있었고, 아주 짙은 색들도 같이 있어서 서
로 맹렬하게 싸우는 느낌이었다."[18]

흑인 노예들은 의류를 구입하고, 획득하고, 갈망하고, 변형하고, 차
려입으면서 백인들의 것과 대등하지만 백인들에게는 도저히 이해되지
않는 소비와 표현의 순환에 참여하고 있었다. 하지만 이것이 전부가 아
니었다. 다른 측면에서도 솔로몬과 같은 노예들은 목화 재배와 생산을
중심으로 돌아가는 국제적인 산업에 긴밀하게 얽혀 있었다.

# 식물에서 얻는 털

야생 나무에서 열매 대신 솜털이 열린다.
그 솜털은 양털보다 아름답고 품질이 좋다.
〔인도의〕 원주민들은 그 솜털로 천을 만들어 옷을 입는다.

헤로도토스, 기원전 445년

18세기 유럽인들은 목화를 새롭게 떠오르는 작물로 생각했지만 사실 목
화는 오랜 역사를 가진 작물이다. 과학자들은 DNA 염기서열 결정법
을 이용해 목화(학명은 Gossypium)가 지구에서 서식한 기간이 1,000만

년에서 2,000만 년 사이라고 추정한다. 목화는 아주 특별한 식물이다. 15도 정도로 따뜻한 기온에, 서리가 거의 없거나 아예 끼지 않으며 강수량은 연간 50~62.5센티미터 정도인 환경에서 잘 자란다. 목화가 성장하는 기간에 강우가 집중되면 더 좋다. 이처럼 까다로운 조건 때문에 목화는 남위 32도에서 북위 37도 사이 지역에서만 재배가 가능하다. 아프리카, 오스트레일리아, 아시아, 중앙아메리카와 남아메리카의 건조한 지대들이 여기에 포함된다. 목화의 품종은 총 50가지 정도가 있으며 품종에 따라 키와 크기가 달라진다. 지역에 따라서도 품종이 달라진다. 육지면G. hirsutum은 중앙아메리카에서 자라고, 해도면G. barbadense은 남아메리카, 초면G. herbaceum은 아프리카, 아시아면G. arboretum은 아시아를 원산지로 한다.[19]

사람들은 목화의 다른 매력에는 별로 관심을 기울이지 않고 거의 항상 한 가지 측면에만 주목한다. 목화는 씨를 심고 나서 160~200일 사이에 다래를 하나씩 맺는다. 다래 안에는 가느다란 셀룰로오스 섬유실이 씨앗을 감싸고 있다. 다래가 충분히 익으면 껍질이 벌어지면서 그 안에 들어 있던 보송보송하고 하얀 솜털이 나온다. 그 솜털은 다 튀겨진 커다란 팝콘 알갱이 같은 모습이다.

인류가 목화의 섬유로 천을 짜고 밧줄을 만들 수 있다는 사실을 최초로 발견한 곳은 인더스강 유역이었던 것 같다. 인류가 의도적으로 목화를 사용했다는 가장 오래된 증거는 쥣주아나 동굴 속에 있던 아마 섬유와 마찬가지로 우연히 발견됐다. 고고학자들은 지금의 파키스탄 중부인 메르가르Mehrgarh에 위치한 신석기시대 무덤에서 발견된 아주 작은 구슬들을 조사하던 중이었다. 산맥과 인더스강 사이에 위치한 전략적 요충지였던 메르가르는 기원전 7000년부터 기원전 1000년까지 줄곧 사람이 정착해서 살던 곳이었다. 그 구슬들은 팔찌에서 떨어져 나온 것으로

짐작되는데 구리로 만들어졌고 직경 2밀리미터 정도로 아주 작았다. 현
미경으로 그 구슬들을 관찰하던 고고학자들은 구슬의 작은 구멍 주위에
광물화한 천연섬유의 흔적이 미미하게 남아 있는 것을 발견했다. 구슬
을 뚫고 들어온 실에 금속이 반응을 했기 때문에 기원전 6000년 무렵에
만들어졌을 면의 흔적이 현미경으로만 보일 정도로 조그맣게 남은 것이
다.[20]

　　정교한 면직물은 수천 년 전부터 아시아, 아프리카, 아메리카 대륙
에서 생산됐다. 2016년에는 쪽으로 염색한 면직물 파편이 페루 북부의
후아카 프리에타Huaca Prieta에서 발견됐다. 파편 일부는 무려 6,000년 전
의 것이었는데 뜨겁고 건조한 날씨 덕택에 부패하지 않고 보존된 것이
다. 목화는 섬유를 얻을 수 있기 때문에 사람들에게 매우 유용했고, 그
래서 인위적으로 재배된 최초의 식물들 중 하나였다. 목화 재배는 약
7,000년 전에 시작됐다. 재배가 이뤄지는 과정에서 식물 자체의 형태도
바뀌었다. 여기저기 뻗어나가며 자라는 키 큰 야생종 목화는 세월이 흐
를수록 작아지고 더 압축적이며 수확하기 쉬운 형태로 바뀌었다. 그런
데도 목화는 여전히 재배하기가 쉽지 않은 식물이다. 목화를 재배하려
면 조건이 정확히 맞아야 하며, 농기계가 발명되고 널리 사용되기 전까
지는 수확에 노동력이 아주 많이 필요했다.[21]

　　전통적으로 목화 수확과 분류는 일일이 손으로 하는 작업이다. 지나
치게 짧아서 사용 가치가 없는 섬유들(보풀fuzz)은 제거하고 긴 섬유들(린
트lint)만 조면한다. 조면이란 목화의 연약한 섬유를 망가뜨리지 않으면
서 목화씨를 빼내는 공정이다.[22] 다음으로 매듭진 곳을 없애고 먼지를 털
어내며 나무 활로 섬유를 두드려 부드럽고 유연하게 만든다. 그리고 나
서는 빗질 또는 소모라고 불리는 작업을 통해 섬유를 한 방향으로 정돈
한 다음 북을 사용해 실을 자아내 가락에 감는다. 이제 옷감을 짤 실이

준비된 셈이다. 세계 거의 모든 나라에서 목화에서 면실을 뽑아내는 일
은 여자들이 담당했다. 옷감을 짜는 일에서는 성별 구분이 그만큼 확실
하지는 않았다. 예컨대 인도와 아프리카 남동부에서는 주로 남자들이
면직물을 짰다.[23]

미국에 대규모 목화 농장의 씨앗을 뿌린 사건은 1497년 바스쿠 다 가마
Vasco da Gama의 인도 직항로 발견이었다. 희망봉을 돌아가는 항로는 항
해가 어렵고 위험했지만 수입이 짭짤했다. 직항로 발견으로 유럽의 무역
상들은 운송료가 높고 위험한 육로 교역에 의존하지 않고 인도의 직공들
에게서 그들이 만든 상품을 직접 사올 수 있게 됐다. 인도 직물의 섬세한
패턴과 독특한 색채는 유럽인들 사이에서 큰 인기를 모았다. 인도 직물의
유행을 달가워하지 않았던 영국 작가 대니얼 디포Daniel Defoe는 1708년
《위클리 리뷰Weekly Review》에 그런 풍조를 비판하는 글을 실었다. "인도
산 옥양목이 우리의 집 안으로, 우리의 옷장으로, 그리고 우리의 침실로
슬그머니 기어 들어왔다. 커튼, 쿠션, 의자, 그리고 끝내는 침대 위로도
올라왔다." 1766년에 이르자 무슬린과 옥양목이 선풍적인 인기를 끌어
서 영국 동인도회사의 수출품 가운데 75퍼센트가 면직물일 정도였다.[24]
　또한 무역상들의 입장에서 면직물은 또 하나의 시장에서 전망 좋은
돈벌이 수단이었다. 바로 노예무역 시장이다. 미국에 새로 세워진 대규
모 플랜테이션 농장들은 수익률을 높이기 위해 싸고 풍부한 노동력을
많이 필요로 했다. 원래 살던 사람들이 질병으로 많이 사망했고, 살아남
은 사람들은 농장주가 되려는 사람들을 대놓고 싫어했기 때문에 새로운
노동력을 공급받아야 했다. 아프리카 서부 연안의 무역 거점에서 데려
오는 노예들이야말로 이상적인 해결책으로 간주됐다. 1500~1800년 사
이에 스페인, 포르투갈, 프랑스, 영국, 네덜란드, 덴마크 사람들은 아프

리카에서 800만 명이 넘는 흑인을 아메리카 대륙으로 운송해 노예로 공급했다. 영국의 상인이었던 말라치 포슬레스웨이트Malachi Postlethwayt가 1745년에 쓴 다음 글은 결코 과장이 아니다. "우리 영국의 식민지나 프랑스의 식민지에서 플랜테이션을 할 때 실제로 농사일을 하는 사람들이 아프리카에서 수입해온 흑인들이라는 사실은 온 세상에 알려져 있지 않은가? 설탕과 담배, 쌀과 럼주, 그 밖에 플랜테이션 농장에서 생산되는 모든 것에 대해 우리는 이 귀중한 사람들, 즉 흑인들에게 빚을 지고 있는 게 아닐까?"[25]

노예를 구입하는 데 사용된 화폐가 무기 또는 귀금속이었을 거라고 생각하기 쉽지만, 실제로는 면직물을 매개로 거래된 노예가 훨씬 많았다. 1772년과 1780년 사이에 영국의 노예상 리처드 마일스Richard Miles가 2,218명의 노예를 샀던 거래에 관한 연구에 따르면 노예 대금으로 지급한 물품 가치의 절반 이상은 직물이 차지했다. 처음에는 인도에서 수입한 직물로 거래를 하다가, 나중에는 목화를 수입한 다음 유럽에서 아프리카 시장을 겨냥한 디자인으로 직물을 짰다. 그것은 규모가 상당히 큰 산업이었다. 예컨대 1739년과 1779년 사이에 맨체스터의 수출액은 연간 14,000파운드에서 300,000파운드로 껑충 뛰었다. 수출액의 약 3분의 1에 해당하는 돈은 아프리카로 보내 노예와 교환했다.[26]

처음에는 유럽인들이 아프리카 무역상들의 직물에 대한 요구를 만족시키기가 어려웠다. 아프리카 무역상들은 눈썰미가 좋았고, 인도에서 전통적으로 생산되던 것처럼 밝은색에 줄무늬와 격자무늬와 각종 문양이 들어간 면직물을 귀하게 여겼는데 이것은 유럽에서 생산되는 면직물과 사뭇 달랐다. 유럽인들은 아프리카인의 취향을 신속하게 학습해서 채도가 높고 색이 바래지 않는 염료를 만들어냈다. 아프리카 무역상들의 검열을 통과했다. (유럽인들은 인도 직물을 모방해서 상품을 만들어내

고는 그것을 '인도식indiennes'이라는 부적절한 명칭으로 부르기도 했다.) 그
들이 성공을 거둔 비결은 꾸준한 기술혁신이 이뤄져 실 잣기와 옷감 짜
기를 더 빠르고 효율적이며 결정적으로 더 싸게 할 수 있었기 때문이다.
그 힘으로 유럽인들은 나중에 인도산 면직물과 경쟁할 수 있게 됐고, 최
종적으로는 인도산 면직물을 대체했다.

기술혁신의 초기 사례로는 1733년 존 케이John Kay가 발명한 플라잉
셔틀flying shuttle이 있다. 플라잉 셔틀은 직기의 한쪽 옆면에서 반대쪽 옆
면으로 재빨리 움직여 빽빽하게 배열된 날실을 통과하면서 씨실 가닥들
을 날실과 엮어주는 작고 가벼운 나무토막이다. 플라잉 셔틀이 발명되
자 직공이 직물 짜는 속도가 급격하게 향상되어, 방적공 4명이 뽑아내
는 실을 직공 1명이 다 쓰게 됐다. 이 불균형을 바로잡기 위해 발명가들
은 방적기의 속도를 높이려고 노력했다. 1764년 제임스 하그리브스James
Hargreaves가 이른바 '제니 방적기spinning Jenny'를 발명했고, 5년 후에는 리
처드 아크라이트Richard Arkwright의 수력 방적기가 등장했다. 그리고 그
로부터 10년이 지나자 새뮤얼 크럼프턴Samuel Crompton이 만든 증기 방
적기가 돌아가기 시작했다. 이 모든 기계들은 실 생산량을 증가시켰다.
1785년 에드먼드 카트라이트Edmund Cartwright가 증기로 움직이는 최초의
방직기인 역직기power loom('동력 직기'라고도 한다_옮긴이)를 만들어냈다.

시간과 노동력을 대폭 줄여주는 기계가 나왔다는 것은 역사상 최초
로 직물 생산이 사람의 손과 집을 떠나 공장과 기계로 옮겨간다는 의미
였다.[27] 물론 공장주와 상인들에게는 이것이 경제적으로 더 유리했다.
인도 방적공들이 생면 100파운드(45.4킬로그램 정도)에서 손으로 실을 뽑
아내려면 50,000시간이 필요했던 반면, 방적기를 사용하면 똑같은 양의
실을 뽑아내는 시간이 50분의 1로 줄었다. 그 결과 실과 직물의 가격은
하락하고 유럽산 직물이 세계 시장에서 그만큼의 경쟁력을 얻었다. 특히

영국은 신기술을 활용한 면직물 생산에 대대적으로 투자했다. 1862년에 이르자 전 세계의 방적기 3대 중 2대는 영국에 있었다. 영국 인구의 5분의 1에서 4분의 1이 직물 산업에 종사했고 영국 수출의 거의 절반이 실 또는 직물이었다. 1830년에 영국산 40수 실No. 40(40수는 1그램의 면에서 1.7미터 길이의 실을 40가닥 뽑은 것이다_옮긴이) 1파운드의 가격은 인도산 40수 실 1파운드보다 3배나 쌌다. 결국에는 인도 직공들의 입장에서도 영국에서 수입한 실을 사서 쓰는 것이 더 저렴해졌다.[28]

　면직물 매뉴팩처manufacture(공장제수공업. 기계공업의 전 단계로, 산업자본가가 노동자들을 고용해 도구, 작업장, 원재료 등을 제공하고 상품을 생산하게 했던 제도_옮긴이)와 교역으로 벌어들이는 돈은 엄청났다. 예컨대 맨체스터의 면직물 제작업자에서 부유한 실세 하원의원이자 정치가로 변신한 새뮤얼 터쳇Samuel Touchett은 1757년 정부에 3만 달러를 빌려줄 능력이 있었다. 그의 부와 직업적 성공은 대부분 아프리카 노예시장에 공급할 격자무늬 '기니아지Guinea cloths' 제조업 덕분이었다.[29] 그의 고향인 맨체스터 역시 부를 누렸다. 비록 맨체스터의 잘나가는 공장들이 토해내는 매연의 양도 그만큼 늘어났지만. 프랑스 외교관이자 사회평론가였던 알렉시스 드 토크빌Alexis de Tocqueville은 1835년 맨체스터를 방문했을 때 이 같은 역설을 다음과 같이 압축적으로 표현했다. "이 더러운 하수관sewer(재봉틀. 재봉사라는 뜻도 있다_옮긴이)에서 순금이 흘러나온다."[30]

　부의 흐름을 제약하는 유일한 변수는 생면의 공급량이었다. 그때까지만 해도 목화는 거의 항상 농가의 가계소득에 보탬이 되는 보조 작물이었다. 농부들은 다른 식용작물을 재배하면서 위험을 분산하기 위해 그 옆에 목화를 심었다. 작물 하나가 병충해나 자연재해를 입어 못쓰게 되더라도 다른 작물 하나가 살아남으면 생계에 도움이 됐다. 목화 농사가 완전히 실패하더라도 그 집 식구들이 먹고살 수는 있을 터였다. 개별

농가의 입장에서는 이것이 합리적인 방안이었지만, 그 때문에 목화솜을
직물로 변화시키는 작업은 집안에 다른 일거리가 없을 때라든가 계절의
리듬에 맞춰 소규모로, 무계획적으로 진행됐다. 실을 잣고 옷감을 짜는
사람들은 자기가 몇 시간을 일할지, 누구에게 돈을 받고 일할지, 그리고
일한 대가로 얼마를 받을지를 스스로 정했다. 그리고 생산물의 일부를
세금이나 공물로 냈다. 하지만 이런 시스템은 식민주의자들에게는 맞지
않았다. 그들이 운영하는 공장들은 목화에 굶주려 있었다. 그들은 직물
을 짜서 그것을 현금과 노예로 교환하려 했으므로 오로지 목화 재배에
만 집중하는 안정적인 대규모 농장을 원했다. 맨체스터 등지에 세워진
작은 공장Mill들도 목화가 꾸준히 공급되는 기간에만 높은 효율을 유지
할 수 있었다. 1780년대 이전까지는 목화 공급량을 맞추기 위해 전 세계
에서 목화를 사왔다. 리버풀의 부두는 인도, 중동, 서인도제도, 브라질
에서 수입한 목화로 가득 차 있었다.[31]

# 승리한 자와 수확하는 자

그 새로운 원료[면]의 공급량을 늘리는 것은
미국의 번영에 이루 말할 수 없이 중요한 조건입니다.

조지 워싱턴, 토머스 제퍼슨에게 보낸 편지, 1789년

1858년 3월 4일 사우스캐롤라이나의 민주당원 한 사람이 미국 상원에
출석해서 연설을 시작했다. 이 연설은 오늘날까지 기억되고 있다. "제정

신인 나라라면 목화와 전쟁을 벌일까요?… 영국은 너무 빨리 달려나가
다 무너지고, 남반구만 빼고 선진국 전체가 같이 무너질 것입니다. 네,
절대로 목화와 전쟁을 벌여서는 안 됩니다. 지구상의 어떤 권력도 감히
목화와 전쟁을 선포하지 못합니다. '목화는 왕'입니다."[32]

제임스 헨리 해먼드James Henry Hammond는 권력을 이용해 자기보다
약한 사람들에게서 강제로 양보를 얻어내는 일에 능했다. 머리가 벗겨
지고 이중턱을 가진 51세 남자였던 그는 상원의원 자리에 있었음에도
사회적으로 지탄을 받는 처지였다. 15년 전에 10대 여자 조카 4명을 학
대했다는 사실이 밝혀졌기 때문이다. (그 사실이 폭로되고 나서 그 조카들
의 평판도 엉망이 됐다. 넷 중 아무도 결혼을 하지 못했다.) 그의 플랜테이션
농장은 사망률이 유난히 높았다. 1831년부터 1841년까지 10년 동안 노
예 78명(그가 아버지에게서 물려받은 노예의 4분의 1이 넘는 숫자였다)이 사
망했다. 그는 자신이 사들인 18살의 샐리 존슨Sally Johnson이라는 노예와
오랫동안 관계를 맺었고, 샐리의 딸 루이자Louisa가 12살이 되고 나서는
루이자와 놀아났다. 샐리와 루이자는 각자 해먼드의 아이들을 낳았고,
그 아이들도 모두 노예 신세를 면치 못했다. "어느 사회에나 천한 일을
도맡는 계층이 반드시 있어야 합니다." 해먼드가 연설 도중 동료 상원의
원들에게 했던 말이다. "생활 속의 고된 일들을 처리하는 사람들 말입니
다… 다행히 남부는 그런 일을 시키기에 딱 맞는 인종을 찾았습니다."[33]

해먼드가 '목화는 왕'이라는 연설을 했던 시점에서 4년이 지난 1862년
에는 전 세계에서 2,000만 명(65명 중 1명에 해당하는 숫자다)이 목화를 재
배하거나 직물로 가공하는 등 면화 산업에 종사하고 있었다. 해먼드가
연설을 하던 시점에도 미국이 영국을 비롯한 외국에 수출하는 모든 상
품 가운데 목화의 가치가 60퍼센트 남짓이었고, 영국은 어느새 미국이
공급하는 목화에 절대적으로 의존하게 됐다. 1850년대 후반이 되자 영

국에서 소비되는 면의 80퍼센트 가까이가 미국산이 되었다.[34]

유럽인들이 아메리카 대륙에 발을 들여놓기 전부터 아메리카에는 목화가 자라고 있었다. 크리스토퍼 콜럼버스가 1492년 실제로는 카리브해의 섬에 있으면서도 자신이 인도에 도착했다고 확신한 이유 중 하나는 그 섬에 목화 관목이 무성했기 때문이다. 아라와크Arawak족의 남녀를 처음 만났을 때 콜럼버스는 항해일지에 이렇게 기록했다. "그들은 우리에게 앵무새와 목화솜과 창 같은 물건들을 가져다주었다." 프란시스코 피자로Francisco Pizarro도 1532년 지금의 페루 땅인 잉카제국에 도착했을 때 잉카 사람들이 생산하는 직물의 품질에 놀라 다음과 같은 기록을 남겼다. "우리가 지금까지 본 그 어떤 천보다 곱고 촉감이 우수했다. 여러 가지 색을 혼합하는 솜씨도 좋았다."[35]

하지만 18세기 후반까지 아메리카 대륙 이외의 지역에서 목화는 비교적 작은 규모로 재배하는 수많은 작물들 중 하나였다. 그러다 영국의 공장들이 목화를 다량으로 필요로 한다는 데서 기회를 포착한 미국 플랜테이션 농장주들이 높은 수익을 기대하면서 넓은 땅을 새로 개척해 목화를 집중적으로 재배하기 시작했다. 초기에 대규모 목화 농사를 제약했던 요인은 해도면(Sea Island Cotton 또는 G. barbadense, 미국 플로리다 북부 연안의 시아일랜드에서 재배하던 양질의 목화_옮긴이) 재배에 적합한 지역이 생각보다 좁다는 것이었다. 해도면은 섬유가 길어서 수확과 조면이 쉬웠는데, 해안지대와 카리브해 인근에서만 잘 자랐다. 내륙에서 가장 잘 자라는 목화 품종은 육지면G. hirsutum이다(미육지면American Upland cotton으로 알려져 있으며 현재 미국에서 생산되는 대부분의 면을 가리킨다). 미육지면은 자연모 길이가 50~75센티미터밖에 되지 않아 해도면보다 짧았고, 다래는 커다랗고 속이 꽉 차 있었다. 문제는 이 다래 안에 들어 있는 섬유들이 짧고 씨앗에 단단히 붙어 있기 때문에, 전통적인 조면기

(씨아)를 사용하면 시간이 오래 걸리고 수익성이 떨어진다는 것이었다. 하지만 머지않아 해결책이 나왔다. 예일 대학 출신의 젊은 기술자 엘리 휘트니Eli Whitney는 1793년 조지아주에 있는 친구의 플랜테이션 농장에 머무르던 중 미육지면을 조면하기가 매우 어렵다는 사실을 알았다. 휘트니는 연약한 면섬유가 끊어지지 않도록 하면서 씨를 효과적으로 제거하는 새로운 방식의 조면기를 1년 만에 만들어냈다. 그는 특허를 내고 코네티컷주에 공장을 세워 미육지면으로 면사를 대량생산하기 시작했다. 손으로 움직이는 조면기hand-operated gin를 가지고 있으면 한 사람이 하루에 미육지면 50파운드(22.7킬로그램 정도)를 조면할 수 있었다.[36]

목화를 더 많이 심고 새로운 조면기를 도입했더니 극적인 변화가 나타났다. 1790년 사우스캐롤라이나주의 목화 수출량은 1만 파운드를 약간 밑돌았는데, 새 조면기가 발명되고 7년이 지난 1800년에는 수출량이 640만 파운드로 증가했다. 목화 플랜테이션 농장이 늘어나고 각 농장에서 생산하고 가공하는 목화의 양도 급격히 증가함에 따라 노예 수요도 늘었다. 조지아주의 노예 수는 1790년대에 2배 가까이 늘어나 6만 명에 달했고, 사우스캐롤라이나주에서 새로 목화 재배를 시작한 지역의 경우 아프리카에서 노예 15,000명을 추가로 데려왔으므로 노예 수가 3배 넘게 증가했다. 이런 흐름이 계속 이어지자 남부에서는 농업에 종사하는 백인보다 그들이 부리는 노예의 수가 압도적으로 많아졌다. 1860년에 남부의 15개 주에서 농사를 짓는 백인 남성은 81만 9,000명이었고 노예 인구는 320만 명이었다. 사우스캐롤라이나주의 일부 구역에서는 노예가 전체 주민의 61퍼센트를 차지했다.[37]

1853년 《미국 면화 농장주The American Cotton Planter》라는 잡지에 사설을 쓴 사람에게 노예제와 목화는 미국 성공 신화의 날실과 씨실이었다. "미국의 노예노동은 과거에도 그랬고 지금도 여전히 인류에게 헤아

릴 수 없는 축복을 선사하고 있다. 이런 축복이 계속되려면 노예노동도
계속되어야 한다. 자유로운 노동자를 데리고 전 세계가 필요로 하는 양
만큼 목화를 생산한다는 것은 순진한 생각이다."[38] 물론 면은 노예노동
이 없이도 수천 년 동안 생산됐고, 노예제가 폐지된 후에도 면직물 생산
은 중단되지 않았다. 하지만 실제로 1790년대에서 1860년대까지 미국에
있었던 수백만 노예의 삶은 '목화 왕'의 수요에 좌우됐다.

존 브라운John Brown도 그런 사람들 중 하나였다. 그는 1810년경
미국 버지니아주에서 태어났다. 때로는 아버지의 주인이었던 벤퍼드
Benford라는 이름으로 불렸고 때로는 페드Fed라고 불렸지만, 그가 나중
에 스스로 선택한 이름은 존 브라운이었다. 그는 존 브라운이라는 이름
으로 회고록도 출판했다. 그의 삶 전체가 목화, 그리고 목화로 벌어들인
돈과 긴밀하게 엮여 있었다. 9살 때 그는 제비뽑기에 의해 형제자매들과
헤어져 미국인 제임스 데이비스James Davis의 플랜테이션 농장에 가서 일
하게 됐다. 데이비스는 작고 마른 체구와 "아주 잔인한 표정"을 가진 사
람이었고 외모에 걸맞은 성격을 지니고 있었다. "그는 노예들에게 하루
에 한 끼만 주면서 늦은 밤까지 일을 시켰다. 저녁식사 후에는 (이듬해
새로 개간할 땅의) 덤불을 태우거나 목화에서 실을 뽑으러 가라고 했다.
우리는 새벽 4시부터 정오까지 일한 다음에야 뭔가를 먹었고, 그때부터
밤 11시나 12시까지 또 일했다."[39]

존 브라운이 데이비스의 농장에 도착한 지 얼마 되지 않아 "목화 가
격이 대폭 상승"해서 "조지아주에 노예가 많이 필요해졌"다고 한다. 그
래서 존 브라운도 노예 상인에게 팔렸다. 노예들의 가격은 몸무게를 기
준으로 정했고, 존 브라운은 310달러에 팔렸다. 얼마 후 그는 새로운 노
예주와 함께 지내게 됐다. 그는 "악독한 주인이었지만 설교는 기막히게
잘했고", "전국에서 가장 빠른 손놀림으로 목화를 따는 검둥이들"을 부

리는 것으로 명성을 떨치던 사람이었다. (이처럼 중의적인 찬사를 받은 것
은 노예들이 경쟁자의 농장에 가서 다른 노예들과 시합을 벌이는 동안 노예주
들은 그 결과를 놓고 내기를 했기 때문이다.) 노예 생활을 하는 동안 존 브
라운은 목화밭을 갈고, 목화씨를 뿌리고, 벌레를 잡고, 괭이질을 하고,
목화의 보송보송한 다래를 따는 일을 했다.

    존 브라운은 자신의 노동으로 발생한 이윤을 눈으로 확인한 적이 한
번도 없었지만, 그의 생활 리듬은 목화의 수익성에 따라 정해졌다. "영
국 시장에서 목화 가격이 파운드당 2분의 1파딩(페니의 4분의 1에 해당하
는 영국의 옛 화폐_옮긴이)이라도 상승할 때면 불쌍한 노예들은 곧바로 그
것을 체감할 수 있었다. 노동강도가 세지고 채찍이 더 자주 날아왔기 때
문이다."[40]

    브라운 같은 농장 노예들은 빈약한 음식을 먹으면서 장시간 노동을
했다. 특히 목화를 수확하는 시기에는 목화밭이 갑자기 눈으로 덮인 것
처럼 보이고 다래는 가장 약해졌기 때문에 일이 아주 힘들었다. 목화는
신속하게 수확해야 하는 작물이었으므로 수확기에 노예들의 노동시간
은 더 길어졌다. 밭이랑을 따라 움직이면서 보드라운 흰색 솜뭉치를 하
나씩 정확히 잡고 비틀어, 이미 벌어져 있는 별 모양의 바깥쪽 꼬투리에
서 떼내야 했다. 존 브라운의 회상에 따르면 여자 노예들이 남자 노예들
보다 목화를 빨리 땄다. "그들은 더 재빠른 손가락을 가지고 태어났다."
하지만 노예들은 자기가 딴 목화를 스스로 옮겨야 했으므로, 바구니가
무거워질수록 여자들은 그 무게 때문에 뒤로 처지기 마련이었다. 뚜껑
달린 빨래 바구니처럼 생긴 목화 바구니 하나로 목화를 85파운드(38.5킬
로그램)에서 125파운드(60킬로그램)까지 운반할 수 있었다.[41]

    미국 남북전쟁 기간이었던 1863년, 에이브러햄 링컨은 '노예해방선
언mancipation Proclamation'에 서명했다. '노예해방선언'은 적어도 서류상으

로는 300만 명이 넘는 노예 상태의 아프리카계 미국인들이 자유의 몸이
되었다고 선포했다. 하지만 남부 사람들의 걱정과는 반대로 면직물 산
업은 계속 성장했고 목화를 재배하는 농장주들은 계속해서 부를 쌓았
다. 그 이유 중 하나는 여러 가지 형태로 강제 노동이 지속됐기 때문이
다. 또 하나의 이유는 미국 면직물 산업의 발달이었다. 남북전쟁 즈음이
면 플랜테이션 농장들은 대부분 자기 농장에서 수확한 목화를 수출해서
영국의 방적 공장에 수익을 안겨주는 대신, 자체적으로 목화를 직물로
가공하기 시작했다. 플랜테이션에서 방적 공장으로 전환한 사업주들은
영국에서 실어온 직물보다 한결 싼값에 직물을 판매할 수 있었다. 곧 미
국의 내수 시장이 확대되고 활기를 띠면서 미국의 면직물은 영국 상인
들과 대서양 노예무역에 의존하지 않게 됐다.[42]

# 캐나다산 턱시도

나도 청바지 같은 것을 발명할 수 있었으면 좋겠다.
오래도록 기억에 남을 만한 것을.

앤디 워홀, 1975년

네바다주의 엘코Elko시는 1951년 6월 30일에 연례행사인 '실버 스테이트
스탬피드Silver State Stampede' 로데오 경기를 4번째로 개최했다. 그것은 매
우 떠들썩한 행사였다. 설탕 냄새, 뜨거운 기름 냄새, 말의 땀 냄새, 그
리고 허장성세의 향기가 서로 경쟁하듯 바람을 타고 날아왔다. 군중 속

굽 높은 샌들과 면 드레스 차림의 여자들은 카키색 옷을 입은 군인들의
팔짱을 끼고 있었다. 깃 달린 셔츠를 입고 리바이스 청바지 단을 걸어
올린 어린 소년들은 언젠가 자신들도 따라 할 수 있기를 바라는 마음으
로 소 등에 올라탄 카우보이들에게 애정 어린 시선을 보냈다. 연설 순서
가 되자 가수이자 배우이며 초대 손님인 빙 크로스비Bing Crosby가 이 사
이에 파이프 담배를 물고 활짝 웃으며 군중들을 헤치고 걸어 나왔다. 그
는 웃는 얼굴보다 더 큰 카우보이 모자와 인디고색 면으로 만든 독특한
재킷을 입고 있었다.

　그 재킷은 그날 처음 입은 새 옷이었는데, 옷이 너무나 뻣뻣해서 크
로스비는 걸음을 옮기면서 한 손으로 단추를 푸느라 낑낑댔다. 단추까
지 잠그고 재킷을 입기에는 날이 너무 따뜻했다. 크로스비는 자부심을
가지고 그 옷을 입었지만, 사실 그 옷은 사람들 앞에서 망신을 당한 사
건을 계기로 제작된 것이었다. 이 행사에 앞서 크로스비는 캐나다로 사
냥 여행을 떠났는데, 밴쿠버의 어느 호텔에서 옷차림이 초라하다는 이
유로 데스크 직원에게 나가달라는 요청을 받았다. 그 무렵 그는 리바이
스의 멜빵 달린 작업복, 오늘날 우리가 쓰는 말로 청바지를 입고 다녔
다. (다행히 그가 호텔 경비원에게 강제로 끌려나가던 중에 사환 한 명이 마침
내 그를 알아봤다.[43])

　항상 상품을 홍보할 기회에 촉각을 곤두세우던 리바이스 측에서 그
소식을 듣고 빙 크로스비에게 턱시도 상의를 변형한 장난스러운 복장을
제공했다. 크로스비는 연한 색의 두꺼운 깃이 달린 턱시도 상의를 입었
다. 리바이스를 대표하는 빨간 상표와 구리 리벳으로 만든 코르사주를
달고, 재킷 안쪽에는 다음과 같은 조롱조의 라벨을 부착했다.

**전 세계의 호텔 종업원들에게—**

이 라벨이 달린 옷을 입은 사람은

언제, 어떤 상황에서나

진심 어린 환대를 받으며

호텔에 입장하고 체크인할 자격이 있습니다.

**빙 크로스비에게 헌정함.**

데님은 현대인의 심리에서 특별한 자리를 차지한다. 인류학자 대니얼 밀러Daniel Miller는 학술대회에 참가하기 위해 외국을 방문할 때마다 비공식적인 실험을 해봤다. 인류학이라는 학문의 특성상 그는 한국의 서울, 브라질의 리우데자네이루, 중국의 베이징과 터키의 이스탄불처럼 다양한 문화를 가진 장소를 방문할 일이 많았다. 그는 새로운 도시에 갈 때마다 거리에서 처음 마주치는 사람들 100명 중에 몇 명이 청바지를 입고 있었는지를 헤아려 기록했다. 대개의 경우 절반 이상이 청바지를 입고 있었다. 그의 발견을 확증하는 좀 더 정밀한 연구 결과들도 있다. 2008년에 전 세계 사람들은 일주일에 3.5일 청바지를 입었다. 특히 독일인들이 청바지를 좋아했다. 독일인들은 평균적으로 일주일에 5일 넘게 청바지를 입었고 1인당 9벌 가까운 청바지를 가지고 있었다. 미국인들은 평균 7~8벌을 가지고 있었고 일주일에 4일 정도 청바지를 입었다. 브라질에서는 응답자의 14퍼센트가 청바지를 10벌 이상 가지고 있었으며, 72퍼센트의 응답자는 청바지를 입을 것이라고 답했다. 데님이 그렇게 널리 보급되지 않은 인도에서조차도 응답자의 27퍼센트는 청바지 입는 것을 무척 좋아한다고 대답했다.[44]

　사람들이 청바지에 매력을 느끼는 이유는 단순하지 않다. 아마도 크로스비는 청바지가 편하고 격식 없는 옷이라서 즐겨 입었을 것이다. 그

는 할리우드의 현란함에서 벗어나고 싶을 때 네바다주에 위치한 그의
목장을 찾는 사람이었으니까. 한편 그는 청바지에서 깊은 문화적 동질
감을 느끼기도 했을 것이다. 청바지는 카우보이, 미국 서부의 주들, 그
리고 근면한 노동과 민주주의와 자유를 옹호하는 일종의 극단적인 개
인주의를 연상시킨다. 다 같이 청바지를 입으면 '아메리칸 드림American
Dream(미국은 열심히 노력하면 누구나 성공할 수 있는 이상적인 사회라는 환
상_옮긴이)'을 이룰 수 있을 것만 같다. 그리고 캐나다 호텔의 데스크 직
원의 태도로 미뤄볼 수 있듯이 청바지는 속물근성의 표적이 되기에 딱
좋았다.

　이런 선입견이 생긴 것은 청바지의 유래가 가장 소박하고 가장 튼튼
한 작업복이기 때문이다. 청바지를 상업적으로 성공시킨 인물인 리바이
스트라우스Levi Strauss는 1846년 독일의 바이에른주에서 뉴욕으로 이민
했다. 6년 후 그는 골드러시Gold Rush(19세기 미국에서 금광이 발견된 지역
으로 사람들이 몰려든 현상_옮긴이)에 휩쓸려 서부의 샌프란시스코로 갔다
가 자기 이름을 내걸고 광산업자들과 육체노동자들에게 직물 제품을 판
매하는 상인이 됐다. 그가 결정적인 기회를 잡은 것은 제이콥 데이비스
Jacob Davis라는 리노Reno 출신 양복장이가 호의를 베풀어준 덕분이었다.
제이콥 데이비스는 자기가 판매하는 상하 일체형 작업복(오버올)의 약한
부분, 즉 주머니 가장자리라든가 바지 지퍼의 아래쪽을 보강하기 위해
금속 리벳을 사용하기 시작했다. 작업복은 오랫동안 거칠게 입어야 하
기 때문에 약한 부분들을 보강하지 않으면 뜯어져 나가게 마련이었다.
"이 바지의 비밀은 내가 주머니에 리벳을 박아 넣었다는 거지. 내가 빨
리 만들어도 주문량을 못 따라가고 있어… 이웃들이 나의 성공을 질투
하고 있다네."[45]

　1873년 리바이 스트라우스와 제이콥 데이비스는 #139,121번 특허를

취득하고 아주 튼튼한 오버올 작업복을 생산하기 시작했다. 처음에는
두 가지 직물로 작업복을 제작했다. 하나는 캔버스canvas(텐트 · 돛 · 화폭
등을 만드는 데 쓰이는 질긴 천_옮긴이)와 비슷한 묵직한 갈색 면직물이었
고 다른 하나는 데님이었다. 데님은 튼튼한 흰색 날실 위에 인디고로 염
색한 씨실을 올려 능직으로 짠 내구성 좋은 직물이었다. (데님을 뒤집으
면 색이 옅어지는 이유가 여기에 있다. 뒤집으면 날실이 더 잘 보이기 때문이
다.) 데님은 이미 작업복에 널리 쓰이고 있었고 둘 중에 더 인기 있는 직
물이기도 했다.

데님이라는 이름은 그 직물이 처음 만들어진 장소에서 따온 듯하다.
원래 데님은 프랑스의 님Nimes이라는 도시에서 만들던 두꺼운 모직 서
지serge(짜임이 튼튼한 모직물_옮긴이) 직물이었다. 세월이 흐르면서 다른
장소에서도 값싼 면을 이용해 데님을 점점 많이 만들었고 '서지 데 님스
serge de Nimes(님스의 서지'라는 뜻_옮긴이)'라는 말이 축약되어 '데님denim'
으로 변했다. 데님은 미국의 방직 공장에서 초창기에 선호도가 가장 높
았던 직물이다. 1864년 미국 동부 연안의 도매상들은 '뉴크릭 블루스New
Creek Blues'와 '메디슨 리버 브라운스Madison River Browns'를 비롯한 10종의
데님을 광고했다.

리바이가 만든 오버올은 즉각적인 성공을 거뒀다. 리바이의 회사는
자사의 바지가 튼튼하다는 점을 강조했다. 바지 뒤쪽에 꿰매 붙인 가죽
패치에는 말 2마리가 바지의 양다리를 잡아당겨 찢으려고 하는 데 실패
하는 그림을 넣었다. 1920년대가 되어 리바이의 오버올은 미국 서부 주
들에서 가장 보편적으로 입는 남성용 작업복이 됐다. 미국 주식시장 대
폭락이 일어난 1929년, 리바이스사가 공시한 매출액은 420만 달러였다.
1930년대부터는 문화적 자본이 축적되기 시작했다. 존 웨인John Wayne
같은 인기 배우들이 출연한 서부영화들은 미국인의 상상, 아니 세계인

들의 상상을 낭만적으로 그려냈다. 청바지는 카우보이 복장의 필수 품목이었다. 동부 연안에 사는 사람들은 자신들이 알지도 못하는 서부 개척 시대와 근사한 목장 생활에 향수를 느끼며 기념품으로 청바지를 구입하곤 했다. 해외에서도 청바지는 똑같이 인기를 끌었다. 영국에서는 상선들이 들어올 때 10대 청소년들이 부두에 모여 있다가 미국인 선원들을 붙잡고 귀중한 리바이스 청바지를 한 벌만 팔아달라고 부탁했다.

군인들이 유럽에서 전쟁을 치르고 돌아오기 시작하던 1940년대 후반에는 청바지가 한층 전복적인 성격을 띠게 됐다. 모든 사람이 교외에 정착해 아이를 낳아 기르는 생활이 당연시되던 경제적 번영과 체제 순응의 시대였지만, 중산층의 울타리 안에 갇혀 살기를 원하지 않았던 거친 젊은이들의 반항은 사회불안으로 이어졌다. 이번에도 할리우드가 이들을 데님과 연결하는 데 결정적인 역할을 했다. 1953년 〈위험한 질주 The Wild One〉가 개봉된 후부터는 가죽을 덧댄 청바지 하면 영화 속의 오토바이 폭주족 말론 브란도가 연상됐다. 청바지에 티셔츠와 빨간 바람막이 점퍼를 입으면 〈이유 없는 반항〉의 제임스 딘의 모습이 되었고, 수수한 면 셔츠를 함께 입으면 청바지는 〈자이언트〉에서 제임스 딘이 연기했던 거칠고 사나운 목장 일꾼의 옷이 됐다.[46]

대중의 상상 속에서 데님은 담배 광고에 등장하는 '말보로 맨'에서 오토바이를 타고 다니는 청년들과 반항적인 사춘기 소년들의 상징으로 바뀌었다. 신문 사설은 공포를 조장했고 학교들은 신속하게 청바지를 금지했다. 리바이스사는 청바지가 비행소년들이 입는 옷으로 낙인찍혀 매출이 떨어질 것을 우려하다가 1957년 직접적인 메시지를 담은 신문광고를 게재했다. 광고는 제임스 딘의 반항아 이미지와 정반대로 말쑥한 소년이 청바지를 입고 있는 모습을 보여주고 그 밑에 "학교에 입고 가기 좋은 옷"이라는 문구를 넣었다. 그러자 항의가 빗발쳤다. 뉴저지에 사는

한 여성은 다음과 같은 편지를 보냈다. "샌프란시스코, 서부, 그리고 시
골의 일부 지역에서는 청바지가 학교에 입고 가기 좋은 옷일지도 모르
겠지만, 장담하건대 동부, 특히 뉴욕에서 청바지는 불건전한 옷으로 취
급되며 학교에 입고 가기에 적합하지 않습니다…. 물론 귀사의 기준은
다를 수도 있겠지요."[47]

리바이스사는 걱정할 필요가 없었다. 1958년 한 신문은 "미국 청소
년의 90퍼센트 정도가 침대와 교회를 제외한 어디에서나 청바지를 입는
다"고 보도했다. 16년 후 톰 울프Tom Wolfe가 《롤링스톤Rolling Stone》에 기
고한 에세이에 따르면 예일 대학에도 비슷한 현상이 나타났다. 예일 대
학은 한때 프레피preppy(미국 명문 사립 고등학교 학생들이 많이 입는 단순하
고 고전적인 옷차림_옮긴이) 바지와 재킷의 요새였지만, 1974년에는 "올
리브색 판초poncho(커다란 천 가운데 머리 구멍만 뚫린 일종의 외투_옮긴이),
클로드호퍼clodhopper(투박하고 무거운 신발_옮긴이), 낙하산 부츠parachute
boots(공군들과 낙하산 요원들이 신던 전투화에서 유래한 부츠로, 종아리까지
올라오고 끈을 묶는다_옮긴이)가 늘어났다… 오토바이용 가죽 재킷도 많
이 보이고 청바지, 청바지, 청바지, 청바지, 청바지, 각양각색의 프롤레
타리아적인 옷들이 늘어났다"고 한다. 울프의 주장을 강조하기 위해 그
에세이에는 스티치 장식이 들어가고 리바이스 탭이 붙은 청바지 뒷주머
니의 삽화가 딸려 있었다.[48]

그 이후로 수십 년이 지나도록 청바지의 매력은 빛이 바래지 않았
다. 하지만 개별 기업들의 스타일과 운은 극적인 변화를 겪었다. 리바이
스는 첫 번째 '유스퀘이크youthquake(젊음youth과 지진earthquake의 합성어로
정치와 문화에서 젊은이들의 참여와 의견이 중요한 화두가 된 것을 가리킨다_
옮긴이)'에 재빠르게 발을 맞췄다. 1964년에서 1975년 사이 리바이스의
매출액은 1억 달러에서 10억 달러로 10배나 증가했다. 그 후로는 다른

하위문화들이 청바지에 변화를 일으켰다. 고객들은 변덕스러웠고, '쿨cool'이라는 특징을 하나로 규정하기도 어려웠다. 1990년대 중반이 되자 세계 최대 청바지 공급업체인 리바이스는 헐렁한 배기baggy 청바지의 매력과 수명을 과소평가한 결과 매출이 15퍼센트나 감소해 공장 몇 군데를 폐쇄하고 직원들을 해고해야 했다. 1999년 당시 40세였던 리바이스의 유소년 마케팅 담당자는 《뉴욕 타임스》의 홍보성 기사 인터뷰에서 이렇게 말했다. "우리의 역할은 시시각각 변화하는 '쿨'의 정의를 따라가는 겁니다. 그런데 문제가 있지요… 한 아이에게 쿨한 것이 반드시 다른 아이들에게도 쿨하다는 보장이 없습니다."[49]

이처럼 다양한 스타일의 청바지가 생산되면서 발생한 효과들 중 확실한 것 하나는 막대한 양의 면이 소비된다는 것이다. 전 세계의 섬유 사용량에서 합성섬유 비율이 높아진 지금도 면은 전체 섬유 사용량의 25퍼센트를 차지하고 있다. 그리고 최근 합성섬유를 포함한 모든 플라스틱 제품 사용을 줄이자는 쪽으로 흐름이 바뀌어가면서 면은 여전히 자연스러운 매력을 발휘한다. 하지만 수박 겉핥기식으로 보더라도 면이 친환경적인 꿈의 소재라고 보기는 어렵다. 2016~2017년까지 전 세계에서 생산된 면은 1억 650만 베일bale(1베일은 218킬로그램 정도)로 추산된다. 이 정도 양의 면을 생산하기 위해 세계의 경작 가능한 토지의 약 3퍼센트가 사용됐다. 2011년에는 면의 수요가 공급을 초과해 극심한 공급 부족 현상이 일어났고 면의 가격은 파운드당 1.45달러로 치솟았다. 이것은 뉴욕 거래소 역사상 최고 가격이며 1860년대 미국 남북전쟁 도중 남부가 통상 금지령을 내렸던 때보다도 높았다. 그래서 농부들은 목화를 더 많이 심었지만 얼마 후에는 투기꾼들로 인해 주식시장은 대폭락을 맞이하고 말았다.[50]

면의 경제학은 계속해서 세계인의 생활에 지대한 영향을 끼치고 있

다. 미국은 인도와 중국에 이어 세계에서 3번째로 많은 면을 생산하는
나라다. 2016~2017년에 미국의 면 생산량은 370만 톤이었다. "미국 수
정헌법 제13조는 공식적으로 노예제도를 폐지하고 적법한 절차에 따라
기소된 범죄자에 대한 처벌을 제외한 비자발적인 예속을 금지한다는 내
용이다. 하지만 이 조항이 제공하는 무화과 나뭇잎fig leaf(창피하거나 곤
란한 상황을 가려준다는 뜻_옮긴이) 밑에는 강제 노동이 끈질기게 남아 있
다. 현재 미국에는 200만 명이 조금 넘는 사람들이 투옥 상태이므로, 수
가 많고 값이 싸고 인종 분포가 한쪽으로 치우친 노동력이 존재하는 셈
이다. 그들 중 상당수가 거의 무상으로 목화 수확을 위한 노동에 동원된
다. 다시 말하자면 수감자들에게는 아무런 보상을 해주지 않거나 쥐꼬
리만큼만 보수를 지급하고 강제로 노동을 시킬 수 있다. 노동을 거부하
면 그들은 처벌을 받는다. 경제적 유인은 명백하다. 2016년 미국 연방정
부의 어떤 프로그램은 목화 판매로 5억 달러를 벌어들였고, 캘리포니아
주에서는 2억 3,200만 달러의 수익을 올렸다.

면을 사용 가능한 직물로 가공하는 과정에서도 낭비가 많다. 청바지
1벌을 만드는 데 물 11,000리터가 소요된다. 게다가 청바지 염색에 사용
되는 식물인 쪽도 이제는 대부분 합성해서 만든다. 청바지의 제작과 염
색 과정에 사용된 후 배출되는 화학물질은 시내와 강으로 흘러간다.[51]

이탈리아 철학자 움베르토 에코는 1976년에 집필한 『허리에 대한 생
각Lumbar Thought』이라는 에세이에서 현대인은 데님에 집착하기 때문에
자유롭지 못하고 오히려 제약을 받는다고 주장했다. 에코는 청바지가
몸에 착 달라붙고 움직임을 제약하기 때문에 사람들이 돌아다니는 방식
자체가 바뀌었다고 했다. "나는 활동적인 편이고 의자에 팔다리를 쭉 뻗
고 앉으며 아무데서나 곯아떨어진다. 우아한 행동거지와는 거리가 멀
다. 그런데 내 청바지는 이런 행동을 못 하게 하고 더 성숙하고 예의 바

른 행동을 강제한다. 내가 청바지를 입고 있다는 사실을 의식할 수밖에 없다… 전통적으로 가장 편안하고 예의를 차리지 않아도 되는 옷이었던 청바지가 예의 바른 행동을 강요하다니 이상하기 짝이 없다."

에코는 데님을 갑옷에 비유했다. 갑옷을 입는 사람은 자신이 주변 사람들에게 어떻게 보일지 신경을 많이 쓰게 된다. 내면보다는 외적인 것에 집중하게 된다. 에코는 "[사회가] 그녀에게 권해준 [꽉 끼는] 옷이 외적인 것을 위해 살아야 한다고 은연중에 강요하기 때문에 예속을 당하는" 여성들의 처지를 안타깝게 여긴다. "그러고 보면 이런 생각이 든다. 여성이 이런 옷을 입고 세비녜 부인Madame de Sévigné(프랑스의 문인_옮긴이), 비토리아 콜론나Vittoria Colonna(미켈란젤로 시대 이탈리아의 유명한 귀족 여성이자 시인_옮긴이), 퀴리 부인, 로자 룩셈부르크Rosa Luxemburg처럼 되려면 얼마나 똑똑하고 용감해야 했을까."

면에 관한 이야기는 노예무역과의 관계에서 기술혁신에 이르기까지 실로 다양하게 전개된다. 인류는 수천 년 전에 면을 재배하기 시작했지만, 계산을 해보면 면이 인류에게 끼친 영향이 더 클 것 같다.

9

# 극한 상황에서
# 옷 껴입기

에베레스트와
남극을 정복한 옷

# 모피와 버버리

극 탐험은 힘든 시간을 보내는 방법 중에 가장 깔끔하면서도 가장
고독한 방법이다. 성 미카엘 축일Michaelmas(9월 29일)에 입은
옷을 크리스마스Christmas까지 계속 입고 있어야 하는 모험은
극 탐험밖에 없다.

앱슬리 체리 개러드Apsley Cherry-Garrard, 「세계 최악의 여행 The Worst Journey in the World」[1], 1992년

---

"최악의 사태가 발생했다. 아니, 최악에 가까운 사태가." 1912년 1월
16일 화요일, 로버트 팰컨 스콧Robert Falcon Scott이 노트에 쓴 글이다. 그
날의 출발은 순조로웠다. 스콧과 4명의 대원은 두껍게 쌓인 눈과 영하
23.5도의 추위 속에서도 12킬로미터 전진이라는 제법 괜찮은 기록을 세
웠다. 그들은 2달 반 동안 열악한 환경에서 스키를 타거나 개가 끄는 썰
매를 이용하면서 2,900킬로미터가 넘는 거리를 힘겹게 이동했다. 동상
에 걸리고 피로에 절었지만 세계 최초 남극 정복이라는 희망 하나로 버
텼다. 이제 목표 지점이 불과 몇 킬로미터 앞에 있었고, 역사에 길이 남
을 날이 얼마 남지 않은 것만 같았다. 그러나 그날 오후, 지친 발걸음을
옮기던 그들 앞에 끔찍한 광경이 펼쳐졌다. "썰매 개에 검은색 깃발이
묶여 있었다. 그리고 근처에는 누군가가 야영을 했던 흔적이 있었다."
노르웨이 원정대가 그들보다 먼저 남극에 도달한 것이다. 스콧의 팀이
패배했다. "위대한 신이시여! 승리라는 보상도 없이 우리가 갖은 고생을
해가며 이렇게 험난하고 무서운 곳까지 왔다니요." 스콧이 남긴 글이다.
그들은 승리자들이 몇 달 전에 남긴 발자국을 따라 걸음을 옮겼다. 10주
후에 그들 5명은 모두 죽고 말았다.[2]

남극대륙의 존재는 18세기 말까지 증명되지 않았다. 먼 옛날 사람들은 '테라 오스트랄리스Terra Australis'라는 가공의 최남단 대륙을 상상했고, 순전히 북반구의 커다란 땅덩이와 균형을 맞추기 위해 그 대륙의 지리학적 특징들을 임의로 정해서 지도에 그려 넣었다. 하지만 제국의 시대가 열리자 새로운 영토 개척에 대한 욕구가 커졌고 자연스럽게 탐험이 시작됐다. 1772년 여름, 영국의 제임스 쿡이 이끈 원정대가 '레졸루션Resolution'과 '어드벤처Adventure'라는 이름의 배 2척을 끌고 플리머스에서 출항했다. 12월 10일 쿡은 최초의 '얼음 섬(빙산이었다)'을 발견했고, 1773년 1월 17일에는 '레졸루션호'가 남극권(남반구 기준으로 위도 66.5도에서 극까지의 지역_옮긴이)에 뱃머리를 담근 최초의 배가 됐다. 레졸루션호는 본국으로 돌아오기 전까지 2번이나 더 남극권을 통과했다. 2척의 배는 극한의 날씨를 이겨내기 위해 온갖 최신 장비로 무장했지만 배 위의 선원들은 그렇지 못했다. 레졸루션호가 남쪽으로 멀리 갈수록 너무 추워져서 모든 선원이 위기감을 느꼈다. 첫 번째 빙산을 발견할 무렵 쿡 선장은 선원들의 겉옷 소매(선원들의 소매는 팔이 다 드러날 정도로 짧았다)에 [양모로 성기게 짠] 베이즈를 덧대라고 명령했다. 또 베이즈와 캔버스 천으로 모자도 만들어 선원들에게 하나씩 나눠주었다. 남쪽 극지방에 땅덩어리가 존재한다는 사실이 확실히 밝혀지고 나서부터 세계 각국의 야심찬 탐험가들의 귓가에는 마치 세이렌(여자의 모습을 하고 바다에 살면서 아름다운 노랫소리로 선원들을 유혹해 바다에 빠뜨렸다는 고대 그리스 신화 속 존재_옮긴이)의 노래처럼 남극이 부르는 소리가 울렸다.[3]

영국의 테라노바Terra Nova 원정대의 운명은 실패한 모험의 서글픈 연대기 중에서도 가장 비극적이다. 스콧 탐험대의 대원들이 노르웨이 탐험대보다 성과가 좋지 않았던 것은 장비를 잘못 선택했기 때문이라는 견해가 널리 퍼져 있다. 영국 탐험대가 남극의 기후에 대한 대비를 철저히 하지 못해 불행을 맞이했다는 것이다. 하지만 이는 정확한 사실이 아니다. 스콧은 남극 탐험에 의류와 장비가 대단히 중요하다는 점을 알고 있었다. 그는 1901~1904년까지 디스커버리호를 타고 남극 원정을 다녀온 바 있었고, 그 원정에서 실수를 저질렀다는 사실을 솔직히 인정했다. "음식, 의복, 모든 것이 잘못됐다." 디스커버리 원정에서 돌아온 후에 스콧이 썼던 글이다. "전체적인 시스템에 문제가 있었다." 스콧은 같은 실수를 되풀이하지 않겠다고 마음먹고 테라노바 원정을 매우 꼼꼼하게 준비했다. 원정 초반에 대원들에게 실험도 해보았다. 사람마다 지방과 탄수화물의 비율을 달리한 음식을 먹이고 옷도 각자 다른 것을 입혀 어떤 것이 가장 좋은지 알아봤다. 짧은 거리를 이동하기 전후의 몸무게도 측정해서 대원들의 체중이 너무 많이 줄어들지 않게 했다. 스콧은 대원들에게 스스로를 보호하는 기술을 습득하고 더 나은 장비를 갖추라고 강조했다. "장비에서 눈을 털어내고 물기를 잘 말리는 데 들인 시간은 반드시 보답을 받는다." 1911년 9월 3일 일요일, 그는 "우리의 장비는 지금까지 남극 탐험을 위해 만들어진 것 중에 최고다"라고 자신감을 표했다.[4]

19세기 후반부터 1920년대까지 이어진 영웅적인 탐험의 시대에 모든 탐험가들이 그러했듯 테라노바 원정대 역시 모, 면, 실크, 모피 같은 천연섬유에 의존했다. 사실 영국의 테라노바 원정대와 노르웨이의 원정대는 똑같은 장비를 많이 가지고 있었다. 둘 다 여러 겹의 공기층을 만들어 공기를 가둬놓기 위해 모직물로 만든 바지와 조끼, 여러 겹의 셔츠와 스웨터, 그리고 코듀로이corduroy 바지를 입었다.[5] 영국의 모직물 제조업체인 울시Wolsey는 자신들이 특허를 취득한 "빨아도 줄지 않는" 모직 내의와 장갑과 양말을 양쪽 탐험대에 제공했다. 울시는 스콧 탐험대원들이 자사 의류를 입고 있는 사진을 광고에 사용했고, 스콧은 그들에게 개인적으로 감사장을 보냈다.[6] 1949년에도 울시는 남극 탐험대에게 모직 내의를 공급했다. 노르웨이 · 영국 · 스웨덴 3국이 합동으로 조직한 원정대가 손으로 짠 셔틀랜드Shetland 양털 점퍼와 함께 울시의 내의를 선택했기 때문이다.[7]

영국과 노르웨이의 탐험대는 양쪽 다 버버리Burberry사의 개버딘 gabardine(올이 단단하게 짠 능직 천_옮긴이) 등산복을 입었다. 버버리의 개버딘 의류는 20세기 초반 탐험가들과 등산가들에게 많은 사랑을 받았다.[8] 어니스트 새클턴Ernest Shackleton은 1901~1904년 남극 원정에서 버버리 옷을 입었고, 1907년 출발 예정으로 다음번 남극 원정을 계획하던 중에 다시 버버리를 찾았다. 1907년 원정을 앞두고 새클턴은 질긴 파일럿 클로스pilot cloth(올이 굵은 감색紺色 모직물로 선원들의 외투에 많이 쓰인다_옮긴이)로 만들고 예거Jaeger사의 플리스fleece(양털같이 부드러운 직물_옮긴이)를 가장자리에 덧댄 두 줄 여밈식 모직 작업복 위에 버버리사의 탑코트top coat(봄 · 가을용 얇은 외투_옮긴이)를 입는 차림을 선택했다. 개버딘은 햄프셔의 목동들이 자신들의 작업복에 라놀린으로 방수 처리를 하는 모습에서 아이디어를 얻어 1879년 토머스 버버리가 발명한 직물로서, 당시에는 바람을 가장 잘 막아주는 혁신적인 소재였다. 개버딘은 한 가닥 한 가닥 방수 코팅이 된 실로 촘촘하게 짠 가벼운 면직물이라서 바람과 물을 잘 막아주면서도 통기성이 좋은 편이었다. 그러나 비가 계속 내리거나 눈이 녹아 질척해진 환경에서는 물이 개버딘의 조직을 뚫고 들어가 안에 껴입은 모직 옷들을 적실 수 있었다. 그렇게 되면 매우 곤란해졌기 때문에 알프스를 등반하는 사람들에게 우산은 필수품이었다.[9]

두 원정대의 가장 큰 차이는 겉옷이었다. 영국 원정대는 개버딘 하의와 외투에 절대적으로 의존한 반면 로알 아문센의 원정대는 개버딘 위에 사슴 가죽이나 물개 가죽으로 만든 모피 웃옷과 바지를 입었다. 아문센은 그가 몇 년 전 남극에 머물렀을 때 봤던 넷실릭 이누이트Netsilik

Inuit족의 방한복을 모방해 동물 가죽 옷을 선택했다. 그는 동물 가죽 방한복이 없는 탐험은 "장비가 부실한" 탐험이 될 것이라는 글도 남겼다. 그런데 그의 원정대는 개썰매에 의존하고 있었으므로 5명의 대원이 앉아서 보내는 시간이 상당히 길었다. 따라서 그들은 더 빨리 추위를 느낄 것으로 예상됐으며 모피 옷이 무겁다는 점은 별다른 문제가 되지 않았다. 영국 원정대는 개썰매가 아니라 더 노동 집약적인 형태의 이동 수단을 사용했고 대부분의 구간에서 썰매를 직접 끌고 가야 했으므로 모피 옷을 입었다가는 속도가 크게 떨어질 판이었다.[10] "모피는 불침투성이 지나치게 강하다." 섀클턴과 스캇과 함께 디스커버리 원정에 참가했던 에드워드 윌슨Edward Wilson은 이렇게 썼다. "모피는 인체의 땀과 수분이 자연스럽게 증발하도록 놓아두지 않고 수분을 모두 빨아들여 머금는다. 아주 무거워지기도 하고, 젖은 상태 그대로 얼어버리기도 한다… 모직물이 아닌 의류는 피하는 게 상책이다." 스캇도 여기에 동의했을 듯하다.[11]

# 8,500미터 상공의 플러스 포스*

산이 거기 있기에.

조지 말로리, 왜 에베레스트 등반에 나섰는가라는 질문에 대한 대답, 《뉴욕 타임스》, 1923년

---

\*       **플러스 포스**Plus Fours는 골프 바지로 이용되는 니커보커스보다 4인치(약 10센티미터) 정도 기장을 길게 한 헐렁한 바지를 말한다_옮긴이

1999년 5월 1일, 에베레스트 북쪽 높은 곳에서 시체 하나가 발견됐다. 여기까지는 특별할 것 없는 일이었다. 세계에서 가장 높은 산인 에베레스트는 20세기에만 200명이 넘는 등산가와 셰르파Sherpa의 목숨을 앗아 갔다. 그들 대부분은 쓰러진 자리를 무덤으로 삼게 된다. 운이 좋으면 눈 속에 묻혀 있거나 돌멩이를 쌓은 무덤이 만들어지고, 운이 나쁘면 사람이 점점 많이 다니는 길에 전시된 소름 끼치는 조각상 같은 신세가 된다. (인도의 젊은 산악인 체왕 팔조르Tsewang Paljor의 시체에는 '초록 장화Green Boots'라는 별명이 붙었다. 1996년 그가 사망한 이후로 정상에 오르기 위해 형광색 옷으로 덮인 그의 시체를 넘어가야 했던 등산가들이 붙여준 별명이다.) 하지만 이번에 발견된 시체는 조금 달랐다.[12]

시체는 얼굴을 밑으로 하고 고개는 위로 쳐든 채 8,156미터 높이의 자갈 비탈에 누워 있었다. 거센 바람이 등 쪽의 옷들을 벗겨놓았고, 태양과 세월은 살갗이 드러난 부분을 주변의 눈처럼 하얗고 반질반질하게 만들었다. 두 팔은 정상을 향해 뻗은 상태였고, 장갑이 없는 손가락은 마치 추락을 멈추려는 것처럼 자갈을 꽉 잡고 있었다. 아직도 뚜렷하게 보이는 등의 근육은 힘이 들어간 탓에 약간 튀어나와 있었다. 몸통 주변에 모여든 자갈들이 대리석처럼 딱딱하게 얼어붙어 있었기 때문에 시신이 산비탈에 갇혀 있었다. 징 박힌 장화를 신은 한쪽 다리는 바깥쪽으로 뻗어 있었고, 다른 한쪽 다리는 종아리와 뒤꿈치의 살구색 살갗을 다 드러낸 채 첫 번째 다리 위로 살짝 꼬여 있었다. 두 다리 사이에서는 두꺼운 니트 양말 조각들이 발견됐다.[13]

수색 대원들에게 사망자의 나이에 대한 단서를 제공한 물건은 장화였다. 징 박힌 장화는 1930년대 중반 이후로는 별로 사용되지 않았고, 그들이 아는 한 1924년에서 1938년 사이에는 이렇게 높은 곳에서 사망한 등산가가 없었다. 사망자의 장화와 닳아빠진 천연섬유 옷의 희미한 흔적은 확신에 찬 함성으로 바뀌었다. 미국의 산악인 탭 리처즈Tap Richards는 시신의 목 뒷부분에 온전히 남아 있던 얇은 천 몇 장을 들춰보다가 셔츠 옷깃에 바느질로 깔끔하게 부착된 세탁용 라벨을 찾아냈다. G. Leigh-Ma…,[14]

70여 년 전 조지 말로리George Mallory가 살아 있는 모습을 마지막으로 본 사람이 아직 생존해 있었다. 그는 동료 등산가였던 노엘 오델Noel Odell이었다. 오델은 등반에서 돌아와 자부심과 약간의 질투심 같은 감정을 드러내며 다음과 같은 기록을 남겼다. 1924년 6월 4일, 말로리와 22세인 그의 동료 앤드루 '샌디' 어빈Andrew 'Sandy' Irvine은 단 2시간 반 만에 캠프 3에서 캠프 4로 올라갔다. 그들은 마지막 전투를 준비하기 위해 그들 자신의 몸과 최신식 산소 공급 장치를 최대치로 가동하고 있었다. 불안정한 날씨가 계속되고 있었지만 그들이 정상에 오르게 될 6월 8일은는 날씨가 완벽할 것이라고 했다. 말로리는 하루 전날 현지 안내인을 통해 오델에게 전한 쪽지에서 그렇게 이야기했다. 또 그는 캠프 5를 떠나면서 그들이 오델의 조리용 휴대 난로 때문에 화가 난 것에 대해 사과했다. (휴대 난로가 산 아래로 굴러떨어지는 바람에 오델은 그날 저녁과 다음 날 아침에 차가운 음식을 씹어야 했다.) 오델이 말로리와 앤드루를 마지막으로 본 것은 그들이 최초로 에베레스트 정상에 오르는 사람이 되기 위해 떠나던 날 오후 12시 50분이었다. 오델은 그들보다 한참 밑에서 혼자 등산을 하고 있었는데 갑자기 구름이 걷혔다.

정상의 산등성이 전체와 에베레스트의 마지막 봉우리가 모습을 드러냈다. 나는 저 멀리, 눈 덮인 산비탈 위에서 작은 형체 하나를 발견했다. 그 지점에서 바위 계단 2개를 더 올라가면 마지막 산봉우리의 맨 아래에 도달한다. 그 형체는 바위 계단에 다가가고 있었

고, 두 번째 형체가 그 뒤를 따르고 있었다. 잠시 후 첫 번째 형체
가 계단 맨 꼭대기에 다다랐다. 나는 제자리에 선 채 그 극적인 광
경을 물끄러미 바라보고 있었는데, 구름이 그쪽을 덮어버렸다.[15]

오델의 추측에 따르면 그때 두 사람은 정상에서 250미터 정도 떨어져 있
었고, 그대로 간다면 3시에서 3시 반 사이에 정상에 도착할 것 같았다.
시간 계산을 해보고 오델은 불안해졌다. 말로리의 계획에 따르면 그들
은 늦어도 오전 10시에는 그 계단에 도착했어야 한다. 몇 시간이나 늦어
진 셈이었다. 그들이 세계에서 가장 높은 산봉우리에 도착했다가 으스
름에게 습격당하기 전에 캠프 4로 돌아오기는 불가능했다. 설상가상으
로 그날 이른 오후에 오델이 캠프 4에 도착했을 무렵부터 바람이 세졌고
"제법 강한 눈보라가 치기 시작해서" 2시간 가까이 계속됐다. 오랫동안
오델은 말로리와 어빈이 최후의 몇 시간 동안 에베레스트 정상에 도달
했는지 여부를 궁금해하고 있었다.[16]

1924년의 에베레스트 등반은 말로리의 3번째 도전이었다. 당시 37세였
던 그는 그 도전을 마지막이라 생각하고 있었다. 말로리는 잘생기고 매
력적인 영국의 학교 교사였고 아마추어 등산가로서 실력이 좋은 편이었
다. 젊은 팬에게 보낸 다정한 편지에 그는 "우린 이번에 꼭 정상에 올라
야 합니다. 다음 기회는 없으니까요"라고 썼다. 그러고 나서는 그 말이
너무 단호하게 들린다고 생각했는지, 아니면 상대방에게 깊은 인상을
주고 싶었는지 방정맞은 문장 하나를 덧붙였다. "어찌됐든 간에 이번 등
반은 굉장한 사투가 될 것입니다."[17]
　말로리의 말은 사실이었다. 에베레스트의 작은 봉우리를 오르려면
몇 달 동안 힘든 여행을 해야 하며 5주 동안 고원지대를 도보로 통과해

야 한다. 게다가 영국 왕립지리학회Royal Geographical Society와 알파인 클럽
Alpine Club에서 주최하는 탐험은 짐을 가볍게 싸가는 법이 없었기 때문에
더욱 힘이 들었다. 300마리의 짐승과 70명의 짐꾼을 동원해 산으로 들
고 올라갔던 20여 톤의 짐 속에는 몬테벨로 샴페인 4상자와 메추라기와
푸아그라 통조림 60개도 포함됐다.[18]

　히말라야 등반을 하려면 사치스러운 음식과 술 외에도 여행 준비와
장비가 반드시 필요했다. 그래서 정상 정복을 위한 계획은 군대 작전처
럼 세워졌다(실제로 계획을 논의할 때도 군대 용어를 썼다). "냄비, 산소탱
크, 물통이나 밧줄 중 하나라도 없으면 탐험의 미래는 어둡다."《뉴욕 타
임스》의 한 기자가 쓴 글이다. 경험 많은 등산가였던 말로리와 그의 동
료들은 준비의 중요성을 잘 알고 있었다. 그들은 에베레스트 등반에 나
섰다가 위험에 빠지고 굴욕과 실망을 경험할 수도 있다는 사실도 알고
있었다. 최초의 도전은 6,000파운드라는 큰돈을 들여 6,400미터까지밖
에 못 올라갔다는 조금은 창피한 기록으로 끝났다(하지만 그들은 실행 가
능한 방법을 찾아내긴 했다). 두 번째 등반은 11,000파운드의 경비를 쓰고
눈사태 속에서 짐꾼 7명의 목숨을 희생시키면서 8,301미터 높이까지 올
라갔다.[19] 이 두 번째 도전은 동상과 피로 때문에 중단됐다. 이후 1924년
원정을 떠날 때는 경험이 더 많이 쌓였고 더 세심하게 신경을 썼다. 하
지만 위험은 결코 멀리 있지 않았다. 1924년 말로리가 산에 오르기 며
칠 전, 그의 친구이자 1922년 등반을 함께했던 하워드 서머벨Howard
Somervell이 8,570미터 지점에 도달하고 나서 등반 내내 그를 괴롭히던 인
후통과 마른기침 때문에 사망 직전까지 갔다. 목구멍의 점막이 꽁꽁 얼
어 부서진 상태로 기관氣管에 달라붙어 호흡을 방해하는 바람에 그는 하
마터면 질식사할 뻔했다. 그는 스스로에게 하임리히 요법을 시행해서
"기도를 막고 있던 물질과 많은 피"를 왈칵 토해내고 살아남았다.[20]

말로리 일행은 극한의 추위(에베레스트 정상에서 측정된 것 중 가장 낮은 온도는 영하 41도였다)를 이겨내기 위해, 당시에 구할 수 있었던 옷 중에 제일 좋은 옷을 입었다. 즉 천연섬유인 실크와 손으로 짠 모직물 옷을 여러 겹 껴입었다. 이것은 영국 고원지대에서 운동을 즐기던 신사들의 복장과 매우 비슷한 차림이었다. 1924년 히말라야 고지대에서 말로리 일행이 찍은 사진을 보면 헐렁한 덧옷이 보이고, 성가신 단추가 달린 트위드 재킷이 불룩해진 모습도 눈에 띈다. 겉옷 안에는 두꺼운 모직 목도리와 예거 바지를 착용했고, 갖가지 특이한 모자(난봉꾼 같아 보이는 중절모와 새끼 양 모피로 만든 챙 모자가 여기저기 보인다)를 썼는데 약한 귀 끝부분을 덮어주지는 못했다. 그들은 팔꿈치까지 올라오는 골지 니트 장갑을 끼고 무릎 높이의 두꺼운 양말과 징 박힌 장화를 신었다. 높이 올라갈수록 옷을 더 많이 껴입었다.

말로리의 시체에서 발견된 천 조각들을 통해 우리는 말로리가 마지막 등반을 위해 면과 실크 내의, 영국 고달밍Godalming에 위치한 페인Paine 상점에서 구입한 플란넬 셔츠, 갈색 긴소매 풀오버, 그리고 아내 루스가 사랑을 담아 떠준 모직 조끼를 입었다는 사실을 알아냈다. 말로리는 처음 몇 겹을 껴입고 나서 그 위에 버버리 재킷과 가볍고 광택 나는 초록색 개버딘으로 만든 폭이 넓은 반바지를 입었다. 그가 자신의 복장에 대해 어떻게 생각했는지는 알기가 어렵다. 그는 영웅적 이상에 심취해 있었으므로 그가 남긴 글에는 자신의 몸 상태보다는 경이로운 풍경에 대한 사색이나 아내와 아이들에 대한 감정이 더 많이 담겨 있다. 하지만 우리는 그와 함께 등반했던 에드워드 노튼Edward Norton의 설명을 통해 그의 상태를 상상해볼 수 있다. "날씨는 최고로 좋았고 바람이 거의 없는 이상적인 날씨였다. 그런데 바람막이 옷 2벌과 스웨터 2벌을 껴입어도 정말 추웠다. 햇볕 아래 앉아도 몸이 너무 떨려서 열이 나는 것 같았다."[21]

그러나 가볍고 공기가 잘 통하는 옷은 반드시 필요했다. 첫째, 날씨
는 금방 바뀔 수도 있었다. 태양이 뜨겁게 이글거리다가 몇 분 만에 눈
보라가 몰아치기도 했다. 정상의 풍속은 시속 280킬로미터까지 올라갔
다. 이 정도 바람이면 마치 어린아이가 싫증 난 낡은 인형을 휙 던져버
리듯이 성인 남자 한 사람을 들어 올려 산 밑으로 던져버릴 수도 있었
다. 말로리는 아내에게 보내는 편지에서 빙하 위에 높이 걸려 있는 "불타
오르는 안개"에 대해 설명했다. "때로는 새하얀 용광로 속을 걷는 것 같
소. 인도 고원지대에 살아서 뜨거운 날씨에 대해 잘 아는 모스헤드도 그
렇게 참기 힘든 열기는 처음이었다고 하더군요." 둘째, 움직이기에 편한
옷을 입으면 정상에 빨리 도달할 수 있다. 활동성은 지금도 중요하게 여
겨진다.

산의 고도 자체가 사람을 위협할 때도 있다. 특히 고도가 7,620미터
(25,000피트)를 넘어서면 뇌세포가 죽고, 모세혈관이 터지고, 심장박동이
빨라지고, 피가 끈적끈적해지는 등 무시무시한 일들이 벌어지기 시작한
다. 또 이 고도에서는 저체온증과 동상, 뇌부종이나 폐부종이 발생하기
쉬운데, 이런 증상들은 모두 사망으로 이어질 가능성이 있다. 산소를 추
가로 공급하지 못할 경우 위험은 훨씬 커진다.[22]

1924년에 말로리는 에베레스트에 오를 때 산소를 공급받는 기구
를 가지고 올라가야 한다는 충고를 다소 불만스럽게 받아들였다. 심지
어 오늘날에도 산소 기구 없이 등반하는 것이 미학적으로 더 아름답다
고 믿는 산악인들이 적지 않다. 원래는 말로리도 산소 기구의 도움을 받
는 것이 스포츠 정신에 어긋나고 영국적이지도 않다고 생각하고 있었
다. 하지만 사람을 살리는 산소통에도 약점은 있었다. 산소통은 조잡하
고 불안정하며 무엇보다 1세트에 14.5킬로그램으로 무게가 많이 나갔

다. (마지막 일기에서 말로리는 산소통이 "무거운 짐이라 등산에 방해가 된다"고 불평했다.[23])

7,620미터의 고도에서는 모든 것이 몇 배로 힘이 들고 속도가 느려진다. 사람의 머리는 제 기능을 발휘하지 못하고, 아주 작은 방해 요소만 있어도 간단한 동작조차 어려워지고 속도가 느려진다. 말로리는 이 사실을 알고 있었다. 그는 《뉴욕 타임스》 기자에게 지난번 등반에서 그의 동료들이 시간당 100미터 이상은 올라갈 수가 없었으며 한 걸음 한 걸음을 다 힘겹게 내디뎠다고 말한 바 있다. 그는 두껍게 쌓인 눈을 헤치고 걸어갈 때 그들이 신었던 신발이 "납덩이같이 무거웠다"고 불평했다. 그리고 산소통 다루는 기술과 창의성을 가진 어빈을 가장 훌륭한 등산 파트너로 꼽았다. 말로리는 6월 4일 오후 내내 "산소 장비를 재점검하고 마지막 손질을 하는 일에" 시간을 썼다. 산소 장비를 최대한 가볍고 운반하기 쉽게 만들기 위해서였다. 오델에게 보낸 마지막 쪽지에서 말로리는 마지막 등반길에는 산소통을 2개만 4번 캠프로 가져가겠다고 썼다. 등반 속도를 높이기 위해 산소통을 줄인 것으로 짐작된다.[24]

말로리의 복장에서도 기습전을 펼치려는 전략이 엿보인다. 그가 입었던 버버리 재킷에는 속에 껴입은 옷들 사이에 형성된 소중하고 따뜻한 공기층을 망가뜨리지 않고도 넓은 범위의 움직임이 가능하도록 특수하게 설계되어 특허까지 받은 '피벗Pivot'이라는 소매가 달려 있었다. 그리고 그는 옷을 여러 겹 껴입었지만 무거운 옷은 하나도 입지 않았다. 그 옷들은 움직이는 동안에는 산 정상에서도 몸을 따뜻하게 해주지만, 사람이 가만히 있을 때는 금방 방한 효과가 떨어진다. 만약 오델의 말이 맞다면, 그리고 그날 이른 오후에 정말로 폭풍이 불었다면 말로리의 옷과 열렬한 애국심, 영웅적 열정과 침착한 성격이 그의 실패 원인이었다고 판단된다. 오델이 영국으로 돌아온 후에 기고한 글에도 그런 암시가

있다. "말로리는 자신이 맨 위 봉우리에 도전할 때는 절대 위험을 감수
하지 않겠다고 선언했다. 하지만 실제로 그 상황이 되자 정상을 정복해
서 승리자가 되려는 갈망이 지나치게 강해졌는지도 모른다… 우리 중에
누구라도, 강풍의 이빨 속에서나 어둠과의 경주에서 고산 거인과 싸워
그 자리까지 갔다면, 위대한 성공, 인간 열정의 승리를 코앞에 두고 가
만히 있을 수 있겠는가?"[25]

# 피와 땀, 얼어버린 눈물

인간은 위험한 여행을 원한다. 쥐꼬리만 한 보수,
살을 에는 추위, 몇 달간의 암흑, 항시적인 위험,
무사히 돌아올 수 있을지 의심스러운 여행.

남극 탐험가 어니스트 섀클턴에게 헌정된 신문광고, 1913년

사람의 몸은 추위를 견디기에는 적합하지 않다. 인체의 평균온도는 섭
씨 37도로, 체온이 조금만 떨어져도 심각한 문제가 발생한다. 인체가 정
상적으로 움직이는 데 반드시 필요한 화학반응들은 대부분 좁은 온도
범위 안에서 일어난다. 체온이 35도로 떨어지면 인체는 스스로를 보호
하고 열 손실을 방지하기 위해 일련의 조치를 취한다. 우선 몸의 덜 중
요한 부분을 희생시켜서라도 중요한 기관을 따뜻하게 유지하기 위해 혈
관, 특히 말초혈관이 수축한다. 저체온증에 걸린 사람은 처음에는 덜덜
떨기 시작한다. 이것은 몸을 움직여 열을 생성하기 위한 작용이다. 대사

속도가 높아지면서 에너지원을 더 많이 태우지만 몸의 떨림은 점점 심해진다. 호흡은 느려지고, 혈압이 떨어지고, 심장박동은 불규칙하게 변한다. 저체온증에 걸린 사람은 피로를 느끼고 정신이 멍해지고 다른 사람과 말다툼을 벌인다. 손가락과 발가락에 감각이 없어지므로 섬세한 움직임에 지장이 생긴다. 저체온증 환자들은 비틀거리다 넘어질 수도 있고 의사결정 능력이 떨어질 수도 있다.[26]

옷을 부실하게 입고 에베레스트에 오를 경우 몸이 어떻게 되는지는 탐험가들이 남긴 글을 통해 유추할 수 있다. 깊이 쌓인 눈과 사나운 바람을 헤치고 앞으로 나아가야 할 때나 고도가 아주 높은 곳에 있을 때는 동작 하나하나가 무척 힘들어진다. 말로리가 1921년 8월 17일 아내 루스에게 보낸 편지에는 다음과 같은 이야기가 있다. "계속 걸음을 옮기려면 의식적으로 아주 세게, 꾸준히 폐 운동을 해야 하오. 그리고 마지막에 나오는 가파른 산등성이를 올라갈 때는 잠깐씩 멈춰 서서 최대한 세게 숨을 쉬어야만 몇 걸음 더 위로 올라갈 에너지를 얻을 수 있다오." 옛날식 옷을 입고 1916년 섀클턴이 탐험한 남극에서 사우스조지아섬까지의 경로를 따라 1,280킬로미터의 무시무시한 항해를 재현한 폴 라슨Paul Larsen은 버버리풍의 겉옷이 바람은 막아주지만 방수 기능은 충분하지 않다는 사실을 발견했다. 천연섬유는 물에 젖으면 단열 기능이 현저히 떨어지고 몹시 무거워지며 물기를 말리기도 쉽지 않았다.[27]

가장 오래 지속되면서도 불쾌한 문제는 땀이다. 탐험가들은 눈 속을 걷고 언덕을 오르고 트레킹을 하느라 육체적 소모가 많아서 땀에 흠뻑 젖는다. 체리 개러드는 이를 다음과 같이 표현했다. "문제는 땀과 호흡이다. 피부의 모공을 통해 나오는 노폐물이 얼마나 많은지 예전에는 몰랐다…. 그리고 이 모든 땀은 모직 옷에 있는 미세한 구멍을 빠져나가 서서히 증발하는 것이 아니라 꽁꽁 얼고 축적된다." 그러면 여러 겹의

옷들 사이에 얼음이 얼고 목도리는 얼굴에, 양말은 발에 달라붙어 옷의
단열 기능이 감소하기도 하지만, 자칫하면 옷과 물건들이 모두 꽁꽁 얼
어 마치 쓸모없는 조각품이 될 수도 있다. 나중에 그는 언젠가 텐트에서
잠을 자고 나왔더니 그 전날 흘린 땀 때문에 옷이 축축했던 경험을 책에
썼다. "밖에 나가서 고개를 들고 주위를 둘러보려고 했는데 갑자기 고개
가 움직이지 않았다. 내가 15초 정도 서 있는 사이에 내 옷은 딱딱하게
얼어버렸다… 그때부터 우리는 모두 옷이 얼어붙기 전에 재빨리 몸을
굽혀 움직일 수 있는 자세를 만들었다."[28]

에드먼드 힐러리Edmund Hillary가 에베레스트 등반에 성공했던
1953년에도 아침에 몇 시간 내내 장화를 녹였다고 한다. "장화는 딱딱하
게 얼어 있었다. 그래서 장화를 휴대용 난로 위에 올리고 내가 신을 수
있을 만큼 부드러워질 때까지 가열했다." 또 그는 나중에 이렇게 회상했
다. "우리가 가진 옷이란 옷은 다 꺼내 입었다." 하지만 그의 옷은 합성
섬유로 만든 제법 현대적인 제품이었다. 그보다 먼저 산에 올랐던 사람
들의 옷은 흡습성이 높고 물기가 마르는 데 오래 걸렸다. 특히 몸에 너
무 꽉 낄 때는 말리기가 힘들었다. 1911년 7월 스콧이 이끄는 원정대가
남극의 케이프 크로지어Cape Crozier로 단기 원정을 떠났던 일에 대해 스
콧의 동료 윌슨은 다음과 같은 글을 썼다. "모든 옷이 젖었다가 뻣뻣하
게 얼어서 보통 때처럼 민첩하게 움직이기가 어려웠고, 밧줄을 타고 올
라가거나 갈라진 틈에서 빠져나오는 동작은 불가능에 가까웠다."[29]

밤이 되면 모든 일이 더 어려워졌다. 스콧 원정대의 사슴 가죽과 오
리털로 만든 침낭은 흠뻑 젖어 마치 강철 막대처럼 단단하게 얼어붙곤
했다. 침낭을 돌돌 말려고 하면 솔기가 찢어졌다. 침낭이 많이 젖을수록
침낭을 말리기는 어려워지고 그 안에서 자는 사람들은 더 추워졌다. 그
래서 옷을 더 껴입을 수밖에 없었고, 그 옷들은 땀에 젖고 얼어붙었다.

대원들이 자고 일어나면 얼굴이 창백해지고 피부가 빨개져 있었다.[30]

　침낭 안으로 들어가는 일은 어려운 데다 시간을 많이 잡아먹었다. 대원들은 침낭을 녹이면서 그 안으로 들어갔다. 발 하나씩, 다리 하나씩을 먼저 넣으면서 체온을 이용해 침낭을 부드럽게 만들었다. 체리 게러드의 글을 읽어보자. "아침에 침낭 밖으로 나와서 제일 먼저 할 일은, 침낭이 얼기 전에 각자의 물건들을 침낭 안으로 집어넣는 일이었다. 그 물건들이 마개 역할을 했다. 그 물건들을 꺼내면 얼음 안에 공간이 생겼고, 그 공간을 출발점 삼아 우리가 침낭 안으로 들어갈 수 있었다."[31]

　어떤 소재로 만든 옷이든 간에 옷을 여러 겹 껴입은 상태에서 저체온증이나 고산병 초기 증상이 나타날 경우 매우 거추장스럽고 활동에 지장이 많다. 불행한 사태가 많았던 1996년에 에베레스트 정상에 올랐던 존 크라카우어Jon Krakauer는 어느 날 오전 내내 "영하 40도 정도까지 내려간 풍속 냉각(바람이 피부로부터 열을 빼앗아가 몸이 냉각되는 것_옮긴이)"에 해를 입었다. 여분의 점퍼가 배낭 속에 들어 있었지만 그걸 꺼내려면 얼마나 힘들지 생각하니 절망적이었다. "밧줄에 매달린 채로 먼저 장갑을 벗고, 배낭을 벗고, 다음으로 바람막이 재킷을 벗어야 할 판이었다." 예비 등산가를 위한 장비 목록에는 방한복 속의 통풍구, 주머니, 변기 대체용품, 특수한 지퍼의 성능에 대해, 그리고 합성섬유를 다양하게 섞어 만든 다양한 보온 상의, 장갑, 양말의 장점에 대해 장황한 설명이 있다. 에베레스트산 위에서 말로리가 입었던 옷들을 그대로 복제해서 실험을 해본 그레이엄 호일랜드Graham Hoyland는, 방한복 바지의 여밈 부분에 달린 단추를 채우고 벗기가 불가능했으므로, 말로리가 등산하는 내내 바지 지퍼를 계속 열어 놓고 지냈으리라는 가설을 세웠다.[32]

　말로리가 입었던 옷들의 복제품과 스콧과 아문센이 입었던 옷들의 복제품을 각각 실험실로 가져가서 테스트한 결과, 스콧의 옷들은 너무 헐렁하고 재질이 뻣뻣해 그 옷을 입고 사람이 움직이려면 에너지가 더 많이 필요했으리라는 결론이 나왔다. 남극에서 벌어진 스콧과 아문센의 경주를 재현해보니 스콧 원정대의 대원 4명은 체중이 12~25퍼센트 감소했다. 특히 근육량이 많이 줄었다. 2013~2014년 겨울에 한 번 더 재현을 해본 결과 실제 스콧 탐험대의 하루치 휴대용 식량(말린 소고기와 기름을 섞은 것), 신선한 조랑말 고기, 비스킷과 초콜릿은 필요량에 비해 2,000~3,000칼로리가 부족했다는 사실이 발견됐다. 스콧 원정대원들은 눈 속에서 짐을 끌고 남극으로 전진하면서 체온을 유지하는 데 들어간 에너지를 보충하기 위해 자기 몸에 저장된 영양분을 사용하고 있었던 셈이다.[33]

옷이 보온을 충분히 해주지 못해 몸의 몇몇 부분의 온도가 0도 이하로 떨어질 경우 그 타격은 굉장히 크다. 피부와 살에 얼음 결정이 생기면 동상을 입는다. 대개 귀와 코의 끝부분, 손가락과 발가락, 손과 발, 그리고 남성의 성기가 먼저 희생된다. 첫 번째 증상으로 마비가 찾아온다. 다음으로는 피부가 하얗게 변하고 얼룩덜룩해지면서 얼음 결정이 만들어지고, 동상을 입은 부위를 만져보면 나무 같은 느낌이 나기 시작한다. 동상을 입은 부위가 넓을 경우 피가 끈적거리기 시작한다. 동상에 걸린 피부는 다시 녹일 수 있고, 증세가 경미한 경우에는 물집이 생겼을 때처럼 죽은 피부가 벗겨지고 새로운 피부가 만들어진다. 증세가 심각하면 절단해야 할 수도 있다. 이 점은 오늘날에도 마찬가지다.[34]

　20세기 초반에 알프스에 도전하던 등산가들에게 동상은 낯선 증상이 아니었다. 1922년 에베레스트 원정대 중에서도 몇 명이 동상으로 고생했는데, 그들은 알프스산맥에서 입기 적합했던 옷에 의존하는 바람에 증세가 더 심해졌다. 그것은 실수였다. 에베레스트 고지대에는 산소가 부족하고, 히말라야산맥의 고도 6,400미터 위쪽에서 거의 항상 몰아치는 사나운 강풍의 냉기까지 더해지기 때문에 알프스보다 체온을 유지하기가 훨씬 힘들다.

　불행히도 말로리와 스콧이 탐험을 떠나기 전에 해결책 하나가 발견됐다. 하지만 그 해결책은 전혀 영웅적으로 보이지 않았기 때문에 말로리와 스콧에게 거부당했을 가능성이 높다. 오리털과 거위털은 옛날부터 퀼트 이불이나 침구에 사용되긴 했지만, 조지 핀치George Finch가 "오리털을 넣고" 고무 같은 직물로 감싼 "외투, 바지, 장갑"으로 구성된 독특한 디자인의 등산복을 만들기 전까지는 아무도 방한용 의류에 오리털을 사용할 생각을 해보지 못했다. 오스트레일리아인이었던 핀치는 우월의식을 가진 알프스 등산가들에게 비웃음을 당했다. 당대 사람들은 핀치의 옷이 자기들의 옷보다 훨씬 따뜻하다는 사실이 알려지고 나서도 그 옷을 입으려 하지 않았다. 핀치는 전략을 변경하지 않고 1923년 《알파인 저널Alpine Journal》에 기고한 글에서 고도가 높은 곳에서는 특별한 옷이 필요하다고 강조했다. 그가 제안한 복장은 실크와 모직물을 6겹 이상 껴입고, 플란넬을 대고 기름 먹인 실크를 겉에 씌운 방풍용 의류를 걸치는 것이었다. 그는 약한 부분이면서 등산가들에게 꼭 필요한 부위인 손은 3겹으로 감싸야 한다고 주장했다. 모직 속장갑, 양가죽 장갑, 그리고 마지막으로 방수 처리가 된 캔버스 장갑을 끼라고 했다.

　등산가들이 오리털 등산복과 에베레스트 등반을 위해 특별히 고안된 합성섬유인 플리스 옷을 여러 겹 껴입는 오늘날에도 동상은 산비탈에 오르려 하는 사람들을 끈질기게 따라다닌다. 1996년 고도가 높은 곳에서 눈보라가 몰아쳐 하루 만에 8명이 사망했을 때, 미국 텍사스 출신의 병리학자이자 아마추어 등산가였던 벡 웨더스Beck Weathers는 몸이 너무 약해지고 많이 상해서 얼굴과 두 손이 노출된 채 죽기를 기다리고 있

었다. 그는 목숨을 건졌지만 오른팔의 3분의 1과 왼손의 다섯 손가락 모
두를 잃었고 코와 양쪽 발의 일부를 절단해야 했다.[35]

　스콧 원정대의 대원들은 거의 모두 동상에 걸려 고생했다. 그래서
갈수록 쉽게 동상에 걸리고 증상도 점점 심해졌다. 원정대 중에는 남극
에 가본 사람들도 있었지만 처음에 그들은 동상의 위험을 대수롭지 않
게 여겼던 듯하다. 1911년 2월 스콧의 일지를 보면 어느 날 아침 바워스
Bowers가 "작은 펠트 모자를 쓰고 귀를 내놓은 채로" 영하 21도인 바깥으
로 나갔다고 한다. 1.5킬로미터밖에 못 가서 바워스의 두 귀에는 하얗게
서리가 꼈다. 그의 몸은 비교적 빨리 녹았지만, 그가 표현한 감정은 "그
처럼 까다로운 인체 기관을 가지고 있다는 사실에 대한 놀라움과 불쾌
함"이었다고 한다.[36]

　이런 식의 안일한 태도는 생명을 위협할 수도 있는 것이었다. 남극
에서 귀환하기 위해 장거리 행군을 하는 동안 오츠Oates의 발 상태가 좋
지 못해서 원정대 전체의 속도가 느려졌다. 대원들은 피곤하고 사기가
떨어진 상태였으며 양말과 피네스코finnesko(순록 가죽으로 만든 부드러운
털장화)가 빠른 속도로 닳고 있었다. 결국 전 대원이 동상 증세를 나타내
기 시작했고 속도는 더욱 느려졌다. 스콧도 사망하기 10일 전에 동상에
걸렸다. "내 오른쪽 발이 얼어버렸다. 발가락이 거의 다 죽은 것 같다.
이틀 전까지만 해도 내 발이 제일 멀쩡하다고 자랑했는데." 이것이 3월
18일의 기록이었다. 무사히 귀환한다는 희망은 점점 꺼져가고 있었다.
다음 날 사태는 악화했다. "지금 발을 절단하는 건 절대 불리한 선택이
지만, 상처가 다른 데까지 문제를 일으킨다면?"[37]

# 장비 목록

마치 우리가 벌거벗고 있는 것처럼 추위가 살을 파고든다.
금방 손가락이 마비됐지만 아직 통증을 느낄 수는 있었으니
그나마 다행이다. 발가락과 코도 똑같다. 다른 대원들은 아직도
썩은 고등어 냄새가 나는 에스키모풍 늑대 가죽 파카를 입고 있다.

레이널프 파인스Ranulph Fiennes 경, 「지구 끝까지To the Ends of the Earth」, 1982년

---

실크와 모직물을 잔뜩 껴입고 시행착오를 거듭하던 초기의 등산가들이
1920년대에 에베레스트의 등산로를 지도에 표시한 이후 수만 명이 베이
스캠프에 도착했고, 대략 70,000명이 1924년 말로리와 어빈의 생명을
앗아간 그 봉우리에 올랐다. 외국인의 에베레스트산 입장료는 11,000달
러인데, 어떤 사람들은 에베레스트 정복이라는 목표를 도와줄 회사에
90,000달러라는 거금을 지불한다. 이제 에베레스트는 하나의 산업이다.
네팔 정부는 매년 등산객들에게 입장권을 판매해 300만 달러가 넘는 돈
을 거둬들인다. 6년 만에 청소를 했더니 등산객들이 버리고 간 쓰레기
가 15,000킬로그램이나 나왔다고 한다. 그리고 해마다 11,000킬로그램
의 꽁꽁 얼어붙은 배설물을 수레를 이용해 치운다. 남극대륙에도 이와
비슷한 압력이 가해지고 있다. 탐험가들과 일반인들 모두가 갈수록 모
호해지는 칭호를 얻기 위해 경쟁을 벌인다. 최초로 자전거를 타고 남극
에 도착한 사람, 남극에서 자전거를 탄 최초의 인도 여성. 더 많은 사람
이 남극에 갈 수 있게 된 것은 우리가 구할 수 있는 직물에 큰 변화가 생
긴 덕분이기도 하다.[38]

지난 50년 동안 등산가들과 탐험가들은 말로리와 스콧에게는 없었던 합
성섬유에 크게 의존했다. 예컨대 존 크라카우어는 1996년 에베레스트에
올랐을 때 "보들보들한 폴리프로필렌 파일pile(직물의 한쪽 면 또는 양면에
고리가 있는 것_옮긴이) 내의를 3겹으로 껴입고 겉옷은 나일론으로 만든
방풍 등산복을 착용"했다. 조지 핀치가 오리털과 고무 실크 등산복을 처
음 발명했을 때 사람들은 그를 비웃었다. 1953년 에드먼드 힐러리가 에
베레스트에 오를 무렵 오리털 등산복은 필수품으로 간주됐다.[39]

　오리털 단열재는 오리와 거위를 따뜻하게 해주는 곱고 보들보들한
깃털을 2겹의 고운 직물 사이에 샌드위치처럼 끼워 넣어 만든다. 그러면
오리 깃털들 사이에 있는 공기가 층을 이뤄 단열 작용을 하게 되고 가볍
고 통기성도 좋아진다. 오리털의 단점은 물에 젖으면 깃털들이 하나로
뭉쳐 부피가 줄어들기 때문에(푹신함을 잃는다) 열을 가둬놓지 못한다.
인조 오리털은 천연 깃털과 마찬가지로 공기를 가둬놓을 수 있는 폴리
에스테르 섬유로 만든다. 인조 오리털은 습기에 더 강해서 천연 오리털
과 달리 몇 시간이면 마른다. 하지만 인조 오리털은 천연 오리털보다 무
겁고 거추장스럽다. 그래서 가장 이상적인 조합은 오리털 등산복 위에
방수와 방풍이 되는 겉옷을 입는 것이었지만, 오래전부터 알려진 바에
따르면 그런 겉옷은 제작하기가 어려웠다.

　1970년대 후반부터는 고어텍스Gore-Tex가 '통기성과 방수성을 동시에
만족하는 옷'이라는 과제에 대한 보편적인 해답으로 떠올랐다. 1969년
미국의 W. L. 고어W. L. Gore 부자가 발명한 고어텍스는 평평하게 늘린 테
플론Teflon(폴리테트라플루오로에틸렌polytetrafluoroethylene 또는 PTFE)을 나
일론이나 폴리에스테르에 접합해서 만든다. 테플론을 늘린 모습을 현미
경으로 보면 황갈색 벌집과 비슷하다. 고어텍스의 미세한 구멍들은 물
을 증발시키되 외부의 액체가 안으로 들어오는 것은 막아준다.[40]

W. L. 고어는 고어텍스를 버그하우스Berghaus, 마운틴 이큅먼트Mountain Equipment, 노스페이스North Face 같은 아웃도어 의류 업체에 판매했다. 고어텍스는 아직까지 최고의 소재로 인정받는다. 2012년에 요트 세계 신기록을 경신하고 이듬해 섀클턴 항해의 재현에 참여한 오스트레일리 아의 폴 라슨은 고어텍스의 품질을 칭찬해 마지않는다. 항해 재현을 마 치고 그는 이렇게 말했다. "현대적인 의복이 있었다면 그 정도 항해는 식은 죽 먹기였을 겁니다. 현대의 고어텍스 방수 잠수복은 아주 편안해 서 한참 동안 입고 있어도 힘들지 않거든요." 하지만 그가 항해를 재현 할 때 입었던 옷은 버버리풍의 코팅된 면 작업복이었다. "조금씩, 조금 씩 물이 들어와서 나중에는 머리부터 발끝까지 젖게 됩니다." 게다가 면 작업복을 다 말리려면 꼬박 3일이 걸렸다.[41]

하지만 고어텍스에도 단점은 있다. 다른 모든 합성 '껍데기shell(아웃 도어 의류 업체들은 등산복 중에 비, 바람, 눈으로부터 인체를 보호해주는 겉 옷류를 shell이라고 부른다_옮긴이)'와 마찬가지로 고어텍스도 땀을 증발시 키는 속도가 느린 편이기 때문에 그 속에 입은 옷들이 땀에 젖게 된다. 땀에 흠뻑 젖지 않고 열심히 운동하고 싶은 사람들에게는 이것이 문제 가 된다. 습기를 더 멀리하고 싶다거나 통기성이 최우선인 경우에는 고 어텍스를 대신할 소재를 찾아볼 강력한 유인이 존재한다.[42]

세상에서 가장 까다로운 환경인데도 여전히 천연섬유가 선호되는 유일 한 장소는 피부와 직접 닿는 곳밖에 없을 듯하다. 이 정도의 양보도 힘 들게 얻어낸 것이다. 1950년대에도 합성섬유가 널리 사용되긴 했지만, 1960년대 중반에 이르자 합성섬유는 한바탕 소란 끝에 시장을 평정한 상태였다.

1953년에 에드먼드 힐러리가 껴입은 옷들 중에는 여전히 양모 셔츠와 내의, 셔틀랜드 양모 풀오버가 포함되어 있었다. 하지만 1990년대에 이런 옷들은 아주 특이한 옛날식인 데다가 심지어는 위험한 옷 취급을 받았다. 대신 헬리 한센Helly Hansen과 파타고니아Patagonia 같은 브랜드에서 주로 판매하던 합성 벨루어velour가 표준으로 자리 잡아갔다. 1999년 말로리의 시체를 발견한 미국 등산가 콘래드 앵커Conrad Anker는 말로리가 겉옷 밑에 천연섬유 옷을 여러 겹 입은 것을 보고 기겁했다. 2006년에도 에베레스트의 고산지대에서 말로리 시대의 옷을 입고 등산을 해본 그레이엄 호일랜드는 천연섬유 옷을 입어보고 깜짝 놀랐다. "대다수 등산가들과 마찬가지로 나는 합성섬유로 만든 아웃도어 의류에 익숙한 사람이다. 속에는 폴리프로필렌 옷들을 입고 겉에는 플리스를 입는다…. 폴리프로필렌과 플리스는 늘어나는 것을 용납하지 않으며 이틀 이상 입으면 불쾌한 냄새를 풍기기 시작한다." 호일랜드는 말로리가 입었던 실크, 면, 모 옷들에서 신선한 느낌을 받았다.[43]

하지만 지난 20년 동안 역전이 일어났다. 뉴질랜드의 아이스브레이커Icebreaker는 불과 몇십 년 만에 아웃도어 의류 시장 전체를 삼켜버린 합성섬유의 대안을 제시하기 위해 1995년에 특별히 설립된 브랜드였다. 아이스브레이커의 주력 상품은 메리노 울merino wool로 만든 등산복이며, 현재 몇몇 에베레스트 장비 목록에 이 회사의 제품이 올라 있다. 폴 라슨도 항해를 떠날 때는 보통 고어텍스 옷 속에 천연섬유 옷을 껴입는다. 현재 그가 가장 좋아하는 방한용 의류는 야크 털로 만든 옷이다.[44]

천연섬유가 새롭게 인정받는 현상은 말로리와 스콧의 원정에 대한 재평가와 맥을 같이했다. 말로리와 스콧은 둘 다 그 시대의 비극적인 영웅으로 간주됐지만 그들에 관해 전해지는 이야기는 그렇게 긍정적이지만은 않았다.

　　말로리의 유산은 두 가지로 정리된다. 첫째는 '만약'이 들어가는 입증 불가능한 유산으로, 그가 에베레스트 산꼭대기에 최초로 도달한 인물이었을지도 모른다는 추론이다. 둘째는 눈 속에 파묻히지 않고 다 드러난 그의 몸뚱이를 촬영한 사진이다. 1999년에 그 시체를 발견한 탐험대원들이 그 사진을 언론에 팔았다.[45] 스콧 역시 호의적인 평가를 받지 못했다. 2011년 《내셔널 지오그래픽National Geographic》은 "상을 가로챈 남자The Man Who Took the Prize"라는 제목으로 스콧의 경쟁자였던 아문센에 관한 기사를 실었다. 그 기사의 예리한 지적에 따르면 아문센 역시 모든 탐험가를 움직이는 동력인 야망과 꿈과 충동에 사로잡혀 있었다. 하지만 그의 위대함은 "그가 그것들을 정복했다"는 데 있다고 했다. 반면 스콧은 조금 어리석었고 준비가 부족했으며 식민지 시대의 낡은 세계관에 젖어 있었던 인물로 묘사된다. 그렇기에 그가 남극지방의 원주민들이 애용하던 모피 의류를 무시했거나 너무 쉽게 배제했다는 것이다. 하지만 적어도 의류에 관한 비판은 그가 직접 쓴 글로 반박이 가능하다. 마지막 여행을 떠나기 전인 1911년 8월에 쓴 일기에서 스콧은 그 자신이 부실한 장비와 의류를 가지고 지구상에서 가장 험한 땅에서 최후를 맞을 것임을 암암리에 예견하고 있다.

　　에스키모들이 만들어 입는 모피 의류의 가능성이 여전히 궁금하다. 선진국에 사는 우리의 옷보다 그 옷이 더 우수할 수도 있다는 예감을 남몰래 품고 있기도 하다. 어차피 우리가 그런 옷들을 구하기란 불가능했을 테니 머릿속으로 생각만 해볼 따름이다.[46]

10

# 공장의 노동자들

레이온의 어두운 과거

# 레지스탕스

더 나은 물건들로 더 나은 삶을 누립시다… 화학의 힘.

듀폰의 광고 문구, 1935~1982년

---

"왜 어떤 날에 우리는 특별한 이유도 없이 행복을 느끼는가?" 아녜스 험버트Agnès Humbert가 쓴 글이다. "그런 날에는 모든 것이 다 좋아 보이고 우리 자신은 물론 온 세상이 마음에 든다." 아녜스에게는 1941년 4월 15일이 그런 날이었다. 알고 보니 아녜스가 느꼈던 행복은 착각이었다. 몇 시간 후에 그녀는 나치 비밀경찰인 게슈타포Gestapo에게 체포됐으니까.[1]

아녜스는 저항 세력에 가담할 사람처럼 보이지는 않았을 것 같다. 그녀는 파리에 사는 중년의 번듯한 미술사학자로서 부드럽고 동그란 눈동자와 큼직하고 잘생긴 코와 물결처럼 구불거리는 머리를 지니고 있었다. 하지만 그녀는 영리하고 용감하고 단호하며 고집이 세고, 아무리 비참한 상황에서도 재치를 발휘할 줄 알았다. 그녀는 오랫동안 불의를 보고도 참는다거나 나치의 포악한 점령과 통치를 그대로 둘 수 있는 성격이 아니었다. "아무것도 하지 않으면 정말로 미쳐버릴 것 같다." 파리가 함락된 직후에 그녀가 쓴 글이다. 그녀는 파리 인류박물관Musée de l'Homme의 동료였던 이집트학자, 고고학자, 도서관 사서와 함께 특이한 구성원을 가진 최초의 '레지스탕스Résistance' 단체를 결성했다. 그들은 나치의 공식적인 프로파간다에 대항하기 위해 신문을 찍어냈고, 비밀리에 영국군에게 정보를 전달하기 시작했다. 그들이 박물관 복도에서 속삭이는 소리로 이야기를 나누며 임시로 결성한 저항 조직은 신속하게 확대되어 대규모 네트워크로 발전했다. 실은 규모가 너무 커져서 문제였다. 그들은 곧 이중 첩자에게 배신을 당했다.

사복 차림의 나치 장교들은 아픈 모친의 침대 옆을 지키던 아녜스를 체포했다. 그녀의 아파트를 수색하니 루스벨트의 선동적인 연설문 복사본 1부와 저항 조직의 신문 1면 초고가 나왔다. 신문 초고의 맨 위에는 대문자로 그 신문의 이름을 타자로 쳐놓았는데, '레지스탕스'라는 그 이름이 유죄의 증거로 받아들여졌다.[2]

레지스탕스 조직원들은 군사법정에서 재판을 받고 유죄판결을 받았다. 남자들은 총살당하고 여자들은 수감 후 독일로 이송되어 강제 노동을 했다. 아녜스는 앞으로 어떤 노동을 하게 될지 듣고 무척 기뻐하며 소리쳤다. "전쟁과 관계없는 일이네!" 그녀는 나치에게 정당성을 부여하는 일은 절대로 하지 않겠다고 굳게 결심한 상태였다. "우린 인조 실크를 만드는 공장에서 일하게 될 거야. 하루에 8시간 동안 레이온사를 보빈에 감는 일이래… 그 실로 속옷과 스타킹을 만든대."[3]

우리가 날마다 입고 사용하는 직물을 만든 사람들의 목소리를 찾아내는 일은 쉽지가 않다. 지금까지 공장 노동자들 중에 자신의 경험을 책으로 쓰거나 기사로 기고한 사람이 거의 없기 때문이다. 공장 노동자들의 이야기는 보통 의사, 활동가, 기자들이 던진 질문에 대한 그들의 대답 또는 짧은 인용문 형식으로 우리에게 전해진다. 그리고 그런 질문은 주로 큰 재난이 발생했을 때만 던져진다. 그래서 아녜스의 기록은 우리에게 특별한 의미를 지닌다. 쾌활한 성격을 지닌 아녜스는 자신의 새로운 생활과 다른 노동자들의 생활에 관심이 많았고 세세한 부분에도 주의를 기울였다. 또 불의, 비정함, 사소하지만 잔인한 행동을 예민하게 알아차리고 그것에 분노했다. 한번은 공장에서 일하던 여자가 공장 바닥에 쓰러져 있었다. 아녜스가 보기에는 심장발작을 일으킨 것 같았다.

그런데 관리자가 와서는 "포동포동한 손가락으로 그녀의 눈을 쿡쿡 찔러보더니" 그녀가 죽은 게 아니라 의식을 잃었을 뿐이라는 사실을 확인하고는 "그 기회를 이용해 그녀의 가슴을 더듬었다."[4]

강제 노동을 하는 수감자였던 아녜스의 시선은 직물을 생산하기 위해 선발된 수백만 노동자의 시선과는 조금 다르다. 전쟁 전까지 파리 시민으로서 박물관에 근무했던 아녜스는 레이온에 대해 아는 게 거의 없었다. 그녀의 글에는 없지만 그녀는 그전에 레이온으로 만든 옷을 입어보긴 했을 것이다. 그녀의 어머니가 인조 실크를 만드는 회사의 주식을 샀는데 그 회사로부터 상당한 액수의 배당금을 받았다고도 했다. 다행히 그 회사는 아녜스가 강제 노역을 했던 곳은 아니었다. 이처럼 희미한 연결고리를 빼고 아녜스는 평범한 사람과 똑같은 상태로 공장에 발을 들여놓았다. 평범한 사람의 상태란 날마다 자기 피부에 닿는 직물의 생산공정에 대해 거의 무지하다는 뜻이다.

# 시장에서

여자들은 남자, 직업, 돈, 자녀, 친구,
사치품, 편안함, 독립, 자유, 존중, 사랑,
그리고 올이 풀리지 않는 저렴한 스타킹을 원한다.

필리스 딜러Phyllis Diller, 미국 희극배우

나치 점령군에게 체포당한 지 1년 가까이 됐을 때, 아녜스는 앞으로 3년

을 보낼 장소를 처음으로 둘러봤다. 그곳은 프릭스Phrix라는 큰 회사가
운영하는 공장들 중 하나였다. 공장은 독일 북동부, 네덜란드 국경에서
자동차로 30분 거리에 위치한 크레펠트Krefeld 외곽에 있었다. 아녜스는
낭만적인 성향의 미술사학자였으므로, 앞으로 3년 동안 생산하게 될 직
물 이름의 어원을 알았다면 매력을 느꼈을 것이다. 16세기 중반 '레이
온'은 한 줄기 빛을 가리키는 단어였다. 실제로 최초의 합성섬유인 레이
온을 맨 처음 만들어낸 과정은 기적에 가깝다. 마치 요정 룸펠슈틸츠헨
의 이야기에서 짚이 금으로 바뀐 것처럼.[5] 레이온의 원재료는 여러 식물
에 함유된 셀룰로오스cellulose라는 성분이다. 19세기 후반에 과학자들은
보통 목재펄프 형태로 존재하는 셀룰로오스를 섬유로 바꾸는 방법을 몇
가지 알아냈다. 그들은 그렇게 만들어진 섬유를 인조 실크 또는 모조 실
크라고 불렀다.

　당연하게도 목재펄프, 그러니까 톱밥보다 고운 나무 조각들에서 실
크처럼 매끈하고 윤기 나는 실을 얻는 일은 쉽지 않다. 실을 만들기 위
해서는 먼저 셀룰로오스를 산도pH가 매우 높은 가성소다로 처리해야 한
다. 이때 셀룰로오스의 기본적인 분자구조를 손상시키지 않고 셀룰로오
스를 액화하기 위해 이황화탄소$CS_2$를 첨가한다. 그 혼합물을 휘저은 다
음 가성소다를 첨가해 '숙성되도록' 놓아둔다. 그러면 혼합물은 더 진해
져서 끈적끈적한 시럽 같은 크산틴산염xanthate이라는 물질로 변한다. (이
혼합물이 꿀처럼 진하다는 데서 레이온의 다른 명칭이 탄생했다. 레이온의 별
명인 '비스코스viscose'는 '끈적거리는, 점성이 있는'이라는 뜻의 viscous에서 유
래한 말이다.) 점성이 충분해지면 이 혼합물을 작은 분사구nozzle 또는 방
적돌기spinneret로 황산 탱크에 주입한다. 황산의 산 성분이 셀룰로오스
혼합물에서 이황화탄소를 분리하고 나머지 물질을 단단하게 굳힌다. 산
탱크 속에서 만들어진 가느다란 레이온 섬유들은 바닥에 가라앉아 '케이

크cakes'라고 불리는 더미를 형성한다. 그러고 나면 이 레이온 섬유들을 늘리고 세척하고 자르고 표백하는 공정으로 넘어간다. 필요한 경우 직물로 짜기 전에 염색도 한다.[6]

놀랍게도 이 공정의 최종 결과물은 훌륭한 직물이다. 레이온을 진짜 비단으로 착각해서 속아 넘어가는 사람은 거의 없지만, 레이온과 실크는 몇 가지 공통점을 지니고 있다. 우선 레이온은 아주 매끈하고 주름이 잘 생기는 직물이며, 실크와 비슷한 오묘한 광택을 가지고 있다. 상업적 견지에서 유리한 특징은 '스테이플staple'이라는 이름으로 알려진 비스코스 섬유의 길이가 짧아서 면이나 모 같은 다른 섬유와 혼합이 가능하다는 점이다. 그래서 갖가지 새로운 직물이 만들어져 시장에서 소비자들에게 팔리기에 이르렀다. 이런 직물들은 값이 싸기 때문에 소비자들에게도 이익이었다.[7]

서구의 과학자와 사업가들은 드디어 고급 직물 생산에서 동양의 우위가 흔들릴 수 있겠다는 생각만으로도 신이 났다. 주기율표를 만든 러시아 화학자 드미트리 멘델레예프Dmitri Mendeleev는 레이온 생산이 아직 "발달 과정으로 따지면 초기 또는 배아 단계"기 때문에 "레이온 생산에 대해 이야기할 때는 신중을 기하는 것이 좋다"고 충고했다. 이렇게 조심스러운 태도를 취하긴 했지만 그도 "비스코스의 승리는 과학의 새로운 업적이 될 것이다… 세상을 면으로부터 [해방시킬 것이다]"라는 말을 남겼다. 레이온을 발견한 지 40년쯤 지났을 때도 기쁨의 함성은 줄지 않았다. 1925년 《런던 타임스The Times of London》의 기자들은 의기양양하게 다음과 같이 선포했다. "비스코스 생산공정은 영국 과학자들의 공로라 할 수 있다. 비스코스의 발명은 거대한 산업의 토대를 마련했다."[8]

레이온을 생산하는 과정에 강한 화학물질이 투입되기 때문에 레이온 생산은 처음 시작될 때부터 고도로 기계화되어 공장, 도시 노동자들, 규모가 큰 초국적 기업들과 연관해서 진행됐다. 최초로 레이온 생산에 뛰어든 기업들 중 하나는 직물 대량생산에 관심이 많았던 영국의 새뮤얼 코톨드 주식회사Samuel Courtauld & Co(나중에 코톨즈Courtaulds로 바뀌었다)였다. 코톨즈는 20세기 초반에 코번트리Coventry에서 레이온 공장을 가동했으며 1910년에는 미국에 자회사를 세우고 펜실베이니아주의 마커스 훅Marcus Hook에 자체 공장을 지었다. 이 자회사는 아메리칸 비스코스 컴퍼니American Viscose Company라는 이름으로 거래를 했다. 마커스훅의 공장은 영국 코번트리 공장에서 얻은 교훈을 토대로 직원을 480명만 고용해서 매주 레이온 1만 파운드(4,536킬로그램 정도)를 생산할 수 있는 설비를 갖췄다.[9]

　공장 대형화로 효율을 높이고 값싼 직물을 생산하는 것은 경기가 좋지 않을 때도 통하는 성공의 공식이었다(아니, 경기가 좋지 않아서 그런 공식이 성공했는지도 모른다). 예컨대 제1차 세계대전 중에 레이온 산업은 번창했고, 전쟁으로 실크와 면의 공급선이 파괴되자 합성섬유 수요가 늘어났다. 대공황도 레이온이 직물의 세계에서 자리를 굳히는 데 한몫했다. 예컨대 1936년 미국의 레이온 산업은 1931년과 비교해 생산량이 80퍼센트 증가하는 기록을 세웠다. 이 무렵 영국의 주요 회사(코톨즈)들과 미국의 회사(코톨즈, 듀폰)들에 이어 이탈리아(SNIA), 독일(글란즈토프Glanztoff), 일본(데이코쿠 레이온, 도쿄 레이온)에서도 레이온 제조업체들이 속속 생겨났다. 이 회사들은 일제히 레이온을 다량으로 만들어냈다.[10]

　이런 업체들은 대부분 다른 합성 직물도 함께 생산했다. 듀폰Dupont사가 좋은 예다. 듀폰은 1920년 뉴욕주 버팔로Buffalo에 첫 번째 레이온 공장을 열고 테네시주에 두 번째 공장을 세웠다. 1960년대에 이르자 듀폰은 규모가 191억 달러에 달하는 미국 화학산업의 선두주자 및 세계 최대

의 합성물질 제조업체가 됐다. 1960년대 이전까지 가장 수익성 좋고 가
장 유명한 섬유는 화석연료로 만든 최초의 합성섬유인 나일론이었다.
(그래서 목재펄프로 만드는 레이온은 석유화학에 의존하는 경쟁 상대인 나일
론보다 값이 쌌다. 그때부터 나일론의 가격은 눈에 띄게 하락하고 나일론과 레
이온의 순위도 뒤바뀌었다.[11])

　　열가소성 섬유thermoplastic fiber를 만들기 위한 연구는 1930년에 시작
됐다. 듀폰이 오늘날 표준으로 통하는 나일론66을 개발하는 동안 독일
의 화학회사인 I. G. 파르벤I. G. Farben은 현재 가구류에 널리 쓰이는 나
일론6을 만들어냈다. 연구가 시작된 지 10년이 채 지나지 않아 나일론
은 시장에 진입했다. 미국의 듀폰은 양말류 시장에 집중했다. 그것은 매
우 영리한 선택이었다. 1930년대에 치마 길이가 짧아지자 스타킹이 여
자들의 필수품이 됐기 때문이다. 나일론 스타킹이 생산되기 전에는 스
타킹을 대부분 실크로 만들었는데, 실크는 피부에 닿는 느낌이 아주 좋
지만 세탁이 까다롭고 값이 비싸고 신축성이 없었으며 올이 쉽게 풀렸
다. 여자들은 해마다 평균 8컬레의 스타킹을 구입할 수밖에 없었다. 듀
폰은 1939년 10월 24일 델라웨어주의 윌밍턴Wilmington에서 직원의 부인
들을 위해 스타킹 할인 판매 행사를 개최하면서 양말류 시장에 진출했다.
1컬레에 1.15달러(오늘날의 20달러에 해당한다)씩 하는 스타킹 4,000컬레
가 몇 시간 만에 다 팔렸다. 이듬해 5월 16일 일반인을 대상으로 개최한
행사에서도 똑같은 일이 벌어졌다. 듀폰이 생산한 스타킹 400만 컬레가
48시간 만에 하나도 남김없이 팔려나갔다. 듀폰은 1940년에만 1,100톤
이 조금 넘는 나일론을 생산했고 판매를 통해 900만 달러를 벌었다. 2년
이 지나자 듀폰은 양말류 시장의 30퍼센트를 점유했다.[12]

　　시기적으로도 듀폰은 운이 좋았다. 원래 미국은 실크를 대부분 일본
에서 수입했는데, 두 나라 사이에 긴장이 고조되면서 실크 거래도 불안

정해지고 있었다. 1941년 8월에는 일본산 물품 수입이 전면 중단됐다. 듀폰사는 그 실크 부족분을 공급하기 위해 재빨리 생산량을 늘렸다. 하지만 진주만 습격 이후에는 나일론도 군수물자로 전용됐다. 이제 소비자들이 쓰는 사치품보다 낙하산, 군화 끈, 모기장, 전투기의 연료탱크를 만드는 일이 더 중요해졌다. 대서양 양쪽에서 갑자기 스타킹을 구하지 못하게 된 여자들은 창의력을 발휘할 수밖에 없었다. 화장품 업체들은 다리에 바르면 스타킹을 신은 것처럼 보이는 제품을 내놓았다. 헬레나 루빈스타인Helena Rubinstein이 내놓은 제품 이름은 '레그 스틱Leg Stick'이었고, 다른 업체의 인기 있는 제품으로는 '레그 실큐Leg Silque'와 '실크토나Silktona'가 있었다. 백화점들은 스타킹 대신, 다리에 색을 칠하고 가짜 솔기도 만들고 눈썹 그리는 연필과 안정적인 손놀림으로 스타킹 윗부분까지 그려주는 특별한 메이크업 코너를 만들었다. 여자들은 훌륭한 갈색 착색제를 집에서 직접 만들어 쓰기도 했다. 1945년 나일론 스타킹이 다시 판매되기 시작했을 때는 여자들이 엄청나게 흥분한 나머지 매장 바닥에서 일대 소동이 벌어졌다. 그 사건은 나중에 "나일론 폭동"으로 명명됐다. 피츠버그에서는 어느 한 상점이 보유한 스타킹 13,000켤레 가운데 1켤레를 사기 위해 4만 명이 줄을 섰는데 줄 길이만 1.5킬로미터가 넘었다.[13]

스타킹을 제외한 의류 제품에 나일론을 비롯한 합성섬유가 처음 사용된 것은 실용적 가치가 있기 때문이었다. 1964년 《뉴욕 타임스》에 실린 기사는 여성 사업가가 출장을 떠날 경우 "잠자리에 들기 전에 드레스와 스타킹과 속옷을 헹궈내라"고 조언했다. 그래야 다음 날 "다리미질을 하지 않고서도 상쾌한 느낌으로 여행할 수 있기 때문"이라고 했다.[14]

합성섬유는 실용적이면서도 수익성까지 좋았다. 1940년에서 1967년 사이에 듀폰은 나일론 하나만으로 42억 7,000억 달러를 벌어들였다. 다

른 합성섬유들, 예컨대 듀폰과 올론Orlon사가 판매한 '아크릴acrylic', '데
이크론'이라는 상표가 붙은 폴리에스테르, '라이크라'라는 이름의 스판덱
스spandex는 처음 출시됐을 때 소비자의 마음을 사로잡기 위해 열심히 노
력해야 했다.[15] 하지만 이 무렵에는 소비자들이 돈을 더 많이 쓰고 있었
다. 특히 미국 소비자들이 돈을 잘 썼다. 1970년에 미국인의 소비 지출
은 GNP의 3분의 2에 달했고 가계소득도 역대 최고였다. 듀폰을 비롯한
합성섬유 제조업체들은 마케팅 실력도 뛰어났다. 코톨즈사는 1897년에
이미 장례 기간에는 검은 옷을 입는 사회 풍습을 이용해 자신들의 의류
를 판매했다. 당시의 광고 중 하나는 "가족과 사별한 여성의 정확한 장
례 기간"이라는 제목으로 남편을 잃은 여자는 1년 1일, 사촌을 잃은 여
자는 3개월 동안 검은 옷을 입으라고 친절하게 알려줬다. 이 목록의 맨
위쪽 옆에는 대문자로 친절한 설명이 적혀 있었다. "코톨즈사의 크레이
프(모자나 소매에 두르는 검은색 상장_옮긴이)는 방수도 됩니다."[16]

　　20세기 중반에 이르러 합성섬유 직물과 합성섬유와 천연섬유의 혼
방 직물이 시장에 더 많이 나오자 광고의 중요성이 더 커졌다. 1962년
듀폰은 상품을 홍보하기 위해 1,000억 달러를 썼는데, 1970년이 되자 이
비용은 2,400만 달러로 늘어났다. 파리는 여전히 국제적인 패션 교역의
중심지였고 신문들은 1년에 2번 열리는 파리 패션쇼 소식을 충실히 보
도했다. 파리의 디자이너들은 이 패션쇼에 모였고, 세계의 의류 시장이
그 패션을 따라갔다. 그래서 듀폰은 2년에 1번 열리는 쿠튀르couture(고
급 맞춤 의상_옮긴이) 패션쇼를 주최하는 파리의 고급의상점 조합사무국
Chambre Syndicale de la Couture Parisienne과 제휴했다. 고급의상점 조합에 속한
디자이너들은 곧 합성섬유로 옷을 만들어 내놓았고, 듀폰은 고급의상점
들을 대신해 그 옷을 아름답게 촬영해 대중에게 홍보했다. 예컨대 1953년
듀폰은 유명 패션 디자이너 위베르 드 지방시Hubert de Givenchy를 본사로

초청했고, 그 이듬해 지방시는 올론 아크릴 섬유를 혼합한 직물로 터키 옥색 셔츠 드레스를 만들었다. 1955년 듀폰은 디올Dior과 샤넬Chanel의 컬렉션에 14종의 합성섬유가 포함되도록 하는 특별한 성과를 거뒀다.[17]

그 이후 수십 년 동안 패션이 변화하면서 소비자들은 신축성 좋고 몸에 잘 맞으며 편안한 옷을 간절히 원하게 됐다. 그것은 합성섬유와 합성섬유 혼방 직물의 특징과 정확히 일치하는 조건이었다. 합성섬유 직물 앞에 놓인 가장 큰 문제는 고급의류 시장에 끈질기게 존재하는 우월의식이었다. 아무리 많은 파리 시민들의 지지를 받더라도 상류층의 우월의식을 완전히 없애기는 불가능해 보였다. 10년이 지났음에도 나일론을 비롯한 합성섬유들은 여전히 홍보가 필요했다. "나일론 직물의 어휘는 조심성 많은 여행자가 10년 전에 입던 잔주름 잡히는 나일론 옷보다 훨씬 다양해졌다." 1964년 《뉴욕 타임스》 기사는 독자들을 이렇게 설득했다. "잔털을 제거한 나일론 직물은 벨벳과 비슷하다. 골이 지게 짜면 코듀로이를 연상시키고, 플리스는 겉옷이나 실내복으로 적합하며, 2겹으로 짠 더블 니트double knit는 울 저지wool jersey와 닮았다." 이런 기사는 합성섬유 업체들이 합성섬유가 천연섬유와 엇비슷한 장점을 가지고 있다고 소비자를 설득하려 했다는 사실을 보여준다. 기사에 인용된 어느 디자이너의 말은 다음과 같았다. "전문가라도 1~2미터 떨어진 곳에서 보면 천연섬유 직물과 합성섬유 직물을 구별하기가 어려워요."[18]

초창기에 어려움을 겪기는 했지만 합성섬유 직물은 값이 싸고 공급량이 풍부하며 편리하고 현대적이었다. 이것은 성공의 보증수표나 다름없었다. 합성섬유가 성공을 거두자 천연섬유, 특히 면이 희생을 당했다. 1960년 미국의 방적 공장들은 섬유 29억 4,000만 킬로그램을 사용했는데 그중 64퍼센트는 면이고 29퍼센트는 합성섬유였다. 10년 후에는 상황이 역전됐다. 방적 공장들이 사용한 섬유의 총량은 3분의 1 증가했지만 사용량의 58퍼센트가 합성섬유였고 면은 39퍼센트밖에 되지 않았다. 합성섬유의 성공이 명백해지고 수익성이 높아지자 경쟁이 벌어졌다. 1955년에는 듀폰이 미국 합성섬유 시장의 70퍼센트를 점유하고 있었다. 1965년이 되자 듀폰의 시장점유율은 절반 정도로 떨어졌는데도 듀폰의 수익률은 계속 상승했다. 저렴하고 유행에 맞고 신축성 좋은 옷에 대한 소비자의 욕구는 끝이 없었기 때문이다.[19]

# 공장에 오신 것을 환영합니다

거대한 기계실이 나를 둘러싸고 있었다. 예배당만큼 넓은
공간이었다. 길이가 20미터쯤 되는 기계들은 나에게는 신기한
물체일 따름이었다. 모든 기계는 온실 같은 유리 구조물로 보호
받고 있었다. 기계 안의 모든 부품이 돌고, 꼬이고, 올라가고,
내려오면서 쉴 새 없이 움직였다. 그 모든 풍경이
낯선 데다 엄청난 소음과 산의 고약한 냄새 때문에 정신이 멍했다.

아네스 험버트, 「레지스탕스」, 1946년

과거의 소비자들은 합성섬유 직물의 제작 과정에 대해 모르는 것이 많았다. 아마 요즘 소비자들도 잘 모를 것이다. 여러 종류의 합성섬유를 생산하는 화학회사들이 많아졌고, 그 회사들이 제각기 혼합 비율을 달리하거나 화학 공식을 조금 변형해서 새로운 상표명을 가진 섬유를 만

들어내려고 열을 올렸기 때문에, 소비자들이 자신이 무슨 섬유를 구입하는지 정확히 알기란 사실상 불가능해졌다. 1964년 《뉴욕 타임스》에 실린 기사는 이를 다음과 같이 표현했다. "[이런 브랜드 이름의] 대부분은 소비자에게 무의미하다. 섬유 업계에 종사하는 사람들도 그 이름들을 잘 모른다."[20] 레이온만 해도 별명이 한둘이 아니다. 인조 실크, 모조 실크, 아트 실크art silk, 비스코스, 뱀부bamboo, 모달Modal, 라이오셀Lyocell, 비스코스 레이온···.[21]

직물 노동자들의 고충도 소비자의 눈에는 보이지 않는다. 미국의 노동보건의학 전문가인 엘리스 해밀턴Alice Hamilton은 직물 노동자와 레이온 공장을 여러 번 언급했다. 예컨대 펜실베이니아주 노동자들이 처한 위험에 관한 초기 보고서에 그녀는 방적 공장에서 일하는 노동자들을 습격했던 "가벼운 솜털 먼지"와 "소음, 진동, 단조롭지만 계속 주의를 기울여야 하는 노동으로 인한 피로"에 대해 기록했다.[22] 전쟁이 발발하고 섬유 수요가 늘어나자 노동환경은 더 나빠졌다. 이탈리아 의사인 엔리코 빌라니Enrico Vigliani는 제2차 세계대전 중 피에몬테Piedmont의 레이온 공장들이 생산량을 증가시키기 위해 노동시간을 12시간으로 늘리고 정전이 된 상태에서도 일을 시켰다고 기록했다.[23]

전시에 강제 노동은 드문 일이 아니었다. 리텐베르게Littenberge 근처의 프릭스 공장은 인근의 노이엔감메Neuengamme 강제수용소에서 노동력을 충당했다. 보헤미아 북부의 로보시체Lovosice에 위치한 독일의 다른 레이온 공장도 마찬가지였다. 1943년에 오스트리아의 글란츠스토프Glanzstoff 공장에서 일했던 노동자 4명 중 1명은 전쟁포로 또는 강제 노동자였다. 연합군이 볼펜Wolfen의 I. G. 파르벤 공장을 해방시켰을 때 그곳에서 강제 노동을 했던 노동자들은 폭동을 일으키고 공장에 불을 질렀다.[24]

레이온 공장에서 노예노동을 이용하는 것은 비윤리적인 일이었다. 게다가 고집 세고 반항적이며 경험이 부족하고 영양실조와 과로에 시달리는 미성년 노동자들은 사고에 극도로 취약했다. 아녜스도 그곳에서 일하는 동안 할머니가 됐고 항상 건강이 좋지 못했는데도, 일에 대한 정식 교육도 받지 못한 채 날마다 길게는 12시간 동안 혼자 기계를 작동하라는 지시를 받았다. 또 그녀와 동료 노동자들은 관리자들에게 수시로 육체적 학대를 당했다.

처음 몇 달간 아녜스는 완성품 레이온사를 취급하는 일만 했다. 그 것도 나름의 어려움이 따르는 일이었다. "우리가 숨을 쉴 때마다 들이마시는 레이온 먼지 때문에" 그 일을 하면 계속 갈증이 났다. 강제 노동자들은 하루에 딱 2번만 화장실을 갈 수 있었고 급수대는 아예 사용할 수 없었다. 사실상 그들은 관리자의 허락을 받아야 물을 마실 수 있었다.[25]

그래도 아녜스가 보기에 노동환경이 가장 나쁜 곳은 따로 있었다. 그곳은 비스코스가 생산되는 넓은 기계실이었다. 그녀가 공장에 처음 도착했을 때 기계실은 자유로운 유급 노동자들로 가득 차 있었다. 유급 노동자들은 대부분 네덜란드인이고 거의 다 남성이었다. 그때 그녀의 눈에 비친 그 노동자들은 "애처로울 지경"이었다.

> [그들의] 작업복은 닳아 해지고 산성용액 때문에 군데군데 구멍이 뚫려 있었다. 손에는 붕대가 감겨 있었고, 눈도 많이 아픈 것 같았다. 혼자 힘으로는 일을 해내지 못할 정도로 눈이 나빠진 사람들도 있었다. 동료 노동자가 그들의 팔을 부축해주고, 앉혀주고, 손에 숟가락을 쥐어주곤 했다. 그들은 극심한 고통에 시달리는 듯했다. 대체 어떤 노동이 사람을 이렇게 처참하게 만드는 걸까?[26]

당시의 아네스는 아무것도 몰랐지만 곧 알게 됐다. 자유로운 노동자들은 날마다 조금씩 빠져나가 다시는 돌아오지 않았다. 얼마 후에는 관리자들이 방적실에서 일을 시킬 수 있는 사람들은 여자들뿐이었다. 아네스처럼 강제 노역을 하는 여자들.

# 공장 바닥에서

노동이 너희를 자유롭게 하리라.
Arbeit macht fre.

아우슈비츠를 비롯한 나치 강제수용소 입구에 있었던 구호

1887년 4월, 27세 남자 하나가 정신질환 때문에 허드슨 리버 주립병원Hudson River State hospital에 실려 왔다. 12일이 지나자 또 한 사람이 강제로 수용됐다. 자세히 알아보니 두 사람은 같은 고무 공장에서 일하던 동료였다. 몇 달 후, 더운 여름날 그 공장에서 세 번째 환자가 같은 병원으로 실려 왔다. 기록에 따르면 그 환자는 "심하게 흥분된 상태로 시끄럽게 소리치고 폭력적인 내용의 기도를 하면서 동네 사람들을 괴롭혔다"고 했다. 뉴욕 의과대학 신경정신과 과장이었던 프레더릭 피터슨Frederick Peterson이 이 환자들에게 관심을 가졌다. 그는 세 사람이 동일한 화학물질을 대량으로 흡입했다고 확신했다. 그 화학물질은 이황화탄소였다.[27]

레이온의 역사를 집필한 폴 데이비드 블랑Paul David Blanc의 설명에 따르면 이황화탄소는 2개의 황 원자 사이에 작은 탄소 원자가 샌드위치

처럼 끼어 있는 "작고 우아한 분자"다. 이황화탄소는 자연계에 거의 존재하지 않으며 가끔 화산의 분기공에서 발견된다. 독일의 어느 화학자가 1796년 이황화탄소를 인공적으로 합성했다. 19세기 중반부터 이황화탄소는 고무를 가황加黃(생고무에 황을 섞어 가열함으로써 탄력성을 증대시키는 공정. 현재는 사용되지 않는다_옮긴이) 처리하는 데 사용됐다. (이황화탄소를 쓰는 방법은 '차가운 가황'이라고 불린다. 다른 방법으로는 열과 압력을 이용한 가황이 있다.) 가황 처리된 고무는 목욕용 모자, 타이어, 인도산고무 콘돔에 이르는 온갖 물건에 들어간다.[28]

이황화탄소가 산업에 활용된 순간부터 의학적 위험은 뚜렷이 드러났다고 말할 수 있다. 허드슨 리버 주립병원에 3명의 남자가 수용되기 40년 전에 프랑스의 화학자 기욤 뒤센 드 불로뉴Guillaume Duchenne de Boulogne가 이황화탄소의 위험을 경고하는 책을 출간했다. 그 무렵 프랑스는 유럽에서 가황 처리를 가장 활발하게 하는 나라였으므로 프랑스 과학자들과 의사들은 이황화탄소를 다루는 사람들이 심각한 위험에 노출된다는 사실을 누구보다 먼저 알았다. 화학자 기욤은 이황화탄소 사용을 당장 중단해야 한다고 말하지는 않았고, 다만 가황 처리는 반드시 바람이 잘 통하는 곳에서 하라고 제안했다. 2년 후 기욤 드 불로뉴는 파리 내과·외과의 협회Medical-Surgical Society 발표를 통해 이황화탄소의 위험에 대해 재차 경고했다. 그는 이황화탄소에 노출된 사람들이 말기 매독 환자들과 비슷하게 정신착란을 일으키는 모습을 목격했다. 매독은 19세기에 맹위를 떨친 무시무시한 성병이었다.[29]

이황화탄소에 대한 경고들은 느리게 전파됐다. 고무 업계는 이황화탄소의 위험성을 인식한 후에도 아무도 비스코스 생산에 사용되는 이황화탄소의 위험을 분석해볼 생각을 하지 않았다. 이황화탄소 노출이 일으키는 증상들이 아주 광범위하고 다양하다는 것도 문제였다. 1941년에 작성된 한 보고서는 약 30가지 증상을 나열했는데, 그중에는 시야가 흐려지고 식욕이 없어지는 것과 같은 경미한 증상도 있고 호흡곤란으로 사망하는 것과 같은 치명적인 증상도 있었다.[30]

초기의 의학 기록들은 대부분 남성 의사들이 남성 환자들을 진찰하고 남긴 것인데, 성적인 측면의 부작용을 발견하고 놀란 기색이 역력하다. 어느 프랑스 외과의사는 항상 발기가 되는 증상에 시달리는 22세 환자의 사례를 기록으로 남겼다. 27세의 다른 환자는 증상이 더 심해서 실제보다 훨씬 나이 들어 보였고, 자신이 "성적 욕구를 잃고 발기 능력도… 없어졌다"고 말했다.[31]

이황화탄소에 노출되면 신체적인 문제뿐 아니라 여러 가지 정신질환이 나타날 수도 있다. 이황화탄소를 다루던 노동자들과 그들의 아내들은 미묘한 성격 변화, 폭력적이고 불쾌한 꿈, 혼란, 두통을 경험했으며 극단적인 경우에는 정신이 이상해졌다. 의사 토머스 올리버Thomas Oliver는 이 화학물질을 다루는 작업을 하는 사람들 중 일부가 광기에 휩싸여 "공장의 맨 꼭대기 층에서 땅으로 뛰어내렸다"고 기록했다. 펜실베이니아의 어느 마을에서 수행한 연구에 따르면 그 마을과 가까운 레이온 공장에서 일하는 노동자 10명이 차례차례 정신병원에 수용됐다. 그중 한 사람은 너무나 심한 폭력성을 나타내서 경찰관 4명이 와서 진압해야만 했다. 나중에 그는 부상 때문에 죽었다. 다른 한 사람은 자기 목구멍에 돌멩이를 쑤셔 넣으려고 했다.[32]

의사였던 엘리스 해밀턴은 1923년 그녀가 진찰한 두 명의 남성 환자에 대한 기록을 남겼다. 그들은 둘 다 버팔로 인근 레이온 공장의 통풍이 잘 되는 약품 처리실에서 일했다. 첫 번째 환자는 큰 키에 야윈 모습이었고 "불안해하고, 쉽게 흥분하고, 질문을 받으면 발끈하고, 자기에게 반대하는 의견을 수용하지 못했다"고 한다. 처음에 그는 다리에 힘이

없어서 불안을 느꼈고 중풍 환자처럼 몸을 심하게 떨었다. "그는 정신적
으로 매우 침체된 상태였고 항상 졸려 보였다. 그는 아무 때나 잠에 빠
져들기도 했다." 그의 동료인 두 번째 환자는 육체적인 이상은 없었지만
"스스로 감정을 조절하려고 열심히 노력하지만 아주 감정적이고 초조해
하는 상태"였다. 그 환자는 환각 증상에 시달리고 있었고 해밀턴 박사와
이야기를 나누던 중에 "자제력을 잃고 베개에 머리를 파묻고 울었다"고
한다.[33]

이황화탄소 문제는 세계적인 문제였고 20세기 중반까지도 비록 사
고와 정신이상이 대부분이었지만 문제는 계속 발생하고 있었다. 이탈
리아의 경우 사고 · 산재 보험공단Institute for Insurance against Accidents and
Occupational Diseases에 1934년부터 1937년까지 83건이 등록됐다. 그런데
1938년이 되자 산재 수치가 갑자기 치솟아 그해에만 83건이 등록됐다.
그중 16건은 영구적인 손상이었고 1건은 사망이었다. 얼마 후 제2차 세
계대전 중에는 비스코스 공장의 직업병 발병에 깊은 관심을 기울였던
엔리코 빌라니 박사가 일부 공장들의 노동자 보호 조치가 매우 부실하
다고 발표했다. 그는 1943~1953년 사이에 밀라노의 4개 공장에서 일하
는 비스코스 노동자들이 이황화탄소에 중독된 사례를 43건이나 발견했
다. 그중 21명이 한 공장 출신이었고, 두 번째 공장에서는 18명이 중독
됐다. 세 번째와 네 번째 공장의 중독 사례는 각각 2건이었다.[34]

골치 아프게도 레이온 공장에서 이황화탄소에 잠깐만 노출됐는데 돌
이킬 수 없는 피해를 입는 경우가 있었다. 빌라니 박사는 1940~1941년
사이에 피에드몬트에서 이황화탄소에 노출된 노동자를 100명 넘게 진
찰했다. 그들 중 다수가 무릎 통증이 있거나 항상 다리가 무거운 느낌
에 시달려서 걸음이 부자유스러웠다. 5명은 정신질환의 징후가 있었다.
1946년 빌라니가 이 환자들의 일부를 재진했을 때 1명은 회복, 4명은 상

태가 호전됐고 5명은 그대로였으며 10명은 상태가 나빠져 있었다.[35]

　이런 공식적인 의학 기록만 봐도 무섭지만, 이런 기록들은 상황을 완전하게 전달하지 못한다. 레이온 공장에서 일하는 노동자들은 대부분 가난하고 학력이 낮아서 무조건 일자리를 유지해야 하는 절박한 사람들이었다. 그래서 건강을 희생시키더라도 일을 계속하려고 애를 썼다. 의사 해밀턴과 대화를 나눈 야윈 남자는 6주 동안 완전한 휴식을 취하라는 처방을 받았다. 해밀턴은 그가 "자기의 장애를 과장하려 하지 않았고, 오히려 공장에 복귀하기를 간절히 원했다"고 판단했다.[36]

　그리고 의학 기록은 부정확하거나 불완전할 때가 종종 있다. 의사 빌라니가 인용한 이탈리아 직업병 환자의 숫자에는 환자가 보상금을 받은 사례만 포함된다. 그렇다면 그 숫자는 빙산의 일각이라고 봐야 한다. 또 공식 보고서에는 노동자들의 피해에 대한 책임을 회피하려는 공장주와 관리자들의 입김이 작용했을 가능성이 있다. 언젠가 해밀턴은 백랍을 취급하는 공장의 관리자와 이야기를 나눴는데, 그 관리자는 분개하며 이렇게 소리쳤다고 한다. "내 밑에서 일하는 사람들 중 하나가 납중독이라고 해서 내가 책임을 져야 한다는 뜻이오?"[37]

　직물 업계는 대체로 이 관리자와 비슷한 태도를 취했다. 미국과 영국에서 노동자들에게 계속 발생했던 안질환은 흔히 '결막염'으로 표현됐다. 이황화탄소 노출이 결막염보다 더 해로운 질환인 각막염을 일으킨다는 증거가 나온 다음에도 마찬가지였다. 이황화탄소가 노동자들에게 피해를 입힌다는 것에 대한 증거가 공개된 1960년대 초반, 코톨즈사는 시간을 끌면서 연구가 진행되는 것을 막았다. 1990년대가 되어서야 코톨즈는 정부가 제안한 '건강 위험도 평가Health Hazard Evaluation'에 날카로운 답변을 보냈다. 반면 듀폰은 1935년부터 그들이 사용하는 화학물질이 노동자에게 미치는 영향을 연구했으며 공장에서 허용되는 이황화탄

소의 양에 안전기준을 설정했다.[38]

아녜스를 비롯한 강제 노역자들은 그들이 취급하는 화학물질이 무엇이
고 그 물질이 어떤 해를 입힐 수 있는지 전혀 몰랐다. 아무도 그들에게
그런 이야기를 해주지 않았다. 『레지스탕스』에는 '이황화탄소'라는 용어
가 한 번도 등장하지 않는다. 아녜스는 그들이 취급하는 거의 모든 화학
물질을 '산'이라는 모호한 단어로 지칭한다. 그들은 감독이 거의 없는 상
태에서 서로를 보며 일을 배웠다. 새로운 공포는 늘 갑작스럽게 찾아왔
다. 용해된 상태의 비스코스를 멀리해야 한다는 것은 초기부터 알았다.
그들은 뚜껑이 없는 큰 통 앞에서 일했는데, 환기장치도 없고 일반적으
로 노동자를 보호하기 위해 사용되는 장비도 없었다. "그것은 마치 인燐
처럼 살갗을 태운다." 아녜스는 비스코스를 다루는 일을 시작한 직후에
이렇게 썼다. "비스코스가 상처에 달라붙으면 절대로 떼어낼 수가 없다.
결국 뼈가 드러날 때까지 살갗을 태운다." 프릭스 공장에서는 민간인 노
동자들에게만 안전 장비와 장갑을 지급했으므로, 강제 노역자들은 쉽게
녹아 없어지는 직물로 만든 바지와 셔츠로 버텨야 했다. 그래서 때때로
여성 노동자들이 나체에 가까운 상태로 공장 바닥에 쓰러졌다.[39]

　노동자들의 안전에 대한 공장 측의 무관심은 간담이 서늘해질 정도
다. "어느 날 한 여성 노동자가 기계 앞에서 격렬한 간질병 발작을 일으
켰다. 입에는 거품이 부글부글 일었고 몸뚱이는 활처럼 휘어져 중앙 통
로의 한쪽에서 반대쪽으로 튕겨 나갔다." 아녜스와 동료들은 그녀를 보
고 겁에 질렸지만 "관리자들과 여자 교도관은 아주 재미있다는 반응이
었다." 30분 후에 그녀는 기계 앞으로 돌아왔다. 나중에는 매주 발작을
일으켰다.[40]

　전쟁이 길어지자 상황은 더 나빠졌다. 식량 배급량이 줄고 노동시간

은 길어졌다. 머지않아 그들은 주당 60시간씩 일하고 일요일에도 3번 중 2번은 12시간 교대로 일하게 됐다. 당연히 그들의 건강도 나빠졌다. 아녜스의 친구인 앙리에트Henriette가 이황화탄소 때문에 시력을 잃고 심한 경련과 다리 통증으로 고생했을 때 그녀가 받은 것이라고는 아스피린과 안약 조금이 전부였다. 일이 서툴던 아녜스는 자주 비스코스가 튀어서 부상을 입었다. 비스코스가 그녀의 발에 떨어져 살갗을 태우고 감염을 일으키기도 했다. 손에는 비스코스가 너무 많이 튀어서 피부가 "회색으로 변했고" 항상 아팠다. 그녀는 불면증에 시달렸고, 얼마 지나지 않아 동료들과 마찬가지로 시력을 잃을 조짐을 보이기 시작했다. "처음에는 자욱한 안개 속에 들어온 것 같다. 얼마 후에는 통증이 찾아온다. 눈물과 콧물이 줄줄 흐르고, 눈을 콕콕 찌르는 것 같은 통증이 뒤따르며, 머리가 쪼개지는 것처럼 아프고 목 뒷부분에도 극심한 통증이 느껴진다."[41]

또 아녜스를 비롯한 강제 노역자들은 비록 의식하지는 못했지만 정신병적 증상을 경험하고 있었다. 모두가 잠을 제대로 자지 못했으며 강력한 자살 충동은 일상이었다. 오스트리아의 젊은 여자 하나는 기계 뒤에 숨어서 레이온 통에 들어 있던 액체를 한 컵 가득 마셨다. 나중에는 24시간 동안 3명의 여성이 자살을 기도한 적도 있었다. 한 명은 창밖으로 몸을 던졌고 다른 한 명은 계단에서 뛰어내렸다. 세 번째로 앙리에트가 깨진 유리 조각으로 손목을 그었다.[42]

하지만 아녜스의 정신은 마지막까지 온전했다. 전쟁이 끝날 무렵 미국 군대가 프릭스 공장과 노동자들을 해방시켰을 때 군인들은 아녜스의 에너지에 탄복했다. 그녀는 곧바로 그 지역에 잔류해 있었던 다수의 나치 관리들을 체포하는 미국 군대를 도왔고 피난민을 위한 무료급식소를 차렸다. 무료급식소를 운영할 때 그녀는 독일 민간인을 포함해 모든 사람에게 식사를 제공해야 한다고 주장했다.

# 패스트 패션,
# 그 오래된 문제들

이것은 착취에 관한 이야기다.

아비르 압둘라, 다카에서 활동하는 사진가, 2015년

2013년 4월 24일 수요일 아침 9시가 되기 3분 전, '라나 플라자Rana Plaza'
라는 커다란 8층짜리 건물이 갑자기 그리고 완전하게 무너졌다. 마치 그
건물의 콘크리트 블록들이 명주실처럼 약한 물질로 결합되었던 것처럼
보였다. 당시에 건물 안에는 3,122명이 있었는데 그들 대부분은 의류 산
업에 종사하는 여성 노동자들이었고 아이를 데려온 사람도 꽤 많았다.[43]
    위험을 알리는 신호는 이미 여러 번 있었다. 8년 전에 다른 공장 건
물이 붕괴한 적이 있었고, 몇 달 전에는 근처의 다른 의류 공장에서 화
재가 발생했다. 그 8층짜리 건물은 공장 용도로 세워진 것이 아니었다.
연못을 메우고 그 위에 토대를 만든 것이어서 산업용 건물의 하중과 진
동을 견딜 수가 없었다. 게다가 건축 허가도 받지 않고 4개 층을 증축한
상태였다. 유죄를 확증하는 더 확실한 증거는 건물이 붕괴하기 바로 전
날 중대한 구조적 결함이 발견됐다는 것이다. 건물주는 그 건물이 안전
하다고 장담했지만, 그 건물에 같이 입주해 있었던 상업시설들(은행 한
곳과 상점 몇 곳)은 직원들을 대피시켰다. 하지만 의류 업체 노동자들은
업무에 복귀하라는 지시를 받았다. 한 회사에서는 노동자들이 지시를
거부할 경우 그 달 월급은 없다고 협박했다.[44]

2013년 방글라데시의 라나 플라자 붕괴 사고로 발생한 사망자는 총 1,134명이었고 부상자는 훨씬 더 많았다. 일부 생존자들은 몇 시간에서 며칠 동안 동료와 친구들의 시체에 둘러싸인 채 콘크리트 더미에 갇혀 있었던 탓에 아직도 트라우마에서 벗어나지 못하고 있다. 마지막으로 발견된 생존자는 르쉬마Reshma라는 여성이었다. 건물이 붕괴된 지 17일 후에 자신이 일하던 공장의 잔해 속에서 구조된 그녀의 얼굴은 끈적끈적한 흙먼지로 덮여 있었다. 계속 일할 수 있는 생존자들은 곧 의류 공장으로 돌아가서 일했다. 그들에게 다른 기회가 별로 없었고 돈은 필요했기 때문이다.[45]

3년 후 건물주인 소헬 라나Sohel Rana를 포함한 38명이 살인죄로 기소됐다. 그러나 전반적인 상황과 여건은 바뀌지 않았다. 방글라데시는 세계에서 가장 가난한 나라들 중 하나다. 하지만 2013년에 방글라데시는 전 세계에서 중국 다음으로 의류 수출을 많이 하는 나라였다. 5,000여 개의 공장에 320만 명의 노동자가 고용되어 있었고 그 노동자의 대다수는 여성이었다. 라나 플라자 사태 이후 방글라데시의 수출액은 16퍼센트나 늘어나 239억 달러를 기록했다.[46]

사고 발생 시점 방글라데시의 최저임금은 월 37달러에 불과했다. 방글라데시는 값싸고 풍부한 노동력 덕분에 서구 대형 의류 업체들의 외주 생산 기지로 인기를 끌었다. 라나 플라자의 잔해 속에서도 프라이마크Primark, 망고Mango, 월마트Walmart, 베네통Benetton 같은 브랜드의 라벨이 발견됐다. 이처럼 크고 돈을 잘 버는 업체들이 있었는데도 건물 붕괴로 상해를 입은 사람들에 대한 배상은 매우 더디게 이뤄졌다. 사망자의 유족에 대한 배상을 담당할 위원회가 설립되는 데만 5개월이 걸렸다. 재해가 발생한 지 1년이 되던 시점에는 보상에 필요한 4,000만 달러 중에 1,500만 달러만 조달된 상태였다. 라나 플라자가 무너지기 전 6개월 동안 그곳에서 26만 6,000벌의 셔츠를 생산했던 베네통은 2015년 마침내 책임을 인정하고 배상금을 지불하기로 했다. 활동가들은 라나 플라자 붕괴로 사망한 사람의 사진을 유개 화물차 지붕에 올리고 다국적 기업 베네통의 본사가 위치한 트레비소Treviso 주변을 돌아다녔다.[47]

오늘날 대량생산을 하는 대규모 의류 업체들은 합성섬유에 많이 의존한다. 합성섬유가 없다면 패션도 존재하지 않을 것이다. 합성섬유는 값이 싸고 신속하게 생산이 가능하며 수량과 색채와 무늬를 정확하게 지정해서 제작할 수 있다. 자라Zara, H&M, 탑샵Topshop 같은 유명한 대형 브랜드들은 2주마다, 1주마다, 혹은 날마다 새로운 옷을 출시하기도 한다.

합성섬유는 꾸준히 성장하는 세계 섬유 시장의 60퍼센트 이상을 점유하고 있다. 2011년에서 2016년까지 5년 동안 미국인들이 옷과 신발에 지출한 돈은 14퍼센트 증가해 총 3,500억 달러에 이르렀다. 다른 나라에서도 이와 비슷하거나 더 빠른 속도로 섬유 시장이 성장하고 있다. 인구가 증가하고 고급 의류를 원하는 중산층이 형성되면서 침구, 의류, 신발을 만들 직물이 더 많이 필요하게 됐다. 2016년 섬유 시장은 1.5퍼센트 성장해 9,900만 톤에 이르렀다. 현재, 우리는 합리적인 기준에서 필요한 양보다 훨씬 많은 직물을 생산하고 있다. 예컨대 2010년에 생산된 옷은 총 1,500억 벌인데 이 정도면 지금 살아 있는 모든 인간에게 새 옷을 20벌씩 제공하고도 남는다.[48]

환경이라는 측면에서 합성섬유는 재앙이다. 가장 저렴한 합성섬유 중 하나인 폴리에스테르는 사실상 원유에서 추출한 플라스틱과 다르지 않다. 폴리에스테르 의류는 보통 사용되고 나서 쓰레기장에 버려질 뿐 아니라 플라스틱 섬유가 수시로 떨어져 나온다. 어떤 통계에 따르면 전세계의 폐기물 중 가장 흔한 것이 폴리에스테르에서 떨어져 나온 섬유라고 한다. 또 합성섬유는 자원을 많이 소모한다. 대부분의 합성섬유는 석유로 만들어지며 레이온의 경우 셀룰로오스를 원료로 한다. 캐나다, 아마존, 인도네시아에서는 목재펄프를 얻기 위해 오래된 숲의 나무를 베어내고 있다. 환경단체인 '캐노피Canopy'의 주장에 따르면 셀룰로오스로 레이온 같은 물질을 생산하기 위해 매년 1억 2,000만 그루의 나무가 사라진다.[49]

인도네시아에서는 직물을 생산하기 위해 나무를 베어낸 자리에 주로 대나무를 심는다. 그러고 나서 그 직물이 '재생 가능'하고 환경 친화적이라고 홍보한다. 레이온은 셀룰로오스로 만들기 때문에 레이온 생산 과정에 대해 자세히 알지 못하는 소비자들에게 친환경이라고 광고하기에 좋다. 2013년 아마존에서는 메이시스Macy's와 시어스Sears를 비롯한 업체들이 레이온에 '뱀부'라는 가짜 상표를 붙였다는 이유로 총 12억 6,000만 달러의 벌금을 선고받았다. 미국 연방통상위원회Federal Trade Commission에 따르면 그것은 환경보호에 관심이 있는 소비자들을 기만한 행위였다.[50]

대개 합성섬유를 생산하는 지저분한 공정은 임금이 낮고 규제가 느슨한 나라로 보내 외주 생산을 한다. 세계에서 생산되는 비스코스의 65퍼센트 정도는 중국산이다. 인도와 인도네시아의 비스코스 생산량은 각각 세계 2위와 3위에 해당한다. 지금은 레이온 생산이 몇몇 나라에 집중돼 있어 단 10개의 업체가 전체 레이온 생산량의 70퍼센트를 담당하기 때문에 책임 소재를 밝히기가 쉬울 텐데도 여전히 문제가 발생한다. 인도네시아 자바섬 서부에서는 어느 대규모 레이온 공장 옆의 몇몇 마을 주변에 부분 가공된 비스코스 폐기물이 여기저기 흩어져 있는 것이 발견됐다. 그리고 자라, H&M, 막스&스펜서, 리바이스, 테스코Tesco, 에일린 피셔Eileen Fisher를 비롯한 유명 브랜드에 납품하는 공장들이 야간에 공장 폐기물을 강에 불법적으로 방출해 환경을 파괴하고 지하수를 오염시킨 사실이 발각되기도 했다. 2016년에는 중국 내륙지대 곳곳에 식수를 공급하는 지하수 우물 80퍼센트 이상이 오염된 탓에 음용하기에 부적합하다고 보고됐다.[51]

사실 이것은 뉴스거리도 아니었다. 1942년에는 버지니아주의 레이온 공장 인근에 위치한 로어노크강Roanoke River에 대한 수질 조사가 실시됐다. 연구자들은 아메리칸 비스코스사의 폐기물이 섞인 강물을 물탱크에 받은 후 그 안에 물고기를 넣고 경과를 살폈다. 10분 이상 살아남은 물고기는 하나도 없었다. 연구자들은 강물의 오염이 너무 심해서 그 강이 야생동물 서식과 사람의 오락 활동에 적합하지 않을 뿐 아니라 "수력을 활용하는 기계에 넣어도 고장 가능성이 있다"고 판정했다.[52]

합성섬유를 사용하기 때문에, 그리고 여러 종류의 합성섬유를 생산하라고 요구하는 패스트 패션의 강력한 요구 때문에 인류는 높은 비용을 치르고 있다. 방글라데시의 공장 붕괴 사고는 그것을 보여준다. 무시무시하게 빠른 회전 속도와 싼 가격을 기대하는 소비자들 때문에 의류업체들은 노동자를 착취하려는 유혹에 넘어가기가 쉽다. 의류업계는 전세계에서 여성을 가장 많이 고용하고 있지만, 그들 중 생활임금을 버는 여성 노동자는 2퍼센트 미만이다.[53]

그리고 노동자들은 여전히 막대한 위험에 노출돼 있다. 레이온 산업 종사자 중 뚜렷한 이황화탄소 중독 증상을 나타내지 않는 사람들도 취약하다고 봐야 한다. 중국에서 진행된 어느 연구에 따르면 이황화탄소에 노출된 남성 노동자들의 정액이 더 적고 질도 떨어져서 성교에 대한 만족도가 낮았다. 1968년 《영국 의학저널BMJ》에 발표된 연구는 플린트셔Flintshire에 위치한 3개 공장에 고용된 레이온 생산 노동자들의 사망률을 살펴봤다. 그 결과 1933년부터 1962년 사이의 전체 사망자 중 42퍼센트가 심장질환으로 사망했다. 같은 기간 통제집단(레이온과 접촉하는 일을 하지 않는 사람들)에서는 심장질환이 사인인 경우가 17퍼센트에 불과했다. 이 3개 공장 중 코톨즈가 소유한 1개 공장에서 전에 일했던 직원 하나는 폴 데이비드 블랑에게 오싹한 이야기를 들려줬다. 여자들이 아침에 머리에 헤어롤을 감고 출근하면 교대시간이 될 무렵 펌이 끝나 있었다고 한다. 공장 안의 공기에 황이 그만큼 많았다는 뜻이다.[54]

인간이 생산하는 직물 대부분이 생산된 지 몇 주 또는 몇 달 만에 소비되고 버려지는 시대가 되었다. 이것은 인류 역사상 최초의 일이다. 합성섬유가 발명된 덕분에 이런 변화가 가능했다. 합성섬유 직물은 그 직물을 실제로 사용할 사람들에게서 멀리 떨어진 공장에서 생산되고 1킬로그램당 고작 몇 달러에 판매되기 때문에 그 가치 또한 누덕누덕해졌다. 생산 과정이 진짜로 환경 친화적인 자연 분해 섬유를 만들어내기 위한 연구도 진행되고 있다. 버섯 균사체를 이용해 직물을 재배하기도 하고, 유전자를 변형한 효모에서 실크 대용으로 쓸 수 있는 직물을 마치 맥주처럼 증류하기도 한다. 하지만 가장 큰 변화는 직물을 구입하는 우리 같은 사람들에게서 이뤄져야 하지 않을까? 우리가 아녜스처럼 합성섬유를 생산하는 공장에서 일하게 될 가능성은 높지 않다. 하지만 그럴 가능성을 배제할 수도 없으므로 우리는 쇼핑하러 갈 때마다 조금 더 깊이 생각해야 할 것이다.

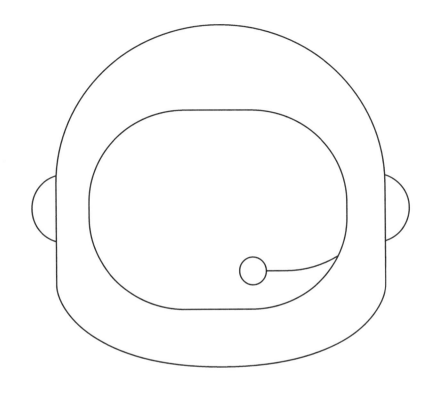

11

# 압력을 견뎌라

우주여행에 적합한 옷

# 달에 가기 위한 옷

이것은 사람의 작은 발걸음입니다.
하지만 인류에게는 커다란 도약입니다.[1]

닐 암스트롱, 달 표면에서 생중계, 1969년 7월 21일

1969년 7월 21일 새벽, 세계 인구의 15퍼센트, 미국 인구의 95퍼센트에
해당하는 5억 2,800만 명이 텔레비전을 켜고 볼품없는 하얀 장화 하나
가 달 표면에 최초로 인류의 흔적을 남기는 광경을 지켜봤다.[2]

닐 암스트롱Neil Armstrong 본인에게 그것은 오싹한 경험이었을 것이
다. 그가 발을 내디딘 풍경은 색이 전혀 없었다. 그는 우주 관제 센터에
이렇게 통신했다. "회색입니다. 아주 새하얀 분필 같은 회색이에요. 영
상에 보이는 대로요. 그리고 태양 쪽으로 90도 틀면 더 어두운 회색입니
다. 잿빛 같은 회색이요." 달 표면의 중력은 지구 중력의 6분의 1 정도라
서 한 걸음을 내디딜 때마다 힘을 아무리 적게 주더라도 마치 만화 속에
서 발에 스프링이 달린 것처럼 위로 치솟았다. 달 표면은 평평하고 가루
가 많았다. 그가 발가락을 땅에 문지르면 가루들이 마치 거무스름한 설탕
가루처럼 둥실 떠올랐다. 그의 우주복에서 나는 소리 외에 별다른 소리
는 들리지 않았다. 펌프가 움직이는 소리, 직물이 바스락거리는 소리, 그
리고 관제 센터의 작은 목소리들. 정확히 2시간 18분 후 암스트롱은 그의
우주선 출입구를 닫고 지구 귀환을 위해 다시 궤도에 오를 준비를 했다.[3]

이 시간들은 수년간 준비하고 훈련한 결과였다. 아폴로 11호 시운
전 기간에 예비 우주 비행사들[4]은 각자 하나의 영역을 맡아 집중적으로
준비했다. 그날 닐 암스트롱과 함께 달 표면을 걸었던 버즈 올드린Buzz

Aldrin은 임무 계획을 연구했고, 달에 착륙하지 않았던 테드 프리먼Ted Freeman은 보조 추진 로켓booster을 연구했다. 아폴로 11호 임무에 선발된 3번째로 선발된 남자로서 동료들이 달 표면의 먼지 속을 활보하는 동안 궤도에 머물렀던 마이클 콜린스Michael Collins는 우주 비행사들이 입을 옷을 맡았다. 그는 나중에 쓴 글에서 이렇게 회상했다. "나는 썩 내키지 않는 마음으로 그것을 선택했다. 그것은 조종실 설계라든가 우주선의 유도와 비행처럼 아주 중요한 영역은 아니었으니까. 내가 우주복을 맡았다가 초짜 취급을 당하면 어쩌나 싶었다." 그가 우주복을 사소한 일 내지 장애물로 여겼다는 것은 참 이상한 일이다. 사실 우주복(콜린스가 임무를 맡을 때는 '여압복pressure suit'이라는 표현을 썼다)은 우주 공간에서 생존하는 데 매우 중요하기 때문에 아폴로 11호 계획의 성공을 위해 반드시 필요한 영역이었다.[5]

인간이 살아남은 환경 중에서도 가장 낯선 환경이 우주 공간이다. 우주에는 무수히 많은 위험 요소가 있다. 우주의 온도는 그늘진 곳이 영하 157도까지 내려가고 태양의 빛을 받는 곳은 154도까지 올라간다. 또 태양이 엄청난 양의 자외선을 방사하는데 우주에는 그것을 걸러주는 대기가 없으므로 우리의 눈과 피부가 손상되기 쉽다. 우주에는 인간이 호흡할 수 있는 공기가 없고 유성진micrometeorite에 부딪힐 확률이 상당히 높다. 우주에는 중력이 없기 때문에 시야가 계속 바뀌어 구토 증상이 유발되며 심하면 육체적 질병이 생길 수도 있다. 여기까지는 그리 심각한 문제가 아니라고 생각할 수도 있겠지만, 헬멧이라는 아주 좁은 공간 안에서 작은 토사물 덩어리들이 둥둥 떠다닌다면 문제는 훨씬 심각해진다. (이미 1944년에 우주 멀미에 관한 소위원회가 만들어진 바 있다.) 오랫동안 무중력 상태에 있을 경우 인체의 골밀도가 매달 2~3퍼센트씩 감소하기 때문에 아주 가벼운 충격에도 뼈가 부러질 가능성이 커진다.

우주에서는 진공과도 싸워야 한다. 사람들이 흔히 생각하는 것, 그
리고 대부분의 우주 비행사들이 생각하는 것과 달리, 바위에 우주복이
찢겨 압력이 빠져나가 우리가 진공상태에 노출된다고 해서 우리 몸속
의 피가 부글부글 끓어오르지는 않는다. 하지만 우리의 몸은 부풀어 오
르기 시작하고, 진공상태에 직접 노출된 체액은 부글부글 끓기 시작할
것이 틀림없다. (1965년 미 항공우주국NASA의 실험이 실패하는 바람에 어
느 불행한 남자에게 실제로 이런 일이 일어났다. 그는 14초 만에 기절했다. 혓
바닥 위의 침에서 거품이 일기 시작했다는 것이 그의 마지막 기억이었다.) 산
소가 없으면 뇌세포는 금방 죽는다. 우주복은 이 모든 위험으로부터 우
주 비행사를 보호해야 한다. 콜린스는 이를 다음과 같이 표현했다. "우
주 비행사의 부드러운 연분홍색 살갗과 우주의 냉혹한 진공 사이에 있
는 것은 우주복뿐이다."[6]

아폴로 11호 탐사단이 출발한 날인 1969년 7월 16일 새벽 3시 30분, 우
주복 기술자들은 극도의 흥분 상태에서 일하고 있었다. 제미니Gemini
(1966년까지 미국 항공우주국이 진행한 유인 우주 비행 프로젝트_옮긴이) 계
획 때 그들은 발사대 근처의 초라한 트레일러 안에서 일했지만, 이제는
방이 딸린 작업장을 확보하고 있었다. 그곳에서 그들은 우주복, 헬멧,
장갑, 신발, 관, 배낭을 비롯해 우주 비행사들이 우주선 안과 달 표면에
서 착용할 온갖 의류와 장비를 시험하고 보관했다. 산소 공급 장치를 껐
다 켰다 해보고, 우주복은 샅샅이 살피며 공기가 새는 곳이나 통신 장애
가 없는지 점검했다. 솔기도 검사하고, 지퍼를 올렸다 내렸다 하면서 걸
리는 곳이 없는지 확인했다. 마침내 올드린, 콜린스, 암스트롱이 우주
복을 착용할 방에 모든 물건이 준비됐다.[7] 콜린스는 우주선 안에서 입을
선내복intravehicular suit만 가지고 있었고, 나머지 두 사람은 오메가 A7-L

이라고 불리는 선외복도 받았다. 세 우주 비행사에게 필요한 우주복은 각각 3벌씩 맞춤으로 제작했다. 하나는 훈련용, 하나는 비행용, 또 하나는 비상시를 위한 여벌 우주복이었다. 우주복의 제작비는 중량과 복잡도에 따라 10만 달러부터 25만 달러까지 다양했다. (아폴로 우주 비행사들은 만약 스테이크와 같은 방법으로 우주복의 값을 매긴다면 1파운드에 1,000달러쯤 될 거라는 농담을 주고받았다. 암스트롱과 올드린의 우주복은 옷 무게만 25.4킬로그램이었고, 휴대용 생명유지장치PLSS, portable life support systems를 장착하면 85.7킬로그램이었다.)[8]

우주여행을 위한 옷 입기는 손이 많이 가는 과정이다. 올드린, 암스트롱, 콜린스는 먼저 몸에 연고를 발라야 했다. 임무는 8일 이상 걸릴 것이라 예상되었는데 그들은 달 착륙에 필요한 장비를 장착할 때를 제외하고는 옷을 갈아입을 수가 없었다. 연고를 바르지 않으면 옷에 피부가 쓸릴 가능성이 있었다. 다음으로 그들은 기저귀를 착용했는데, 모든 물건에 특별한 이름 붙이기를 좋아하는 NASA는 이 기저귀를 '최대 흡수량 의류'라고 불렀다. 고무 주머니와 관을 착용하고 허리에 소변 주머니도 찼다.[9] 그 위에는 '항시 착용 의복'이라 불리던, 상하의가 붙어 있는 신축성 좋은 면 작업복을 입은 후에 마침내 우주복을 착용했다. 우주복은 몸에 딱 맞고 부피가 크기 때문에 착용할 때 도와줄 사람이 필요하고 시간도 오래 걸렸다. 마지막으로 장갑과 헬멧을 착용할 차례였다. 장갑은 두 켤레였는데, 먼저 "편안한" 나일론 장갑을 끼고 나서 알루미늄 고리를 통해 우주복에 고정되는 무거운 장갑을 착용했다. 두 번째 장갑의 색은 오른손은 빨강, 왼손은 파랑이었다. 통신 장비가 들어 있는 갈색과 흰색의 '스누피 캡Snoopy Caps'을 머리에 딱 맞게 쓰고, 마지막으로 커다랗고 동글동글한 헬멧을 썼다. 우주 비행사들은 우주복 기술자들의 작업장에서 발사대로 이동하기 위해 산소 공급 장치를 은색 서류 가방처

럼 생긴 산소호흡기에 연결했다. 한 작가의 표현을 빌리자면 그들은 "미
래로 출장을 떠나는 사업가들" 같았다.[10]

　이처럼 장황하고 장엄한 출발을 했는데도 불구하고, 임무 5일째 되
던 날에 달을 13번 돌고 나서 암스트롱과 올드린은 모든 옷을 벗고 처
음부터 다시 시작해야 했다. 달에 착륙하려면 더 무거운 장비가 필요했
기 때문이다. 상하의가 하나로 된 '항시 착용 의복'은 '액체 냉각 의복'
으로 바뀌었다. 액체 냉각 의복은 몸에 착 달라붙는 나일론 스판덱스
spandex(발레복 등에 쓰이는 신축성 좋은 합성섬유)로 앞부분을 조이는 형태
였다. 이 의복에는 가느다란 갈색 PVC(폴리염화비닐) 관들이 정맥 무늬
처럼 새겨져 있었고, 그 관들을 통해 차가운 물을 펌프로 흘려보냄으로
써 여러 겹의 합성섬유 옷 안쪽의 과열을 방지했다. 액체 냉각 의복 위
에는 무려 21겹으로 만들어진 두툼한 흰색의 '오메가 우주복'을 입었다.
올드린과 암스트롱은 달에 착륙하기 직전에 2.5미터쯤 되는 소형 모듈
Lunar Module 안에서 장갑과 헬멧, 그리고 산소와 냉각수가 담긴 PLSS를
착용했다. 장갑에는 그들이 수행해야 하는 임무의 목록이 벨크로로 붙
어 있었다. 달에서 할 일이 워낙 많았기 때문에 기억을 돕기 위해 그렇
게 한 것이었다. 외부 헬멧의 얼굴 가리개는 강렬한 빛을 차단하기 위해
24K 금으로 코팅돼 있었고, 모든 장비는 공기가 새지 않도록 우주복의
목 부분 고리에 정확히 끼워졌다. 우주선의 선실 안에서 이 모든 장비를
착용하는 것은 만만치 않은 일이었다. 두 사람은 초조한 심정이었다. 그
들이 출입구를 열기까지 예정보다 1시간이 더 소요됐다. 다 합치면 옷을
갈아입는 데 3시간이나 걸린 셈이다. 그리고 올드린의 회상에 따르면 그
것은 아주 우스꽝스러운 광경이었다고 한다. "우리는 보이스카우트의 임
시 텐트 안에서 자세를 바꾸려고 애쓰는 두 명의 미식축구 선수가 된 기
분이었다." 마지막 순간에는 둘 중 하나가 몸을 돌리다가 생명 유지 장

치로 이륙 엔진의 회로 차단기를 조작하는 손잡이를 쳤다. 손잡이는 망가졌으므로 나중에 이륙할 때는 손잡이 대용품을 구해야 했다. 올드린은 구멍 안에 펠트펜을 집어넣어 엔진을 작동시켰다.[11]

# 공기가 부족한 곳으로

험난한 길을 거쳐야 별에 도달한다.

Ad astra per aspera.

아폴로 1호 기록, 케네디 우주센터

마이클 콜린스는 우주 비행사와 우주복의 관계를 '애증'으로 표현한다. "우주복은 하루 24시간 우주 비행사를 보호해주는 지극히 개인적인 옷이었기 때문에 사랑할 수밖에 없었다. 그런데 우주복은 아주 불편하고 거추장스러웠기 때문에 증오의 감정도 생겨났다." 그리고 대개의 경우 순리대로 사랑이 이겼다.[12]

하늘 높이 올라갈 때 보호용 의류가 필요하다는 것은 18세기에 열기구가 발명되면서 확실히 입증됐다. 1783년 늦은 가을, 프랑스의 몽골피에Montgolfier 형제가 거대한 순무 모양 풍선을 타고 파리 상공 3,000미터까지 올라갔다. 그 풍선은 손으로 짠 파란색 실크로 만들어졌고 백합과 루이 14세를 상징하는 도안으로 장식한 것이었다. 몽골피에 형제의 비행은 큰 반향을 일으켰다. 한 달 후인 12월 1일에는 자크 샤를Jacques Charles 교수가 수소를 주입한 풍선을 사용해 천국을 목표로 날아올랐다.

그는 자기도 모르는 사이에 3,000미터 상공으로 올라갔는데, 심한 추위
에 몸이 상하고 귀와 턱에 통증을 느꼈다. 그는 재빨리 땅으로 내려왔
고 다시는 비행을 하지 않았다. 하지만 다른 열기구 조종사들은 명백한
위험도 개의치 않았다. 일례로 1875년 4월 15일에 풍선을 타고 7,900미
터 상공에 도달한 사람들은 1명만 빼고 모두 사망했다. 끔찍하게도 그
들의 입술에는 피로 얼룩진 거품이 잔뜩 묻어 있었다. 50년 후에는 미국
의 열기구 비행사인 호손 그레이Hawthorn Gray에게 비슷한 운명이 찾아
왔다. 그는 일리노이주의 어느 들판에서 무게가 25킬로그램이 넘는 보
호용 의복을 입고 이륙했다. 고도가 높아지면 대기가 희박해질 것에 대
비해 산소 공급 장치도 싣고 13,400미터 높이까지 올라갔으나 열기구
가 땅에 닿기 한참 전에 사망했다. 사후에 그에게 수여된 '비행 십자훈장
Distinguished Flying Cross'에는 다음과 같은 설명이 뒤따랐다. "그의 용기는
그에게 공급된 산소를 능가했다."[13]

　미국인 조종사 와일리 포스트Wiley Post는 타이어와 고무 용품을 제작
하는 업체였던 B. F. 굿리치B. F. Goodrich와 손잡고 9,600~12,800미터 높
이의 성층권에서도 생존할 수 있는 의복을 개발했다. 그 옷의 안쪽은 공
기를 주입한 고무로 만들어져 몸을 편안하게 감싸주었고, 바깥쪽은 고
무를 제자리에 고정하고 압력이 가해질 때 고무가 '풍선처럼 부푸는' 현
상을 방지하기 위해 누빔 면으로 처리했다. 머리에는 은색 양동이처럼
생긴 헬멧을 썼는데, 앞을 보기 위해 헬멧에 둥근 현창을 냈다. (그는 광
산 사고로 한쪽 눈을 잃어서 한쪽 눈만 사용했으므로 현창은 정중앙이 아닌 약
간 옆에 위치했다.[14])

　제2차 세계대전 중에 어느 때보다 많은 사람이 공중으로 올라가면
서 기술도 비약적으로 발전했다. 속도와 고도가 높아질 때 인체의 한계
를 시험하기 위한 다소 무모한 실험들도 있었다. 1943년 6월 랜디 러브

레이스Randy Lovelace는 비행기 조종사가 12,000미터 높이에 던져지면 어떤 일이 벌어지는지를 알아보기 위해 비행기에서 몸소 허공으로 뛰어내려 압력식 호흡 장치를 시험했다. 나중에 이뤄진 계산에 따르면 그가 뛰어내린 지점의 기온은 영하 50도에 가까웠다. 그는 낙하산이 펼쳐지면서 발생한 힘 때문에 의식을 잃었고, 왼손에 낀 속장갑과 겉장갑은 모두 찢어졌다. 12분에 걸쳐 하강하는 동안 그의 왼손은 얼어서 고체처럼 딱딱해졌다. 그 실험은 높은 고도에서 고속으로 이동할 경우 인간의 육체가 한계 상태에 가까워지며, 한순간의 오판이 치명적인 결과로 이어질 수 있음을 보여준다. 움직임의 속도가 빨라지면 동맥의 피가 끝부분에 고인다. 훈련을 통해 적응력을 키울 수는 있지만, 경험 많은 조종사들조차도 4~5의 중력가속도에 노출되면 의식을 잃을 가능성이 높다. 고고도高高度 비행을 하는 사람들은 추위로부터 몸을 보호하기 위해 양가죽, 실크, 모직물로 만든 옷을 여러 겹 껴입어야 했다. 나중에 전쟁이 발발하자 고고도의 공기에 노출되는 저격병들은 동상을 방지하기 위해 발열 의복을 많이 활용했다.[15]

　비행용 특수 의류는 시대의 요구였다. 미국의 여성용 속옷 제작자였던 데이비드 클라크David Clark는 일찍부터 비행용 특수 의류 제작에 뛰어들었다(그가 맨 처음 판매했던 상품은 '스트레이트어웨이The Straightaway'라는 이름의 남성용 편물 보정속옷이었다). 그가 제작한 '안티지anti-g' 우주복은 비닐 코팅된 나일론으로 만든 공기주머니를 사용해 사람의 몸에 밀착되는 동시에, 피가 혈관 아래쪽 끝부분에 고여서 조종사가 의식을 잃는 사태를 방지하기 위해 하체를 압박하는 옷이었다. 미국 제8공군의 한 전투부대에서 그 특수 의류를 도입한 결과 비행 1,000시간당 사살한 적군의 숫자가 33명에서 67명으로 2배가량 늘었다. 전쟁이 끝난 후에도 클라크는 설계안을 계속 수정했다. 그는 나일론 공기주머니를 직물 공기주

머니로 바꾸고 공기 주입식 고무관으로 공기주머니를 잡아당겨 몸이 더
꽉 조여지도록 했다. 이런 특수 의복들 중 하나인 T-1은 1941년 척 예거
Chuck Yeager가 음속 장벽 돌파에 도전했을 때 착용한 옷이다. 나중에 클
라크는 B-52 전투기 조종사들을 위한 특수 의복 제작에 참여했다. 이것
은 21,000미터 상공에서 비행하도록 설계된 여압복으로서, 8시간 분량
의 산소 공급 장치와 동그란 뚜껑으로 여는 소변 장치가 달려 있고 조종
사들이 비행 중에 먹을 수 있는 치즈와 햄 맛이 나는 액상 식품도 옷 안
에 들어 있었다. 하지만 그 옷들 역시 매우 불편했다. 조종사들이 임무
를 1번 수행할 때마다 스트레스 때문에 체중이 5퍼센트씩 줄었다.[16]

　1950년대 중반, 로켓 추진 비행체가 만들어져 인간을 가까운 우주
로 보낸다는 꿈이 현실에 가까워지자 견고하고 편안한 여압복을 제작하
기 위한 노력에도 다시금 가속도가 붙었다. 1954년 라이트 연구소Wright
Lab에서는 특정한 고도(보통은 35,000피트, 미터로 환산하면 10,670미터)에
서 자동으로 부풀어 오르는 공기주머니가 달린 '무사 착륙' 의복을 제작
했다. 이 옷은 여러 겹으로 이뤄져 있었고 조종사 개개인의 160가지 신
체 치수를 사용해 맞춤 제작했다. 조종사들은 맨 먼저 상하의 일체형으
로 된 얇은 내복을 입고, 다음으로 액화질소로 냉각한 공기를 순환시켜
체온을 떨어뜨리는 '환기 의복'을 입었다. 그 위에는 상하의가 분리된 고
무 여압복을 입었는데, 겉에 은색 나일론을 씌운 그물 같은 나일론 망
사로 여압복을 고정했다. 여압복에 망사를 도입한 것은 행복한 우연이
었다. 1956년 데이비드 클라크가 딸을 만나기 위해 민간 항공기를 타고
알래스카로 가던 중, 손으로 느슨하게 짠 고성능 나일론을 사용해봤다.
그 결과 여압복의 무게가 50킬로그램에서 단 11킬로그램으로 감소했다.
'무사 착륙' 의복은 효과가 좋았다. 고도 24,000미터 부근에서 시험비행
을 하다가 로켓 비행체의 차양이 부서졌을 때도 비행사가 그 옷 덕분에

목숨을 건졌다. 하지만 '무사 착륙' 의복은 신축성이 없고, 옷 안에서 몸을 움직이기가 힘들고, 땀이 많이 나고, 몸에 너무 밀착되기 때문에 입는 데만 10분이 넘게 걸렸고 착용을 도와줄 사람이 필요했다.[17]

최초의 우주복은 '머큐리Mercury' 계획을 위해 만들어졌다. 머큐리는 소련이 우주 비행에 몇 차례 성공한 것에 자극을 받아 매우 강력하게 추진된 미국 최초의 유인 우주 비행 계획이었다. 소련은 사상 최초로 인공위성을 발사한 데 이어 동물과 사람을 우주로 보냈다. 그래서 머큐리 계획의 우주복에는 육체를 보호하는 역할은 물론이고 심리적인 역할도 주어졌다. 우주 경쟁에 늦게 진입해서 자존심에 상처를 입은 미국 우주 비행사들이 멋진 옷을 통해 자신들의 위상과 역할을 보고 느껴야 했다. 1960년에 시작된 머큐리 계획의 대표 사진을 보면 머큐리 우주 비행사들이 짙은 코발트색 배경 앞에 웃음 띤 얼굴로 두 줄로 늘어서 있다. 지퍼가 비대칭으로 달린 반짝이는 은색 우주복과 흰색 헬멧과 메탈 재질의 전투화를 신은 우주 비행사들은 반짝반짝 빛나는 모습이다. 그것은 첨단 기술과 우주 시대의 미래를 보여주는 낙관적인 그림이었다.

그 우주복의 표면은 번쩍이며 빛을 반사하고 있었지만, 사실 그 우주복은 혁신적인 제품이라기보다는 꾸준한 진화의 결과물이었다. 나중에 오메가 우주복 제작에 참여했던 멜 케이스Mel Case는 그 옷이 "사실은 별것 아니고 그저 은색을 띤 고고도용 비행복"이었다고 콧방귀를 뀌었다. (말이 나온 김에 그 은색은 알루미늄 가루로 코팅한 것이었다. 코팅 밑에는 위장용 초록색 나일론 직물이 있었는데, 시간이 지나면 코팅이 벗겨져 그 초록색이 비쳐 보였다.) 그 후에 아폴로 우주선 발사에 참여했던 우주 비행사들 중 한 명인 월터 시라Walter Schirra는 우주복 제작 업체와 함께 우주복 개발 과정을 감독했다. 이때 우주복을 제작한 업체는 약 20년 전에

와일리 포스트의 실험적인 의복을 만들었던 B. F. 굿리치라는 고무 전문
업체였다. 시라가 보기에 머큐리 우주복은 프로젝트 전체에서 "장비의
중심"이었다. "우리는 비행하기 전이나 훈련을 하기 전에 항상 몸에 딱
붙는 고무와 직물 고치 속에 몸을 숨겼다. 그 옷은 맞춤 제작이라 우리
몸에 아주 딱 맞았으므로 그 옷을 입으려면 13개의 지퍼와 3개의 고리가
필요했다." 직물을 알루미늄으로 코팅한 이유는 82도까지 올라가는 온
도를 견디기 위해서였다. 시라는 82도를 "숯불에 뭔가를 굽는 것처럼 따
뜻하다"라고 표현했다. 그 우주복에 공기가 주입되면 옷 안에 있는 사람
은 압력을 이용해 높은 가속도를 견딜 수 있게 된다. 하나로 연결된 속옷
에는 격자무늬로 짠 천을 덧대고, 몸통과 허벅지와 팔 윗부분은 나선형
의 '공기층spacers'으로 둘러싸서 피부가 숨을 쉬도록 했다.[18]

　머큐리 우주 비행사들은 임무를 수행하는 내내 머큐리 우주복을 입
었고, 그 우주복은 항상은 아니지만 대부분의 시간 동안 공기가 주입된
상태로 있었다. 그리고 언제나처럼 여기서 진짜 문제가 발생하기 시작
했다. 우주복 표면에 입힌 은빛 나일론은 원래 고무를 고정시키는 역할
을 했는데, 그 우주복에는 고무가 풍선처럼 부풀어 오르는 것을 막기 위
해 신축성 없는 테이프와 끈과 지퍼가 잔뜩 달려 있었다. 시라는 그 우
주복이 공기를 뺀 상태일 때도 "거추장스러웠다"고 솔직히 인정했다. 공
기가 주입된 상태에서 그 우주복은 가까운 친척인 자전거 타이어처럼
"대단히 뻣뻣했다"고 한다.[19]

　그럼에도 불구하고 앨런 셰퍼드Alan Shepard는 이 우주복을 입고 미국
인 가운데 최초로 우주 비행에 성공했다. 1961년 5월 5일, 15분간의 짧
은 비행이었다. 20일 후에는 이 비행의 성공에 고무된 케네디 대통령이
과감한 선언을 내놓았다. 10년 안으로 미국이 달에 사람을 보내야 한다
는 것이었다.[20]

# 솔기와 재봉사

그때가 내 인생에서 가장 좋은 시절이었다….
나는 달 탐사에 적합한 옷을 만드는 데 참여하고 싶어서
일부러 그 회사에 들어갔다.

멜 케이스, ILC의 수석 디자인 엔지니어, 1972년

아폴로 오메가 우주복은 탄생 과정에 우여곡절이 많았다. 1969년 7월 대
중에게 공개된 지극히 고요한 순백색 우주복의 겉모습은 오랫동안 배후
에서 여러 업체들이 NASA의 애정과 달러를 얻기 위해 피 튀기게 경쟁했
다는 사실을 보여주지 않는다. 케네디가 시한을 촉박하게 설정한 데다 소
련과 맹렬하게 경쟁하고 있었기 때문에 미국에서는 10여 년 동안 막대한
예산이 우주 계획에 투입되고 혁신도 잇따라 일어났다.[21] 일부의 추산에
따르면 미국은 1960년부터 1972년까지 400억 달러를 썼다. 1962년 1월
에 선포되고 1965년부터 1966년까지 실행된 제미니 계획의 목표는 달에
인간을 착륙시키는 데 필요한 우주선의 성능을 시험하고, 사람을 우주로
내보내 실제로 '걷게' 해보면서 장거리 우주여행을 할 때 신체가 손상되는
정도(만약 신체에 이상이 나타난다면)를 측정하는 것이었다. 제미니가 이
처럼 중요한 계획이었다는 점을 감안하면 마지막으로 경쟁에 뛰어든 업
체가 누구도 예상치 못한 승리를 거머쥐었다는 것이 더욱 놀랍게 느껴
진다. 최후의 승자는 바로 여성 속옷류를 제작하는 플레이텍스Playtex였
다.[22]

　1960년대 중반에 우주복 제작에 관여하던 업체로는 매사추세츠주

우스터Worcester에 위치한 데이비드 클라크 컴퍼니David Clark Company와
해밀턴 스탠더드Hamilton Standard가 잘 알려져 있었다. 해밀턴 스탠더드
는 처음에는 굿리치와 협력하다가 나중에는 굿리치의 자리를 넘겨받았
다. 플레이텍스는 국제 라텍스 컴퍼니International Latex Company, 혹은 ILC
라고도 불리던 작은 회사로 1962년에는 직원이 50명을 넘지 않았다. 플
레이텍스의 전문 영역은 라텍스로 만드는 몰딩moulding 브라와 거들이었
다. 애초에 플레이텍스는 해밀턴 스탠더드의 하도급 업체로서 NASA의
궤도에 진입했는데, 해밀턴 스탠더드와 플레이텍스 모두 이를 불만스
럽게 여겼다. 플레이텍스 측에서는 자신들이 더 우수하고 혁신적인 견
본을 제출했는데 단독 계약을 수주하지 못해서 크게 실망했다. 플레이
텍스가 제작한 우주복의 독창적인 면은 모양이 고정된 고무 공기주머니
가 나일론 외피의 안쪽에 부착되어 있어서 공기가 들어가더라도 풍선처
럼 부풀어 오르지 않는다는 점이었다. 그리고 그 우주복은 기존의 우주
복에 비해 부피는 훨씬 작고 신축성은 더 우수했다. 한편 해밀턴 스탠
더드는 다른 회사에 승리를 내준 것이 못마땅해서 플레이텍스보다 나은
우주복을 만들어내기 위해 사내에 '호랑이 팀tiger team'을 만들었다. 하지
만 그 결과물은 형편없었다. 1964년 12월 21일 NASA에서는 짤막한 보
고서를 작성해서 돌렸다. "호랑이 우주복은 망했다. 그 옷은 잊어버리
자."[23]

문제는 문화 충돌이었다. NASA는 엔지니어와 과학자로 이뤄진 집
단이었다. NASA는 우주로 보낼 물건들 하나하나의 구성 요소에 대한
정확한 기술 도면과 과학적 해설과 상세한 묘사를 요구했다. 아주 작
은 나사못이나 한 다발의 실에 대해서도. 반면 플레이텍스의 문화는 다
소 산만하고 격식이 없었다. 플레이텍스는 기술 설명서보다 패턴을 더
잘 읽어내고 품질보다 손재주와 끈기를 귀하게 여기는 숙련된 재봉사들

의 팀에 의존하고 있었다. 예컨대 아폴로 계획이 진행되는 동안 엔지니어링 부서의 2인자이자 싸움닭이었던 레니 셰퍼드Lenny Shepherd는 원래 TV 수선공이었다가 플레이텍스에 고용된 인물이었다.

해밀턴 스탠더드와 플레이텍스는 서로 삐걱거리기만 하고 힘을 합쳐 성능 좋은 견본품을 만들어내지 못했다. 그래서 두 업체는 1965년 여름으로 예정된 아폴로 우주선의 비행에 우주복을 공급하는 계약 체결을 놓고 다시 승부를 가렸다. 해밀턴 스탠더드와의 불행한 '결혼생활'에 오랫동안 염증을 느꼈던 플레이텍스는 NASA 관계자 다수가 마땅찮아 하는 분위기 속에서 통사정 끝에 겨우 경쟁에 참가하게 됐다. 플레이텍스는 불과 6주 만에 견본을 준비해야 했다.

1965년 7월 1일, 데이비드 클라크의 견본품(암호명 Suit B), 해밀턴 스탠더드와 B.F. 굿리치의 견본품(Suit C), 그리고 플레이텍스의 견본품(Suit A)이 모두 휴스턴에 제출됐고 각기 22가지 테스트를 거쳤다. 플레이텍스가 제작한 부드러운 재질의 AX5-L 우주복은 22개 중 12개 테스트를 통과했다. 이 제품이 오메가의 조상 격이다. "ILC(플레이텍스)의 우주복이 1위입니다." NASA 비행시스템 책임자가 상사에게 보고했다. "2위는 없습니다."[24]

NASA는 찬성하지 않겠지만, 나중에 A7-L 오메가 우주복(A는 아폴로, 7은 7번째로 제작된 옷이라는 뜻이고, L은 플레이텍스의 다른 이름인 ILC에서 따왔다)으로 알려지게 되는 옷의 제작 과정은 여성용 거들을 제작하는 과정과 엇비슷했다. 물론 항공우주국에서 일하는 사람들은 그 유사성을 인정하지 않으려 할 것이다. 모든 옷은 여성들로만 채워진 봉제실에서 수작업으로 만들어졌다. 재봉사도 여성이고 패턴 재단과 제작도 여성이 맡았다. 그들은 개조한 싱어Singer 재봉틀과 표준 패턴 양식들, 그리고 원래도 우수했지만 오랫동안 여성 속옷을 만드는 과정에서 더 다듬어진 기술을 사용했다. 액체 상태의 라텍스를 틀에 부어 거들과 브라를 만드는 훈련을 받은 사람들이 이번에는 여압복의 공기주머니를 만들고 있었다. 노련한 재봉사였던 엘리너 포레이커Eleanor Foraker는 1964년 플레이텍스의 기저귀 생산 라인에서 차출되어 아폴로 계획에 투입됐다. 오메가 우주복은 플레이텍스사의 주력 상품인 여성 속옷에서 다른 것들도 빌려왔다. 예컨대 공기주머니가 풍선처럼 부풀지 않도록 고무 속에 집어넣었던 얇은 나일론 트리코nylon tricot는 플레이텍스 브라 제품에 사용되던 것과 똑같은 천이었다. 우주복의 고무에 피부가 쓸려서 불편하다는 불만이 제기된 후부터는 모든 우주복에 보들보들한 거들 안감이 1장씩 들어갔다.[25]

하지만 우주복을 만드는 데 요구되는 정밀함은 플레이텍스의 재봉 기술자들이 예전에 경험했던 것과 차원이 달랐다. 예컨대 옷핀은 재봉사의 바느질 상자에 항상 있는 도구지만, 우주복을 만들 때는 옷핀 사용 개수가 엄격하게 제한되거나 아예 금지됐다. (『아폴로의 패션Fashioning Apollo』의 저자인 니컬러스 드 몽쇼Nicholas de Monchaux는 다음과 같이 설명했다. "방수가 되는 고무 공기주머니에 절대적으로 의존하는 옷에 핀과 같은 기계적인 보조 수단을 쓰는 것 자체가 위험을 야기한다.") 1967년에 우주복 견본의 천과 천 사이에서 불량품 옷핀이 발견됐을 때는 재봉실 바닥에 엑스레이 촬영기를 설치해놓고 모든 옷에 들어간 천을 한 장 한 장 검사했다. 재봉틀은 한 번에 스티치를 하나만 하도록 개조했다. 그래야 재봉사가 여러 겹의 천으로 만들어진 옷의 솔기를 정확히 일직선으로 박을 수 있었다. NASA가 요구한 기준에 따르면 솔기는 64분의 1인치가 넘게 비뚤어지면 안 된다. 라텍스를 취급하는 공정과 여러 겹의 천을 접합하는 공정 역시 과거의 경험을 뛰어넘는 수준 높은 기술을 요구했다. 예컨대 플레이텍스 직원들 중에서도 종잇장처럼 얇은 여러 겹의 라텍스로 우주

복 안에 들어갈 공기주머니를 만들어낼 정도로 솜씨가 좋다고 평가받는
사람은 서너 명밖에 없었다.[26]

 이 모든 작업을 한층 더 어렵게 만든 요인은 우주복에 들어가는 직물
과 부속의 수가 아주 많았는데 그 하나하나가 다른 직물 또는 부속과 정
확히 연결돼야 한다는 것이었다. 달에서 우주 비행사가 입었던 오메가
우주복은 1벌당 4,000조각의 직물과 21개의 층으로 이뤄져 있었다.[27] 오
메가 우주복의 단면도를 그리면 합성섬유의 교향악이 펼쳐졌을 것이다.
테플론으로 코팅한 베타 클로스Beta cloth. 베타 클로스는 직물 유리섬유
와 비슷한 방화 실리카포 직물이다. 마일라Mylar와 데이크론Dacron은 질
기지만 가벼운 폴리에스테르로서 단열재로 쓰이는 직물이다. 열저항력
이 높아 지금도 소방관들이 사용하는 노멕스Nomex, 극단적인 온도에도
잘 견디는 폴리이미드polyimide(폴리아미드산을 중간체로 하여 성형 후 가열
해서 만든 고성능 중합체_옮긴이) 섬유인 캡톤Kapton, 그리고 스테인리스스
틸을 직물처럼 짜서 만든 크로멜-R이 오메가 우주복에 들어갔다.[28]

 이 합성섬유들은 대부분 미국의 대기업인 듀폰이 생산한 제품이었
다. 듀폰은 나일론, 네오프렌neoprene, 테플론, 코리앤Corian, 케블라, 라
이크라를 비롯한 활용도 높은 중합체들을 개발했다. NASA와 그곳에서
일했던 우주 비행사들은 우주복을 빨리 보고 싶어 했고 그것을 첨단 공
학의 놀라운 성과로 내세우기를 원했다. NASA의 입장에서 우주복은 대
중에게 NASA가 꼭 필요한 기구라는 믿음을 심어주는 도구였다. 예컨대
음식이 프라이팬에 달라붙지 않게 해주는 코팅제인 '테플론'의 발명이 우
주 탐험의 부산물이었다는 기사가 《월스트리트 타임스Wall Street Times》에
실린 적이 있었다. 사실은 그 반대였다. 듀폰이 테플론을 발명한 것은
1938년이었고, 그때는 최초의 우주선을 고안하기 전이었는데도 부엌에
서는 테플론을 쓰고 있었다.[29]

신화화는 아직도 진행 중이다. NASA 홈페이지에 올라온 어느 블로그 포스트는 우주복을 "1인 우주선"으로 표현하면서 거창하고 모호한 전문용어들을 사용해 우주복에 신비로운 언어를 입혔다. 우주선 바깥에서 입는 옷은 '선외 활동 유닛Extravehicular Mobility Units'이라고 부르고, 최신식 우주복의 상의에는 '경질 상부 토르소Hard Upper Torso'라는 이름을 붙였다. 바지로 이뤄진 하의 부분은 '하부 토르소 집합체Lower Torso Assembly'라는 다소 혼란스러운 명칭으로 불렀다. 이런 욕구 탓에 NASA 사람들은 아폴로 계획이 추진되던 시기에 플레이텍스가 만들어낸 우주복에서 흠을 발견하지 못했으면서도 그 우주복의 생산공정에 불만이 많았다. NASA의 어떤 보고서에는 다음과 같은 내용이 있다. "출하된 물품이 도착할 때 규정에 맞는 선적서류를 구비하지 않았음." 비행 시스템 책임자가 작성한 다른 보고서는 플레이텍스의 "보고 및 분석 시스템"이 부실하고 부정확하다고 비판했다.[30]

플레이텍스의 팀에서는 우주복을 생산한 과정을 NASA가 선호하는 양식의 기술적인 문서로 변환하기 위해 공을 들였지만, 사실 그것은 눈속임에 가까웠다. "우리는 우주복에 관해 알아야 할 사항을 빠짐없이 숙지하고 있었습니다." 레니 셰퍼드는 NASA 구술사 프로젝트의 인터뷰에서 이렇게 말했다. "하지만 그 서류에 대해서는 잘 몰랐어요." 플레이텍스에서는 지식이 맨 아래에서 위로 전수되는 경우가 많았다. 여성 수예공들은 공정에 대한 개선 방안을 자유롭게 제안했고, 엔지니어들은 우주복 접합 공정을 이해하기 위해 바느질을 배웠다. 결국 패턴과 손재주보다 기술 도면과 선적 서류를 선호하는 NASA의 취향에 맞추기 위해 차선책을 고안했다. 플레이텍스는 전문 기술자를 몇 명 채용해서 사내의 여성 수예공들과 NASA의 기술 관료들 사이의 완충 및 의사소통 역할을 맡겼다. 그때부터 우주복을 만들 때마다 모든 직물과 바늘땀 하나

하나를 아름답게 설명하는 기술 도면들과 전문용어로 도배된 복사 용지
가 30센티미터 높이로 쌓였다. 그 서류들은 실제로 우주복을 만드는 여
성들과는 분리돼 있었고 그 여성들이 그 서류들을 사용한 적도 없었다.[31]

우주 비행사 마이클 콜린스는 우주복 제작을 감독하는 임무를 맡았
기 때문에 우주복이 얼마나 정밀하게 제작되는지를 직접 보고 감탄을
연발했다. 그의 경험을 담은 『불을 운반하다Carrying the Fire』라는 책에서
그는 자신이 임무의 일환으로 우주복을 책임졌던 일을 언급하며 그 일
은 "정밀한 엔지니어링에 약간의 해부학과 인류학이 가미된", "매혹적인
도전"이었다고 표현했다. 또 그는 우주복을 만드는 과정에 "상당량의 흑
마술"이 들어간다고 고백했다. 그에게 우주복 제작은 경탄의 대상인 동
시에 장난스러운 비하의 대상이었던 것 같다. 그가 가장 좋아하는 우주
복에는 "종잇장처럼 얇은 공기주머니"가 있어서 "3.7psi(압력의 크기를 나
타내는 단위_옮긴이)의 산소가 나를 둘러싼 0psi의 무한한 공간으로 빠져
나가지 않았"는데, 그 공기주머니는 "우스터의 공장에서 어떤 선량한 부
인들이 유능하고 세심한 손길로 접착해서 만든" 것이었다. 우주여행의
장엄함과 부조리를 예리하게 간파했던 콜린스가 보기에 우주복의 제작
과정은 장엄함과 부조리의 '결혼'이었다.

> 친구들이여, 우주에서 걸어 다니는 사람을 생각할 때 그대들은 이
> 부유한 강대국이 제공하는 첨단 기술을 자랑스레 이용하는 사나이
> 를 떠올리겠지만, 나는 그렇지 않다네. 나는 매사추세츠주 우스터
> 에서 몸집이 작은 부인들이 풀glue 통 위로 몸을 구부린 광경을 상
> 상한다네. 그리고 그분들이 금요일 밤의 빙고 게임과 새로 부임한
> 목사님에 관해 수다를 떠는 사이에 주의가 너무 많이 흐트러지지
> 않기만을 바랄 뿐이지.[32]

# 음식 찌꺼기 아래

우주복은 1인 우주선과 같다.

크리스 해드필드

이렇게 많은 노동과 연구와 기술이 투입되는데도 우주복은 예나 지금이나 완벽과 거리가 멀다. 콜린스의 이야기를 더 들어보자. "우주 비행사들이 결국에는 자기 우주복을 사랑하게 된다고 말하려면, 그들이 맞춤 제작된 가스주머니를 처음 입어보는 순간의 반응은 충격(불타는 증오까지는 아닐지라도)이라는 점도 언급해야 마땅하다." 콜린스 자신도 언젠가 우주복을 입는 도중에 폐소공포증에 시달린 적이 있었는데 그때는 창피해서 아무에게도 말하지 못했다고 고백했다. "우리는 아기 때부터 옷 입기를 배웠지요." 멜 케이스의 설명이다. "하지만 우주복 입기를 배운 적은 없잖아요." 적어도 그의 시각으로는 극도의 불편은 안전을 보장받는 대가였다.[33]

　　NASA가 암스트롱, 올드린, 콜린스를 우주로 보낼 때 최우선으로 관심을 기울였던 사항은 대부분의 물질이 산소가 풍부한 환경에서는 가연성으로 변한다는 것이다. 아폴로 계획 초창기에는 글자가 인쇄된 종이, 가연성 높은 나일론과 벨크로(무중력지대에서 물건들이 둥둥 떠오르는 것을 방지하기 위해 벨크로를 많이 썼다)를 우주선에 잔뜩 싣고 우주복에도 사용했는데, 종이와 나일론과 벨크로는 작은 불꽃 하나라도 있으면 너무 쉽게 발화가 됐다. 1967년 1월 27일, 오메가 우주복의 디자인 작업이 반쯤 진행됐을 때의 일이다. 아폴로 1호에 탑승할 예정이었던 에드워드 화이트Edward White, 버진 그리섬Virgin Grissom, 로저 채피Roger Chaffee가 고정된 캡슐 안에서 정기적인 테스트를 하고 있었다. 그들은 5시간 동안 캡슐 안에 있었고 신경이 곤두서 있었는데 그때 전기 시스템에 문제가 생기는 바람에 큰 불이 났다. 캡슐 내부 온도는 1,090도를 넘어섰다. 우주 비행사 3명의 의료 기록을 원격으로 관리하고 있었던 휴스턴 관제 센터의 비행 감독관은 화이트의 맥박이 14초 동안 빠르게 상승하다가 아예 멈춘 것을 알아차렸다. 몇 시간 후 세 남자가 발견됐을 때는 출입문 바로 밑에서 우주복과 몸이 한데 엉겨 붙어 있었다. 플레이텍스는 신속하게 우주복 디자인을 변경하고 나일론과 플라스틱 재료의 일부를 난연성 재료로 교체했다.[34]

우주복의 가장 바람직하지 않은 특성은 신축성이 없고 쉽게 부풀어 오른다는 것이다. 물론 이것은 지구상에서도 좋지 않지만 진공상태인 우주에서 압력이 가해질 경우 매우 위험한 성질이다. 타이어의 안쪽 튜브가 속에 아무것도 없을 때는 부드럽지만 공기를 주입한 후에는 탄력을 잃고 딱딱해지는 것을 생각해보라. 이것은 우주복 디자인의 첫 단계에서부터 문제가 됐다. 초기 우주복에는 신축성이 필요한 무릎과 팔꿈치 부분에 아코디언 같은 주름을 넣었지만 그 문제를 해결하지는 못했다. 지구에서는 이론상의 문제인 것이 우주에 나가면 한층 암담한 문제로 바뀌었다.

1965년 3월 18일 오전 11시 32분, 소련의 우주 비행사 알렉세이 레오노프Alexei Leonov가 인류 최초로 진공 속으로 들어갔다. 이 최초의 우주 유영은 원래 20분 정도로 짧게 이뤄질 예정이었고 그에게 공급된 산소도 넉넉하지 않았다. 그는 9분 만에 자신이 맡은 임무를 완수했고, 우주선 안에 있던 동료 비행사로부터 탑승하라는 지시를 받았다. 그런데 그 순간 그의 우주복이 부풀어 올라 딱딱해졌다. 그는 보스호트Voskhod 2호 우주선의 작은 출입구를 통과해 안전한 곳으로 들어가기 위해 우주복 입은 몸을 구부리려고 애썼지만 번번이 실패했다. 그러는 동안 심장박동과 호흡은 빨라지고 있었다. 산소는 45분 분량만 가지고 있었는데 그 산소가 고갈되기 시작했다. 이마의 땀에서 나온 소금 때문에 눈은 따갑고 시야는 흐려졌다. "안 되겠어…. 이번에도 못 들어가겠어." 그는 헬멧에 연결된 작은 마이크에 대고 말했다. "들어갈 수가 없어…." 그는 8분이라는 귀중한 시간 동안 자기 몸을 우주선 출입구로 밀어 넣으려는 노력을 거듭했다. 그의 움직임은 점점 절박해졌다. 생명의 위험을 무릅쓰고 우주복을 직접 손으로 눌러 압력을 감소시키고 나서야 우주복 허리 부분이 출입구를 겨우 통과할 수 있을 만큼 구부러졌다. 아마도 레오노프는 부피가 큰 우주복을 향해 호되게 욕을 퍼부었겠지만, 순조롭지 못했던 귀환 과정에서는 그 우주복이 긍정적인 역할을 했다. 지구 대기권에 다시 진입하는 순간 보스호트 2호의 자동조종장치가 고장 나는 바람에 두 사람은 원래 예정된 착륙 지점에서 수천 킬로미터 떨어진 눈 덮인 우랄 산맥에 불시착했다. 두 사람은 우주복 속에서 몸을 웅크린 채 비참한 하룻밤을 보냈다. 그 우주복의 일부는 라텍스로 코팅한 성긴 캔버스 천으로 만든 것이었다. 우주선 바깥에서는 늑대들이 울부짖는 소리가 들렸다.[35]

미국인들도 그런 문제에서 자유롭지 못했다. 소련이 우주선을 발사한 지 몇 달 후에 미국인으로서는 최초로 우주 유영에 성공했던 에드 화이트 역시 거의 같은 문제로 고생했다. 화이트는 25분 동안 공포 속에서 뻣뻣한 우주복과 씨름한 끝에 우주선 안으로 안전히 들어갈 수 있었다. 가장 이상적인 상황에서도 우주복 안에서 몸을 움직이려면 힘을 많이 써야 한다. 압력이 가해지는 장갑 안에서 손가락을 오므리는 일은 테니스공을 찌그러뜨린 채로 몇 분 동안 버티는 것과 비슷하다. 단추와 손잡이가 많은 조종석에서 이것은 큰 문제가 된다. 머큐리 계획에 참가했던 월터 시라는 다음과 같이 기록했다. "이 딜레마를 해결하기 위해 우리는 왼손의 손가락 하나만, 즉 가운뎃손가락만 끄집어내는 방법을 썼다. 멋지게 똑바로 펴진 가운뎃손가락은 버튼을 누르는 근사한 도구가 됐다."[36]

올드린과 암스트롱이 입었던 액체 냉각식 우주복은 특별히 제작된 옷이었다. 고무와 나일론으로 만들어진 우주복에 갇혀 있었던 다른 우주 비행사들의 경우 체온이 너무 많이 올라갔기 때문이다. 제미니 8 계획 때만 해도 일반적인 면 소재의 상하 일체형 우주복을 사용했는데, 이 계획에 참가했던 우주 비행사 유진 서넌Eugene Cernan은 1966년 6월 5일 우주를 유영하는 동안 우주복이 흠뻑 젖을 정도로 땀을 흘렸다. 우주복 안의 온도가 상승하자 안면 보호용 유리판이 수증기로 흐려졌고 그의 심장박동은 분당 180회까지 치솟았다. 동료 우주 비행사들은 서넌이 커다란 1인용 비행장치rocket pack를 시험 착용한 채로 우주선에 다시 탑승할 수 없는 경우 그와 우주선을 연결한 줄을 잘라버리라는 명령을 받은 상태였는데, 만약 그가 그 사실을 알았더라면 이루 말할 수 없이 초조했을 것이다.[37] 그가 돌아왔을 때 우주복 기술자들은 그가 입었던 옷의 양쪽 다리에서 땀을 각각 1파운드(약 450그램)씩이나 빼냈다.

우주 비행사들은 땀을 많이 흘리는 데다 우주선 안이 비좁고 옷을 갈아입을 수 있는 설비가 없었기 때문에 위생 상태가 좋지 못했다. 이 점을 염려한 NASA는 1960년대 중반에 위생 관리를 최소화할 때의 영향을 알아보기 위해 피실험자들이 우주복을 완전히 착용하고 모형 캡슐 안에 6주 동안 들어가 있는 모의실험을 9회나 진행했다. 항상 정확하고 자세한 것을 좋아하는 NASA는 피실험자들의 위생 상태를 다음과 같이 설정했다.

목욕은 일체 하지 않고, 몸을 스펀지로 닦지도 않는다. 면도, 이발,
손톱 깎는 일도 꼭 필요한 경우가 아니면 하지 않는다. 옷을 갈아
입거나 침구를 교체하지 않는다. 구강 관리는 평소보다 적게 하고
물티슈 사용도 최소화한다. 즉 물티슈는 식사 전에 음식의 오염을
막기 위해, 그리고 대변을 본 후에 사용한다.[38]

모의실험 결과는 아름답지 못했다. "양말: 매우 더럽고 축축하고 악취
가 남/ 속옷: 부패 징후가 있음." 모의실험 보고서에 기록된 내용 중 일
부다. 4주 동안 우주복을 입고 지낸 다른 실험군의 양말과 속옷은 완전
히 썩어서 교체해야만 했다. 제니미 7호의 우주 비행사 2명은 단 2주일
동안 우주에서 생활했는데도 위생 문제로 고통을 겪었다. 임무가 시작
되고 50시간이 지나자 전극을 교체하기 위해 우주복을 벗어야 했던 프
랭크 보먼Frank Borman이 동료 제임스 러벨James Lovell에게 물었다. "혹시
핀을 가지고 있나?" "나한테 핀이 왜 필요한데?" "네 코를 막으려고." 보
먼의 대답이었다. 우주 비행사들의 옷과 속옷의 청결 문제는 오늘날까
지도 문제로 남아 있다. 사실 우주선 안에는 날마다 갈아입을 옷을 실
을 공간이 없다. 보통 속옷은 3~4일 동안 입는다. 더러워진 옷의 운명
은 그때그때 다르다. 예컨대 우주 비행사들이 더러워진 속옷을 화분으
로 사용한 적도 있다. 하지만 대개는 더러워진 옷을 작은 비행체에 실어
지구궤도로 돌려보낸다. 그러면 그 비행체는 별똥별처럼 지구 대기권에
진입하자마자 불타버린다.[39]
　간혹 우주복은 사람이 착용하고 있을 때 기계적 결함을 일으키기도
한다. 특히 헬멧 내부의 턱 높이에 설치된 식음료 공급대(음식은 액상으
로 가공되고 과일은 동결건조된 상태로 제공된다)가 언제나 골칫거리였다.
1972년 NASA가 5번째로 발사한 유인 달 탐사선 아폴로 16호가 임무를

수행하던 중 찰스 듀크Charles Duke는 여러 가지 고장을 한꺼번에 경험했다. 가장 처음에는 통신 안테나가 고장이 나서 모든 정보를 우주선의 컴퓨터에 손으로 일일이 입력해야 했다. 다음에는 우주복에 문제가 생겼다는 것을 감지했다. 그는 우주복 내부의 끈을 느슨하게 해달라고 요청했지만 관제 센터에서 거절했다. 그리고 그가 다시 헬멧을 썼을 때는 공기가 샜다. "어이, 짐, 음료 팩에 문제가 생겼어요." 임무 시작 시점에서 딱 4일 1시간이 지났을 때 그가 NASA의 지휘관에게 말했다. "확실히 말하건대 무중력상태에서 헬멧 안에 오렌지주스가 가득하면 앞을 보기가 어렵습니다." 지휘관의 답신이 왔다. "음, 그러면 주스를 얼른 마셔버리게." 그러나 5시간 후에는 지상의 기술자들이 우주복 몸통 부분에 오렌지주스가 너무 많이 떠다니면 인체에 해를 입힐 수 있다면서 안달하기 시작했다. "왜 그런지는 모르겠지만 주스는 대부분 내 헬멧 아래서 둥둥 떠다니고 있어요. 내 스누피 모자 말이에요. 그리고 관자놀이 주변이 아주 끈적거리네요." 듀크는 그들을 안심시키기 위해 이렇게 말했다.[40]

　이런 문제는 금방 해결되지 않았다. 콧수염을 기른 우주 비행사 크리스 해드필드Chris Hadfield의 이야기를 들어보자. 1990년대 중반에 캐나다인으로서는 최초로 우주여행을 다녀오고 2013년에는 국제우주정거장 ISS 지휘를 맡은 해드필드는 매번 팩에서 새어나온 음료가 음식에 다 묻기 때문에 결국 음식이 "끈적끈적한 반죽"처럼 변하고, 배고픈 우주 비행사들은 뭔가를 먹으려고 할 때마다 마치 아기들처럼 얼굴에 음식을 다 묻히게 된다고 농담을 했다.[41]

　우주 비행사들은 음식 섭취 외에도 우주복을 입은 채로 소변과 대변을 보느라 고충이 많았다. 단기 임무에 참가할 때는 "최대 흡수량 의복(NASA 직원을 제외한 모든 사람은 기저귀라고 부르는 옷)"을 입었지만 장기 임무에서는 최대 흡수량 의복이 비실용적이었다. 장기 임무를 수행할 때는 가장자리가 접착되는 일종의 봉지를 사용했다(접착제는 피부에 먼저 달라붙었다). 배설물은 반드시 봉지의 바닥 쪽으로 떨어져야 했다. 그렇지 않으면 봉지가 떨어져 나와 저장되기 전에 배설물이 날아가 버린다. 그 과정이 너무 불쾌했던 나머지 어느 우주 비행사는 임무를 수행하는 내내 덩어리 대변을 보지 않으려고 설사약을 계속 먹었다고 한다. 의사들은 가능한 한 찌꺼기가 적게 생기는 음식을 먹으라고 충고한다. 하지만 소변은 절대로 피할 수 없다.

우주 비행사들은 대부분 소변을 보기 위해 특별한 비닐봉지와 관을 몸에 장착했다. 하지만 이 방법에도 문제는 있었는데, 그중 하나는 크기였다(주 9를 참조하라). 처음에는 전원 남성이었던 기술자들이 여성용으로 소변을 흡수하는 바지도 만들자고 제안했으나 그것은 터무니없는 생각이었고, 결국 여성 우주 비행사들은 기저귀를 차게 됐다. 뜻밖의 선물은 우주 공간에 소변을 배출할 때의 풍경이 아름답다는 것이었다. 한 우주 비행사는 임무를 마치고 돌아와서 "해질녘에 소변을 내다 버리는 광경"이 자신들이 본 가장 아름다운 풍경이었다고 전했다.[42]

# 화성 탐사를 위해

우주과학자에게는 바로 당신이 문제다.
사람은 우주과학자가 다뤄야 하는 기계 중에서 가장 까다롭다.

메리 로치Mary Roach, 『우주다큐Packing for Mars』, 2010년

2017년 여름, 사업가 일론 머스크Elon Musk는 우주 시대의 사업 계획을 이미지로 발표했다. 스페이스X 드래곤 화물 우주선을 사람이 탈 수 있도록 개조해서 우주 비행사들에게 입힌다는 계획이었다. 머스크가 공개한 우주복은 몸에 딱 붙는 매끄러운 재질이었고 색은 흑백이었다. 과거에 암스트롱이 "튼튼하고 믿음직해서 껴안고 싶을 정도"라고 표현했던 오메가 우주복과는 전혀 딴판이었다. 머스크의 차세대 우주복은 상하의가 분리돼 있었으며 높은 장화, 무릎의 보강재, 어깨 부분의 형태 등은 오토바이 장비와 유사했다. 머스크는 우주복의 외관을 아주 중요시했다. 2015년 그는 레딧Reddit(미국 최대 온라인 커뮤니티_옮긴이) 사용자들에게 "실용성만이 아니라 디자인 미학에도 많은 노력을 기울이고 있다"고 말하기도 했다. 우주복 디자인을 처음 공개했을 때도 인스타그램 포스트로 비슷한 메시지를 전달했다. "미와 기능의 균형을 맞추기란 너무나 어렵다. 두 가지를 따로 생각하면 쉽다." 미와 기능의 균형을 맞춘다는 것은 정말로 어려운 일이었다. 그래서 머스크는 〈스파이더맨〉, 〈원더우먼〉, 〈엑스맨〉 같은 영화의 의상을 담당했던 의류 디자이너를 고용했다. 그 디자이너는 머스크가 원하는 옷을 디자인한 다음에 "그 옷을 우주 비행에 적합하게 만들기 위해 기술을 역방향으로 적용"했다.[43]

이것은 아주 참신한 방법처럼 보이지만, 사실 우주 탐사의 역사 속에서 미적인 부분은 줄곧 중요하게 여겨졌다. 비록 최종적으로 실제 우주 비행에 사용된 우주복은 대부분 미적으로 아쉬운 점이 있었지만. NASA에서 1980년대에 시험을 거친 AX 경질 우주복hard suit의 수석 디자이너였던 허버트 비쿠칼Hubert Vykukal은 "우주에 갈 때 재봉틀로 만든 걸 입을 수는 없다!"고 다짐했다. 그래서 그는 움직이는 단단한 부속들로 만든 추상화한 인체라는 개념을 설정했다. "사람의 몸에 공학의 기본 원리를 적용하고 싶었습니다." 그렇게 해서 만들어진 옷은 러시아 미래파 화가의 그림과 그릇을 층층이 쌓아 만든 동상이 몰래 사랑을 나눈 결과물과 비슷했다. 우주복의 외관은 데이비드 클라크가 디자인한 최초의 은빛 우주복silver suit을 탄생시킨 동력이기도 했다. 전해지는 이야기에 따르면, 어느 우주 비행사가 최신 여압복 디자인을 점검하기 위해 우주복 작업장을 방문했다가 작업대 위의 은색 라메lame 천 조각을 보고 클라크에게 그게 뭐냐고 물었다. 클라크는 "진공상태에서 알루미늄 코팅이 날아가서 생긴 나일론 조각"이라고 대답했다. "환상적으로 아름답죠." 그러자 그 우주 비행사는 그때 우주복에 사용되던 카키색 상하 일체복coverall 대신 그걸 쓰자고 제안했다. "이런 소재로 상하 일체복을 만들면 정말 멋있을 겁니다. 우주복은 이런 분위기여야 해요…. 기술적으로 정당성을 얻기 위해 이 은색 물질이 열을 방사하는 특수한 소재라는 식으로 사람들에게 말합시다."[44]

하지만 우주복 작업장과 진짜 우주 사이의 어느 지점에서 디자인은 항상 안전에게 밀려났다. 은색 라메는 곧 더 튼튼하고 덜 번쩍이는 듀폰 사의 고온 나일론으로 교체됐다. AX 경질 우주복은 견본 단계를 벗어나지 못했다. 그 옷은 너무나 무겁고 움직이기가 힘들어서 그 옷을 착용한 사람들이 부상을 입을 가능성도 있었다. 우주복에 딱딱한 물질이 포함되면 보기에는 좋을지 몰라도 부상의 위험이 생겨난다. (우주 비행사들 가운데 손이 큰 사람들은 장갑을 끼다가 손톱이 빠지기도 한다. 2012년에 진행된 한 연구에 따르면, 몸통 부분을 단단한 소재로 만든 새 우주복을 입고 우주유영을 5회 이상 다녀온 우주 비행사들이 어깨 수술을 받은 비율은 우주유영을 단 1회 수행한 우주 비행사들의 2배쯤 된다.) 우주정거장에서 원활한 움직임을 위해 사용하는 벨트형 장비harness들도 부상의 원인이 된다. 우주정거장에서 일한 우주 비행사들은 몸에 물집과 상처가 생긴 채로 돌아온다. 지금까지는 비교적 짧은 우주 비행에서 이것이 문제가 되는 정도였지만, 몇 달은 소요될 화성 탐사에서 부상의 위험은 계획 자체를 무산시킬 수도 있다.[45]

　우주선과 우주정거장에는 산소가 풍부하기 때문에 지구상에서 방화 규정을 만족했던 물질들도 그곳에서는 발화될 가능성이 있다. 그래서 편안함과 가연성은 절대적으로 중요한 고려 사항이 되며, 우주에 장기 체류할 경우 난이도는 더욱 높아진다. 현재 NASA에 납품하는 벨트 장비를 만드는 업체인 테라자인Terrazign의 사장 빌 디터Bill Dieter는 이에 대해 다음과 같이 설명한다. "오랫동안 우주에 체류하면 사람의 몸이 말 그대로 녹아버립니다. 활동량이 적어지기 때문에 근육량이 감소하고, 더 위험한 점은 골밀도가 급격히 하락한다는 겁니다." 화성까지 가려면 9~12개월이 걸리는데, 화성을 향해 비행 중인 우주 비행사들의 골밀도가 18~36퍼센트 감소하기 때문에 목적지에 도착하는 시점에 그들은 부상에 매우 취약해진다. 우주복은 우주 비행사의 안전을 지켜주면서도 다양한 움직임이 가능할 정도로 가벼워야 한다. 그렇지 않으면 관절의 이음매 부분이 기계적으로 작동하는 옷에 몸을 그냥 내맡기게 된다. 수선 가능한 작업장에서 수백만 킬로미터 떨어진 곳에서 우주복의 기계식 이음매가 고장 날 경우 그 위험은 말할 것도 없다. 이러한 문제를 해결하기 위해 디자이너들 사이에서 새로운 경쟁이 벌어지고 있다.

탐구의 결실 중 하나가 '역압counter-pressure'이다. 매사추세츠공과대학 MIT'에서 항공학, 우주항행학, 엔지니어링을 연구하던 데이바 뉴먼Dava Newman은 2014년 '바이오수트BioSuit'라는 우주복을 만들었다. 압축된 공기주머니를 사용해 움직임을 제약하는 기존 우주복 대신 바이오수트는 '기계적 역압'에 의존한다. 다시 말하면 바이오수트는 피부에 완벽하게 밀착함으로써 인체가 기능을 수행하는 데 필요한 압력을 제공하는 것이다. (물론 우리가 숨을 쉬려면 공기가 필요하니 헬멧은 여압식이어야 한다.) 그래서 뉴먼의 우주복은 니켈-티타늄 합금으로 만든 실을 넣어 내구성을 높인 탄성 직물을 사용한다. 비슷한 접근을 시도하고 있는 회사가 하나 더 있다. 브루클린에 위치한 '파이널 프론티어 디자인스Final Frontier Designs'. 이 회사는 닉 모이세예프Nik Moiseev와 테드 서던Ted Southern이라는 두 디자이너가 운영한다. (서던은 빅토리아 시크릿 패션쇼에 사용될 천사 날개를 제작해 디자이너로서 명성을 얻기 시작했다. 그 후에는 NASA의 장갑 디자인 공모전에서 2등상을 수상했다.) 그들은 나일론보다 질긴 고분자량 폴리에틸렌 섬유인 다이니마dyneema를 비롯한 여러 가지 신소재를 활용해 우주복을 만들었다. 자체 예측에 따르면 그들의 우주복은 현재 사용되는 제품보다 4.5킬로그램 정도 가볍고 제작비는 3분의 1 정도로 낮다고 한다.[46]

하지만 우주 관광이 대중화되는 시대가 어느 때보다 가까워진 지금은 더 큰 걱정거리가 생겼다. 버진 갤럭틱Virgin Galactic, 블루 오리진Blue Origin, 월드 뷰World View가 발표한 계획처럼 기업들이 아예 우주복을 사용하지 않을 것이라는 전망이다. 우주선 선실을 여압 상태로 만들면 구태여 거추장스러운 우주복이 필요 없다고 그들은 주장한다. 우주복이 가장 편안한 옷은 아니라는 점에는 모든 우주 비행사들이 동의하겠지

만, 그들 가운데 우주복 없는 우주여행에 찬성하는 사람은 별로 없을 것
이다. 가장 유익한 교훈은 러시아의 소유즈Soyuz 11호 이야기에서 얻을
수 있다. 소유즈 11호는 크기가 너무 작아서 3명의 승무원을 위한 우주
복을 신지 못했다. 1971년 6월 30일, 지구로 귀환하는 길에 밸브 하나
가 고장 나서 선실의 압력이 급속도로 감소했다. 소유즈 11호가 착륙하
고 나서 캡슐 안에서 건져낸 승무원들의 시신을 부검한 결과 그들은 모
두 뇌출혈을 일으켰다는 사실이 밝혀졌다. 그들의 혈액 속에는 정상 수
치의 10배나 되는 젖산이 있었다. 젖산은 사람이 공포에 질릴 때 방출되
는 화학물질이다. 그 승무원들은 '인간의 몸은 우주에 적합하지 않다'는
사실을 똑똑히 알고 있었기 때문에 겁에 질린 상태로 사망한 것이다.[47]

12

# 더 튼튼하게,
# 더 빠르게,
# 더 강하게

신기록을 세운
스포츠용 직물

# 우리는 인간인가?

그 수영복들은 수영이라는 종목의 성격을 완전히 바꿔놓았습니다.
이제 수영은 수영이 아닙니다.

마이클 펠프스, 2009년

풀장 주변에 층층이 마련된 좌석을 가득 메운 관중은 심상치 않은 분위기를 감지했다. 1930년대에 무솔리니에게 경의를 표하기 위해 건설된 로마의 웅장한 스포츠 경기장인 포로 이탈리코Foro Italico 위로 연한 파랑색 하늘이 드넓게 펼쳐져 있었다. 그날은 2008 세계수영선수권대회 셋째 날이었는데 벌써 세계신기록이 14개나 수립됐다. 그중 하나는 기존 세계신기록을 2초나 단축한 기록이었다. 그날의 마지막 경기는 남자 200미터 자유형이었고, 선수들 중에는 현행 세계신기록 보유자이자 2008년 베이징올림픽의 영웅이었던 마이클 펠프스Machael Phelps가 있었다. 8명의 수영 선수들이 줄을 맞춰 성큼성큼 걸어 나왔다. 수영모와 수영복 다리 부분의 매끄러운 표면에 햇빛이 반사돼 반짝거렸다. 관중석의 웅성거림이 더 커졌다. 마치 방금 들쑤신 벌집에서 나는 소리 같았다. 펠프스는 3번 레인에 있었고, 그의 경쟁자인 독일의 파울 비더만Paul Biedermann은 바로 옆 레인에 있었다. 두 선수는 의식적으로 서로를 무시하고 자기 레인을 내려다봤다. 등에 빨간색으로 USA를 수놓은 남색 보온용 재킷 차림의 펠프스는 디자이너가 만든 멋진 검은색 헤드폰을 끼고 음악을 듣고 있었다.[1]

서류상으로만 보면 펠프스는 걱정할 것이 하나도 없었다. 펠프스는

키가 192.8센티미터로 경쟁자인 독일 선수보다 무려 1인치(2.5센티미터)
나 컸고 기록 면에서도 우위에 있었다. 비더만은 불과 1년 전 상위 20위
밖으로 밀려났던 적도 있었다. 베이징 올림픽의 200미터 자유형 경기에
서 비더만은 1위와 차이가 많이 나는 5위로 들어왔다. 그의 기록은 1분
46초 00이었고, 그날 펠프스는 1분 42초 96으로 세계신기록을 세웠다.
하지만 그 이후로 11개월 동안 많은 변화가 있었다. 일례로 펠프스는 베
이징에서 금메달 8개를 따면서 올림픽 역사상 가장 우수한 성적을 거둔
선수 자리에 오른 뒤 몇 달간 휴식을 취했다. 그런데 골치 아프게도 수
영복을 둘러싼 논란이 발생했다.

　4일 전, 세계수영선수권대회를 주최하는 기구인 국제수영연맹FINA
에서는 신소재인 폴리우레탄으로 만든 수영복(제이크드Jaked의 Jaked 01과
아레나Arena의 X-글라이드 같은 제품)은 규정에 위배된다고 발표했다. 이
제부터 세계수영선수권대회에 참가하는 선수들은 남자의 경우 배꼽에서
무릎까지, 여자의 경우 어깨부터 무릎까지 덮는 직물 수영복을 입어야
한다고도 했다. 하지만 국제수영연맹은 '직물'의 정의를 명확하게 정하지
않았고, 새로운 규제가 시행되는 날짜도 확정하지 않았다. 그 시점에 선
수권대회의 경기장에서는 폴리우레탄 수영복을 입은 선수들이 압도적인
우위를 나타내고 있었다. 그때까지 포로 이탈리코 풀장에서 수립된 세계
신기록 14개 중 13개는 폴리우레탄 수영복을 입은 수영 선수들의 것이
었다. 그리고 비더만은 X-글라이드를 입고 경기에 참가할 예정이었다.[2]

　펠프스와 비더만은 풀장 한쪽 끝에서 수건으로 출발대의 물기를 꼼
꼼하게 닦아내고, 수영모를 귀 위로 덮어 쓰고, 양쪽 옆구리에서 두 팔
을 번갈아 휘저었다. 비더만은 수영복 옆면의 어깨와 가슴을 파고드는
부분 밑에 엄지손가락을 집어넣었다. 선수들은 출발대 위에 올라가서
한 발을 앞으로 내밀고 허리를 깊숙이 구부린 자세를 취했다. "출발선

에 서십시오." 여성의 건조한 음성이 울려 퍼졌다. 다음 순간 날카로운
소음과 함께, 검은색 수영복을 입은 선수들이 거의 동시에 물속으로 뛰
어들었다. 비더만은 출발이 썩 좋지 못했다. 허리를 약간 과하게 구부렸
고, 물에 깊이 뛰어들었고, 느리기도 했다. 하지만 그것은 중요하지 않
았다. 첫 번째 턴을 할 때쯤 그는 펠프스를 거의 따라잡았다. 머리를 물
속에 넣고, 두 팔을 휘두르고, 다시 물 밖으로 나왔다. 그러고 나서 비더
만이 앞으로 치고 나왔다. 다른 선수들은 뒤에 처졌다. 펠프스는 여전히
두 팔을 자기 몸 쪽으로 맹렬하게 휘두르며 물살을 가르고 있었다. 두
선수 모두 세계신기록 수립이 가능한 속도보다는 느렸다. 격렬했던 4번
째 바퀴, 단 20미터를 남겨 둔 지점에서 비더만은 사람 몸 길이만큼 앞
서 있었다. 그는 1분 42초 00으로 우승을 차지했다.

  펠프스는 분노를 감추지 않았다. '더 킬러스The Killers'의 〈우리는 인
간인가?Are we human?〉라는 노래가 풀장 스피커를 통해 울려 퍼졌다. 피
로와 승리감에 얼굴을 분홍색으로 물들인 비더만은 집게손가락을 높이
들고 헉헉대고 있었다. 그가 1위였다. 하지만 그가 풀장 밖으로 나오기
도 전에 그의 승리에 의문이 제기됐다. "나는 이걸 받아들일 수 없습니
다." 펠프스의 코치인 밥 보먼Bob Bowman이 기자들에게 말했다. "지금
수영이라는 스포츠는 난장판이에요. 어떤 조치를 취하는 게 좋을 겁니
다. 이대로 가다가는 저 자리를 채운 관중들을 잃을 테니까요." 신랄한
비판이었다. 1970년대와 1980년대에 동독 선수들이 장기간 약물을 복용
했다는 사실이 밝혀진 뒤 수영이라는 종목은 여전히 따가운 시선을 받
고 있었다. 사람들은 화를 내면서 이 일을 이른바 "스포츠의 수치sporting
shame"라고 말하기도 했다. 미국 수영 선수인 에릭 샌토Eric Shanteau는 비
더만의 X-글라이드 수영복을 야구 선수가 스테로이드제를 복용하는 것
과 비교했다. 보먼은 그렇게 직접적이지는 않지만 더 가시 돋친 말을 던

졌다. "마이클이 1분 46초에서 1분 42초 96으로 기록을 단축하는 데는 2003년부터 2008년까지 5년이 걸렸습니다. 그런데 저 선수는 11개월 동안 그걸 해냈어요. 그것 참 놀라운 훈련 프로그램입니다. 어떤 훈련인지 꼭 알고 싶네요." 처음에는 비더만도 승리에 도취된 상태였다. "[펠프스가] 8번째 금메달을 땄을 때 저도 그 자리에 있었습니다…. 그런데 이제는 제가 그보다 빠릅니다." 그의 기세는 곧 꺾였다. "이 수영복 없이도 마이클 펠프스를 꺾을 기회가 한 번 더 있기를 바랍니다. 내년이면 좋겠네요, 아니 빠를수록 좋습니다. 하지만 저의 승리가 꼭 수영복 때문만은 아니라고 생각해요…. 그건 제 탓이 아닙니다. 저의 후원사인 아레나사를 탓할 일도 아닙니다. 국제수영연맹이 책임져야 합니다."[3]

# 뗏목 수영복

나는 그저 예쁜 물고기가 되고 싶지는 않다.

아네트 켈러먼Annette Kellerman, 원피스 수영복을 발명한 사람(1907년 공공장소에서 원피스 수영복을 입었다가 풍기 문란으로 체포당함)

이런 소동이 벌어지게 된 원인을 찾기 위해서는 전신 수영복이 도입된 2000년으로 거슬러 올라갈 수도 있다. 하지만 논쟁이 뜨겁게 달아오른 것은 그로부터 10년쯤 더 지나서부터였다. 베이징 올림픽을 불과 한두 달 앞둔 2008년 2월, 스피도Speedo사는 최첨단 수영복 기술이 적용된 LZR 레이서를 공개했다. 《뉴욕 타임스》의 기자 에릭 윌슨Eric Wilson은 그 제품에 별다른 감흥을 느끼지 못했다. "어떤 사람들은 수영 선수들이

올림픽 경기에 입고 나가는 옷의 맵시가 약간 달라졌다고 흥분하기도
한다." 에릭 윌슨은 LZR 레이서가 스피도가 예전에 내놓은 제품들과 크
게 다르지 않다고 생각했다. 그래서 스피도의 홍보 담당자가 LZR 레이
서를 입으면 수영 선수들이 로마 검투사 또는 만화책 속 주인공처럼 보
인다고 말했을 때도 윌슨은 조롱하는 투로 기사를 썼다. "슈퍼히어로들
가운데서 찾는다면 이 수영복은 드라마 시리즈 〈플리퍼Flipper〉에 등장하
는 복수심에 불타는 시월드 선장Captain Seaworld에게 가장 잘 어울릴 듯하
다."[4]

　하지만 LZR 레이서는 중대한 혁신이었다. 스피도는 항력drag을 가장
효과적으로 줄여주는 소재를 찾기 위해 NASA와 제휴했다. 항력은 수영
선수가 물을 가르고 앞으로 나아가는 힘을 25퍼센트 정도 잡아먹는다.
즉 항력이 감소하면 수영 선수는 더 빨라진다. 스피도와 NASA가 선택
한 직물은 피부에 닿는 느낌이 이상하긴 하지만 가볍고 매끄럽고 방수
도 되는 폴리아미드와 엘라스테인elastane의 혼방이었다. 그 직물이 피부
에 닿으면 천이 아니라 종이 같은 느낌이 든다. LZR 레이서는 천 조각
의 개수를 이전 모델의 30개에서 3개로 대폭 줄였다. 그리고 새로운 접
합 방식을 선보였다. 전통적으로 접합부에서는 직물을 겹쳐 박아서 솔
기를 만들었지만, 이 방법을 쓰면 솔기에 조금 불룩한 선이 생긴다. 그
불룩한 선은 작은 브레이크 역할을 해서 수영 선수의 속도를 미세하게
떨어뜨린다. 스피도가 발견한 대안은 초음파로 열을 생성해서 직물 2장
의 가장자리를 용접하는 것이었다. 그러면 솔기가 덜 불룩해져서 항력
이 8퍼센트 감소한다. LZR 레이서는 여자의 코르셋처럼 몸을 꽉 조이
도록 입어야 하는 옷이었다. 어깨에서 무릎까지 내려오는 디자인을 만들
려면 지퍼가 필요했는데, 지퍼 역시 초음파로 용접해서 적게 돌출되도록
하고 몸의 몇몇 부분에 폴리우레탄을 덧대어 전체적인 형태를 유선형에

가깝게 만들었다. (과거에 스피도는 수영복에 테플론 코팅을 사용한 적도 있었다.[5])

　LZR 레이서의 성능은 경기 결과가 말해준다. LZR 레이서가 출시된 지 두 달이 지난 시점에 그 수영복을 입은 선수들이 경신한 세계신기록만 22건이었다. 그중 1건만 제외하고 모두 그 두 달 동안 수립된 기록이었다. 8월이 되자 26건의 새로운 세계신기록이 나왔다. 2008년 베이징 올림픽에서는 너도나도 LZR 레이서를 입었다. 제이슨 리잭Jason Lezak이 100미터 자유형 계영 경기의 마지막 4번째 바퀴를 거의 혼자 돌고 나서 벽을 터치했을 때 그는 특별한 별 모양 스팽글 장식이 달린 LZR 레이서를 입고 있었다. 그때 그는 경기에서 우승했을 뿐 아니라 기존의 세계신기록 3분 12초 23을 3분 8초 24로 단축했다. 자그마치 4초 차이였다. (같은 대회에서 펠프스는 단 100분의 1초 차이로 금메달을 따기도 했다.[6]) 이것은 그날 아침에만 3번째로 수립된 세계신기록이었고, 경기가 치러진 사흘 동안 7번째 세계신기록이었다. 몇 시간 후 8번째 세계신기록이 나오자 세계신기록의 개수는 2004년 아테네 올림픽 전 기간에 걸쳐 수립된 세계신기록의 개수와 같아졌다. 어떤 통계에 따르면 베이징 수영장에서 딴 금메달의 97퍼센트는 LZR 첨단 수영복을 입은 선수들이 따갔다고 한다.[7]

　수영 선수들은 자신들의 성적에 대해 흥분을 금치 못했다. 특히 스피도의 후원을 받는 선수들의 성적이 화려했다. 2008년 금메달 2개를 따낸 레베카 애들링턴Rebecca Adlington은 "전 LZR을 완전 사랑해요. 모양도, 긴 다리 부분도, 착용감도 다 좋아요"라고 외쳤다. LZR 레이서가 출시될 때 모델로 발탁됐던 데라 토레스Dara Torres는 그 수영복을 입고 물속을 지나는 느낌이 마치 "칼로 버터를 자르는 것" 같았다고 말했다. 어느 기자가 검정과 회색으로 이뤄진 디자인이 별로라고 평했을 때 토레

스는 펄쩍 뛰며 LZR 수영복을 옹호했다. "디자인이 단조롭다고요? 우
린 그 옷을 입고 빠르게 헤엄치려는 거지, 패션쇼를 하려는 게 아니거든
요."[8]

하지만 세계신기록들이 깨지는 동안 수영이라는 종목의 신뢰도를 걱
정하던 사람들은 야유를 보내기 시작했다. 어느 코치는 LZR 수영복을
"기술을 통한 약물복용technological doping"이라고 불렀고, 다른 코치는 "옷
걸이에 걸린 약물drugs on a hanger"이라고 표현했다. (후자의 코치는《뉴욕
타임스》와 익명으로 인터뷰를 했다. 그가 지도하는 선수들 중 하나가 스피도
의 후원을 받았기 때문이다.) 하지만 문제는 단순히 LZR 수영복이 선수들
의 속도를 얼마나 높여주느냐가 아니었다. 사람들은 최첨단 기술로 무
장한 선수가 아니라 최고의 실력을 가진 선수가 우승해야 한다고 굳게
믿었다. LZR 수영복은 누구나 쉽게 입을 수 있는 것이 아니었고, 그래
서 경기 당일 풀장에서는 물론이고 훈련 과정에서도 불공평한 상황이
만들어졌다. LZR 수영복은 베이징 올림픽이 시작되기 불과 몇 달 전이
었던 2008년 5월부터 판매되기 시작했다. 또 LZR 수영복은 비쌌다. 1벌
당 소매가가 550달러였는데 두어 번 입으면 너덜거리거나 솔기가 찢어
지기 시작했다. 또 다른 문제는 후원사의 역할이었다. 다른 브랜드와 계
약을 체결한 운동선수들은 LZR 수영복을 입을 수 없었다. 그 선수들이
LZR을 입었다가는 후원금을 제공하는 계약이 위태로워질 판이었다. 스
피도에 소속된 선수들만이 이런 걱정으로부터 자유로웠다.[9]

100퍼센트 폴리우레탄으로 만든 차세대 수영복이 시장에 나왔을 때
도 거센 반발이 있었다. 제이크드의 Jaked 01, 아레나의 X-글라이드, 아
디다스의 하이드로포일Hydrofoil이라는 이름이 붙은 이 수영복들은 어떻
게 보면 LZR 레이서를 합리적으로 진화시킨 결과물이었다. LZR 레이
서에는 폴리우레탄이 몇 조각만 들어갔지만, 차세대 수영복들은 전체가

폴리우레탄으로 덮여 있었다. 이 수영복들은 근육을 더 효과적으로 압박하고, 피부를 팽팽하게 조여주고, 방수 직물과 피부 사이에 공기를 가둠으로써 물에 잘 뜨도록 해줬다. 물에 잘 뜨는 특징은 수영 선수들의 입장에서 특히 중요했다. 솔기를 용접하는 기술도 폭넓게 사용됐다. 전통적인 사고방식을 가진 사람들은 차세대 수영복이 선수의 몸을 물속에서 더 높은 곳에 위치하게 만들어 결과적으로 속도를 높여준다는 이유로 그것을 "뗏목 수영복floaters"이라고 불렀다.

　최첨단 수영복은 몸을 더 많이 덮기 때문에 표면을 매끄럽고 팽팽하게 가공할 필요가 있었다. 수영 선수가 전력으로 질주할 때 물속에서는 수영복으로 덮이지 않은 부분들, 심지어는 근육이 많은 부분들도 모두 요동을 치고 회전하면서 잔물결을 일으킨다. 이렇게 몸이 흔들리면 항력이 더 커지지만, 첨단 기술이 적용된 수영복은 피부를 압박해 움직임을 최소화해준다. 그런 이유에서 차세대 수영복에는 편물이 아닌 직물이 주로 사용됐다.[10]

　수영복은 몸에 아주 딱 맞아야 했다. 차세대 수영복을 직접 입어본 어느 기자는 그때의 경험이 "가재가 뒤집힌 채 탈피를 시도하는 것"과 비슷했다고 묘사했다. 아마도 수영 선수들이 수영복을 다 갖춰 입으려면 20~30분이 걸릴 것이다. 용접된 솔기는 너무하다 싶을 정도로 살을 꽉 조인다. 폴리우레탄은 강도가 약한 소재이기 때문에 몸을 집어넣으려고 애쓰다가 자칫 수영복이 찢어지거나 뜯어질 가능성도 있다. 이 모든 고생에 대한 대가는 속도였다. 수영 선수들은 마치 물개처럼 수영복 표면이 매끈할수록 좋다는 사실을 잘 안다. 차세대 수영복을 입으면 압박 효과와 특수 제작된 솔기 덕분에 다리를 더 높이 위치시키고 몸통은 더 잘 움직일 수 있다. 선수가 피로를 느끼기 시작할 때도 차세대 수영복은 몸통과 다리를 최적에 가까운 자세로 잡아준다. 올림픽 메달리스트 출신으로 '티어'Tyr'라는 수영복 브랜드를 공동 설립한 스티브 퍼니스Steve Furniss는 이 렇게 말한다. "바지선과 경주용 보트의 차이라고 할 수 있지요."[11]

수영 선수들과 수영 애호가들을 언짢게 하는 다른 한 가지는, 첨단 기술이 일부 사람들에게만 큰 보상을 제공하며 엉뚱한 사람들이 가장 큰 혜택을 얻는다는 믿음이었다. 첨단 기술 수영복이 출시되던 시기에 어떤 수영 선수들의 기록은 크게 변하지 않았던 반면, 비더만 같은 선수 들은 세계선수권 15~20위에서 5위권으로 껑충 뛰어올랐다. 레베카 애 들링턴은 이렇게 말한다. "폴리우레탄 수영복을 입고 눈부신 성적을 거 둔 후에 자취를 감춘 사람들도 있어요." 스피도의 수영복 연구 부서인 아쿠아랩의 전직 책임자였던 조지프 샌트리Joseph Santry는 그런 선수들은 십중팔구 지방질 조직이 많은 부드럽고 유연한 몸을 가지고 있었을 거 라고 말한다. "폴리우레탄 수영복은 그런 몸을 아주 꽉 조입니다. 그래 서 몸이 어뢰 같은 형태가 되는 거죠." 다시 말하면 선수가 훈련을 많이 해서 몸이 근육질로 변할수록 폴리우레탄 수영복에서 많은 것을 얻기가 힘들어지는 셈이다.[12]

국제수영연맹은 폴리우레탄 수영복을 규제하는 문제를 두고 조용히 전진과 후퇴를 반복했지만, 2009년에 신기록이 마구 쏟아지자 문제가 있다고 판단했다. 원래 그 문제는 수영계 내부에서만 몇 번 토론이 이뤄 졌지만, 펠프스가 비더만에게 패배한 사건을 계기로 세계적인 뉴스거리 가 됐다. 펠프스는 언론 인터뷰에서 이렇게 말했다. "그 수영복들은 이 종목의 성격을 완전히 바꿔놓았습니다. 이제 수영은 수영이 아닙니다. 누가 무슨 수영복을 입었다는 것이 기사 제목이 됩니다." 수영복 때문에 수영 선수들이 빛을 보지 못했던 것이다. 그로부터 6개월도 되지 않아 국제수영연맹은 더 엄격한 규칙을 시행했고, 첨단 기술 수영복의 시대 는 막을 내렸다.[13]

# 스포츠 특집 기사

알몸에 햇빛과 아름다움만 걸쳤다.

오스카 와일드, 고대 그리스의 올림픽 경기 참가자들을 묘사하며, 1891년경

스포츠에 진지하게 몰입하는 것은 현대에만 있는 일이 아니었다. 기원전 2세기에 여행가 겸 지리학자로 살았던 파우사니아스Pausanias에게 고대 올림픽 경기가 개최되던 올림피아는 조국의 정신적 심장이었다. "그리스에는 볼거리가 많고 신기한 이야기도 많이 전해진다. 그러나 하늘이 가장 정성 들여 보살피는 것은 올림픽 경기다."[14]

제우스신을 기리기 위해 개최된 고대 올림픽은 경이로운 스포츠의 제전이었다. 기원전 776년경부터 약 400년 동안 그리스 각지에서 수많은 사람이 4년마다 1번씩 올림픽을 보기 위해 국토를 가로질러 왔다. 올림픽은 아주 중요했으므로 올림픽이 열리기 직전과 경기 도중에는 운동선수들과 구경꾼들이 무사히 올림피아에 도착할 수 있도록 전쟁도 다 중단됐다. 올림피아에 도착한 사람들은 육상, 전차 경주, 레슬링, 창던지기를 비롯한 갖가지 행사를 즐겼다. 승자들은 월계관을 머리에 썼다. 고대 올림픽의 경기들은 엄숙하고 경건하게 치러졌다는 것 말고도 놀라운 점이 있었다. 경기 참가자들이 모두 알몸이었다는 것이다.

알몸 경기는 원래 맨몸으로 운동을 하던 고대 그리스 문화에서 비롯된 것이었다. gymnastics(체조, 체육)과 gymnasium(체육관)의 어원인 gymnos라는 단어 자체가 '벌거벗은'이라는 뜻을 지닌다. 당대의 그리스 예술작품 속에는 이상화된 남성의 육체가 자주 등장한다. 넓은 어깨와

군살 없는 허리를 가진 알몸의 남성들이 꽃병 장식 속에서 신나게 뛰어
다니거나 팽팽하게 긴장한 상태로 부조 속에서 움직이는데, 이들이 어
찌나 활발하게 움직였는지 복부와 팔의 근육이 불룩 튀어나와 있다. 지
금과 마찬가지로 그때도 운동과 스포츠를 둘러싼 논란에는 시민의 자
격, 윤리, 성, 젠더에 관한 광범위한 문화적 불안이 반영되어 있었다.[15]

목적이 무엇이었던 간에 올림픽은 기원전 6세기 초반이 되자 그리스
문화의 중요한 요소로 자리 잡았다. 자유로운 신분의 남자들은 부지런
히 연습하고, 좋은 음식을 먹고, 완벽한 근육을 만들기 위해 피부에 올
리브유를 잔뜩 붓고 정기적으로 마사지를 받았다.[16] 날마다 알몸으로 운
동을 해야만 얻을 수 있는 까맣게 그을린 피부가 바람직한 것으로 간주
됐다. 황동색으로 변한 엉덩이를 가리키는 melampygos라는 단어가 따
로 있었고, 하얀 엉덩이는 leukopygos라고 불렀다. (leukopygos는 겁이 많
고 남자답지 못하다는 뜻으로도 사용됐다.) 기량이 뛰어나고 자부심이 강한
남자들은 알몸으로 야외 경기장에서 다른 남자들과 시합을 하곤 했다.
이런 풍습이 가장 활성화된 나라였던 스파르타에서는 육체 활동이 젊은
이들의 의무였다. 30세 이하의 성인 남자들과 소년들은 물론이고 미혼
여성들도 부지런히 운동과 경기, 신체 단련에 참가해야 했다. 스파르타
사람들의 운동에는 군무도 있었고 실제 전투와 흡사한 경기도 있었다.
그런 행사에 참가해서 용감하고 활기찬 모습을 보여주는 일에 도덕적인
의미를 부여하기도 했다. 예컨대 기원전 4세기 그리스의 역사학자인 크
세노폰Xenophon은 다음과 같은 기록을 남겼다. "운동을 꾸준히 하는 사
람들은 피부가 좋아지고 몸이 단단해지며 음식을 잘 먹어서 건강하다.
반면 게으름을 피우는 사람들은 몸이 불어서 보기 흉하고 허약하다. 겁
쟁이 같은 모습을 보이는 사람들은 기피의 대상이다."[17]

그리스인들은 이처럼 운동에 집착했으면서도 외국인들이 알몸 운동

을 부도덕하다고 여긴다는 점을 의식하고 있었으며, 그들 스스로도 알
몸으로 운동을 하다가 성적으로 타락할 가능성을 걱정했다. 플라톤과
투키디데스Thucydides는 둘 다 외국 운동선수들은 로인클로스loincloth(허리
에 천을 두르는 형식의 간단한 옷_옮긴이)를 입는다는 사실을 예리하게 지
적했다. 하지만 그리스에서도 알몸 운동은 일부 시민들에게만 제한적으
로 허용됐으며 특정한 상황, 즉 체육 시설과 경기장에서만 가능한 행위
였다. 운동선수는 모두 자유민이어야 했고, 미혼 여성들은 스포츠 행사
를 구경할 수는 있었지만 보통 때는 체육 활동과 알몸으로부터 멀찌감
치 떨어져서 지냈다. 스파르타의 경우 여자들도 운동경기에 참가하긴
했지만(아마도 이 여자들은 알몸으로 운동을 했거나, 짧은 튜닉tunic이나, 반바
지를 입었을 것이다), 여성들이 결혼을 하는 순간 운동은 전면 중단되고
말았다.[18]

　　비록 그리스인들도 불만을 가지고 있긴 했지만, 고대 그리스의 알몸
운동(혹은 알몸에 가까운 상태로 하는 운동)에는 실용적인 이점들도 있었
다. 당시에 널리 회자된 이야기에 따르면 육상경기 도중 한 선수가 자신
의 느슨해진 로인클로스 자락에 걸려 넘어진 이후 알몸 경기가 허용됐
다고 한다. 이 이야기의 출처는 불분명하지만, 분명히 전쟁이나 팀 스포
츠에서 옷이 움직임을 방해할 때가 있긴 하다. 그러면 상대편이 강점을
얻거나 유리한 입장이 된다. 옷은 아무리 얇더라도 몸을 움직일 때 발생
하는 열을 식히는 데 필요한 생리적 메커니즘인 땀의 증발을 억제한다.
도덕적 요구와 건전한 취향과 실용성의 균형을 맞추는 일은 언제나 까
다로웠고 때로는 근심거리가 됐다.

　　19세기 후반과 20세기 초반에 올림픽이 부활했을 때 저울추는 도덕
적 요구 쪽으로 확실히 기울었다. 1908년 올림픽 규정은 "모든 선수는
어깨부터 무릎까지 덮는 옷을 착용해야 한다(즉 운동복 상의 소매는 팔꿈

치까지 내려와야 하며 헐렁한 속바지와 슬립을 반드시 입어야 한다). 복장 규
정을 지키지 않은 선수는 경기에서 배제된다." 1912년 올림픽 기간에 남
자 선수들은 면 티셔츠와 무릎길이의 단추 달린 반바지를 입었다. 그러
나 대다수 스포츠 종목에서 선수들의 몸을 덮는 범위는 그때나 지금이
나 별로 바뀐 것이 없다.[19]

여자 선수들의 복장은 다른 문제였다. 1896년 올림픽은 여성에게 참가
자격 자체를 주지 않았고, 여성들도 올림픽에 참가할 수 있게 된 후부터
는 대단히 많은 옷을 입어야 했다. 1900년 파리 올림픽에서 테니스 단
식과 혼합복식 경기에서 각각 금메달을 딴 영국 선수 샬롯 쿠퍼Charlotte
Cooper는 몸에 딱 붙는 발목 길이 스커트에 단추가 목까지 올라오고 소매
는 손목까지 내려오는 블라우스, 코르셋, 굽 있는 신발을 착용하고 경기
를 했다. 1912년 스톡홀름 올림픽에 참가한 여자 운동선수를 찍은 사진
들이 아직 남아 있는데 대부분 자유형에서 좋은 성적을 거둔 영국 수영
선수들을 촬영한 것이다. 당시 영국 여자 수영 선수들은 몸에 달라붙고
허벅지 중간까지 내려오는 직물 수영복 차림으로 계속해서 포즈를 취해
야 했다. 대개의 경우 그들은 코치로 보이는 다른 여자와 함께 사진에
등장한다. 여자 코치는 마치 사교계에 나가는 소녀의 후원자처럼 선수
들 바로 뒤에 서 있다. 코치는 가느다란 세로 줄무늬가 들어간 긴 드레
스에 얌전한 레이스 옷깃을 달고 찌푸린 얼굴로 카메라 렌즈를 정면으
로 쳐다본다.

  이처럼 여자들의 정숙함에 초점이 맞춰졌기 때문에 여자 운동선수들
에게 가장 필요했던 의류, 즉 스포츠용 브래지어를 생산하는 기술은 한
참 뒤에야 등장했다. 사실 스포츠 브라의 필요성은 눈으로 뚜렷이 확인
할 수 있었다. 여자 선수가 펄쩍펄쩍 뛸 때면 가슴도 함께 출렁이는 바

람에 그들은 통증을 느끼기도 했다. 달리기를 할 때는 더 심각했다. 약간의 굴곡이 있는 8자형의 몸에 달린 가슴이 위아래로 덜렁덜렁 흔들리고 빙빙 돌았다. 가슴이 큰 여성들은 더욱 곤란했다. 1977년 전까지 여자들은 각자 은밀한 방법을 써서 이 문제를 해결하려 했다. 어떤 여자들은 일반 브래지어에 강력 테이프를 둘둘 감았고, 또 어떤 여자들은 브래지어 하나를 입고 그 위에 또 하나를 착용했다. 하지만 40년 전, 조깅 jogging이라는 개념이 널리 확산되면서 버몬트 대학의 여학생 3명이 봉제를 이용한 해결책을 고안했다. 남자들이 승마 같은 운동을 할 때 차던 국부 보호대jock strap 2개를 꿰매서 사용하는 것이었다. 이렇게 해서 '조크브라jockbra'가 탄생했다. 상업성을 고려해 이 이름은 곧 '조그브라 jogbra'로 바뀌었다.[20]

　　스포츠 브라, 여성의 운동, 그리고 공공장소에서 여성의 가슴이 눈에 띄는 것에 대한 저항은 쉽게 사라지지 않았다. 1984년 조앤 베노이트 Joan Benoit가 올림픽 역사상 최초의 여자 마라톤에서 우승을 거둔 순간, 그녀의 상의가 젖혀져 단순한 흰색 브라 끈이 드러났다. 언론은 그 장면을 포착해서 내보냈고 수많은 사람이 분개했다. 15년 후인 1999년 브라가 대중의 관심을 모은 사건이 있었는데, 이번에는 조금 더 의도적인 노출이었다. FIFA 여자월드컵에서 중국과 미국의 결승전이 끝나갈 무렵 패널티킥으로 득점에 성공한 브랜디 체스테인Brandi Chastain이 전통적인 축하의 몸짓을 했다. 그녀는 상의를 벗어던지고 무릎을 꿇은 채 주먹 쥔 두 손을 하늘 높이 치켜들었다. 나중에 그녀는 인터뷰에서 그 순간 "일시적 정신착란"을 일으켰다고 변명하긴 했지만, 그녀의 몸짓과 검은색 나일론 스포츠 브라는《뉴스위크Newsweek》와《스포츠 일러스트레이티드 Sports Illustrated》표지를 장식했다.[21]

　　그 이후 수십 년 동안 몸에 대한 사회적 규범과 가치관이 진화하면서 운동선수들의 복장도 함께 진화했다. 스포츠 의류는 몸에 더 달라붙는 쪽으로 바뀌었지만, 노출이 지나치다는 지적이 나오고 성적 착취에 대한 우려도 있었기 때문에, 노출을 어디까지 허용할 것인지를 두고 끊임없는 재조정이 이뤄졌다. 가장 악명 높은 사례가 비치발리볼이다. 남자 선수들은 반바지와 탱크톱을 입고 경기를 했던 반면, 1996~2012년까지 여자 선수들의 올림픽 공식 복장은 "측면 폭이 최대 6센티미터"인 비키니 수영복이었다. 선수와 관객 모두 이런 규정을 만든 이유를 잘 알고 있었다. 그것은 선수들의 실력 발휘와는 아무런 관련이 없는 이유였다. 한 선수는 2008년 《선데이 타임스》와의 인터뷰에서 이렇게 말했다. "그 종목을 운영하는 사람들은 섹시한 스포츠를 원하거든요." 나중에는 규칙이 바뀌어 복장에 대한 개개인의 선택권이 확대됐다. 개인의 선택, 문화적 고려, 그리고 이슬람 시장의 비중 확대(2020년에는 이슬람 시장이 5조 달러의 가치를 갖게 될 것으로 예상된다)를 배경으로 최근 나이키는 가볍고 신축성과 통기성이 좋은 합성 혼방 섬유로 만든 히잡을 출시했다. 나이키의 히잡은 시장에 처음 나온 제품은 아니지만 열광적인 호응을 얻었다. 축구, 달리기, 역도를 할 때 나이키의 히잡을 착용했고 다른 제품들도 많이 착용해본 한 여성은 다음과 같은 평을 남겼다. "내가 학교에 다니던 시절에 이런 히잡을 구할 수 있었다면 신장도 내줬을 것이다."[22]

　남성 운동선수들에게도 몸을 어떻게 사용하고 어떻게 남들에게 보여줄 것인가를 두고 직접적이진 않지만 분명히 알 수 있는 전투가 벌어졌다. ESPN 매거진이 연 1회 발행하는 《보디 이슈Body Issue》(유명 스포츠 선수들의 누드 사진이 실린다) 2016년판에 몸무게 147킬로그램인 미국 미식축구 선수 빈스 윌포크Vince Wilfork가 표지 모델로 등장했다. 사람들은 그것이 과감하고 논쟁적인 선택이라고 생각했다. 표지 사진 촬영 현장

속 짤막한 '뒷이야기' 영상에서 월포크 본인이 말한 것처럼, 남자 운동선
수들은 아직도 고대 그리스 꽃병에 새겨진 것과 유사한 체형을 따르라
는 기대를 받고 있으며 그런 몸매를 가진 선수들이 기업 후원을 받는 데
유리하다. 남자들의 몸에 대한 기대와 스포츠의 상업화 경향이 합쳐진
결과 남성용 스포츠 의류는 그 어느 때보다 몸에 딱 달라붙게 됐다. 예
컨대 전통적으로 헐렁한 민소매 상의와 반바지를 입었던 농구 종목에서
나이키가 최근에 내놓은 옷은 몸에 딱 맞는 스타일이다. 이제 모든 팀
종목에는 평상복과 확연히 다른 스포츠 의류만의 미학이 보편적으로 나
타난다. 그래서 스포츠 의류 브랜드의 이름은 몸에 달라붙는 옷을 입은
운동선수들의 건강과 활력을 연상시킨다. 하지만 몸에 딱 붙는 옷은 신
체의 움직임을 제약하고 땀의 증발을 억제하는 경향이 있다. 그래서 이
런 스포츠 의류가 실제로 신체 활동에 도움이 되기 시작한 것은 속건성
sweat-wicking 직물이 발명된 후부터였다.

스포츠 평론가 레너드 코페트Leonard Koppett은 "첨단 기술은 거의 모든
스포츠 경기의 진행 방식을 바꿔놓았다. 하지만 대개의 경우 관객들에
게는 그 효과가 잘 보이지 않는다"고 주장했다. 그가 이 글을 쓴 해는
1978년이다. 2008년과 2009년에 벌어진 첨단 수영복 논쟁은 옷과 장비
에 관한 세간의 흥분이 스포츠를 삼켜버린 최초의 사례가 아니었다. 수
영 경기에서 그런 일이 벌어진 것도 최초가 아니었다.[23]
　　1910년 스코틀랜드에서 오스트레일리아로 이주한 알렉산더 매크레
이Alexander MacRae는 1928년 스피도라는 이름 아래, 모직이 아닌 천으로
만든 최초의 수영복을 출시했다. 오늘날의 시각으로는 모직물 옷을 입
고 수영을 한다는 것을 상상하기 힘들다. 모직물은 무겁고 따가우며 물
을 잘 빨아들여서 자루처럼 축 늘어지기도 하고 팔을 한번 휘두를 때마

다 몸에 감기기도 한다. 하지만 매크레이가 실크로 만들었던 레이서백 수영복은 금방 환영받지 못했다. 레이서백 수영복은 몸에 딱 맞아서 몸매가 많이 드러났으며, 그 이름처럼 팔과 어깨와 등의 넓은 부위를 맨살로 남겨놓았다. 그래서 어떤 해수욕장에서는 레이서백 수영복 착용을 금지했다. 그럼에도 불구하고 경기에 참가하는 수영 선수들 사이에서 레이서백은 곧 인정을 받았다. 1928년 암스테르담 올림픽에서 아르네 보리Arne Borg라는 스웨덴 선수가 1,500미터 종목 금메달을 따내는 동시에 신기록을 수립했을 때 그 또한 레이서백을 입고 있었다. 4년 후 로스앤젤레스에서는 오스트레일리아의 16세 수영 신동이었던 클레어 데니스Clare Dennis가 레이서백을 입고 또 하나의 올림픽 신기록을 수립했다. 비록 "어깻죽지를 너무 많이 노출"했다는 논란 속에서 하마터면 자격을 박탈당할 뻔했지만.[24]

　　1972년 올림픽에서 동독 여자 수영팀이 물에 젖으면 투명하게 비치는 면 소재 수영복을 입고 경기에 참가하는 불행한 사태도 있었으나, 또하나의 대사건은 1973년에 벌어졌다. (실제로 1970년대는 스포츠 장비 분야에서 혁신이 활발하게 일어났던 시기였다.) 베오그라드에서 개최된 세계 수영선수권대회에서는 신축성이 좋은 스판덱스 수영복이 처음 등장했다. 이번에도 동독 여자 선수들이 과감하게 그 새로운 수영복을 입었다. 동독은 여자 선수들이 획득 가능한 14개의 메달 중에 10개를 따냈고 세계신기록도 7개나 세웠다. 그 스판덱스 수영복은 '베오그라드'라는 이름으로 알려졌으며 곧 다른 나라에서도 채택됐다.

　　이때만 해도 스피도는 혁신적인 브랜드가 아니었다. "이 수영복들은 보기 흉합니다." 스피도사의 북미 지사를 관리하던 빌 리Bill Lee가《스포츠 일러스트레이티드》기자에게 한 말이다. "몸을 다 드러내잖아요." 그러나 2000년에 스피도는 다시 한 번 세상을 놀라게 했다. 그들이 내놓은 새로운 수영복은 상어의 피부처럼 작은 돌기로 덮여 있어서 물속에서 쉽게 움직이게 해줄 것이라고 했다. '패스트스킨Fastskin'이라는 이름의 그 수영복은 실제로 효과가 있는 듯했다. 시드니 올림픽에서 메달을 획득한 수영 선수들의 80퍼센트 정도가 상어에서 영감을 얻은 그 수영복을 입고 있었던 것이다. 그러나 몇 년 후 하버드 대학의 과학자들은 찬사를 많이 받았던 패스트스킨 시스템이 저항을 전혀 줄여주지 못한다는 연구 결과를 내놓았다. 상어 피부에 있는 작은 이빨처럼 생긴 돌기들은 상어가 앞으로 나아갈 때 항력을 줄여주고 추진력을 높여 주지만, 스피도 수영복의 돌기들은 간격이 너무 넓고 재질이 너무 딱딱해서 수영 선수들에게 아무런 도움이 안 된다는 결론이었다.[25]

스포츠의 순수성과 기술적 진보의 힘겨루기는 여러 스포츠 종목에서 곤란한 문제를 일으켰다. 새로운 장비와 의류가 쏟아져 나오자 사람들의 시선을 사로잡는 가장 빠른 기록과 세계 최초의 기록들이 봇물을 이뤘다. 하지만 새로운 의류와 장비가 많이 출시되면서 불평불만과 고뇌의 목소리도 나오기 시작했다. 1978년 레너드 코페트의 경험을 한번 보자. "본래 스포츠 경기란 규칙을 정해 균일한 조건을 만든 다음, 힘든 노력 끝에 획득한 기술들이 일정한 틀 안에서 발휘되도록 하는 것이다." 만약 기억에 남는 승리, 빠른 서브, 먼 거리가 순전히 새로운 장비를 도입한 덕택에 가능했던 것이라면 그 영광은 진정 유효한 것인가? 장비가 진입장벽으로 작용하기 때문에 훌륭한 선수가 될 잠재력을 가진 선수들이 주목받지 못하는 게 아닌가? 경기력 향상 장비가 진정한 성취를 무색케 하는 지점은 어디인가?[26]

일반적인 통찰로는 기술혁신이 활발하게 일어나는 것은 자연스러운 일이므로, 기술이 스포츠 의류의 일부가 아니었던 시대는 상상하기도 어렵다. 예컨대 코페트가 서글프게 이야기했던 혁신에는 미국 미식축

구 선수들을 위한 어깨 패드와 헬멧, 인조 잔디, 홈이 팬 골프공도 포함
된다. 이와 유사한 사례로서 프린스Prince사가 경쟁사들의 제품보다 헤드
크기가 50퍼센트 이상 커서 공을 칠 수 있는 표면적이 훨씬 넓어진 신
형 테니스 라켓을 출시했을 때 사람들은 경계했고 여러 선수들의 명예
가 의심을 받았다. (1976년 《뉴욕 타임스 매거진》의 기사 제목은 "비밀 병기
인가 외양간 문인가?"이었다.) 1987년까지만 해도 윔블던 테니스선수권대
회에서는 스웨덴의 비외른 보리Bjorn Borg 선수가 사용하던 것과 비슷한
나무 테니스 라켓을 사용했다. 오늘날의 테니스 라켓은 그 시절의 라켓
에 비해 최대 25퍼센트 가벼워졌으며(라켓의 무게는 선수들의 선호도에 따
라 8단계로 정밀하게 구분된다) 보통은 유리섬유, 탄소섬유 또는 그래파이
트(흑연)로 만들어진다. 오늘날 애매모호한 '스위트 스팟sweet spot(공을 치
기에 가장 적합한 지점_옮긴이)'을 가진 작고 무거운 라켓으로 돌아가자고
외치는 사람은 거의 없다. 설령 다시 그런 라켓을 쓴다고 해도 테니스
경기의 속도가 눈에 띄게 느려지지는 않을 것이다. 하지만 테니스공을
감싼 펠트에 합성섬유가 몇 퍼센트나 함유돼야 하는지에 대해서는 지금
도 치열한 토론이 벌어진다. 업체마다 다른 기준을 고수하기 있는 데다
공이 얼마나 부드러운가가 속도에 영향을 주기 때문이다.[27]

육상 선수용 운동화 역시 다양한 소재로 만들어진다. 1954년 5월 6일
로저 배니스터Roger Bannister가 1마일 육상경기에서 4분 장벽을 깨뜨렸을
때 그가 신고 있었던 신발은 아주 얇은 가죽으로 만든 검은색 스파이크
화였다. 그 신발에는 검은색과 대비되는 흰색 스티치가 들어가 현대적
인 느낌이 났고, 끈은 튼튼한 면으로 만들어졌다. 그 신발은 GT Law &
Son이라는 회사에서 그에게 만들어준 제품이었다. "최대한 가벼운 신발
을 가지고 있어야 유리하다고 생각했죠." 배니스터의 말이다. 그의 신발
은 127.6그램으로 깃털처럼 가벼웠다.[28]

그로부터 수십 년이 지나자 아디다스와 나이키가 고성능 러닝화 부문의 강자로 등극했다. 이제 가죽은 밀려나게 되었고 직물이 널리 사용됐다. 직물은 통기성이 더 좋고 비가 올 때도 유리했다. 비록 1마일 육상 종목은 대부분 사라지고 1,500미터 경주로 바뀌긴 했지만, 현재 시점에 1마일 육상경기의 신기록 보유자는 야윈 몸매에 친근한 얼굴을 가진 모로코의 육상 선수 히샴 엘 게루즈Hicham el-Guerrouj다. 그는 1999년에 3분 43초 13이라는 기록을 수립했다. 그의 후원사였던 나이키는 2004년 배니스터가 4분 장벽을 깬 것을 기념하기 위한 육상용 신발을 제작하면서 그의 도움을 받았다. 그렇게 해서 만들어진 '줌 마일러Zoom Miler' 스파이크화는 배니스터가 신었던 것과 무게는 똑같았지만 소재는 전혀 달랐다. 이번에는 폴리에테르 중합체와 폭신한 에틸렌초산비닐EVA이 사용됐다.[29]

2012년 올림픽이 열리기 직전에 나이키는 정상급 육상 선수들과 일반 고객들의 호응을 기대하며 또 하나의 신발을 출시했다. 육상 선수들은 나이키의 디자이너들에게 신발 같은 느낌이 드는 신발은 싫다고 말했다. 그들이 원한 신발은 양말처럼 느껴지는 신발이었다. 그렇게 해서 개발된 제품이 '플라이니트 레이서'와 '플라이니트 트레이너', 그리고 최신 러닝화의 조상 격인 '줌 베이퍼플라이'였다. (2017년 5월 나이키의 후원으로 마라톤의 2시간 장벽 돌파에 도전하는 '브레이킹 2'라는 행사가 열렸을 때, 케냐의 장거리 육상 선수인 엘리우드 킵초게Eliud Kipchoge를 비롯한 몇몇 육상 선수들이 줌 베이퍼플라이를 신었다.) 플라이니트의 윗부분은 합성섬유사로 만들어졌고(2016년부터 버려진 플라스틱 병에서 얻은 폴리에스테르를 사용해 실을 만들었다), 합성섬유사를 매끄럽게 결합해 장거리를 달리는 동안에도 형태와 내구성이 유지되도록 하면서 솔기는 최소화했다. 편물 특유의 신축성 덕분에 윗부분은 발을 편안하게 감쌌고, 양말 없이

신어도 될 정도로 통기성이 우수했다. 기사와 보도자료들은 플라이니트
가 "중량 면에서 혁명적인 운동화"라고 떠들썩하게 외치겠지만, 사실 플
라이니트 레이서는 1954년 배니스터가 신었던 가죽 신발보다 40그램 더
무겁다.

플라이니트와 그 후손들은 육상 선수들에게 많은 사랑을 받았고, 올
림픽에서 두각을 나타낸 후로는 강력한 마케팅 도구가 됐다. 그때부터
그 직물은 '컨버스 척 테일러'에서부터 스포츠 브라에 이르는 다양한 제
품의 생산라인에 폭넓게 쓰였다. '줌 베이퍼플라이 엘리트'는 마치 '콘셉
트카(당장 시판되는 것이 아니라 4~5년 후의 구매 경향을 염두에 두고 개발하
는 차세대 자동차_옮긴이)'처럼 킵초게를 비롯한 나이키의 후원을 받는 육
상 선수들에게만 제공된 한정판 상품이었지만, 시판용으로 출시된 '줌 베
이퍼플라이 4%'는 돈이 되는 제품이었다. 줌 베이퍼플라이 4%는 250달
러나 하는 비싼 제품이었지만 경기 당일에 효율을 높여준다는 약속에 매
력을 느낀 사람이 많았다. 덧붙이자면 킵초게는 줌 베이퍼플라이를 신고
달리는 것을 좋아하면서도 모순을 느끼고 있었다. 《와이어드Wired》와의
인터뷰에서 마라톤의 정정당당한 기록이 얼마까지 가능한가라는 질문을
받고 그가 했던 대답은 그가 사실은 순수주의자임을 보여준다. "정정당
당한 기록이라고요? 기술의 도움을 받지 않는다고요? 그건 1960년 아베
베 비킬라Abebe Bikila가 세운 기록이죠. 그는 맨발로 달렸습니다. 그거야
말로 깨끗한 승부였지요."[30]

# 스포츠 의류 시장의 힘

우리는 조금 더 혁신의 여지가 있을 때 희열을 느낀다.

케이트 윌턴Kate Wilton, 스피도 상품·디자인 책임자, 2016년

스포츠와 스포츠 의류는 오래전부터 상업적인 영역이었다. 북미의 스포
츠 의류 시장은 2014년에 605억 달러 규모였고 2019년에는 735억 달러
가 될 것으로 예상됐다. 스포츠 업계의 나이키, 아디다스, NBA 같은 회
사들은 스포츠 생중계 시청자 수가 점점 줄고 세계 시장의 판매량이 들
쭉날쭉해서 어려움을 겪긴 했지만, 스포츠 의류와 애슬레저athleisure(운동
경기를 뜻하는 athletic과 여가를 뜻하는 leisure의 합성어로 가볍게 즐기는 스포
츠를 뜻한다_옮긴이) 의류의 수요가 증가하면서 혜택을 입었다. 어떤 통
계에 따르면 2016년 애슬레저 의류 시장만 해도 970억 달러 규모였다.[31]
　수요가 증가하자 경쟁도 더 치열해졌다. 전통적인 스포츠 기업들은
영토를 회복하기 위해 경쟁했다. 기술을 통해 자신들의 상품을 차별화
하려는 노력도 했다. 예컨대 2015년에 리복이 내놓은 옷에는 방탄조끼
제작에 사용되는 '케블라'라는 초강력 물질로 만든 끈이 달려 있었다. 언
더아머Under Amour와 룰루레몬Lululemon은 땀 냄새가 배지 않는 양말, 상
의, 타이즈를 출시했다. 하지만 레깅스 1벌로만은 타사 제품들과 차별화
가 어렵기 때문에, 기업들은 소비자들의 호감을 얻기 위해 유명한 육상
선수와 후원 계약을 체결하거나 참석률이 높고 뉴스거리가 되는 행사에
의존한다.[32]
　혁신적인 제품들은 대부분 줌 베이퍼플라이와 스피도의 LZR 레이

서처럼 직업 운동선수들이 먼저 착용한 후에 일반 시장에 출시된다. (두
경우 모두 후원사의 최신 스포츠 의류 제품을 직접 착용하면서 홍보하는 선수
들은 그 제품이 대성공을 거둘 경우 100만 달러의 성과금을 받기로 약속했다
는 소문이 돌았다.) 스포츠 영웅들이 메달을 딴 경기에서 착용했거나 그
들이 홍보했던 제품은 권위와 명성을 얻는다. 그 제품이 잘 팔려서 수익
이 발생하면 그 돈은 다시 혁신적인 상품을 생산하는 데 투입되며, 그
혁신적인 제품은 운동선수들이 경쟁자들보다 우위에 설 수 있도록 디자
인된다. 이러한 순환은 관점에 따라 아름답게도 볼 수도 있고 부정부패
로 볼 수도 있다.

경주, 행사, 시합에서 운동선수들의 성적은 상당 부분 그들 역량의
한계 내에서 사전에 결정된다. 레베카 애들링턴은 훈련 때는 평범한 수
영복을 입었고 LZR 수영복은 시합 당일을 위해 아껴두었다. 그것은 그
녀의 경기용 수영복이 본래 사이즈보다 2~3사이즈 작기 때문이기도 했
다. "경기용 수영복은 아주 꽉 끼어야 해요. 제2의 피부라는 느낌이 나
야 하니까요. 어서 벗고 싶은 심정이죠." 하지만 수영복은 선수의 심리
상태에도 영향을 끼친다. 경기용 수영복은 몸에 딱 달라붙고 촉감이 매
끄럽고 종잇장처럼 얇기 때문에 선수가 풀장에 뛰어드는 순간 피부에
공기 방울이 닿는 것 같은 느낌을 받는다. 그것은 특별한 느낌이다. "[시
합] 며칠 전에 면도를 하는 것과 같은 이유지요. 면도를 한다고 속도가
크게 빨라지지는 않잖아요. 심리적인 이유가 더 크답니다."[33]

# 레인의 끝

진지한 스포츠는 페어플레이와 무관하다.
진지한 스포츠는 미움과 질투, 자기과시, 모든 규칙에 대한 무시,
폭력을 목격하면서 얻는 가학적 쾌감과 관련 있다.
다시 말하면 총성 없는 전쟁이다.

조지 오웰George Orwell, '스포츠 정신The Sporting Spirit', 《트리뷴Tribune》, 1945년

스포츠는 공정하지 않다. 어떤 팀들은 장비와 영양가 있는 음식 등의 자원에 더 수월하게 접근할 수 있다. 어떤 스포츠 종목은 그 종목의 특성상 시간과 비용을 많이 투자하지 않으면 실력을 키울 수가 없다. 어떤 사람들은 남들보다 긴 팔다리와 작은 가슴을 가지고 태어나며 움직임의 효율이 높고 지구력이 좋다. 혹은 그들의 재능을 발견하고 키워줄 재력을 가진 부모 밑에서 태어난다. 어떤 사람들은 남성이라서 대중에게 더 많이 노출되고 후원 계약을 체결할 가능성이 높다. 하지만 어떤 첨단 기술이 스포츠에 혼란을 초래하는 핵심적인 이유는 공정함과 순수함이라는 개념 때문이다. 남아프리카공화국의 《선데이 타임스》에 실린 어떤 기사에서 유명한 스포츠 평론가 로스 터커Ross Tucker는 경기력 향상 신발을 금지해야 한다고 주장했다. "그래야 우리가 첨단 기술이 제공하는 측정 불가능한 요인들의 영향 없이 달리기 그 자체를 감상할 수 있다." 하지만 모든 운동화는 어느 정도 경기력을 향상시킨다. 타맥tarmac과 콘크리트로 포장된 도로를 달리는 경기인 마라톤에서는 운동화가 더욱 중요하다. 육상 팬들과 선수들, 그리고 새로운 장비와 기술을 내놓는 업체들

은 항상 적절한 장비와 경기력 향상 장비의 경계선이 어디인가를 두고
논쟁을 벌이고 타협을 한다. 스포츠에 관심이 없고 스포츠를 즐기지 않
는 사람들의 눈에는 이 모든 과정이 이해되지 않을 수도 있다. 어떤 때
는 작은 혁신이 한바탕 소동을 일으키고, 어떤 때는 혁신이 이뤄져도 주
목받지 못하고 지나간다.[34]

더 좋은 스포츠 의류와 장비를 만들려고 노력하는 브랜드들에게 이
것은 어려운 수수께끼다. 브랜드의 입장에서는 시장에서 호응을 얻기
위해 자기 상품을 차별화해야 하고, 그러려면 평범한 사람도 그 상품을
착용하거나 사용하면 더 빨라지고 강해지고 승리할 확률이 높아진다는
사실을 소비자들에게 입증해야 한다. 하지만 그 상품이 지나치게 성공
적이어서 해당 브랜드가 후원하는 운동선수들이 지나치게 유리해질 경
우 도덕적 지탄을 받게 된다.[35]

또한 기본적으로 스포츠는 선수들이 점점 우수해지고, 빨라지고, 강
해져서 경기를 흥미진진하게 만들려는 유인을 가지고 있다. 오스트리아
의 배영 종목 전문가인 마커스 로건Markus Rogan은 폴리우레탄 수영복을
선호한다. 폴리우레탄 수영복은 수영 선수들의 속도를 높여주기 때문이
다. "수영은 지루한 스포츠 중에서 가장 인기 있는 종목입니다. 그러니
까 우리는 기록으로 먹고사는 거죠." 그러고 보면 수영 선수들이 헐렁한
모직 수영복을 다시 입어야 한다거나, 여자 수영 선수들이 20세기 초처
럼 가슴 노출 방지판modesty panel이 달린 옷을 입어야 한다고 주장할 사
람은 없을 것 같다.[36]

2009년 한 해 동안 폴리우레탄 수영복을 입은 선수들이 수립한 수영 종
목의 세계신기록은 총 147개였다. 이 중 43개는 로마 세계수영선수권대
회에서 수립됐다. 수영복을 둘러싼 논쟁은 수영계를 넘어 스포츠에서

첨단 기술과 브랜드와 후원사가 수행하는 역할에 관한 더 광범위한 논쟁을 만들어냈다. 가장 우려되는 지점들 중 하나는 현재보다 한 단계 높은 신기술이 나오지 않고서는 현재의 기록들을 깨뜨릴 수 없으리라는 것이다. 몇십 년 전에 약물복용이 수영계 전체에 피해를 입혔던 것처럼 폴리우레탄 수영복이 조만간 수영이라는 종목의 신뢰를 떨어뜨릴 것이라는 주장이 제기됐다. 하지만 적어도 그런 우려는 대부분 근거 없는 것으로 밝혀졌다. 리우데자네이루 올림픽에서 첫 4일 동안 세계신기록 6개가 깨졌다. 2018년 1월 1일 현재, 첨단 수영복 시대에 수립된 세계신기록 가운데 아직 유효한 것은 13개밖에 없다.[37]

이 기록들이 생각보다 쉽게 깨진 데는 여러 가지 이유가 있다. 우선 스포츠과학이 발전해 영양, 효율, 그리고 수영 선수 개개인에게 어떤 기술을 적용해야 하는가에 대한 이해가 깊어졌다. 풀장의 설계도 여러 번 바뀌면서 선수들이 실력을 발휘하는 데 더 좋은 환경이 만들어졌다. 풀장은 더 깊어지고 폭이 넓어져서 물의 저항이 감소하여, 수영 선수의 몸 위로 되돌아와서 속도를 늦추는 물결도 약해졌다. 요즘 풀장은 수영 선수들의 근육에 가장 잘 맞는 온도인 25~28도 사이로 유지된다. 레인을 구분하는 선과 풀장 가장자리의 배수장치에 대한 연구가 진행되면서, 물이 여기저기 튀면서 선수들의 속도를 늦추는 일도 없어졌다. 하지만 스포츠 업계 사람들의 다수는 2008년과 2009년에 문제가 생긴 이유가 수영복의 직물이었던 것처럼 해결책도 직물에서 발견했다고 믿는다.[38]

국제수영연맹의 규제가 시행된 후에 출시된 차세대 수영복들은 폴리우레탄을 비롯한 특수 소재가 금지되면서 잃어버린 속도의 일부를 회복하려는 의도를 숨기지 않았다. 어떤 수영복은 접합부와 솔기의 구조를 뼈대와 비슷하게 만들어서 수영 선수들이 경주에 가장 적합한 자세를 유지하도록 해줬다. 아레나는 나일론 직물 수영복에 탄소섬유를 첨가했

다. 탄소는 수영복의 종류에 따라 직물에 격자와 유사한 구조로 첨가되
기도 하고 수평의 띠 모양으로 들어가기도 했는데, 탄소를 첨가한 수영
복은 이전보다 내구성이 좋아지고 몸을 압박하는 기능도 향상됐다.

　2009년에도 100퍼센트 폴리우레탄 수영복을 만들지 않았던 스피
도는 국제수영연맹 규제가 시행된 후에 선수들이 입었을 때 가장 유
리할 수영복을 제작하는 데 집중했다. 스피도는 경주용 요트와 포뮬
러 원Formula 1 경주용 자동차들이 저항과 항력을 이겨내는 방법을 연구
한 다음, 그 방법의 일부를 응용해 신제품인 패스트스킨 III와 패스트
스킨 LZR 레이서 X 수영복을 만들었다. (패스트스킨 LZR 레이서 X는
리우데자네이루 올림픽에 맞춰 출시됐다.) 이 제품들은 '부위별 압박zoned
compression'이라는 방식을 사용했다. 특정 부분의 직물에 라이크라를 더
많이 집어넣어 기존의 LZR보다 3배나 강한 힘으로 신체를 압박했다. 스
피도의 의도는 몸의 표면을 덮는 최대한 뻣뻣한 '피부'를 만들고 선수의
몸을 관 모양으로 만들어 효율을 높이는 동시에, 피부가 너무 많이 움직
이지 않도록 하는 것이었다. 스피도의 주장에 따르면 수영 선수가 이 수
영복을 입으면 몸에서 생성되는 저항이 17퍼센트 정도 감소하고 산소
효율성은 11퍼센트 증가한다. 단 하나의 문제는 그 수영복을 어떻게 입
느냐는 것이었다. 적어도 여성 선수들에게는 이것이 곤란한 문제였다. 그
수영복에는 지퍼가 없었으므로 진동 둘레armhole 부분으로 몸을 집어넣어
야 했다. 어떤 선수들은 패스트스킨 LZR 레이서 X를 입는 데 꼬박 1시
간이 걸렸다고 말했다. 스피도 측에서는 조금만 연습을 하면 10~15분 만
에 입을 수 있을 거라고 장담했다.[39]

　첨단 기술 수영복이 코치와 선수들에게 확실히 알려준 것 중 하나는
자세의 중요성이다. 첨단 수영복이 금지된 이후로 코치들은 완벽한 자
세가 무엇인가에 대해 많은 것을 배웠고 첨단 수영복을 입었을 때와 같

은 좋은 자세를 만들기 위해 노력했다. 예컨대 훈련할 때 자세에 더 큰 비중을 두고 동체의 안정성을 높였다. 일부 코치들은 규제 대상이 된 수영복을 여러 벌 사들여 훈련 때 보조 장비로 사용하기도 했다. 그러면 선수들은 그 수영복을 입고 있을 때 몸의 움직임이 어떤지, 근육을 압박하면 얼마나 더 빨라질 수 있는지를 느끼게 된다. 스투 아이작Stu Isaac은 이렇게 말한다. "그 시대가 기준선을 높였다." 다시 말하자면 첨단 수영복은 지금도 기록을 깨고 있다.[40]

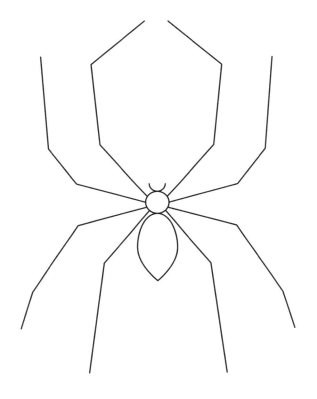

# 황금빛 망토

거미줄을 이용하다

# 특별한 망토

옷감 짜는 거미들아, 여기 오지 마.
저리 가, 긴 다리 벌레들아, 저리 가!

윌리엄 셰익스피어, 「한여름 밤의 꿈」, 1595~1596년

2012년 1월, 런던의 빅토리아 앨버트 박물관Victoria and Albert Museum에서
특별한 새 전시물이 공개됐다. 그물 같은 트레이서리 자수로 덮여 있고
윤기가 흐르며 종아리까지 내려오는 버터색 망토였다. 망토의 모양만
봐서는 성직자의 제의祭衣 같기도 했다. 실크 재질의 반 접힌 직사각형
안에는 손을 넣을 수 있는 구멍이 뚫려 있었고, 앞면에는 술 장식이 폭
포처럼 떨어져 발끝까지 내려왔다. 모든 천과 장식의 색은 동일했다. 그
것은 기억에 남을 만한 전시물이었다. 색채와 정교한 솜씨 모두가 관람
객의 눈길을 끌었다. 가까이 가면 아플리케 자수로 표현된 아름다운 꽃
들과 그 꽃들 위로 기어 다니는 거미들이 보였다. 관람객들은 그 작품에
대해 알면 알수록 매력을 느꼈다. 그 망토는 수백 명이 힘을 합쳐 3년도
넘게 제작한 작품이었다. 하지만 가장 놀라운 것은 그 망토가 염색도 가
공도 하지 않은 천연 거미줄로 만들어졌다는 사실이었다.

　망토를 제작한 사람은 영국의 직물 전문가 사이먼 피어스Simon Peers와
미국의 디자이너 니컬러스 고들리Nicholas Godley였다. 그 망토가 그들이
거미줄이라는 특별한 섬유를 엮어 만든 첫 작품은 아니었다. 피어스와
고들리는 둘 다 마다가스카르에서 활동하고 있는데, 4년쯤 전에도 거미
줄로 풍성한 태피스트리를 만들어냈다고 한다. 가로 335센티미터, 세로

112센티미터였던 그 태피스트리는 거미 약 120만 마리에게서 뽑아낸 거미줄로 만든 것으로, 뉴욕 맨해튼의 센트럴파크 바로 옆에 위치한 어퍼 웨스트사이드Upper West Side의 미국 자연사박물관American Museum of Natural History에 전시됐다. 당시 그 태피스트리는 직물의 역사에 한 획을 그은 작품이라기보다는 문화적 호기심을 불러일으키는 것이었다. 태피스트리에 들어간 추상적이고 기하학적인 브로케이드 문양은 19세기 마다가스카르에서 유행했던 문양을 연상시킨다. 수예가들이 제작을 위해 5년 동안 작업을 했고 비용은 50만 달러가 넘게 들었다.[1] 피어스와 고들리가 만족하지 못했던 이유가 여기에 있는지도 모른다. 그들은 수백 년 동안 사람들이 불쾌해했고 그래서 손도 대지 않던 물질을 가지고 특별한 작품을 만들어냈다. 하지만 그들에게는 아직 풀리지 않은 의문이 하나 있었다. 거미줄 옷감으로 옷을 만들어 입으면 착용감이 어떨까?

피어스의 이야기를 들어보자. "거미가 만든 실로 몸을 감싼다(고치 속에 들어간다)는 개념이에요. 제법 그럴싸하잖아요." 망토라는 개념도 매력적이었다. 순전히 실용적인 측면에서 보자면 망토는 표면적이 넓어서 꾸밈의 여지가 많았으므로 그들이 마다가스카르에서 함께 일했던 직공들과 수예가들의 솜씨를 자랑하기에 안성맞춤이었다. 하지만 피어스와 고들리는 망토에 다른 함의들을 함께 담아내려고 했다. 망토는 마블 만화책의 주인공들, 지구를 구원할 능력을 가진 미래의 초능력자들이 걸치는 옷이다. 그리고 황금실로 짠 망토는 어린 시절에 듣던 요정 이야기들과 반쯤 잊어버린 동화와 신화를 떠올리게 한다.[2]

이 망토를 만드는 과정에서 피어스와 고들리는 극한을 경험했지만, 사실 이런 도전을 했던 사람은 그들 말고도 또 있었다. 거미줄을 안정적이고 지속 가능한 자원으로 사용하려는 유혹은 수백 년 동안 사람들의 상상력을 자극했다. 우리는 미처 생각지 못할 수도 있지만, 세상의 구석진 곳들에서 별 생각 없이 날마다 치워지는 거미줄은 경이로운 공학 기술과도 같다. 오직 단백질로만 구성된 거미줄은 대단히 질기고 원래 길이의 40퍼센트까지 늘려도 끊어지지 않는다. 그래서 의학과 군사용 바이오 기술에서 혁신을 일으키려는 사람들은 거미줄에 관심을 가지고 신경 재생술, 화려한 의류, 방탄조끼의 소재인 케블라의 대용품에 이르는 다양한 활용 방도를 제시한 바 있다. 그러므로 보잘것없는 거미가 한쪽 눈을 깜박이는 짧은 시간 동안 해내는 일을 모방하려 했던 사람들은 언제나 과감한 시도를 할 준비가 돼 있었다.[3]

# 거미류와 거미 공포증

너는 거미가 사람의 손으로는 따라할 수 없을 만큼
고운 거미줄을 짜는 것을 못 봤느냐?…
그건 타고난 기술이지 배워서 되는 것이 아니다.

로마 철학자 세네카, 루실리우스Lucilius에게 보낸 도덕적인 편지, 121년

황금색 망토의 원재료를 제공한 거미들은 둥글게 거미줄을 치는 네필라 마다가스카리엔시스Nephila Madagascariensis라는 무당거미golden orb-weaver의 일종이다. 이름에서 유추할 수 있듯이 네필라 마다가스카리엔시스는 마다가스카르의 고유한 품종이다. 대부분의 거미들이 그렇듯이 네필라는 신비로운 매력을 가진 존재다. 암컷은 크기가 사람 손바닥만 하고, 길쭉하고 약간은 우아한 다리들이 몸통 위로 들쭉날쭉하게 올라와 있다. 노

란색과 회색 점박이 무늬가 있는 통통하고 아름다운 배는 크기가 브라
질너트 열매만 한 것부터 큰 대추만 한 것까지 다양하다. (수컷은 적갈색
을 띠며 크기는 암컷의 5분의 1밖에 안 된다.) 네필라는 그물 짜는 솜씨가
아주 뛰어나서 마다가스카르의 수도인 안타나나리보Antananarivo 전 지역
의 나무와 공중전화 꼭대기에 거미줄을 넓게 쳐놓는다. 그러고는 햇살
아래 황금빛으로 반짝이는 거미줄 쪽으로 머리를 내리고 가만히 누워
먹잇감을 기다린다.

　네필라 속屬은 현존하는 거미들 중에 가장 오래된 종류다. 네필라의
화석은 쥐라기 중반인 1억 6,500만 년 전까지 거슬러 올라간다. 네필라
는 암컷의 화려한 외모가 돋보이는 데다 마치 사냥꾼들이 자랑스럽게
사슴뿔을 모으는 것처럼 나비 날개며 파리 대가리 같은 징그러운 전리
품들을 거미줄 안에 늘어놓는 습성이 있어서 수집가들과 박물관들에게
인기가 많다. 네필라의 아종subspecies은 아메리카, 아시아, 오스트레일리
아 등 세계 각지에서 발견된다. 네필라는 지나가는 곳마다 거미줄을 남
기기 때문에 조깅하는 사람들이 그 거미줄을 자주 건드린다.⁴ 그래도 조
깅하다 실수한 사람이 먹잇감이 되지는 않으니 피해를 적게 입는 편이
다. (네필라에게 물리면 구역질이나 현기증이 날 수도 있지만 증세가 심각하지
는 않다.) 네필라는 보통 곤충을 잡아먹지만 작은 새와 도마뱀도 먹는다.
가끔은 암컷 네필라가 끈적이는 거미줄에 걸린 상대를 빨리 해치우기 위
해 내뿜는 신경 독neurotoxic venom에 운 나쁜 수컷이 희생되기도 한다.⁵

　네필라라는 이름은 '실 잣기를 좋아하는'이라고 해석 가능한 2개의
그리스어 단어에서 유래했다. 이름의 유래에 걸맞게 네필라는 거미줄을
잘 만들기로 유명하다. 네필라는 암컷만 거미줄을 치는데, 그 거미줄은
아주 커서 직경이 2미터에 이르기도 한다. 암컷들은 자신들이 만든 작품
을 자랑스럽게 여기는 듯하다. 그들은 공격을 당하는 한이 있어도 거미

줄을 떠나지 않는다. 그리고 그들은 거미줄 하나가 망가질 경우 30분 만에 새로운 거미줄을 완성할 능력을 가지고 있으면서도 대개는 원래 쓰던 거미줄을 수선해서 다시 쓴다. 거미줄의 한 구역이 손상되면 암컷 네필라는 그 실을 먹어버린 다음 새로 뽑아낸 실로 그 부분을 수선한다. 과학자들은 우아한 구조를 가진 네필라의 거미줄이 튼튼하고 정확하며 뚜렷한 황금색이라며 찬사를 아끼지 않는다. 뚜렷한 황금 빛깔은 먹이를 유인하기 위한 것으로 짐작된다. 수거미들은 항상 거미줄 주변을 미끄러지듯 돌아다니며 초조하게 암컷을 기다린다. 암컷을 성나게 하거나 암컷의 식욕을 불러일으키지 않으면서 짝짓기를 하기에 적합한 순간을 찾으려는 것이다. 거미는 암컷과 수컷 모두 몇 달밖에 살지 못하기 때문에 시간은 매우 귀중하다. 짝짓기가 순조롭게 이뤄지면 거미줄에서 조금 떨어진 장소에 황금색 실타래로 감싼 알주머니들을 숨겨놓는다. 알주머니 속에서는 다음 세대 거미로 자라날 핀 하나 크기의 거미 유충 수백 마리가 부화를 준비하고 있다.[6]

거미들은 놀라운 생명체다. 어떤 거미들은 단 하룻밤 만에, 그리고 스스로 생산한 물질만 가지고 아주 넓은 다목적 구조물을 건설한다. 이것을 인간의 용어로 옮겨본다면 축구장만 한 크기의 거미줄을 만든 다음 그 거미줄을 이용해 비행기만큼 무거운 먹이를 잡는다는 이야기가 된다. 약 3억 8,000만 년 전에 처음 출현한 거미는 현재 4,000가지가 넘는 종으로 진화했다. 단순 비교를 하자면 인간은 700만 년 전에 침팬지에서 진화를 시작했으며 현재 영장류는 400종밖에 안 된다.[7]

　모든 거미는 생애주기의 어느 시점에 거미줄을 사용한다. 거미들은 용도에 따라 여러 가지 유형의 거미줄을 만들 수 있다. 거미들은 거미줄을 사용해 땅속에 구멍을 뚫기도 하고 알을 보관할 고치를 만들기도 하고 먹이를 잡는 데 쓰기도 한다. 심지어 하나의 거미줄을 이루는 실도 여러 종류가 있다. 사방으로 뻗어나가는 세로줄은 보통 대호장전사major ampullate silk라고 하는데, 거미가 위험에서 벗어나기 위해 갑자기 거미줄로 뚝 떨어질 때 그 줄을 사용한다. 세로줄은 가장 튼튼한 줄이다. 나선 부분을 이루는 가로줄은 편장선사flagelliform로서 인장력이 우수하지만 한번 늘어나면 금방 제자리로 돌아오지는 않기 때문에 거미줄에 걸린 먹잇감이 뛰어오르지 못한다. 먹잇감을 확실히 붙잡기 위해 가로줄에는 대개 끈적끈적한 액체가 발라져 있다.[8]

모든 거미줄은 이상할 정도로 길고 복잡하게 반복되는 단백질로 이뤄져 있다. 거미는 배 안에 들어 있는 수백 개의 반투명한 거미줄샘gland에서 그 단백질을 만들어낸다. 이 거미줄샘들은 아주 작은 출사 돌기 spinneret(실이 나오는 구멍_옮긴이)들과 연결돼 있고, 거미가 출사 돌기에서 마음대로 짜내는 액체 상태의 단백질이 거미줄의 섬유가 된다. 이 단백질은 크기도 크고 불안정하다. 액체에서 고체가 되는 이 분자구조의 변화는 거미가 실을 자아내는 순간에 일어나는데, 이러한 변화는 출사 돌기의 모양과 압력 때문이다.[9]

거미줄은 누에가 만드는 실크와 비슷하지만 품질이 더 좋다. 분자 구조로 보면 거미줄이 더 곱고 고르다. 그래서 거미줄을 실과 직물로 만들면 진짜 실크보다 더 부드럽고 가볍다.[10] 어떤 거미줄은 사람 머리카락보다 가늘지만 같은 질량을 기준으로 비교할 때 거미줄은 강철보다 5배나 튼튼하다. 또 탄성이 아주 높고 인체에 알레르기 반응을 일으키지 않으며 동역학 에너지의 상당 부분을 흡수할 수 있다. 이런 성질들 때문에 거미줄 연구자들은 거미줄이 구조물의 폭파 방지, 방탄조끼, 신체를 보호하는 옷, 자연 분해되는 낚싯줄, 인공 힘줄, 세계에서 가장 고운 실크 셔츠에 이르기까지 다양한 용도로 사용할 수 있다고 생각한다.[11]

# 오래된 실

내가 너를 좋아했기 때문에 거미줄을 짰던 거야.
어쨌든, 어쨌든 말이야, 산다는 건 뭘까?
이렇게 태어나서, 이렇게 잠시 살다가, 이렇게 죽는 거겠지.

E. B. 화이트, 「샬롯의 거미줄」, 1952년

인류는 거미를 바라보며 성장했다. 인류가 사냥과 요리, 바느질에 도움
이 되는 도구 사용법을 익히려고 애쓰는 동안 주변에는 항상 거미줄이
있었고 그 위에는 거미줄을 만든 동물의 몸뚱이가 놓여 있었다. 거미라
는 생물이 인간의 정신세계에 깊이 새겨진 것은 놀라운 일이 아니다. 인
류는 거미의 자급자족 능력, 거미가 가진 효율성과 창의성, 그리고 무엇
보다 실크를 다루는 뛰어난 솜씨를 보고 많은 것을 배웠다. 기원전 460년
경에 태어난 고대 그리스 철학자 데모크리투스Democritus는 인간이 거미
줄을 만들고 알주머니를 짜는 거미들을 바라보다가, 실을 잣고 옷감을
짠다는 생각을 처음 떠올렸을 것이라고 주장했다. 거미와 실 잣기 사이
에는 분명히 어떤 연관성이 있다. 어떤 사람들은 거미를 뜻하는 영어 단
어 spider가 원래는 'spin'이라는 단어에 er을 붙인 spinder라고 불렸다고
주장한다.[12]

실 잣는 사람들만 거미를 유심히 관찰했던 것은 아니다. 예컨대 사
냥꾼과 어부들이 그물과 덫과 미끼를 처음 발명한 것은 거미를 관찰한
덕분이라고도 볼 수 있다. 거미류 같은 절지동물은 뭔가를 만들기도 하
고 파괴하기도 하는 이중적인 역할을 수행하기 때문에 콜럼버스 이전

의 페루 원주민들, 가나의 아칸Akan족, 아메리카 원주민 일부를 비롯한 다양한 민족의 신화에 거미류가 등장한다. 예컨대 호피Hopi족과 나바호 Navajo족은 거미와 여인이 합쳐진 존재가 거대한 베틀 위에서 구름과 무지개로 우주를 짜냈다고 상상했다. 그리고 그 거미 여인이 지혜와 기술을 아낌없이 나눠주었기 때문에 지상에서 인류가 번창하는 것이라고 이야기한다. 각 부족에서 옷감 짜는 일을 맡은 사람들은 거미처럼 섬세한 기술을 구사하기를 바라며 일을 시작하기 전에 거미줄에 두 손을 문지른다. 고대 이집트 신앙 속에서 지혜와 사냥, 옷감 짜기의 여신인 네이스Neith는 거미와 연관 지어졌고, 메소포타미아 문명에서 여자들에게 할당된 모든 일을 책임지는 여신인 우투Uttu 역시 거미와 짝지어지곤 했다. (우투 여신과 거미는 아주 긴밀한 관계를 맺고 있어서 우투의 이름과 '거미'라는 단어를 같은 기호로 표시하기도 했다.) 중국에서는 전통적으로 거미가 근면의 상징이며 행운을 가져다준다고 여겼다.[13]

　서양 문화에서 거미들은 긍정적인 역할을 맡았다. 아이들에게 자장가로 불러주는 〈잇시 빗시 스파이더Itsy Bitsy Spider〉라는 노래는 고난과 굳은 의지를 가르쳐준다. 소설 『샬롯의 거미줄』에서 거미 샬롯은 돼지 윌버를 구해주는 존재다. 1962년 여름에 처음 발간된 만화의 주인공 '스파이더맨'은 피터 파커라는 온화한 성격을 가진 남자가 변신한 모습으로서, 지금까지 가장 많은 사랑을 받은 만화 주인공들 가운데 하나로 손꼽힌다. 스파이더맨을 창조한 만화가 스탠 리Stan Lee는 거미 한 마리가 수직의 벽을 똑바로 기어오르는 모습을 보다가 스파이더맨을 생각해냈다고 한다. 스파이더맨도 수직의 벽을 기어오를 수 있다. 손목에서 거미줄 같은 밧줄을 쏘아서 악당들을 꽁꽁 묶기도 하고, 그 밧줄을 타고 도시의 정글을 날아다니기도 한다.

　하지만 이러한 거미에 대한 찬사 속에는 불쾌하고 두려운 마음이 동

반되며, 때로는 그 두려움이 경탄의 마음을 능가한다. 〈잇시 빗시 스파
이더〉의 거미에 대한 호감은 우리가 〈꼬마 숙녀 머핏Little Miss Muffet〉을
알게 되는 순간 사라진다('꼬마 숙녀 머핏'은 스코틀랜드의 자장가 제목이다.
꼬마 숙녀 머핏, 즉 메리 여왕이 왕좌에 앉았는데 우유를 응고시켜 만든 음식
을 먹다가 큰 거미가 와서 놀란다는 내용이다_옮긴이). 스위스 작가인 예레
미아스 고트헬프Jeremias Gotthelf가 1842년에 발표한 단편소설『검은 거미
The Black Spider』에는 더 고약하고 무시무시한 거미가 등장한다. 이 소설
에서 고트헬프는 악마의 키스를 받은 여자의 뺨 위에 시커먼 거미 한 마
리가 돋아나는 장면을 묘사했다. 나중에 그 검은 거미는 알을 낳고 그
일대의 가축과 사람들을 마구잡이로 죽이면서 대소동을 일으킨다. 거미
여인들은 일반적으로 창조와 연관되긴 하지만 항상 선한 존재로 그려지
지는 않는다. 에도시대(1615~1868년) 일본의 문학작품에 나오는 '매춘부
거미'는 매혹적인 여성의 모습으로 나타나 순진한 사무라이들을 유혹한
다음 그들을 거미줄로 꽁꽁 묶어놓고 게걸스럽게 먹어치운다. '검은 과
부들'이라는 비유적 표현도 이런 이미지를 반영하고 있다. 미국의 엽기
적인 코미디 영화인 〈아담스 패밀리 2〉에 나오는 데비, 미국 텍사스주에
서 다섯 번째 남편을 살해했다가 붙잡힌 베티 루 비츠Betty Lou Beets, 메
리 엘리자베스 윌슨Mary Elizabeth Wilson 같은 여자들은 순진무구한 배우
자를 살해한다. 네필라 마다가스카리엔시스를 비롯해 여러 종류의 거미
들을 관찰해보면 실제로 암컷이 수컷을 잡아먹는 일이 빈번하기 때문에
이런 묘사는 상당히 흥미진진한 것이 된다.[14]

　고대 그리스 전설에 나오는 아라크네Arachne 이야기는 여자와 거미를
연결시킨 불쾌한 사례 중 하나다. 입에서 입으로 전해진 전설들이 모두
그렇듯이 아라크네 이야기도 여러 버전이 있지만, 모든 이야기는 어릴
때부터 옷감 짜는 솜씨가 뛰어났던 아라크네라는 가난한 처녀에서 시작

한다.[15] 아라크네는 자기의 재주를 무척 자랑스럽게 여겼는데, 옛이야기에서는 여자가 자기 재주에 자부심을 가지면 십중팔구 불운이 따른다. 가족의 친구 중 한 사람이 아라크네에게 "학문과 예술의 여신인 아테나에게 옷감 짜기를 직접 배운 것이 아니냐"고 묻자 아라크네는 콧방귀를 뀐다. "그 반대랍니다. 아테나 여신이 나에게서 한 수 배워야 해요."

그리스의 신들은 거만한 인간에게 신속하게 벌을 내린다. 변장한 아테나 여신이 아라크네의 오두막집 문을 두드리고 옷감 짜기 시합을 하자고 한다. 진 사람은 죽을 때까지 베틀과 가락을 만지지 않는 조건이었다. 물론 내기는 아테나 여신의 승리로 끝나지만, 여신은 다시는 재주를 발휘할 수 없다는 생각에 절망하는 아라크네를 가엾게 여긴다. 아테나는 자비를 베풀지만 그 자비에는 악의가 섞여 있었다. 내기의 약속을 어기지 않으면서도 아라크네가 마음껏 실을 잣도록 해주기 위해 아라크네를 아름다운 아가씨에서 거미로 바꿔놓은 것이다.[16]

# 거미에게서 실을 뽑으려면

이것은 미래의 상업용 섬유가 될 것이 틀림없다.

J. F. 다시J. F. Duthie, 1885년

사람들이 거미줄을 이용하려고 노력하지 않았던 것은 우리가 거미를 볼 때 느끼는 혐오 때문도 아니었고, 끝도 없는 기술적 문제들 때문도 아니었다. 모방에서 활용으로 한 걸음 나아가기가 어려웠기 때문이다. 태평양 남서쪽 섬에 살던 사람들은 옛날부터 거미줄로 낚싯줄을 만들었고, 아프리카의 몇몇 지역에서는 거미줄과 거미 고치를 모아서 가방에서 모자에 이르는 갖가지 물건을 만들었다. 실제로 대영박물관에 가면 보츠와나에서 생산된 거미줄 모자가 있는데, 그 모자의 꼭대기에는 화려한 타조 깃털이 달려 있다. 상처 소독에 거미줄을 이용한 나라들도 있었는데, 그런 관습은 셰익스피어가 살던 시대에도 잘 알려져 있었다. "나는 당신을 더 잘 알고 싶소. 찬란한 거미줄 요정이여."『한여름 밤의 꿈』에서 보텀Bottom의 대사다. "만약 내가 손가락에 상처를 입는다면 용감하게 당신에게 다가가겠소."[17] (실제로 거미줄에는 살균 성분이 포함되어 있다.) 중국이 실크 산업을 독점하는 것에 한이 맺혀서 실크 대용 물질을 찾으려고 노력했던 18세기 유럽인들은 독자적인 실크 산업을 일으킬 방안을 거미에게서 찾을 수 있으리라고 기대했다. 거미줄은 한 가닥이 아주 가늘기 때문에 1960년대까지도 사격 조준기의 십자선을 만드는 데 사용됐다.[18]

이처럼 사용 범위가 넓은데도 거미줄을 상업적으로 활용하려는 시도는 대부분 실패로 돌아갔다. 거미줄을 다량으로 생산하기가 대단히 어렵기 때문이었다. 거미줄이 누에의 대용품이 되려면 거미줄과 고치를 수집하는 것만으로는 안 된다. 거미에게서 직접 거미줄을 얻어야 한다. 그것도 대량으로.

프랑스의 귀족 프랑수아 자비에 봉François-Xavier Bon은 최초로 거미 사육을 신중하게 시도해본 사람들 중 하나였다. 그가 알아낸 사실들은 1709년 프랑스에서 간행되고 나중에 영어로 번역된 장문의 보고서에 요약되어 있다. 그의 노력이 빛을 발하지 못한 것은 거미에 관한 기초 지식이 없었기 때문이다. 예를 들면 그는 거미가 양성의 특징을 다 가진 동물이며, 알을 낳는 것은 수거미라고 생각했다. 또 그는 방적돌기를 제대로 묘사하지 못해서 사람의 몸에 비유하는 것으로 설명을 대신했다. "모든 거미는 항문에서 실을 뽑아낸다. 항문에는 유두, 즉 작은 젖꼭지가 5개 있다." 그래도 봉은 도전을 계속했다. "창가나 천장의 구석진 곳, 집 처마 밑"에서 거미의 난낭(그는 난낭을 '주머니'라고 불렀다)을 수집했고, 충분한 양이 모였을 때 거미줄로 스타킹과 장갑을 한 켤레씩 만들었다. 그리고 누에의 시대가 드디어 끝나간다는 증거로서 그 스타킹과 장갑을 학계에 제출했다.[19]

처음에는 이처럼 밝은 전망이 제출됐지만, 거미 사육을 가로막는 만만찮은 장애물들이 뚜렷이 확인되자 노력도 중단됐다. 예를 들면 누에나방의 고치 1개에서 얻을 수 있는 동일한 양의 실크를 얻기 위해서는 거미 12마리가 필요했고, 실크 1파운드(453그램)를 생산하기 위해서는 거미 27,648마리가 필요하다는 계산이 나왔다. 그리고 사람이 사육하려고 하면 거미들이 강력하게 저항한다는 사실도 밝혀졌다. 가장 먼저 거미 수천 마리에게 먹일 파리를 전부 잡기란 불가능에 가까웠다. 게다가 거미들은 좁은 곳에 갇히면 서로 공격하고 죽이기도 했다. 한 연구자는 다음과 같은 절망적인 기록을 남겼다. "거미 상자를 들여다볼 때마다 나는 작은 거미가 큰 거미의 먹이가 되는 모습을 목격했다. 얼마 후에는 한 상자에 거미 한두 마리씩만 남았다."[20]

하지만 거미를 사육해서 실크를 얻는다는 목표가 완전히 사라진 것은 아니었다. 사업가, 발명가, 과학자들은 거미 사육에 대해 곰곰이 생각하고 또 생각했다. 그들 대부분은 먼저 도전했다가 실패한 사람들의 경험에 대해 알지 못했고, 각자 자신이 직물 산업의 성배를 발견했다고 굳게 믿었다. 여기서 성배란 중국 실크와 어깨를 나란히 할 수 있는 실을 의미한다. 그들은 앞으로 진행할 연구에 대한 후원을 얻기 위해 부자나 권력자들에게 거미줄로 만든 진기한 물건들을 선물했다. 프랑수아 자비에 봉은 부르고뉴 백작 부인에게 거미줄 스타킹 한 컬레를, 독일과 오스트리아의 황후에게 장갑을, 그리고 루이 14세에게는 거미줄 조끼를 선물했다고 알려져 있다.

역사 속의 거미줄 실용화 시도 가운데 성공에 가장 가까운 사례는 19세기 후반 마다가스카르에 세워진 프랑스 식민정부의 실험이었다. 마다가스카르섬에 살던 프랑스 선교사 자콥 폴 캉부에Jacob Paul Camboué는 1880년대와 1890년대에 살아 있는 거미에게서 실크를 추출하는 방법을 연구했다. 원래 그는 일반적인 실크 생산 과정에서처럼 거미의 고치만 사용하려고 했지만, 고치 50개에서 실크는 딱 1그램만 생산된다는 사실을 알아냈다. 하지만 거미 1마리를 붙잡아 두고 방적돌기에서 직접 실을 뽑아낸다면 적게는 80미터에서 많게는 700미터의 실을 얻을 수 있었다. 캉부에의 동료인 노게Nogué가 거미를 붙잡아 두는 기계를 만들었다. 그 기계는 겉보기에는 무시무시해 보였지만 네필라 마다가스카리엔시스 여러 마리가 한데 모여 살면서 다치지 않고 실을 뽑아낼 수 있는 장치였다. 안타나나리보에서 이런 방법으로 얻어낸 거미줄은 침구로 만들어져 1900년 파리 만국박람회장에서 큰 호응을 얻었고, 그후로는 흔적도 없이 사라졌다.[21]

마다가스카르에 살면서 직물 생산에 종사했던 사이먼 피어스는 옛날에 그 섬에 살던 사람들은 거미줄로 옷감을 짰다는 풍문을 들었을 때는 단지 설화라고만 생각했다. 자주 듣긴 하지만 곧이곧대로 믿을 수는 없는 이야기. 그럼에도 피어스는 마치 마법에 걸린 것처럼 그 이야기에 매료당했다. 1990년대에 그는 노게의 거미줄 뽑기 기계를 엄청나게 복잡하게 변형해 새로 제작했다. 그 기계는 20마리가 넘는 거미를 안전하게 붙들어 놓고 거미줄을 뽑아내서 약한 힘을 가해 실로 엮어냈다. 그로부터 몇 년 후, 피어스는 니컬러스 고들리의 격려와 지지를 받으면서 본격적으로 거미줄 직물 생산에 착수했다. 그들이 만들어낸 최초의 거미줄 직물은 2008년에 완성됐다.[22]

순전히 거미줄로만 옷 1벌을 만든다는 최종 목표를 이루기까지는 3년이 더 걸렸다. 피어스와 고들리는 고생을 해가며 경험을 축적했고 숙련된 기술을 가진 직공들도 데리고 있었지만, 거미줄로 옷을 만드는 것은 아주 까다로운 일이었다. 먼저 시도했던 사람들의 실패가 그들의 어깨를 무겁게 짓눌렀기 때문에 더욱 힘들게 느껴졌다. 수백 년 동안의 꿈을 실현하려면 뭔가 특별한 것을 만들어내야 했다. 그만큼 멋있는 옷을 만들기 위해 그들은 2가지 방법으로 천을 짜고, 옷의 표면 전체를 세밀한 자수와 아플리케로 덮었다. 그 장식을 하는 데만도 수천 시간이 걸렸다. 바느질은 모두 손으로 이뤄졌다.

이 모든 노력은 메시지를 전달하는 데 도움이 됐지만, 옷단에 들어간 가장 평범해 보이는 실 한 올도 굉장한 노동의 결과물이었다. 거미줄은 아주 가늘기 때문에 거미줄 자체를 가지고 옷을 만들기는 거의 불가능했다. 그래서 거미 24마리가 뽑아낸 거미줄을 엮어서 실 1가닥을 만들었다. 그것은 가장 기본이 되는 실이었고, 브로케이드 직물을 만들려면 거미줄이 훨씬 많이 필요했다. 날실 1가닥은 거미줄 96가닥으로 이뤄졌고, 씨실 1가닥에는 날실의 2배인 거미줄 192가닥이 들어갔다. 실크 1온스(1온스는 31.103그램_옮긴이)를 얻기 위해 거미 14,000마리 정도가 필요하다는 사실을 생각하면 거미줄을 충분히 확보하는 것만도 보통 일이 아니었다. 고들리와 피어스는 아침마다 30~80명의 사람을 보내 안타나나리보의 나무와 공중전화 기둥에서 거미를 최대 3,000마리까지 채집했다.[23] 그리고 나서 몇 년 전 피어스가 고안한 것과 비슷한 기계로 거미에게서 거미줄을 뽑아낸 다음, 오후에는 거미들을 원래 잡았던 장소로 돌려보냈다. 그렇게 한번 거미줄을 뽑아내고 나면 거미들이 거미줄을 다시 만들어내기까지 일주일 정도가 걸렸으므로, 일주일 후에 거미를 다시 잡아서 또 거미줄을 채취했다.[24]

　드디어 거미줄로만 만든 망토가 완성되어 2012년 런던의 빅토리아 앨버트 박물관에 6개월 동안 전시됐을 때 관람객들은 깊은 인상을 받았다. 그 황금빛 망토가 다시 포장되어 창고로 들어가 버린 다음에도 사람들은 거미줄의 거부할 수 없는 매력을 잊지 않았다. 실제로 거미줄로 옷이 만들어졌지만 그 옷은 딱 한 벌이었고, 수백 명에 달하는 사람들의 노동과 막대한 비용이 소요됐다. 그리고 여전히 더 큰 과제가 남아 있었다. 거미줄을 대량으로 생산하고, 거미줄의 잠재력을 이끌어내 거미줄이 박물관의 일회성 전시가 아닌 일상생활 속의 직물이 되도록 만드는 일이었다.

# 황제의 새 실

알고 보니 거미줄과 염소젖은 크게 다르지 않았다.

제프리 터너Jeffrey Turner 박사, 넥시아 바이오테크놀로지 CEO, 2001년

새천년의 첫 달, 캐나다 시골의 단풍나무 농장에 위치한 넥시아 바이오테크놀로지Nexia Biotechnologies라는 잘 알려지지 않은 회사가 새로운 발표를 했다. 드디어 거미줄을 대량생산할 방법을 찾아냈다는 내용이었다.[25]

　넥시아의 비밀스러운 묘책은 특별히 유순한 거미나 특별히 몸집이

큰 거미를 키우는 것이 아니었다. 그것은 아예 다른 동물을 이용하는 방법이었다. 그 동물은 염소였다.[26] 넥시아는 무당거미의 방적 유전자를 잘라 염소의 유전자에 이어 붙였다. 암염소들(프레클스, 푸딩, 스위티라는 이름을 가진 세 염소가 가장 유명했다)의 젖을 짜서 분석해보니 거미줄 단백질 성분이 들어 있었다. 거미줄을 얻기 위해서는 염소젖을 짜고 단백질을 추출한 다음 그 단백질을 실로 만들어야 했다. 넥시아는 그 실에다 만화 주인공 이름 같은 '바이오스틸BioSteel'이라는 이름을 붙였다. (이 연구에 필요한 자금은 미국 육군이 지원했다. 미군은 거미줄의 일부가 방탄조끼에 사용되는 케블라보다 5배나 강하다는 사실을 발견하고 거미줄 연구에 관심을 나타냈다.) 처음에는 전 세계가 열광했다. 거미들이 3억 8,000년 동안 갈고닦아 완벽하게 만든 직물이 드디어 사람의 손에 들어온 것만 같았다. 하지만 애석하게도 이 염소들의 젖을 원료 삼아 거미줄을 무한대로 생산할 수 있다는 이야기는 근거 없는 환상으로 밝혀졌다. 넥시아는 2009년에 파산했다.[27]

거미줄을 재창조할 방법을 찾고 있는 과학자와 회사들이 부딪치는 근본적인 문제는 거미줄의 원료가 되는 단백질의 크기와 복잡성이다. 거미줄 원료가 되는 단백질은 거미의 품종, 거미의 먹이, 거미가 뽑아내는 거미줄의 종류에 따라 매우 다양하지만, 그 단백질의 분자구조에는 여러 종류의 단백질이 복잡한 순서로 들어 있기 때문에 실험실에서 그것을 복제하기란 대단히 어렵다. 또 하나의 난관은 거미줄의 불안정성이다. 거미줄은 처음에는 액체로 만들어진 다음 고체와 액체의 경계선상에 아슬아슬하게 위치하며, 거미의 방적돌기를 통과할 때만 고체로 변한다. 방적돌기는 거미줄에 역학적인 압력을 가하는데 그 원리는 아직 정확히 밝혀지지 않았다. 액체와 고체를 넘나드는 거미줄의 성질은 거미류의 동물들에게 유리하게 작용한다. 액체 거미줄을 몸속에 저장했다가 필요할 때마다 실로 뽑아낼 수 있어 편리하기 때문이다. 하지만 거미줄을 모방하려는 사람들에게 그런 성질은 넘기 힘든 장애물이다. 현재로서는 기계로 거미줄을 재생산하는 일은 불가능하다고 판단된다.[28]

이 모든 난관에도 불구하고 거미줄을 재창조하기 위해 경제적 파산과 사람들에게 조롱당할 위험을 무릅쓰는 회사는 넥시아만이 아니다. 유타 주립대학의 분자생물학자인 랜디 루이스Randy Lewis 박사는 2009년 거미 유전자를 이식한 염소들을 사들여 이 방면의 연구를 계속 진행했다. 하지만 그는 난낭들을 한 바구니에 다 넣지는 않았다. 그의 연구 대상 가운데 사진에 가장 예쁘게 나오는 동물은 프레클스과 푸딩일 테지만, 실제로 그는 다른 유기체에 유전자 일부를 이식해 실크를 생산하도록 하는 방안도 함께 실험하고 있다. 그의 연구 대상에는 감자, 알파파 같은 콩과 식물들, 그리고 식중독을 일으키는 박테리아인 대장균Escherichia coli도 포함된다.

더 간단한 방법은 누에의 유전자를 변형하는 것이다. 이 방법은 현재 몇몇 회사가 탐색하고 있다. 사람이 사육하는 누에나방은 원래도 실크 생산 효율이 높은 품종이다. 누에의 몸에서 실크 저장소(샘)는 체중의 40퍼센트를 차지하며, 누에를 다루는 기술은 이미 널리 보급돼 있다. 만약 누에나방 유전자를 다른 생명체에 이식해 거미줄 같은 실크를 순조롭게 생산하게 된다면 현재의 상품 생산 및 공급 구조와도 잘 맞을 것이다.[29]

모두가 루이스 박사처럼 낙관적인 견해를 가진 것은 아니다. 독일 태생의 생물학자로서 20년 동안 거미와 거미줄을 연구한 프리츠 볼라스Fritz Vollrath를 만나보자. 그의 가장 유명한 연구는 거미에게 LSD(환각제), 암페타민(각성제), 카페인 등의 약물을 주입해서 그 거미가 뽑아내는 거미줄에 어떤 변화가 있는지를 살펴본 것이다. (참고로 카페인을 섭취한 거미의 거미줄이 가장 엉망이었다.) 현재 볼라스 교수는 옥스퍼드 실크 그룹 Oxford Silk Group이라는 연구소를 책임지고 있다. 옥스퍼드 실크 그룹은 지난 15년 동안 옥스퍼드 대학의 어느 건물 지붕에 온실 비슷한 시설을 만들어 무당거미를 대량 사육하면서 거미줄의 화학적·물리학적·진화론적·생태학적 특징을 연구해왔다.[30]

거미줄 상품 생산에 관여하고 있는 루이스 박사 같은 개인 또는 회사들과 달리 볼라스 박사는 비관적인 견해를 가지고 있다. "그건 꿈보다 더 허황된 얘기입니다." 거미줄을 인공적으로 합성해서 인조 근육을 만든다는 아이디어에 대한 그의 의견이다. 거미줄을 케블라 대용품으로 쓴다는 아이디어에 대해서는 더 신랄하게 비판한다. "그건 사기예요. 사람들이 어리석어서 그런 이야기에 흥분하는 겁니다." 물론 거미줄이 총알을 막을 수 있을 만큼 튼튼한 건 사실이다. 하지만 그것은 총알이 사람의 몸을 통과하고 나서의 일이라고 볼라스 교수는 말한다. 거미줄은 신축성이 워낙 좋기 때문이다. 그래서 총알을 막아낸다는 원래의 목표에는 적합하지 않다. 하지만 인공 거미줄을 둘러싼 과장된 전망에 대한 그의 문제의식은 인공 거미줄로 어떤 물건을 만들 수 있느냐 없느냐가 아니라 인공 거미줄이라는 상품 그 자체를 겨냥한다.[31]

볼라스 교수는 보도자료에 적혀 있는 내용과 달리 과학자들은 진짜 거미류가 생산하는 물질을 결코 복제할 수 없을 거라고 말한다. 그 물질이 너무나 복잡하기 때문이다. 지금까지 과학자들이 해낸 일은 거미줄 단백질 서열에서 펩티드peptide(2개 이상의 아미노산 분자로 이뤄지는 화학물질_옮긴이)의 '모티프' 한두 가지를 복제한 것이다. "거미줄을 구성하는 성분의 조각들을 '거미줄'이라고 부르는 건 요즘 유행하는 표현으로 말하자면 '대안적 사실alternative fact(사실이 아닌데 사실처럼 이야기되는 것을 의미_옮긴이)입니다." 거미줄과 똑같은 단백질 조각들을 가진 염소나 대장균이나 감자를 만들어낼 방법을 찾았다 해도 당장 거미줄 상품화가 가능해지는 건 아니다. 다른 개체에서 거미줄 단백질과 똑같은 단백질을 추출하는 것은 까다로운 작업이며 독한 화학약품이 들어가야 한다. 보통은 재료를 산 용액에 담그는데, 이 과정에서 단백질 변성이 일어나 단백질이 사실상 죽기 때문에 그 단백질을 실로 엮어내기란 불가능하다.[32]

거미줄의 미래에 대해 이처럼 상반되는 주장들이 얽혀 있는 것은 이 분야의 연구가 아직 초창기이며 작은 규모로 이뤄지기 때문이다. 또 거미줄로 상품을 만들어내려고 노력하는 민간 기업들의 정체가 불확실하다는 문제도 있다. 몇 달, 때로는 몇 년 동안 침묵이 흐르다가 갑자기 자신감에 찬 보도자료가 배포된다. 인공 거미줄에 대한 회의적 견해는 나름대로 합리적이다. 하지만 거미줄 상품화에 부정적인 사람들조차도 거미줄을 연구할 가치는 있다고 이야기한다. 연구자와 기업들이 거미줄을 인공적으로 합성하기 위해 수행하는 연구는 생물고분자(거미줄의 모티프들로 만들어지는 단백질)에 관한 우리의 지식을 넓혀주고 새로운 발견의 실마리가 될지도 모른다. 옥스퍼드 실크 그룹은 거미의 등에 줄을 묶어 거미에게 해를 입히지 않으면서 실을 뽑아내는 방법을 개발했다. 거미의 등에 줄이 묶여 있는 동안 기계장치가 천천히 거미줄을 뽑아내 실패에 감는다. 어떤 거미들은 8시간 연속으로 거미줄을 생산한다.[33]

볼라스 교수는 사람들이 거미줄이라고 주장하는 물질의 대부분에 대해 회의적인 견해를 가진 사람이지만, 그 역시 어떤 영역에서는 거미줄로 실험을 해볼 가치가 있다고 생각한다. 대부분은 의학과 관련된 영역이다. 거미줄은 천연 항균성 물질이고 소독 효과가 있는 데다 독특하게도 인간의 세포와 유사성을 지니고 있기 때문에 우리의 몸이 거미줄에 거부반응을 일으키지 않는다. 볼라스 교수의 연구팀에서 파생된 영리기업인 옥스퍼드 바이오머터리얼스Oxford Biomaterials는 현재 거미줄을 신경 재생의 '발판'으로 사용하는 방법을 시험하는 중이며 거미줄을 이용해 인공 심장근육을 만드는 실험도 진행하고 있다. 그들의 궁극적인 목표는 거미줄을 이용해 손상된 척수를 치료하는 것이다.[34]

# 실을 뽑아내는 실험실

시험관 안에서는 뭐든지 할 수 있다.
그런데 같은 일이라도 규모가 커지면 훨씬 힘들어진다.

자이메 베인브리지, 볼트스레즈의 상품개발 담당 부사장, 2016년

거미줄 생산 경쟁에 가장 늦게 뛰어든 볼트스레즈Bolt Threads라는 매력적인 기업은 조금 다른 목표를 가지고 있다. 대학 시절에 만난 3명의 과학자가 이끄는 볼트스레즈는 캘리포니아 에머리빌Emeryville에 본사를 두고 있다. 볼트스레즈는 직물 공장이나 공방 같은 느낌이 아니라 과학 실험실과 대담한 기술 스타트업이 결합된 분위기를 추구한다. 모든 회의실에는 벨벳, 실크, 자카드 같은 직물의 이름이 붙어 있고, 로비의 탁자에는 『샬롯의 거미줄』 책이 놓여 있다. 직원들은 실리콘밸리 사람들의 공통된 복장인 청바지와 후드 티셔츠를 입고 일한다. 무료 음료로 채워진 냉장고도 있는데 음료는 모두 무설탕이다. 실험실에서는 투명 아크릴 안경과 맞춤 제작된 흰색 실험복을 반드시 착용해야 하고, 이야기는 작

은 소리로 해야 한다. 그래서 실험실에서는 달그락거리는 비커 소리와 윙윙 돌아가는 기계 소리만 들린다. 한 실험실에 있는 기계들은 목성의 위성들 이름이 붙어 있고, 다른 실험실의 기계들은 만화 주인공들의 이름으로 불린다.

2015년 6월 16일, 볼트스레즈의 CEO이자 공동설립자인 댄 위드메이어Dan Widmaier는 볼트 연구진이 6년간의 연구 끝에 "자연의 가장 어려운 퍼즐 중 하나를 풀었다"고 자랑스럽게 선언했다. 거미 없이 거미줄을 만들어냈다는 것이었다.[35] 볼트 연구진은 염소와 알파파와 대장균을 배제하고 설탕과 물, 소금과 효모의 결합물을 선택했다. 그들도 거미줄을 인공적으로 합성하는 것이 어려운 과제라는 점은 솔직히 인정했지만, 자신들이 마침내 상업적 활용이 가능한 규모로 거미줄을 합성하는 데 성공했다고 단언했다. 위드메이어는 UC 샌프란시스코 대학 재학 시절부터 인조 거미줄 생산을 꿈꿨다. 하지만 그가 학계에 있는 동안에는 거미줄을 100밀리미터 이상 만들어낼 수가 없었으므로, 자신에게 필요한 자금을 확보하려면 회사를 설립해야 한다고 확신하기에 이르렀다.[36]

현재 볼트스레즈는 여러 품종의 거미들이 만드는 거미줄 약 4,000가지를 생산하는 데 성공했다고 주장하고 있다. 하지만 볼트스레즈의 거미줄 생산은 호랑거미Argiope속에 포함되는 거미에게서 얻은 거미줄 1마디에 의존해서 이뤄진다. 그들이 시장에 내놓으려고 하는 직물들 역시 그 마디를 주된 원료로 사용한다. 위드메이어의 표현을 빌리자면 그들은 이 마디를 통해 "프로그래밍할 수 있는 고분자를 만들어낼 수 있다… 그 고분자의 성질은 거의 무한대로 다양하다." 이론상 그들은 그 거미줄을 비틀어 악취를 막아주는 직물, 세균이 번식하지 않는 직물, 가벼운 직물, 더 튼튼하거나 신축성 좋은 직물 등을 다양하게 생산할 수 있다. 하지만 가격 면에서 볼트스레즈가 면이나 폴리에스테르와 경쟁하기는 불가능하다. (볼트의 상품개발 담당 부사장인 자이메 베인브리지Jaime Bainbridge의 설명을 들어보자. "폴리에스테르는 1킬로그램에 1~2달러밖에 안 합니다. 우리가 만드는 직물은 일반적인 상품은 아니고 고급 상품이 될 겁니다.") 당연한 일이지만 그들은 볼트스레즈에서 만드는 직물의 기술적 측면에 대해서는 말을 아꼈다. 하지만 그들은 거미줄 단백질 추출이라는 까다로운 문제를 해결했다고 자신하고 있으며, 그들이 거미줄 단백질을 액체 상태에서 고체 상태로 응고시키는 과정을 상업적으로 활용할 수 있게 만들었다고 확신한다. 위드메이어의 설명에 따르면 이 단계의 열쇠는 끈끈한 거미줄 액체의 압력과 온도를 조절하는 데 있다. 이것은 거미들에게는 없는 능력이다.

기본적인 형태만 놓고 보면 거미줄 단백질은 분유와 비슷하다. 그렇다면 거미줄 단백질을 실로 뽑아내기 전에 산에 용해시킨 다음 다른 용액 속에서 다시 응고시킬 수도 있을 것이다. 내가 볼트스레즈를 방문한 날 뽑아져 나오고 있었던 실은 연한 황금빛이었다. 실험대 위에는 청오리색teal, 분홍색, 진주색 등 각기 다른 색깔의 실이 감긴 실패들과 편물 견본들이 펼쳐져 있었다. (누에에게서 얻은 실크는 염색하기가 어렵지만 볼트스레즈가 만들어낸 직물은 염색이 한결 쉽다.[37])

볼트스레즈에서 생산한 섬유는 굵고 튼튼해서 일반적인 상업용 편물·직물 기계에 넣어도 된다. 현재까지 볼트스레즈가 생산한 상품들은 편물이었다. 그들은 영국의 유명 디자이너 스텔라 매카트니Stella MacCartney와 협업을 통해 윤기 나는 넥타이와 모혼방 모자를 한정 수량으로 생산한 후 2017년 7월에 조용히 등록한 베스트메이드Best Made라는 브랜드 이름을 달고 판매했다. 2017년 10월 파리에서 패션쇼를 열었을 때 매카트니는 무대 뒤편에서 거미줄 편물로 만든 팬지브라운pansy brown색 보디수트와 바지를 선보였다. 그녀가 디자인한 또다른 거미줄 의상

인 황금색 드레스는 현재 MoMA에 소장돼 있다.[38]

볼트스레즈가 거미에게서 영감을 얻은 실크를 생산하는 데 얼마나 가까이 다가갔는지는 몰라도, 그것이 실물로 제작되는 속도는 아직 느리고 세상은 인내심을 잃어가고 있다. 사람들이 매장에서 거미줄 옷을 구경할 수 있는 날은 언제 올까? "그건 내가 기자들에게 돈을 주고서라도 그만 좀 물어보라고 하고 싶은 질문입니다." 베인브리지의 대답이다.[39] 볼트스레즈의 연구는 아직 진행형이고, 과학은 본래 시간이 걸리는 학문이다. 볼트스레즈 또는 독일의 에이엠실크AMSilk, 일본의 스파이버Spiber처럼 같은 목표를 향해 전진하고 있는 기업들이 성공을 거두기 전까지 거미줄 옷은 박물관의 소장품이나 이색적인 물건으로만 여겨질 것이다. 수백만 마리의 무당거미들이 선물한 황금색 망토는 현재 대중에게 공개되지 않고 런던의 창고에 보관돼 있으며, 곧 캐나다 등의 나라에서 전시될 예정이라고 한다. "그 망토는 이야기의 끝이 아닙니다." 사이먼 피어스의 목소리에는 확신과 희망이 깃들어 있었다. "이 망토와 거미줄 직물에는 미래가 있어요. 물론 아직 완성되지 않은 모험입니다."[40]

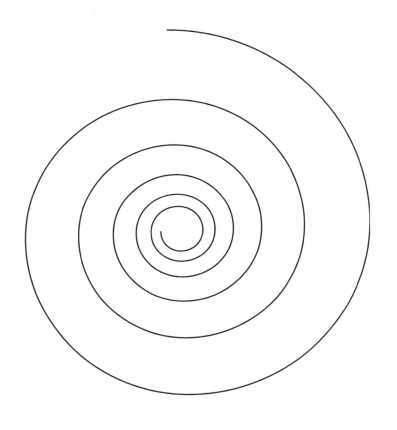

맺음말

# 황금빛 실

실의 촉감은 똑같아 보이지만 끝부분은 저 멀리에 있다.
폭풍우가 지나가고 나서 광활한 하늘에 햇빛이 쨍할 때
하늘의 한쪽에 커다란 아치 모양 무지개가 나타나는 것처럼.
무지개에서는 수없이 많은 색깔이 반짝이지만 사람의 눈으로는
그 색의 변화를 알아볼 수 없다. 바로 그 부분에 길이 남을
황금빛 실이 삽입되고, 먼 옛날의 이야기가 천에 새겨진다.

오비디우스, 「변신 이야기[Metamorphoses]」 4권, 아라크네가 아름다운 베를 짜는 대목

고대에도 황금색 양털의 전설은 오래된 이야기로 취급됐다. 그 이야기
에는 고전적인 등장인물들이 나온다. 왕, 왕의 두 아들, 그리고 교활한
계모 왕비. 왕국에 기근이 닥쳤는데 새로 들어온 왕비는 두 왕자를 제우
스 신에게 제물로 바치면 곡식이 다시 잘 자랄 것이라고 왕을 꼬드긴다.
왕은 줏대가 없었는지 아니면 책임감이 강해서였는지 왕비의 말을 따르
기로 한다. 그러나 두 왕자가 목숨을 잃기 직전에 황금빛 숫양이 두 왕
자를 구해준다. 어린 왕자들이 숫양의 등에 올라타고 곱슬곱슬한 황금
빛 양털을 꽉 붙잡자 숫양은 하늘로 솟구쳐 오른다. 나중에 그 숫양은
제물로 바쳐지고 황금빛 털은 신성한 숲의 나뭇가지에 내걸린다. 용 한
마리가 그 황금빛 양털을 지켰는데, 나중에 왕자 이아손과 그를 따르는
50명의 영웅들이 왕위를 되찾는 과정에서 그 황금빛 양털을 발견한다.

황금색 직물은 세계 각국의 풍부한 전통의 정점에 위치한다. 우리가
혼자 상상하거나 서로에게 들려주는 황금색 직물 이야기들도 마찬가지
다. 황금빛 양털의 전설은 기원전 12세기에 유래했다고 알려진 고대 메

소포타미아 신앙의 영향을 받았으리라고 짐작된다. 메소포타미아에서는 종교의식을 치르는 동안 신들의 조각상에 작은 고리 모양 황금 조각들로 장식한 풍성한 모직물로 옷을 입혔다. 여기에 약간의 상상을 보태서 그 황금 장식들이 양털의 굵은 섬유 가닥들과 비슷했다고 이야기되기도 한다.[1] 15세기 유럽에서는 착한 필립이라고 불리던 버건디 공작The Duke of Burgundy 필립 3세가 새로운 기사단을 창설하면서 황금색 양털을 내세웠다. 이른바 '황금 양털 기사단The Order of the Golden Fleece'이었다. 이 기사단의 단원들은 나뭇가지에 걸쳐진 숫양 그림으로 장식된 황금색 옷깃을 착용했다.[2]

세계 각국의 지배 세력은 자신들의 높은 사회적 지위를 신비화하고 공고하게 만들기 위해 황금실로 짜거나 수놓은 천을 사용했다. 12세기 중국에서 장종 황제 통치기에 만들어진 '일반 복식 체계The Common Apparel System'에서는 금색으로 장식된 옷을 사회적 계층을 구분하는 수단으로 활용했다. 예컨대 3등 관리들은 검은 천에 금실로 수놓은 옷을 입었다. 미혼 여성들은 빨강, 금색, 은색 옷을 입고 다채로운 옷깃을 달았다. 14세기 몽골 황실은 섬세하게 직조한 반짝이는 직물들을 즐겨 사용했는데, 그 직물들에는 중앙아시아의 문양과 기술의 흔적이 나타나 있다. 이는 이란 동쪽의 직공들이 일자리와 후원을 약속받고 중국으로 건너갔음을 시사한다.[3]

전통적으로 무슬림 문화권에서는 지위를 표시하고 특별한 날을 축하하기 위해 값비싼 금속 장식이 달린 천을 사용했다. 이런 천은 신부의 지참금 대용으로 사용되기도 했다. 빛을 흡수하거나 반사하는 천은 신성한 것으로 취급됐으며, 그 천으로 옷을 만들어 입은 사람들도 마찬가지로 귀한 대접을 받았다. 통치자들은 자신들이 신적인 권능을 가진 사람이라는 믿음을 전파하기 위해 의도적으로 금색과 은색 천을 활용했

다. 19세기 초반에 한 사관史官이 작성한 기록은 왕의 의도를 정확히 포
착했다. "나왑[통치자]이 그날 입은 값비싼 자수 킬라트[관복]와 보석 박
힌 장신구들이 찬란한 빛을 발하는 바람에 온 세상을 비추는 태양도 기
를 못 폈다."[4]

  유럽인들도 황금색 천을 좋아했다. 프랑스와 영국은 중세 시대 내내
전쟁을 벌였지만 1520년 여름에는 두 나라의 젊은 군주였던 헨리 8세와
프랑세스 1세가 직접 만나 분쟁을 해결하기로 결심했다. 두 왕이 회동
하는 자리에는 마상 창 시합과 연회가 계속해서 열렸으며 푸짐한 선물
도 서로 교환했다. 행사는 중립적인 장소에서 개최됐지만 양국 왕들이
멋져 보이고 상대보다 나아 보이려고 안달하는 바람에 막대한 양의 금
이 사용됐다. 영국과 프랑스의 왕실은 각각 천막과 가건물, 말들을 금으
로 장식하고 수행원들의 옷에도 금장식을 달았다. 금을 지나치게 많이
사용한 나머지 영국과 프랑스 모두 재정 파탄에 가까운 상태가 됐다. 두
왕의 만남은 '황금 옷의 들판Field of Cloth of Gold'으로 불리게 됐다.[5]

  금으로 장식된 직물은 활성화된 무역로들을 따라 동양에서 유럽으로
수입됐다. 예컨대 1573년 스페인의 무역선들이 마닐라의 항구에 도착했
을 때 중국에서 가져온 황금색 직물이 교역 물품 목록의 윗부분을 차지했
다. 당시 스페인의 지방 관리였던 안토니오 데 모르가Antonio de Morga는
스페인산 은을 비단으로 교환했다고 기록했다. "다량의 벨벳… 금사로
짜고 금실로 수놓은 천, 다양한 색과 문양이 들어간 실크에 금과 은 장
식을 넣은 직물과 브로케이드, 다량의 금실과 은실 뭉치들…."

  진짜 금으로 만든 실도 많이 쓰였지만, 한편으로는 마치 금실로 만
든 것처럼 보이는 직물을 경작하거나 만들어내는 오래된 전통도 있었
다. 기원전 1,600년경에 고대 이집트인들이 아주 가느다란 유리 가닥으
로 만드는 섬유를 발명했다. 그리고 19세기의 직물 제작자들은 이 유리

섬유를 이용해 진짜 금사 브로케이드처럼 화려한 모조 금사 브로케이드를 제작했다. 미국 오하이오주의 어느 유리 장인은 여배우 조지아 케이밴Georgia Cayvan과 스페인의 에우랄리에Eulalie 공주를 위해 유리섬유로 드레스를 제작했다. 이 옷들은 1893년 시카고 만국박람회에 전시됐다. 《뉴욕 타임스》는 유리섬유 옷들이 망가지기 쉽고 불편하다는 2가지 특징을 무시하고 앞으로 유리 드레스가 '유행'할 것이라는 전망을 내놓았다.[6]

유리섬유보다 튼튼한 황금색 섬유가 하나 더 있었다. 호메로스의 『오디세이』에서 오디세우스를 묘사한 부분을 보면 "말린 양파 껍질처럼 부드럽고 반짝거리는" 튜닉이 언급된다. "그 옷은 태양처럼 환히 빛났다." 우리가 확실히 알 길은 없지만, 여기에 묘사된 오디세우스의 옷은 「출애굽기」에서 솔로몬 왕이 입었다고 나오는 바다실크sea silk(byssus라고도 한다)와 비슷한 것 같다. 바다실크의 원료가 되는 실은 이탈리아 사르데냐Sardinia섬을 둘러싼 지중해를 원산지로 하는 연체동물인 피나 노빌리스Pinna nobilis의 타액을 응고시켜 만든다. 피나 노빌리스는 바위에 딱 달라붙기 위해 이 실을 사용한다. 수확해서 천을 짜는 작업은 어렵고 시간도 많이 걸리지만, 기술을 가진 장인의 손에 들어가면 기막히게 멋진 결과물이 나온다. 햇빛이 비치면 부드러운 갈색 실들이 황금색으로 반짝인다. 오늘날 바다실크를 채취해 옷감을 짤 수 있는 사람은 키아라 비고Chiara Vigo라는 여성이 유일하다. 그녀는 할머니에게서 비법을 전수받았고, 그 비법을 다시 딸에게 물려줬다. "우리 집안은 수백 년 동안 바다실크 짜는 일을 했어요. 우리 가족에게 바다실크는 집안의 역사와 전통을 담고 있는 가장 중요한 실이지요."[7]

요즘 사람들은 바다실크라든가 금사 직물을 직접 입기는커녕 구경하기도 어렵다. 아마도 우리는 모직 돛을 달고 바다를 건너지 않을 것이고,

레이스 뜨는 법을 배우지도 않을 것이며, 거미줄을 생산하도록 유전자를 변형시킨 염소의 젖을 짜는 일도 없을 것이다. 하지만 우리의 생활과 문화에는 온갖 종류의 직물이 깊숙이 들어와 있다. 직물의 발명은 문화와 문명의 발달에 매우 중요한 사건이었다. 아담과 이브가 '지혜의 나무'에서 금단의 열매를 따먹었을 때, 그들은 자신들이 알몸이라는 사실을 인식하고 재빨리 무화과 잎사귀로 옷을 만들려고 했다. 오늘날 우리는 옷과 침구 덕택에 험하고 변덕스러운 날씨를 이겨낼 수 있고(야외에서도 마찬가지다) 우리의 정체성과 소망을 겉으로 드러낼 수도 있다. 우리가 선택하는 직물과 그 직물을 구하는 경로는 여전히 그 직물을 만드는 사람들의 삶과 주변 세계에 나비효과와 같은 영향을 끼친다. 이제 우리는 초창기 이집트 연구자들처럼 미라에 숨겨져 있을지도 모르는 보물을 찾기 위해 미라에 감긴 리넨을 북북 찢어낼 것이 아니라 고대 이집트인들이 가지고 있었던 정성과 솜씨를 배워야 할 것 같다. 실제로 인류는 3만 년이 넘는 세월 동안 섬유에서 실을 뽑아내고, 그 실로 옷감을 짜고, 뜨개질을 하고, 매듭을 지어 경이로운 물건들을 수도 없이 만들어내지 않았던가. 자잘한 곳까지 조금만 더 신경을 쓰자는 것은 결코 무리한 요구가 아니다.

# 감사의 글

자료를 수집하고 이 책을 쓰는 동안, 직물에 관심을 가지고 탐구(직물이란 무엇인가? 직물은 무엇으로 만들어지는가? 옛날에는 누가 직물을 만들었는가? 지금은 누가 만드는가? 우리가 다 쓴 직물은 어디로 가는가?)하는 것이 특별한 소수만 하는 일처럼 느껴질 때가 있었다. 그래서 나는 NASA에 납품하는 업체인 테라자인의 대표 빌 디터에게서 다음과 같은 이메일을 받고 얼마나 기뻤는지 모른다. "나도 선생님과 같은 생각입니다. 사람들이 직물을 당연하게 받아들이는 것이 참 이상합니다. 직물은 다른 어떤 물건보다 사람의 손이 많이 닿는데도 사람들 대부분은 직물에 뭐가 들어가는지, 직물이 어떻게 사용되는지를 잘 모르잖아요." 이 책을 쓰는 것이 아주 특별한 작업이 된 것은 직물에 여전히 매력을 느끼는 빌과 같은 사람들과 이야기를 나눌 기회가 생겼기 때문이다. 나는 그분들 모두에게 가슴 깊이 감사하고 있으며 내가 그들의 열정과 지혜를 조금이나마 책에 담아냈기를 바라는 마음이다.

고마운 사람이 너무나 많아서 내가 누군가를 빼먹을까 봐 걱정되기도 한다. 아니, 분명히 누군가를 빼먹을 것 같다. 그래도 감사 인사를 시작해보자. 나의 출판 대리인 이모젠 펠럼, 인내심 많고 너그러운 편집자로서 내가 더 나은 결과물을 내놓게 해준 조지나 레이콕, 그리고 이 책을 독자들의 손에 들려주기 위해 열심히 일한 야시네 벨카세미와 제임스 에드거를 비롯한 존 머리John Murray 출판사의 직원들.

이 책을 집필하는 동안 나에게 조언과 격려, 판단과 전문지식을 제공한 모든 사람에게도 깊이 감사하고 있다. 빌 디터, 피어스 리더랜드,

피터 프랭코판, 헬렌 홀먼, 휴 에버트, 올리버 콕스, 사이먼 아캄, 팀 크
로스. 그리고 열정과 지식을 나눠준 폴 라슨, 조 울프, 루시 오언에게도
고마움을 전한다. 정체가 불분명한 고대 이집트 귀부인의 정체를 추적
하는 것을 도와준 니브 앨런, 연구에 대한 설명을 자세히 들려준 댄 위
드메이어. 수많은 질문에 답해준 프리츠 볼라스, 랜디 루이스, 사이먼
피어스. 오스트리아의 어느 산에서 나와 통화했던 그레그 스타이거, 휴
일에 가족과의 시간을 포기했던 스티브 퍼니스와 조 샌트리, 동지 전날
밤에 운전을 하다가 기꺼이 차를 세워준 스투 아이작. 1월의 어느 으스
스한 날에 시간을 내준 베키 애들링턴. 주디스 노엘, 에드 랭퍼드, 존 마
틴. 그리고 런던 동물원의 곤충관 직원들, 특히 벤과 데이브와 폴에게
감사한다.

　　나에게 잠자리는 물론이고 음식과 물까지 최상급으로 제공해준 마렐
카, 조니, 소피, 제시카. 그리고 항상 이해심 많은 태도로 원고를 꼼꼼히
읽어주는 올리비에, 정말 고마워요!

# 용어 해설

## A

**Acrylic 아크릴** 아크릴 수지에서 추출한 보송보송한 섬유로 만드는 합성섬유. 모 대용으로 많이 사용된다.

**Alum 명반** 부식성 있는 물질로서 염료의 정착을 도와주는 매염제로 사용된다. 제조하기가 까다로운 편이다. 고체 상태의 황산알루미늄 또는 다른 금속도료염을 고온에 굽고 몇 달 동안 물에 담가놓았다 끓이는 방법으로 결정을 얻는다.

## B

**Baize 베이즈** 긴 보풀이 있는 거칠거칠한 모직 나사천. 요즘에는 안감으로 많이 쓴다.

**Basket Weave 바스켓 위브** 바구니를 짤 때처럼 날실과 씨실을 규칙적으로 교차시켜 짜는 방법.

**Bast 인피** 아마와 같은 식물의 안쪽에서 얻는 질기고 유연한 섬유.

**Batik 바틱** 천의 일부분에만 밀랍을 발라 염색약이 그 부분에 닿지 않게 해서 문양 또는 디자인을 만들어내는 염색 기법.

**Bobbin 보빈** 실 또는 털실을 감는 실패나 막대 같은 도구.

**Boiled Wool 보일드 울** 모를 압축하거나 편물로 만들어 보온성이 매우 우수한 직물.

**Bombazine 봄버진** 견 또는 소모사 따위로 만드는 능직물. 보통은 검은색으로 염색해서 장례용 옷을 만든다.

**Broadcloth 브로드클로스** 13세기 중반 플랑드르 지방에서 처음 만들어진 폭 넓은 직기로 짜낸 직물. 천의 폭이 3미터에 달했다. 축융 작업이 잘 된 브로드클로스는 비단처럼 매끄럽다.

**Brocade 브로케이드** 금사나 은사를 써서 무늬를 도드라지게 짜넣은 직물.

## C

**Calico 옥양목** 동양, 특히 인도에서 수입한 면직물의 통칭. 또는 유럽인들이 인도 직물을 모방해서 만든 직물을 이렇게 부르기도 했다. 이런 직물이 서양으로 운반되던 인도의 항구도시 캘리컷Calicut에서 유래한 이름.

**Cambric 케임브릭** 원래 플랑드르의 캉브레Cambray 에서 생산되던 가볍고 짜임이 섬세한 아마포. 요즘에는 면직물을 이렇게 부르기도 한다.

**Canvas 캔버스** 표백하지 않은 면, 삼, 아마 등으로 만든 매우 질기고 튼튼하며 결이 거친 직물. 돛, 텐트, 유화 제작에 주로 사용된다.

**Carding 소모** 빗처럼 생긴 도구로 섬유를 빗어 매듭을 제거하면서도 부드러운 느낌은 유지하는 과정. 스테이플이 짧은 모직물에는 금속으로 만든 빗 hand card를 사용하고, 가는 실을 만들기 위해 털을 느슨하게 하려는 경우에는 더 촘촘한 빗을 사용했다.

**Chintz 친츠** 원래는 인도에서 수입한 프린트된 옥양목을 가리키다가, 나중에는 인도 양식을 모방한 유럽산 직물을 가리키는 말로 사용됐다. 여러 가지 색의 작은 꽃무늬가 들어갔다. chintz라는 이름은 '맑다' 또는 '선명하다'를 뜻하는 chint라는 힌디어 단어에서 유래했다.

**Combing 빗질** 실을 잣기 위해 양모를 손질하는 과정에서 소모 대신 사용하는 방법. 스테이플이 긴 양털에 사용됐다.

**Count 카운트** 털실의 굵기를 표시하는 단위. 원래는 섬유에 따라 굵기를 세는 방법이 달랐는데 새로운 체계를 만들어 통일한 것이다.

## D

**Damask 다마스크** 원래는 실크로 화려하게 짠 능직물을 가리키는 말이었으나 나중에는 다른 섬유로 짠 것까지 포괄하게 됐다. 정교한 무늬와 다채로운 색이 들어간다. 이 직물이 유럽에 처음 들어왔을 때 다마스쿠스Damascus를 통해 알려졌기 때문에 다마스크라 불린다.

**Denim 데님** 원래는 프랑스 님Nimes에서 만들어지던 유명한 서지serge 모직물의 일종을 가리키는 말이었으나, 지금은 작업복과 청바지를 만드는 편하게 입는 면 능직물을 가리킨다.

**Distaff 실패** 손으로 실을 잣기 전에 섬유를 고정시키는 막대기 또는 판자.

## F

**Fastness 견뢰도** 염색한 직물이 물, 비누, 세제, 햇빛 등에 노출될 때 변색이나 탈색되지 않고 색을 유지하는 정도.

**Fells 펠** 아직 털을 깎아내지 않은 양의 가죽.

**Felt 펠트** 모섬유를 밀거나 압축해서(눌러서) 만든 천. 보통은 수분이나 열을 가해서 섬유가 서로 얽히게 만든다. felt는 동사로 쓸 수도 있다.

**Flax 아마** 하늘색 꽃이 피는 초본성 식물. 원래 야생으로 자라지만 현재는 씨앗과 줄기 내피의 섬유를 얻기 위해 재배한다.

**Fulling 축융** 모직물을 평평하게 만드는 방법. 모직물을 물에 적시고 두드려서 섬유가 서로 얽히도록 한다.

**Fustian 퍼스티언** 면 또는 아마로 만든 거친 천. 지금은 보통 어둡고 칙칙한 색으로 물들인 두툼한 능직 면직물을 가리킨다.

## H

**Heckling 헤클링** 대마 또는 아마를 잣기 전에 섬유를 쪼개고 곧게 펴는 작업.

**Holland 홀란드** 네덜란드 홀란드 지방에서 유래한 리넨 천의 이름.

## J

**Jacquard loom 자카드 방직기** 기계를 이용해 무늬가 들어간 천을 짜는 방직기. 프랑스 리옹Lyons 의 마리 자카드Jeseph Marie Jacquard가 발명했다.

**Jersey 저지** 면이나 털실로 짜서 만든 의류. 주로 긴 상의를 가리켰다. 나중에는 부드럽고 곱게 직조한 천을 가리키는 말로 바뀌었다.

## L

**Loom 직기** 털실이나 보통 실로 옷감을 짜는 기계 또는 도구.

**Lustring 러스트링** 광택이 많이 나는 견직물의 일종. lustre(윤기, 광택)라는 단어에서 유래한 이름이다.

## M

**Mercer 머서** 비단과 벨벳 같은 호화로운 직물을 취급하는 상인.

**Mordant 매염제** 착용과 세탁을 반복하더라도 염료가 직물과 분리되지 않도록 염료를 정착시키는 물질.(명반Alum과 탄산칼륨Potash 참조.)

**Muslin 무슬린** 평직으로 짠 가벼운 면직물.

## N

**Nankeen 낸킨** 본래부터 황금색을 띠는 특별한 면으로 만든 연노랑 천. 중국 난징에서 처음 만들어졌다.

**Nap 보풀** 직물 표면에 부풀어 일어나는 털. (파일Pile 참조.)

## O

**Osnaburg 오스나부르그** 마대 또는 값싼 의류를 만드는 데 쓰인 거친 천. 독일 오스나뷔크 Osnabrück에서 처음 만들어졌다.

## P

**Pile 파일** 직물의 표면에 부풀어 일어나는 털 또는 고리.(보풀Nap 참조)

**Plain weave 평직** 가장 기본적인 직조법으로, 씨실이 날실 위로 갔다가 아래로 가기를 반복하며 옷감을 짜는 방법이다.

**Ply 가닥** 털실 한 올을 가리킨다. 어떤 물건이 털실 몇 올로 만들어졌는지를 표시할 때도 쓰인다.

**Polyester 폴리에스테르** 석유화학물질에서 추출한 질긴 열가소성 섬유를 원료로 인공적으로 만들어낸 직물.

**Potash 탄산칼륨** 대청으로 만든 파란 염색약과 함께 쓰이는 매염제의 일종.

## R

**Rayon 레이온** 재생셀룰로오스로 만든 합성섬유. 인조 실크, 비스코스, 뱀부 등의 이름으로도 불린다.

**Ret 침지** 아마 또는 대마를 물에 적셔 부드럽게 만드는 과정.

**Rib 골** 직물을 짤 때 위로 돌출했거나 움푹 들어간 줄 모양.

**Rippling 리플링** 아마 또는 대마를 빗으로 훑어서 씨를 제거하는 과정.

**Rove 로브** 실을 잣기 위해 뽑아낸, 약간 뒤틀린 상태의 섬유 조각.

## S

**S-Twist S자 꼬임** 시계 반대 방향으로 꼬인 실.

**Sack 자루** 중세 잉글랜드에서 양모의 양을 측정하는 데 썼던 단위. 1자루는 166킬로그램(364파운드) 정도였다.

**Sarpler 마대** 중세 시대에 양털을 담았던 꾸러미로서 1½자루 정도의 양이었다. 15세기 후반이 되자 1마대에 2½자루까지 담을 수 있었다.

**Sarsenet 사스넷** 평직 또는 능직으로 곱게 짠 부드러운 견직물. 요즘에는 주로 안감으로 쓰인다.

**Satin 새틴** 대개 실크사를 써서 수자직으로 짠 직물을 가리킨다. 아주 매끄럽고 반짝거린다.

**Scouring 정련** 천을 염색하기 전에 씻는 방법.

옛날에는 가축의 오줌을 사용했다.

**Shearing 시어링** 천의 경우: 천의 보풀을 특수한 전단기로 잘라내 표면을 더 매끄럽고 고급스럽게 만드는 과정. 양털의 경우: 양에게서 털을 깎아내는 과정. 대개는 속털undercoat이 자라기 시작했을 때 바깥쪽 털을 깎아낸다.

**Shed 셰드** 들어 올려진 씨실과 아래쪽에 누워 있는 씨실 사이의 공간. 천을 짤 때는 날실이 이 공간을 통과한다.

**Scutching 타마** 막대기 혹은 끈으로 섬유를 두드리는 일.

**Shuttle 북** 천을 짤 때 천의 한쪽 끝에서 반대쪽 끝부분까지 날실을 움직이는 데 사용되는 도구.

**Slub 슬러브** 실에서 섬유가 뭉친 부분. 섬유 자체의 결합으로 생기거나 실을 뽑아낼 때의 실수로 생긴다.

**Spin 스핀** 실을 만들기 위해 실을 꼬는 작업.

**Spindle 가락** 섬유를 꼬아 실로 만드는 데 사용되는 막대. 다 만들어진 실도 가락에 감기기 때문에 섬유를 꼬는 동안 실이 엉키지 않는다.

**Staple 스테이플** 양모 섬유의 길이. 아주 짧고 돌돌 말린 것은 5센티미터쯤 되고, 긴 것은 12센티미터도 넘는다.

## T

**Teasel 산토끼꽃** 가시가 많은 식물. 천을 시어링하기 전에 보풀을 일으키기 위해 빗 대용으로 사용했다.

**Tenterhook 갈고리** 재양틀에 젖은 천을 고정시킬 때 사용하던 쇠로 만든 갈고리. 재양틀로 천을 고르게 펴며 모양을 잡았다.

**Textile 텍스타일** 가느다란 섬유 또는 실로 만든 물질의 총칭. '베를 짜다'를 뜻하는 라틴어 textere에서 유래했다.

**Tow 토** 짧은 부스러기 섬유. 특히 아마 부스러기를 가리킨다. 담황색 머리카락tow-headed이라는 표현이 여기서 유래했다.

**Tulle 튈** 드레스, 베일, 모자를 만드는 데 쓰이는 고운 그물 같은 천. 프랑스 남서부의 튈이라는 소도시에서 처음으로 생산했다.

**Twill 능직물** 씨실을 날실 1가닥 위로 올라갔다가 여러 가닥 아래로 교차시켜 짜낸 직물로서 사선의 골이 있다.

**Twine 꼰실** 두 가닥 이상의 실을 꼬아 만든 겹실

또는 끈. 현재는 튼튼하고 거친 노끈을 가리키는
말로 쓰인다.

## V

**Velvet 벨벳** 실크사를 써서 **빽빽**하게 짠 직물.
표면에 부드러운 보풀이 있다.

## W

**Warp 날실** 옷감을 짤 때 사용하는 실의 한 종류.
보통 직기 위에 세로로 길게 늘어뜨린다. 날실이
팽팽하게 고정될수록 옷감 짜기가 쉽다.
**Weave 직조** 실 여러 가닥을 교차시키며 옷감을
짜는 일.
**Weft 씨실** 날실의 위아래로 움직이면서 옷감이
만들어지도록 하는 실. 동사 weave의 과거형에서
유래했다.
**Whorl 가락바퀴** 가락의 한쪽 끝에 딱 맞게
만들어진 작은 구슬 모양의 묵직한 물체. 섬유를
꼬는 힘을 증가시키고 유지하고 조절하는 역할을
한다.
**Woollen 방모사** 섬유 길이가 짧은 털로 만든 실.
보통은 더 튼튼한 천을 짜기 위해 축융 과정을
거친다.
**Worsted 소모사** 보풀이 적고 섬유가 잘 정돈된
양털로 만든 튼튼하고 내구성 좋은 실. 또는 길이가
긴 양털로 만든 곱고 가벼우며 튼튼하고 약간 성긴
직물. 영국 노리치Norwich 근처의 소도시 이름에서
유래했다. 모직물과 달리 소모사는 축융을 거의 하지
않기 때문에 천의 짜임이 뚜렷이 드러난다.

## Y

**Yarn 털실** 섬유를 꼬아 만든 실. 옷감 짜기와 뜨개질
등에 사용된다.

## Z

**Z-Twist Z자 꼬임** 시계 방향으로 꼬아 실을 만드는
방법.

## 머리말

[1] Wayland Barber, *Prehistoric Textiles*, p. 4.

[2] Muldrew, 498–526; Hobsbawm, p. 34; Riello and Parthasarathi, *The Spinning World*, pp. 1–2.

[3] Levey, *Lace: A History*, p. 12에서 인용; A. Hume, 'Spinning and Weaving: Their Influence on Popular Language and Literature', *Ulster Journal of Archaeology*, 5 (1857), 93–110 (p. 102); J.G.N., 'Memoir of Henry, the Last Fitz-Alan Earl of Arundel', *The Gentleman's Magazine*, December 1833, p. 213 <https://babel.hathitrust.org/cgi/pt?id=mdp.39015027525602;view=1up;seq=25>.

[4] Wayland Barber, *Prehistoric Textiles*, p. 43; Keith, p. 500; Wayland Barber, *Women's Work*, pp. 33–5.

[5] 실을 잣고 옷감을 짜는 일과 이 일들에 사용되는 도구에 관해 설명이 잘된 문헌을 추천한다. Wayland Barber, *Women's Work*, pp. 34–37; Albers, pp. 1–2.

[6] Ryder, 'The Origin of Spinning', p. 76; Keith, pp. 501–502.

[7] Wayland Barber, Prehistoric Textiles, p. xxii.

[8] Dougherty, p. B4.

[9] Dwyer, p. A19.

[10] Handley.

[11] 'Summary Abstracts of the Rewards Bestowed by the Society,' p. 33; Petty, p. 260.

[12] 'Leeds Woollen Workers Petition'.

[13] Wayland Barber, *Prehistoric Textiles*, p. 102.

[14] Homer, p. 13.

[15] Vainker, p. 32; Pantelia; Kautalya, p. 303.

[16] Freud, p. 132.

[17] Wayland Barber, *Prehistoric Textiles*, p.287에서 인용.

[18] Vickery, 'His and Hers', pp. 26–27.

[19] Muldrew, pp. 507–508.

[20] Kautalya, p. 303; Levey, pp. 17, 26.

[21] 'Most Bangladeshi Garment Workers Are Women'; Bajaj, p. A4.

# 1
# 동굴 속의섬유

[1] Bar-Yosef et al., p. 335; Hirst.

[2] Bar-Yosef et al., pp. 331, 338–340; Hirst.

[3] Balter, p. 1329; Lavoie; Hirst.

[4] Kvavadze et al., p. 1359.

[5] Hirst; Kvavadze et al., p. 1359.

[6] Wayland Barber. Richard Harris의 책에서 인용.

[7] 인간의 몸이 환경에 적응할 수 있다는 증거들이 있다. 그리고 오랜 시간이 지나면 인간의 몸은 항시적인 저온 상태에도 적응할 수 있다고 한다. 예컨대 오스트레일리아 남부의 추운 지대에 살던 원주민들은 열 손실을 막기 위해 신체 비례가 조금 달라졌다. 하지만 이 정도의 적응으로는 낮은 온도에서 충분한 보호를 받지 못한다. Frankopan, pp. 48–49.

[8] Gilligan, pp. 21–22; An Individual's Guide to Climatic Injury.

[9] 저자들의 이론에 따르면 선택압selective pressure (경합에 유리한 형질을 가진 개체군이 선택적으로 증식되도록 하는 힘_옮긴이)이 여성에게 더 강하게 작용하기 때문에 여성이 남성보다 털이 적다. 또 저자들은 인간에게 음모가 남아 있는 것은 페로몬 전달에 유리하기 때문이라고 추정한다. 페로몬을 잘 전달할수록 이성에게 더 매력적인 존재가 된다. Pagel and Bodmer; Wade, p. F1.

[10] Kittler et al.

[11] Gilligan, p. 23.

[12] 현재까지 발견된 증거에 따르면 인류는 적어도 80만 년 전부터 불을 다룰 줄 알았다. Gilligan, pp. 17, 32–37; Toups et al.

[13] 파란 꽃을 피우는 아마는 가장 질 좋은 인피섬유를 생산하는 식물로 알려져 있다. Kemp and Vogelsang-Eastwood, p. 25; Lavoie. 지금까지 알려진 바에 따르면 최초의 아마 재배는 기원전 5000년경 현재의 이라크 땅에서 이뤄졌다. Wayland Barber, Prehistoric Textiles, pp. 11–12.

[14] 다른 인피섬유들도 비슷한 과정을 거쳐 가공된다.

[15] Wayland Barber, Prehistoric Textiles, p. 13; Kemp and Vogelsang-Eastwood, p. 25.

[16] William F. Leggett, p. 4.

[17] Wayland Barber, Prehistoric Textiles, p. 41.

[18] Ibid., p. 3.

[19] Keith, p. 508; Wayland Barber, Prehistoric Textiles, p. 43.

[20] Wayland Barber, Prehistoric Textiles, p. 83.

[21] Kuzmin et al., pp. 332, 327–328; Wayland Barber, Prehistoric Textiles, p. 93.

[22] Gilligan, pp. 48–49, 53–54.

[23] Wayland Barber, Prehistoric Textiles, p. 3.

[24] Lavoie; Soffer et al., pp. 512–513; Wayland Barber, Prehistoric Textiles, p. 10; Helbaek, p. 46; William Leggett, pp. 11–12.

[25] Wayland Barber, Prehistoric Textiles, p. 40.

[26] Barras.

[27] Fowler; Wayland Barber, Prehistoric Textiles, p.11; Helbaek, pp. 40–41.

[28] Helbaek, pp. 41, 44.

## 2
## 죽은 사람의 옷

1 이것은 카터가 나중에 출간한 책에서 그 발굴에 대해 회상한 내용을 옮겨 온 것이다. 그의 발굴 일지에는 그가 카나번 경의 질문을 받고 다음과 같이 짤막하게 답변했다는 기록이 있다. "예. 정말 놀랍습니다." Carter and Mace, *The Tomb of Tut-Ankh-Amen*, I , pp. 94–96.

2 어떤 사람들은 이 무덤이 여전히(혹은 아직도) 비밀을 간직하고 있다고 믿는다. 2015년 영국의 고고학자 니컬러스 리브스Nicholas Reeves는 투탕카멘의 묘실 북쪽 벽과 서쪽 벽에 숨겨진 출입구가 2개 더 있을 것 같다고 발표했다. 출입구 하나는 저장소로 이어지고 다른 하나는 훨씬 더 멋있는 또 하나의 무덤으로 통할 것이라고 했다. 또 하나의 무덤은 네페르티티 여왕의 것이다. 리브스의 견해는 대단히 매력적이지만 의문의 여지가 상당히 많다. 'What Lies Beneath?'; Litherland.

3 카터는 상자와 궤짝이 "무질서하게" 놓여 있으며 상자 안에 "서로 어울리지 않는 물건들이 기묘하게 섞여 있다"고 몇 번이나 불평했다. 다음을 참조하라. Carter and Mace, *The Tomb of Tut-Ankh-Amen*, I , pp. 170–172.

4 Reeves, p. 3

5 Carter and Mace, 'Excavation Journals and Diaries', 28 October 1925; Carter and Mace, *The Tomb of Tut-Ankh-Amen*, II , p. 107.

6 Carter and Mace, *The Tomb of Tut-Ankh-Amen*, II , pp. 107–109.

7 학자들이 발굴을 원하는 유물의 순위를 따지자면 리넨은 파피루스 더미보다 훨씬 아래였다. 어느 고고학자는 나에게 이렇게 써 보냈다. "고고학자라면 누구나 그런 보물을 찾기 위해 자기 송곳니라도 내줄 겁니다." "특히 고대 이집트 아마르나Amarna 시대처럼 논쟁적인 시기의 보물이라면 더욱 그렇지요. 그리고 어떤 사람들은… '보물'보다 파피루스를 찾는 길 더 좋아할 겁니다." Litherland.

8 Carter and Mace, *The Tomb of Tut-Ankh-Amen*, II , pp. 107–109, 51; Ibid., I , p. viii; Riggs, *Unwrapping Ancient Egypt*, pp. 30–31.

9 Riggs, *Unwrapping Ancient Egypt*, pp. 31, 117; Clark, p. 24.

10 Lucas and Harris, p. 140; Kemp and Vogelsang-Eastwood, p. 25.

11 Herodotus, II ; Riggs, *Unwrapping Ancient Egypt*, p. 114.

12 줄기가 노란색으로 변할 때까지 기다리면 섬유는 더 질겨져서 작업복을 만들기에 적합한 섬유로 변했다. 잘 익은 줄기에서 얻는 인피섬유는 깔개, 밧줄, 노끈 등을 만드는 데 사용했다.

13 Bard, p. 123.; Kemp and Vogelsang-Eastwood, p. 27.

14 Kemp and Vogelsang-Eastwood, pp. 25, 29.

15 Thatcher, pp. 79–83; 아흐메드 푸아드 네금의 시 제목은 「나일강은 목이 마르다The Nile is Thisty」이다. 왈라 퀴사이Walaa Quisay의 번역을 Slackman에서 인용.

16 'Tombs of Meketre and Wah'.

17 Riggs, *Unwrapping Ancient Egypt*, p. 115; Lucas and Harris, p. 141; Clark, pp. 24–26; Kemp and Vogelsang-Eastwood, p. 70.

18 이집트산 리넨의 또 하나의 특징은 대부분의
직물을 2가닥 겹실two-ply yarn로 꼬았다는 것이다.
예컨대 기원전 1000년에서 2000년 사이에
아마르나의 '일꾼들의 마을' 유적지에서 발견된
직물 7,000점 중에 80퍼센트 가까이가 2가닥
겹실로 짠 것이었다. Lucas and Harris, p. 141;
Riggs, *Unwrapping Ancient Egypt*, p. 116; Kemp and
Vogelsang- Eastwood, pp. 3, 5, 87.

19 Kemp and Vogelsang-Eastwood, p. 29; Bard, pp.
843, 208; William F. Leggett, p. 14; Riggs,
*Unwrapping Ancient Egypt*, p. 111.

20 Kemp and Vogelsang-Eastwood, pp. 34, 25–26.

21 Riggs, *Unwrapping Ancient Egypt*, p. 20; Clark, pp.
24–25.

22 Herodotus, II , p. 37; William F. Leggett, p. 27;
Riggs, *Unwrapping Ancient Egypt*, p. 117; Plutarch,
p. 13.

23 Halime; Taylor.

24 Carter and Mace, *The Tomb of Tut-Ankh-Amen*, I ,
fig. xxxvia; Riggs, *Unwrapping Ancient Egypt*,
pp. 3–11.

25 세넵티시에 관한 자료를 찾기는 쉽지 않다. 원래
학자들은 그녀를 '센브테스Senbtes'라는 이름으로
알고 있었기 때문이다. 내가 혼란스러워하고 있을
때 메트로폴리탄 박물관의 이집트학자 니브
앨런이 도움을 주었다.

26 'A Lady of the Twelfth Dynasty', pp. 104, 106;
Mace and Winlock, pp. 18–20, 119.

27 Murray, p. 67; Riggs, *Unwrapping Ancient Egypt*, pp.
119, 121.

28 Granville, p. 272; Lucas and Harris, p. 270; William
F. Leggett, p. 24; Riggs, 'Beautiful Burials,
Beautiful Skulls', p. 255.

29 Herodotus, II , v. 86; Riggs, *Unwrapping Ancient
Egypt*, pp. 77, 79.

30 Riggs, Ibid., pp. 78–80, 122; Eaton-Krauss.

31 Riggs, Ibid., p. 45.

32 Pierre Loti, *Le Mort de Philae*. Moshenska, p. 451
에서 인용; Pierre Loti, *Le Mort de Philae*. Riggs,
*Unwrapping Ancient Egypt*, pp. 61, 45에서 인용.

33 Pain; Moshenska, p. 457.

34 Granville, p. 271.

35 Ibid., pp. 274–275, 298, 277; Moshenska, p. 457;
Sample.

36 Granville, p. 304; Pain.

37 Robson; Riggs, *Unwrapping Ancient Egypt*, pp. 80,
85.

38 Herodotus, I ; Granville, p. 271; Maspero; Carter
and Mace, *The Tomb of Tut-Ankh-Amen*, II , p. 51.

39 Maspero, p. 766; Granville, p. 280; Pain; Sample.

40 Riggs, *Unwrapping Ancient Egypt*, p. 85.

41 미라로 만들어진 시신이 절단된 것은 이
발굴에서만 일어났던 일은 아니다. 사실 카터는
그 시대의 표준을 따르기 위해 관 속 시신의 각
부분들을 다시 맞추느라 많은 고생을 했다.
1960년대에 이르러서야 규모가 큰 발굴을 할 때는
긴 뼈와 두개골만 남기고 나머지는 다 폐기하라는
지침이 만들어졌다.

42 Carter and Mace, *The Tomb of Tut-Ank-Amen*, I ,
p. vii; Carter and Mace, 'Excavation Journals and
Diaries', 18 November 1925; Harrison and
Abdalla, p. 9; Shaer, pp. 30–39.

# 3
# 선물과 말

[1] Hinton, *Classical Chinese Poetry*, p. 107.

[2] Hinton, *Classical Chinese Poetry*, pp. 105, 108; Hinton, 'Su Hui's Star Gauge'.

[3] Hinton, *Classical Chinese Poetry*, p. 105.

[4] Ibid., p. 108.

[5] 전설에 따르면 헌원씨는 기원전 2697년부터 2598년까지 통치했다.

[6] Feltwell, p. 37.

[7] P. Hao, 'Sericulture and Silk Weaving from Antiquity to the Zhou Dynasty', in Kuhn and Feng, p. 68; Feltwell, pp. 37, 39.

[8] Vainker, p. 16; Feltwell, p. 42.

[9] Feltwell, p. 51; P. Hao, in Kuhn and Feng, pp. 73, 68.

[10] Vainker, p. 16; Feltwell, pp. 47–48, 40–42, 44.

[11] Vainker, pp. 16–17. P. Hao, in Kuhn and Feng, p. 73.

[12] Zhang and Jie; Blanchard, pp. 111, 113.

[13] P. Hao, in Kuhn and Feng, pp. 71–72; Good; Gong et al., p. 1.

[14] Vainker, pp. 20, 24–25.

[15] 'Earliest Silk'; G. Lai, 'Colours and Colour Symbolism in Early Chinese Ritual Art', in Dusenbury, p. 36; Kuhn, in Kuhn and Feng, p. 4; Xinru, pp. 31–32.

[16] Ssu-Ma Ch'ien, *Records of the Grand Historian of China*, trans. by Burton Watson, 2nd edn (New York: Columbia University Press, 1962), p. 14; Xinru, p. 30.

[17] Kuhn, in Kuhn and Feng, pp. 5–6; P. Hao, in Kuhn and Feng, p. 68; Vainker, pp. 6, 8, 11.

[18] 공자는 Dusenbury, p. 38에서 인용; J. Wyatt, in Kuhn and Feng, p. xv; Feng, 'Silks in the Sui, Tang and Five Dynasties', in Kuhn and Feng, p. 206; Kuhn, 'Reading the Magnificence of Ancient and Medieval Chinese Silks', in Kuhn and Feng, p. 4.

[19] Kassia St Clair, *The Secret Lives of Colour* (London: John Murray, 2016), p. 85; Kuhn, in Kuhn and Feng, pp. 17, 23; Vainker, p. 46.

[20] Lu, p. 420; Kuhn, in Kuhn and Feng, pp. 15, 10, 12; C. Juanjuan and H. Nengfu, 'Silk Fabrics of the Ming Dynasty', in Kuhn and Feng, p. 370.

[21] Kuhn, in Kuhn and Feng, p. 19; P. Hao, in Kuhn and Feng, p. 82.

[22] P. Hao, in Kuhn and Feng, p. 75; Kuhn, in Kuhn and Feng, pp. 10, 14–15; Stein, 'Central-Asian Relics of China's Ancient Silk Trade', pp. 130–131.

[23] Ssu-Ma Ch'ien, p. 155에서 인용.

[24] Yu, pp. 41–42.

[25] McLaughlin, p. 85; Ssu-Ma Ch'ien, p.169.

[26] Yu, pp. 47–48.

[27] McLaughlin, p. 85; David Christian, p.18에서 인용.

[28] Yu, p. 37; Ssu-Ma Ch'ien, p. 170에서 인용.

[29] C. Juanjuan and H. Nengfu, 'Textile Art of the Qing Dynasty', in Kuhn and Feng, pp. 468, 489.

# 4
# 비단이 건설한 도시들

1 Walker, pp. 93–94; Mirsky, pp. 5–6, 15.

2 Walker, pp. 94, 99–100.

3 Hastie.

4 Mikanowski; Hastie.

5 Stein, 'Explorations in Central Asia'.

6 Mikanowski.

7 Valerie Hansen, The Silk Road, p. 213.

8 폰 리히트호펜이 실제로 썼던 명칭은 다음과 같다.
'Die Seidenstrassen'.

9 David Christian, p. 2; Yu, pp. 151–152; Valerie
Hansen, The Silk Road, p. 4.

10 이러한 주장은 피터 프랭코판Peter Frankopan의
『실크로드The Silk Roads』에 자세히 나온다.
비단길의 중간 부분이 양쪽 끝부분과 똑같이
중요했다는 주장도 이 책에 소개된다.

11 David Christian, pp. 5–6; Li Wenying, 'Sink
Artistry of the Qin, Han, Wei and Jin Dynasties',
in Kuhn and Feng, p. 119.

12 박트리아 왕국의 낙타를 좋아했던 이 작가는
『남북조 시대의 역사History of the Northern
Dynasties』라는 책을 쓴 사람이다. Peter
Frankopan, p. 11에서 인용; Valerie Hansen, The
Silk Road, pp. 3, 50.

13 이 기록은 다른 사람의 무덤에서 나온 천 조각들
속에서 찾아낸 것이다. 옛날에는 종이가 귀한
물건이었으므로 종이를 파기하는 일은 드물었다.
이 경우에는 재판을 기록한 서류들을 재활용해서
장례용 옷을 만들었다. 이 무덤이 발굴되고 시체의
옷을 벗겨냈을 때 연구자들은 이 서류 조각들을 짜
맞춰서 어떤 사건인지 알아냈다.

14 Feltwell, p. 13; 'Sogdian Ancient Letters', trans. by
Nicholas Sims-Williams <https://depts.
washington.edu/silkroad/texts/sogdlet.html>
[accessed 10 August 2017]; Frankopan, p. 57.

15 Frankopan, pp. 115–116, 125–126.

16 Ibid., pp. 18–19; Bilefsky; Polo, pp. 223, 148.

17 McLaughlin, p. 93.

18 Vainker, p. 6; Xinru, p. 39; Frankopan, p. 11;
Walker, pp. 99–100.

19 Valerie Hansen, 'The Tribute Trade with Khotan',
pp. 40–41에서 인용; Liu Xinru, p. 29.

20 인도 등의 다른 몇몇 나라에는 실크사를 생산할 수
있는 다른 나방들이 서식한다. 하지만 누에나방의
실크가 가장 다루기 쉽기 때문에 인류는 기원전
3300년부터 누에나방을 사육했다.

21 Good, p. 962; Yu, p. 158.

22 L. Wenying, in Kuhn and Feng, p. 119; Feltwell,
pp. 9–10.

23 Xinru, pp. 46–47, 29–30.

24 L. Wenying, 'Silk Artistry of the Northern and
Southern Dynasties', in Kuhn and Feng, pp. 198,
171.

25 Kuhn, 'Reading the Magnificence of Ancient and
Medieval Chinese Silks', in Kuhn and Feng, pp.
30–33, 36, 39.

26 C. Juanjuan and H. Nengfu, 'Silk Fabrics of the
Ming Dynasty', in Kuhn and Feng, p. 375; Feltwell,
p. 11에서 인용.

27 Feltwell, pp. 146, 20, 18, 26, 150.

28 Frankopan, p. 116; Vogt.

29 Vedeler, pp. 3,7, 20, 13; Vogt.

30 트리말키오라는 인물은 창조된 지 2,000년이
넘어서도 생생한 현재성을 유지하고 있다. 실제로
F. 스콧 피츠제럴드의 『위대한 개츠비』는 원래 이
주인공의 이름을 따서 『트리말키오』라는 제목이
붙어 있었다고 한다. 주인공 제이 개츠비가 데이지
뷰캐넌의 마음을 얻기 위해 온갖 사치를 동원해
필사적으로 노력하는 모습에서 트리말키오의
영향을 엿볼 수 있다. Molotsky.

31 Arbiter.

32 P. Hao, in Kuhn and Feng, p. 65; Pliny the Elder,
chap. 26.

33 J. Thorley, 'The Silk Trade between China and the
Roman Empire at Its Height, Circa A. D. 90–130',
Greece & Rome, 18.1 (1971), 71–80 (p. 76);
Frankopan, p. 18; David Christian, p. 5; Vainker, p.
6; McLaughlin, p.13.; J. Thorley, p. 76; Frankopan,
p. 18; David Christian, p. 5.

34 Feltwell, p. 141; Yu, p. 159; McLaughlin, pp. 150,
153.

35 L. Wenying, in Kuhn and Feng, p. 119; Frankopan,
p. 18.

36 Horace는 Arbiter에서 인용. Seneca는 McLaughlin,
p. 149에서 인용.

37 Arbiter, chap. 32; Suetonius, p. 495; McLaughlin,
p. 149에서 인용.

38 Walker, pp. 102–103.

# 5
# 파도 타는 용

1 『에길의 사가』에는 800~1,000개의 사건이
포함된다. 현재 전해지는 가장 오래된 출판본은
13세기의 것이다.

2 'When the Gokstad Ship Was Found'; 'A Norse-
Viking Ship'

3 Hogan; Magnusson, p. 36.

4 용골 자체는 떡갈나무를 통으로 써서 만들었다.

5 Magnusson, p. 37; Correspondent, p. 4.

6 Magnusson, p. 44; Jesch, *Women in the Viking Age*,
pp. 119–123에서 인용.

7 Magnusson, pp. 23,40; Jesch, *Ships and Men in the
Late Viking Age*, p. 160.

8 Magnusson, p. 21.

9 Ibid., p. 17; Frankopan, p. 116; Hussain; Mulder.

10 Snow; Linden.

11 'Viking Ship Sails'; 'Viking Ship Is Here';
Magnusson, p. 39에서 인용.

12 Linden; Strauss.

13 Cherry and Leppard, p. 740.

14 Heyerdahl; Cherry and Leppard, pp. 743–744.

15 David Lewis, p. 55.

16 Cherry and Leppard, p. 744.

17 Johnstone, pp. 75–77.

[18] Robert A. Carter, pp. 52, 55.

[19] Tacitus; Sawyer, p. 76; Magnusson, p. 93.

[20] Magnusson, p. 19.

[21] 지금은 알록달록한 페어아일 편물 의류가 세계적으로 유명해져서 샤넬이나 버버리 같은 유명 브랜드의 패션쇼 무대에도 자주 등장한다. 페어아일(섬)의 인구는 400명에서 60명 안쪽으로 감소했다. 그래서 1년 내내 뜨개질을 할 정도로 경제적 여유가 있는 사람이 거의 없다. 대부분은 겨울철의 저녁과 밤 시간에만 뜨개질을 하고 다른 일로 생계를 해결한다. 페어아일에서 생산된 옷을 입으려면 3년쯤 대기해야 한다.

[22] Eamer.

[23] Bender Jørgensen, p. 175; Cooke, Christiansen and Hammarlund, p. 205; Amy Lightfoot, 'From Heather-Clad Hills to the Roof of a Medieval Church: The Story of a Woollen Sail', Norwegian Textile Letter, ii.3 (1996), 1–8 (p. 3).

[24] Lightfoot, pp. 3–4; Eamer.

[25] Cooke, Christiansen and Hammarlund, p. 205; Lightfoot, pp. 3, 5; Bender Jørgensen, p. 177.

[26] Cooke, Christiansen and Hammarlund, p. 203.

[27] 노르웨이의 전통적인 방식으로 만들어져 오늘날 사용되는 보트에는 약 100제곱미터 넓이의 사각형 돛들을 설치하며 돛천의 무게는 1제곱미터당 750~1,050그램 정도 된다. 규모가 작은 배에는 1제곱미터당 300~750그램 정도의 돛천을 사용해도 된다. Bender Jørgensen, p. 173.

[28] 'Woollen Sailcloth'; Lightfoot, p. 7; Bender Jørgensen, pp. 173, 177.

[29] Eamer; Cooke, Christiansen and Hammarlund, pp. 209–210.

[30] Lightfoot, p. 7에서 인용.

[31] Holman.

[32] Magnusson, p. 34에서 인용.

[33] Snow.

[34] Choi.

[35] Bender Jørgensen, p. 173.

# 6
# 왕의 몸값

1 *Statutes of the Realm*, pp. 280–281, 380; Knighton은 Wood, p. 47에서 인용.

2 Power, p. 15.

3 Ibid., pp. 34–35; Ryder, 'Medieval Sheep and Wool Types', p. 23; Walton Rogers, p. 1718.

4 Ryder, 'Medieval Sheep and Wool Types', p. 23.

5 Nightingale, pp. 8, 10; Walton Rogers, pp. 1715, 1829.

6 Walton Rogers, pp. 1708, 1710

7 Ibid., p. 1713.

8 Ryder, 'Medieval Sheep and Wool Types', p. 19; Walton Rogers, pp. 1769, 1715, 1766에서 인용.

9 Hurst, p. 82; Ryder, 'Medieval Sheep and Wool Types', p. 14.

10 Walton Rogers, pp. 1719–1720.

11 Ibid., pp. 1827, 1731, 1736, 1741, 1753, 1759.

12 Hurst, p. 87; Walton Rogers, p. 1720; Fryde, p. 357.

13 Walton Rogers, p. 1826; Power, pp. 8–9, 15–16.

14 Hurst, p. 57; Power, pp. 59, 17, 73; Ohlgren, p. 146.

15 Ohlgren, pp. 124, 157, 176–180, 146.

16 Nightingale, pp. 22, 9; Hurst, pp. 61–62.

17 Power, pp. 64, 73에서 인용.

18 Hurst, p. 63; Nightingale, p. 10; Power, p. 74에서 인용.

19 William of St Thierry; 'Cistercians in the British Isles'.

20 모 수도원, 몰턴 프라이어리Malton Priory 수도원, 파운틴스Fountains 수도원은 영국 북부의 3대 시토파 수도원이었다. 이 3대 수도원이 모두 양 치는 일에 종사했다. Robin R. Mundill, 'Edward I and the Final Phase of Anglo- Jewry', in *Jews in Medieval Britain: Historical, Literary and Archaeological Perspectives*, ed. by Patricia Skinner (Martlesham : Boydell, 2012), pp. 27–8; R. B. Dobson, 'The Decline and Expulsion of the Medieval Jews of York', *Transactions & Miscellanies (Jewish Historical Society of England)*, 26 (1974), 34–52 (pp. 35, 39–40).Robin R. Mundill, 'Edward I and the Final Phase of Anglo-Jewry', in Patricia Skinner, pp. 27–8; R. B. Dobson, pp. 35, 39–40.

21 Donkin, pp. 2, 4; Jowitt Whitwell, p. 24.

22 Jowitt Whitwell, pp. 8–9.

23 Ibid., pp. 11, 30.

24 Gillingham, pp. 22, 17–19.

25 Gillingham, p. 222에서 인용.

26 리처드 왕의 몸값은 공식적으로 '몸값'이라고 불리지는 않았다. 협상 내용 중에 리처드의 조카딸을 레오폴트 5세의 아들들 중 한 사람에게 시집 보낸다는 항목이 있는데, 리처드의 몸값은 그 조카딸의 지참금으로 포장됐다. Jowitt Whitwell, p. 1; Gillingham, p. 252.

27 Jowitt Whitwell, p. 2; Gillingham, pp. 239, 247.

28 William of Newburgh, *History*, IV, Chap. 38.

29 Newburgh, *History*, V, Chap. 1.

30 Jowitt Whitwell, pp. 5–6에서 인용.

# 7
# 다이아몬드와 옷깃

[1] Schütz, p. 236.

[2] Wheelock, p. 7.

[3] Ibid., p. 3; *The Lacemaker.*

[4] 〈연애편지The Love Letter〉와 〈편지를 쓰는
여인과 하녀Lady writing a letter with her maid〉도
같은 시대의 작품이다. Van Gogh.

[5] 어떤 사람들은 홍합 껍데기와 나막신이 전혀 다른
의미를 지니고 있다고 생각한다. 그들은 이
물건들이 육체적인 욕망을 상징한다고 생각한다.
희한하게도 비슷한 시기에 타락한 여자들을 그린
다른 그림들 속에도 이 두 가지 물건들이 모두
등장한다. 시간을 보내는 건전하지 못한 방법에
대한 암시가 들어 있는 셈이다. Franits. p. 109.

[6] Levey, p. 1; Kraatz, p. 27.

[7] Ibid., p. 6.

[8] Ibid., p. 6; Kraatz, pp. 12, 14–15.

[9] Wardle, p. 207; Kelly, p. 246; Will의 견해는
Williamson, p. 460에서 인용.

[10] Venable, pp. 195–196.

[11] 예컨대 1613년 엘리자베스 공주의 결혼식에서
시동들이 구리로 만든 레이스 장식을 걸쳤다.
Levey, p. 16; M. Jourdain, p. 167.

[12] Stubbes, p. xxxi.

[13] Kraatz, p. 22; Pepys.

[14] Levey, p. 12; Kraatz, p. 22.

[15] Levey, p. 2.

[16] Kraatz, p. 12.

[17] Levey, pp. 1–2.

[18] Kraatz, p. 12.

[19] 사실 영국에는 19세기 중반까지도 비누세soap tax
가 남아 있었다. 그래서 해외에서 비누를 몰래
수입해와서 파는 비누 암시장이 성행했다. 'The
Soap-Tax'; Vickery, *Behind Closed Doors*, pp. 29–30.

[20] Appleton Standen에서 인용.

[21] Marshall.

[22] Kraatz, pp. 45, 48.

[23] Ibid., pp. 42, 45.

[24] Ibid., p. 48.

[25] 이 액수가 실감이 나지 않는다면, 루이 14세의
궁정화가이자 고블랭Gobelin 태피스트리 공장 및
왕실 가구 제작소의 감독이었던 샤를 르 브룅
Charles le Brun의 연봉이 11,200리브르였다는
사실을 비교해보면 된다. Kraatz, pp. 48, 50.

[26] Levey, pp. 32–33.

[27] Moryson, n, p. 59.

[28] Kraatz, p. 52.

[29] Levey, p. 9.

[30] Arnold, p. 2에서 인용.

[31] Carey, pp. 29–30; Philip Stubbes의 말은 Levey, p.
12에서 인용; Thomas Tomkins의 말은 Arnold, p.
110에서 인용.

[32] Arnold, pp. 219–220, 223.

[33] The Kenilworth inventory of 1584. Jourdain, pp.
167–168에서 인용.

[34] Levey, pp. 17, 24–25; Jourdain, p. 162.

[35] Kraatz, pp. 39–42, 64–65.

[36] Arnold, p. 2; Levey, pp. 16, 24.

[37] Levey, p. 17.

[38] Kraatz, p. 18.

[39] Levey, pp. 26–27.

[40] Ibid., pp. 9, 26.

[41] Ibid., pp. 32, 17.

# 8
# 솔로몬의 외투

[1] 메리 체스넛Mary Chesnut이 엿들은 미국 남부 여성의 말. White and White, p. 178에서 인용; Duncan.

[2] 'Notices'.

[3] Description of Preston in Smith; Hunt-Hurst, p. 728에서 인용; Description of Bonna in Booker; Prude, pp. 143, 154.

[4] 노예들이 새 옷을 가져갔던 다른 이유를 찾자면, 도망칠 때 입은 옷들은 흔히 사냥개에게 주고 냄새를 추적하게 했기 때문이다. 이 사냥개들은 '검둥이 개'라는 음침한 이름으로 불리기도 했다.

[5] Hunt-Hurst, p. 736; 'Advertisement: Dry Goods, Clothing, &c.'; 'Advertisement for Augusta Clothing Store' White and White, pp. 155–160.

[6] 이 규칙에도 예외가 있었다. 원래 노예였다가 자유인이 된 사람들이 책을 출간할 때는 저자의 백인 친구 또는 후원자들이 그 책에 서문을 써 줌으로써 독자들에게 그것이 정말로 흑인이 쓴 책이라는 사실을 보증했다. 그럼에도 대다수 백인들은 원래 노예였던 흑인들이 책을 집필할 수 있다는 사실을 믿지 않았다. 남부의 주들은 노예들이 그 책의 저자들과 비슷한 생각을 하게 될 것을 우려해서 아예 노예들이 글자를 배우지 못하게 했다. Prude, pp. 127–134.

[7] 18세기는 노예무역이 가장 활발했던 시대였지만, 1500~1800년 사이에 약 800만 명이 아프리카에서 아메리카 대륙으로 납치되었다고 추정된다. 처음에는 스페인과 포르투갈 사람들이, 나중에는 영국과 프랑스, 네덜란드와 덴마크 사람들이 노예무역을 했다. Beckert, *Empire of Cotton* p. 36.

[8] Thomas, p. 62. Equiano, p. 34. White and White, p. 152.

[9] Schwartz, p. 34.

[10] *Niles' Weekly Register*, 'Public Sentiment'. 여자 노예들은 남자 노예들보다 도망자가 훨씬 적었다. 여자 노예들은 어릴 때부터 아이를 낳아야 하는 분위기였다. 아마도 그들은 아이들을 두고 떠난다거나, 아이들을 데리고 도망을 다니면서 고생스럽게 살기를 원하지 않았을 것이다. Hunt-Hurst, p. 734.

[11] Terrell.

[12] White and White, p. 159; Prude, pp. 156, 146; Equiano, p. 138.

[13] White and White, p. 181에서 인용; Smith.

[14] Hope Franklin and Schweninger, p. 80; Jones.

[15] White and White, p. 161에서 인용.

[16] *North Carolina Narratives*, ed. by The Federal Writers' Project of the Works Progress Administration for the State of North Carolina, *Slave Narratives: A Folk History of Slavery in the United States* from Interviews with Former Slaves (Washington: Library of Congress, 1941), xi, p.286.

[17] White and White, pp. 164, 168; Prude, p. 143에서 인용.

[18] White and White, p. 176에서 인용.

[19] Boopathi et al., p. 615.

[20] Moulherat et al.

[21] Beckert, *Empire of Cotton*, p. xiii; Romey; Yin.

[22] 인도에서는 적어도 5세기부터 손으로 쥐고 밀어서 씨를 빼내는 조면기가 사용됐다.

[23] Beckert, *Empire of Cotton*, pp. 15–16.

[24] Riello and Parthasaranthi, *The Spinning World*, p. 221에서 인용.

[25] Bailey, p. 38에서 인용.

[26] Beckert, *Empire of Cotton*, p. 249.

[27] 하지만 산업혁명이 정점에 이른 시기에도 영국에서 기계로 생산된 직물의 양은 전 세계의 생산량과 비교하면 보잘것없었다. 1800년 중국의 방적공과 방직공들이 생산한 면직물의 양은 영국의 방적공과 방직공들이 같은 해에 생산한 양의 420배에 달했다.

[28] Beckert, 'Empire of Cotton', Beckert, *Empire of Cotton* pp. 65–67, 80.

[29] 몇 년 후 뉴버리의 윌리엄은 본의 아니게 미국 혁명에 기여했다. 영국의 재무상이었던 찰스 타운센드Charles Townshend가 그의 조언을 듣고 새로운 세금을 도입했는데, 그것이 미국인들을 분개시켰다. Thomas, pp. 285–286, 249, 282.

[30] Tocqueville, p. 306.

[31] Beckert, *Empire of Cotton*, pp. 15, 45.

[32] Hammond.

[33] 그는 1856년 아들에게 보낸 편지에 이 관계들에 대해 써놓았다. 그는 반드시 그 두 여자와 그 여자들의 아이들을 '집안의' 노예로 계속 데리고 있어야 한다고 아들에게 충고했다. 그는 이렇게 말했다. "그들에게 가장 좋은 생활이기 때문이다. 나는 그들에게 자유를 주고 북부로 보낼 수가 없다. 그것은 그들에게 잔인한 일이다." Bleser, pp. 286, 19; Rosellen Brown, 'Monster of All He Surveyed', p. 22; Hammond.

[34] Bailey, p. 40.

[35] Beckert, *Empire of Cotton*, pp. 9, 8; Zinn에서 인용.

[36] Berkin et al., I, p. 259. Bailey, p. 35.

[37] Beckert, *Empire of Cotton*, pp. 102–103; Bailey.

[38] 238 Cloud, p. 11.

[39] Brindell Fradin pp. 12–14; *Slave Life in Georgia: A Narrative of the Life, Sufferings and Escape of John Brown, A Fugitive Slave, Now in England*, ed. by L. A. Chamerovzow (London: The British and Foreign Anti-Slavery Society, 1855), p. 11.

[40] Chamerovzow, pp. 13, 15, 19, 28–30, 171.

41 Ibid., p. 129.

42 Randall Miller, pp. 471, 473.

43 데님으로만 만들어진 옷을 가리키는 "캐나다산 턱시도Canadian tuxedo"라는 표현은 여기에서 유래했다. Branscomb; DeLeon.

44 Miller and Woodward, pp. 1, 6; Birkeboek Olesen, p. 70.

45 Lynn Downey, *A Short History of Denim* (Levi Strauss & Co, 2014), pp. 5–7 <http://www.levistrauss.com/wp-content/uploads/2014/01/AShort-History-of-Denim2.pdf>; Davis. Stephanie Hegarty, 'How Jeans Conquered the World', *BBC News*, 28 February 2012, section Magazine <http://www.bbc.co.uk/news/magazine-17101768> [accessed 23 March 2018] 에서 인용.

46 Downey, pp. 2–4; Weber; Hegarty.

47 Downey, p. 11에서 인용.

48 Wolfe, p. 37.

49 Espen.

50 Farchy and Meyer.

51 Benns; Walmsley; 'Prison Labour Is a Billion-Dollar Industry'. Brown Jones. *Cotton and the Environment*, p. 1; Siegle.

# 9
# 극한 상황에서 옷 껴입기

1 제목이 너무 극적인 것 같기도 하지만 이는 가슴으로 느낀 감정 그대로였다. 앱슬리 체리 개러드는 원래 이 원정을 기록한 자신의 책에 '스콧과 함께 지옥으로To Hell: With Scott'라는 제목을 붙이려고 했다.

2 Scott, pp. 375–376.

3 James Cook.

4 Cherry-Garrard, pp. xxxiv–xxxv에서 인용; Scott, pp. 230, 283, 129, 260.

5 코듀로이는 이런 데 유용한 직물이었다. 코듀로이는 보통 면으로 만들어지며, 섬유가 평행선으로 배열되어 골을 이루도록 직조한다. 코듀로이는 편하게 막 입을 수 있어서 전통적으로 작업복에 쓰였고, 골이 져 있어서 공기를 가둬놓을 수 있으므로 따뜻하다. Havenith, p. 122.

6 "우리의 원정에 아주 적합한 제품입니다. 그리고 여러분이 세세한 곳까지 신경을 써주신 데 대해 진심으로 감사드립니다." 'McKenzie's Unshrinkable Mittens'.

7 'Clothing: Changing Styles and Methods'.

8 버버리사의 개버딘은 영국의 군복에도 사용됐다. 제2차 세계대전 중 최전방의 위험에서 멀리 떨어져 안전한 곳에 머무는 참모장교들을 경멸하는 뜻으로 "개버딘 돼지Gabardine Swine"라는 은어가 만들어지기도 했다.

9 Havenith, p. 122; 'Clothing: Changing Styles and Methods'; Hoyland, pp. 244–245; Rodriguez McRobbie; Parsons and Rose, p. 54.

[10] 그들은 모터 달린 썰매, 조랑말, 개썰매, 그리고
사람이 짐을 끄는 방식을 결합해서 움직일
계획이었다. 모터 달린 썰매는 거의 출발하자마자
고장이 났다. 조랑말은 추위 속에서 잘 움직이지
못해서 초반에 부득이하게 총으로 쏘아 죽였다.
개들도 상태가 좋지 않아서 돌려보내야 했다.
앱슬리 체리 개러드는 그 개들을 돌려보내지
않았더라도 개들이 비어드모어 빙하Beardmore
Glacier까지 가지 못했을 거라고 주장했다. 하지만
영국 원정대 역시 개들을 잘 다루지 못했고 스키
실력도 부족했다. 그래서 그들이 개를 쫓아가기가
더 어려웠을 것이다.

[11] Alexander, pp. 19–20에서 인용; 'Journey to the
South Pole'; Wilson, 'Clothing: Changing Styles
and Methods'에서 인용.

[12] Nuwer.

[13] Conrad Anker and David Roberts, 'The Same Joys
and Sorrows', in Gillman, pp. 206–207.

[14] Simonson, Hemmleb and Johnson.

[15] Odell.

[16] Ibid., p. 458.

[17] Sawer.

[18] Mark Brown.

[19] 말로리도 이 눈사태를 겪었다. 말로리는 자신이
부서지는 눈 사이로 "누워서 헤엄치고 있었다"고
회상했다. 'Climbing Mount Everest Is Work for
Supermen'.

[20] Norton, p. 453.

[21] Ibid., p. 453.

[22] 말로리의 말은 Gillman, p. 23에서 인용; Krakauer,
pp. 152, 154–155.

[23] Parsons and Rose, p. 190; 말로리의 말은 Gillman,
p. 44에서 인용.

[24] 그러나 말로리의 시신에서 발견된 쪽지에 따르면
그는 생각을 바꿔서 산소통을 전부 가져가기로
했던 것 같다. 'Climbing Mount Everest Is Work
for Supermen'; Gillman, pp. 22, 44–45, 48.

[25] Hoyland, p. 246; Odell, p. 461.

[26] Imray and Oakley, p. 218. 'Clothing: What
Happens When Clothing Fails'.

[27] 말로리의 말은 Gillman, p. 23에서 인용; Larsen.

[28] Cherry-Garrard, pp. 243–244.

[29] Hillary, p. 26; 'Clothing: Changing Styles and
Methods'에서 인용.

[30] Scott, p. 259; Cherry-Garrard, p. 301.

[31] Cherry-Garrard, p. 250.

[32] Hoyland, p. 245.

[33] 영국의 탐험가 레이널프 파인스 경은 스콧이
원정을 떠날 때 가져갔던 헌틀리&파머스Huntley
& Palmers 사의 거칠거칠한 비스킷을 구입하는 데
4,000파운드가 넘는 돈을 썼다. 이 비스킷은
원정을 위해 특별히 제작된 제품이었다. 이
비스킷은 보통 비스킷보다 가벼웠고 최소한의
무게로 최대한의 열량을 제공했다. 구조대가
스콧이 사망한 텐트를 발견했을 때 이 특별한
비스킷의 조각(사실은 부스러기에 가까웠지만)도
함께 나왔다. Owen; Havenith, p. 126.

[34] Imray and Oakley, p. 219.

[35] Parsons and Rose, pp. 187–189.

[36] Scott, p. 125.

[37] Ibid., p. 411.

[38] Douglas. K. S. C.

[39] 힐러리는 뉴질랜드의 페어리다운Fairydown이라는
브랜드에서 제작한 오리털 등산복을 입고
에베레스트 정상에 올랐다. 그리고 그와 텐징
노르가이Tenzing Norgay(힐러리와 함께 정상에
오른 네팔의 셰르파)는 둘 다 페어리다운 침낭
속에서 잠을 잤다. 힐러리는 8,534미터 높이에
설치했던 가장 높은 캠프에서는 "조금 쌀쌀했다"고
말했지만 그래도 그들은 살아남았다. 2003년
페어리다운은 '존Zone'으로 브랜드 이름을 바꿨다.
그것은 페어리다운이 "해외 시장에서 지나치게
민감한 이름이 됐기 때문"이었다. Paul Chapman,
'Brand Name That Took Hillary to the Top Goes
Back in the Closet', *Daily Telegraph*, 17 September
2003, section World News <http://www.
telegraph.co.uk/news/worldnews/
australiaandthepacific/newzealand/1441788/
Brand-name-that-took-Hillary-to-the-top-goes-
back-in-the-closet.html> [accessed 11 June 2017].

[40] Laskow.

[41] Larsen.

[42] Owen.

[43] Parsons and Rose, pp. 257, 178; Hoyland의 글은
Ainley에서 인용.

[44] Larsen.

[45] 지금도 산악인들은 이 원정과 이 원정에서 얻은
사진들을 매우 싫어하고 거북해한다.

[46] Chapman, 'Who Really Was First to Climb Mount
Everest?'; Hoyland, p. 244; Alexander, p.18; Scott,
p. 260.

# 10
# 공장의 노동자들

[1] Humbert, p. 45.

[2] Ibid., pp. 46–47.

[3] Ibid., p. 117.

[4] Ibid., pp. 116, 150.

[5] 이제 레이온은 나일론과 폴리에스테르 같은 석유계
섬유와 구별하기 위해 '반합성半合成'으로
분류되기도 한다. 나는 이 책에서 나일론을
합성섬유로 취급했다.

[6] 셀로판cellophane도 동일한 방법으로 만들어진다.
액체가 노즐보다 조금 더 좁은 틈을 통과한다는
점만 다르다. 스펀지를 제조할 때도 똑같이 끈끈한
셀룰로오스 혼합물이 사용된다.

[7] Blanc, p. 42.

[8] Mendeleev의 말은 Blanc, p. 27에서 인용; 'Artificial
Silk'.

[9] 'Artificial Silk Manufacture'.

[10] Blanc, p. viii, 44, 57–58.

[11] Lee Blaszczyk, p. 486.

[12] Spivack, 'Paint-on Hosiery During the War Years'.

[13] 'Plans Discussed to Convert Silk'; Associated
Press, 'DuPont Releases Nylon'; Spivack, 'Wartime
Rationing and Nylon Riots'.

[14] Blanc, p. 123; Morris.

[15] 폴리에스테르는 1946년 영국에서 최초로 만들어졌고, 원래는 '테릴렌Terylene'이라는 이름으로 시장에 나왔다. 특허권을 구입한 듀폰은 1953년 사우스캐롤라이나에 폴리에스테르만 단독으로 생산하는 공장을 지었다. Blanc, p. 167.

[16] Lee Blaszczyk, pp. 487, 490, 496; 'Advertisement: Courtauld's Crape Is Waterproof', *Illustrated London News*, 20 November 1897, p. 737.

[17] Lee Blaszczyk, pp. 496, 508–509; Spivack, 'Stocking Series, Part 1'.

[18] Morris.

[19] Lee Blaszczyk, p. 514.

[20] 'New Fibres Spur Textile Selling'.

[21] 모달과 라이오셀은 오스트리아의 섬유 기업인 렌징Lenzing의 대표적인 제품이다. 라이오셀(텐셀Tencel)은 제작 과정에 이황화탄소가 사용되지 않는다. 기업들은 대나무에서 추출한 셀룰로오스로 만든 레이온을 "100% 대나무 직물"또는 "뱀부실크"라고 홍보하곤 한다. 설령 대나무 셀룰로오스로 만들었다 할지라도 그것은 레이온이다.

[22] Hamilton, 'Industrial Accidents and Hygiene', pp. 176–177.

[23] Vigliani, p. 235.

[24] Blanc, pp. xiii, 148, 159.

[25] Agnès Humbert, p. 122.

[26] Ibid., p. 141.

[27] Hamblin.

[28] Blanc, p. 1.

[29] Ibid., p. 10.

[30] Vigliani, p. 235.

[31] Blanc, pp. 11–12.

[32] Ibid., pp. ix, 17, 96–97.

[33] Hamilton, *Industrial Poisons in the United States*, pp. 368–369.

[34] Vigliani, p. 237.

[35] Ibid., p. 235.

[36] Hamilton, *Industrial Poisons in the United States*, p. 368.

[37] Vigliani, p. 235; Hamilton, 'Healthy, Wealthy–if Wise–Industry', p. 12.

[38] Blanc, pp. 48, 50, 182–183, 198, 123.

[39] 아녜스는 강제 노동을 하는 동안 친절한 행동이라고는 거의 보지 못했지만, 어느 민간인이 한번 호의를 베푼 것을 기억한다. 아녜스의 셔츠가 너무 심하게 닳아서 그녀의 가슴 한쪽이 드러나 보였다. 공장 관리자는 그녀에게 새 옷을 주지 않겠다고 했다. 아녜스는 공장에서 일하는 한 여성의 사무실로 몰래 들어갔고, 그 여성이 아녜스에게 옷핀을 건네줬다. Humbert, p. 151.

[40] Ibid., p. 157.

[41] Ibid., pp. 151, 155, 173.

[42] Ibid., p. 151.

[43] 'Bangladesh Factory Collapse Death Toll Tops 800'.

[44] Ali Manik and Yardley, 'Building Collapse in Bangladesh'; Devnath and Srivastava.

[45] Ali Manik and Yardley, '17 Days in Darkness'; The Editorial Board; Estrin.

[46] 'Rana Plaza Collapse'.

[47] Ali Manik and Yardley, 'Building Collapse in Bangladesh'; The Editorial Board; Amy Kazmin, 'How Benetton Faced up to the Aftermath of Rana Plaza', the *Financial Times*, 20 April 2015 <https://www.ft.com/content/f9d84f0e-e509-11e4-8b61-00144feab7de> [accessed 4 October 2017].

⁴⁸ Schlossberg; Lenzing Group; Scott Christian.

⁴⁹ Meyer.

⁵⁰ Tatiana Schlossberg. Federal Trade Commission, *Four National Retailers Agree to Pay Penalties Totaling $1.26 Million for Allegedly Falsely Labeling Textiles as Made of Bamboo, While They Actually Were Rayon*, 3 January 2013 <https://www.ftc.gov/news-events/pressreleases/2013/01/four-national-retailers-agreepay-penalties-totaling-126-million> [accessed 19 September 2017].

⁵¹ Lazurus; Changing Markets. Buckley and Piao.

⁵² Blanc, p. 173.

⁵³ Bedat and Shank.

⁵⁴ Ma et al.; 'Sulphur and Heart Disease'; Blanc, p. xii.

# 11
# 압력을 견뎌라

¹ 닐 암스트롱이 원래 하려던 말은 "이것은 사람의 작은 발걸음입니다That's one small step for a man"였을 것이다. 이것이 문법에 맞는 표현이니까. 하지만 나중에 사람들이 녹음된 음성을 들어봐도 'a'를 확인할 수 없었다. 녹음 파일의 원본을 가져와서 파형 분석까지 하면서 빠진 'a'를 찾으려고 했지만, 애초에 암스트롱은 'a'를 말한 적이 없었던 것 같다. 그의 발이 달 표면에 닿은 시각은 1969년 7월 21일 2시 56분 15초(그리니치 표준시GMT)로 알려져 있다. 그것은 탐사선이 달에 착륙한 지 몇 시간이 지나서였다.

² Monchaux, p. 251.

³ 'Apollo 11–Mission Transcript'; 버즈 올드린의 말에 따르면 일반적으로 우주 비행사라고 하면 떠올리는 "헉헉대는 숨소리"는 할리우드의 상상일 뿐이다. Nelson, p. 273.

⁴ 참고로 '우주 비행사'를 뜻하는 영어 단어 astronaut은 고대 그리스어에서 '별'을 뜻하는 ástron과 '선원'을 뜻하는 naútes가 합쳐져 만들어졌다.

⁵ Collins, p. 100.

⁶ 'What Is a Spacesuit'; Phillips Mackowski, p. 152; Roach, pp. 84, 46, 139; 테라자인 회장 빌 디터와의 인터뷰, Terrazign's Glenn Harness, 2017; Nelson, p. 269; Collins, p. 192.

⁷ Nelson, p. 76.

⁸ Amanda Young, pp. 75, 115.

9 현재 우주 비행사들의 소변 봉지는 소장가들의
수집품이 되어 경매에서 300달러 정도에 낙찰되고
있다. 암스트롱과 올드린은 콘돔과 비슷한 소변
봉지 4개를 달에 두고 지구로 돌아왔다. 그 봉지 중
2개는 S 사이즈, 나머지 2개는 L 사이즈였다.
요즘에는 S 사이즈 봉지는 제작되지 않는다.
오늘날의 남성 우주 비행사들이 사용하는 콘돔형
소변 봉지는 L과 XL, XXL의 3가지 사이즈로
만들어진다.

10 Nelson, p. 77; Amanda Young, p. 88.

11 Amanda Young, pp. 92–94, 84; NASA, *Lunar
Module*; James Hansen, p. 489에서 인용.

12 Collins, p. 114.

13 Monchaux, pp. 16, 18–20; Robeson Moise,
'Balloons and Dirigibles', in Brady, pp. 309–310.

14 그 옷은 몸에 아주 꽉 끼었다. 처음에 시제품을
제작했을 때는 몸에서 옷을 잘라내야만 했다.
포스트는 굿리치 공장 안의 골프공을 보관하는
냉장고 앞에 서 있었고, 굿리치 직원들은 그의
체온이 지나치게 높아지는 것을 막기 위해 그의
몸에 붙은 고무를 잘라냈다. Monchaux, pp. 57, 61,
64; Amanda Young, p. 14.

15 Phillips Mackowski, pp. 77, 172, 85.

16 Monchaux, pp. 82–83, 85–86, 89.

17 Phillips Mackowski, p. 170; Monchaux, pp. 94–95.

18 Walter Schirra, in Glenn et al., pp. 31, 47–49.

19 Amanda Young, p. 22; Walter Schirra, in John
Glenn and others, p. 47.

20 Cathleen Lewis; Case and Shepherd, p. 14;
Amanda Young, pp. 26, 30.

21 Noble Wilford.

22 Ibid., p. 15; Amanda Young, p. 40.

23 Monchaux, pp. 117, 124, 191.

24 Ibid., pp. 191–193; Amanda Young, p. 68; Case
and Shepherd, pp. 4, 32.

25 Amanda Young, p. 75; Monchaux, pp. 209, 211,
219.

26 Monchaux, pp. 209, 211.

27 층의 개수에 대해서는 의견이 엇갈린다. 당시의
기록들에는 대부분 21개라고 나오기 때문에 이
책에도 21개라고 썼다. 하지만 스미소니언
우주항공 박물관의 의뢰로 우주복에 관한 책을
집필한 아만다 영Amanda Young은 오메가
우주복이 26개 층으로 되어 있었다고 주장한다.

28 아직 남아 있는 오메가 우주복들은 분해와 부패가
시작됐다. 여러 층으로 된 우주복에 함유된
화학물질들이 서로 반응을 일으켰기 때문이다.
암스트롱이 인류 최초로 달 탐사를 했을 때 입었던
바로 그 우주복을 수선하자는 캠페인이 킥스타터
Kickstarter 사이트에 올라온 적도 있다. Arena.

29 DeGroot, p. 149.

30 'What Is a Spacesuit'; Allan Needell, in Amanda
Young, p. 9.

31 Case and Shepherd, p. 33.

32 Collins, pp. 127, 100, 192.

33 Ibid., pp. 115–116; Case and Shepherd, p. 16.

34 DeGroot, p. 209; Amanda Young, p. 75.

35 Aldrin and McConnell, pp. 122–123;
Heppenheimer, p. 218; Monchaux, p. 111.

36 Walta Schirra, in Glenn et al., pp. 47–48.

37 Heppenheimer, p. 222; Kluger; Monchaux, p. 104.

38 A.R. Slonim, *Effects of Minimal Personal Hygiene and Related Procedures During Prolongued Confinement* (Wright-Patterson Air Force Base, Ohio: Aerospace Medical Research Laboratories, October 1966), p. 4.

39 Ibid., pp. 6, 10; Borman, Lovell, and NASA, pp. 156–158; 'Astronauts' Dirty Laundry'.

40 NASA, *Apollo 16*, pp. 372, 435.

41 Hadfield, Roach, p. 46에서 인용.

42 PBS; Nelson, p. 55에서 인용.

43 Musk, 'I Am Elon Musk; Musk, 'Instagram Post'; Brinson.

44 Monchaux, pp. 263, 95.

45 Grush; Mark Harris; Ross et al., pp. 1–11; Dieter.

46 Dieter; Newman; Mark Harris; Feinberg; Masse.

47 Howell; Burgess, pp. 209, 220–224.

# 12
# 더 튼튼하게,
# 더 빠르게,
# 더 강하게

1 'Swimming World Records in Rome'.

2 Ibid.; Crouse, 'Biedermann Stuns Phelps'; Burn- Murdoch; 'Swimming World Records in Rome'.

3 Brennan에서 인용; Crouse.

4 Wilson

5 'Space Age Swimsuit Reduces Drag.' 금방 이해되지 않을 수도 있지만 폴리우레탄은 1937년에 처음 발명되어 아주 널리 사용되는 플라스틱의 한 종류로서, 지금도 각종 생활용품에 사용된다. 당신의 부엌에 있는 스펀지는 아마도 폴리우레탄으로 만들었을 가능성이 높다. 그리고 스판덱스나 엘라스테인이 들어갔을지도 모른다.

6 2위에 오른 세르비아의 밀로라드 카비치Milorad Cavic 선수 역시 LZR 레이서를 입고 있었다.

7 Slater.

8 Crouse, 'Scrutiny of Suit Rises'; Wilson; Adlington.

9 Slater.

[10] 작은 고리들로 이뤄진 편직물은 고리 하나하나가
고무줄과 비슷한 작용을 하기 때문에 자연스럽게
탄성이 높아진다. 반면 날실과 씨실을 엮어 직조한
직물은 늘어나는 데 한계가 있다. 그래서 수영복
디자이너들은 직조한 직물로 뻣뻣한 표면을
만들어 수영 선수의 몸이 너무 많이 흔들리지 않고
잡아줄 수 있도록 했다.
Christopher Clarey, 'Vantage Point: New Body Suit
is Swimming Revolution', New York Times, 18
March 2000, section Sports <https://www.
nytimes.com/2000/03/18/sports/vantage-point-
new-body-suit-is-swimmingrevolution. html>
[accessed 16 December 2017]; Santry.

[11] Dickerman; Furniss.

[12] Beisel, Associated Press, 'Is Rio the End of
High-Tech Swimsuits?'에서 인용; Santry;
Adlington. Speedo의 직원이었던 스투 아이작도
비슷한 의견을 표명했다. Isaac

[13] Isaac.

[14] Goldblatt, p. 9에서 인용.

[15] Kyle, pp. 82–3; Christesen.

[16] 그리스 남자들은 운동하기 전과 후에 피부에
향유를 발랐다. 김나지움들은 40갤런(180리터)
짜리 항아리에 담긴 비교적 저렴한 기름을
구입해서 국자가 달린 청동 용기에 옮겨 담았다.
어떤 문헌에서는 남자 1명이 하루에 0.2리터
정도의 기름을 썼다고 추정한다. Perrottet, p. 26.

[17] Ibid., pp. 6–7, 25; Xenophon, Christesen, p. 201
에서 인용; 199–200, 202, 194.

[18] David C. Young, pp. 109–110; Kyle, pp. 82–83;
Christesen, pp. 204, 207.

[19] Theodore Andrea Cook, p. 70.

[20] Kifner.

[21] 'From the "Jockbra" to Brandi Chastain';
Sandomir; Vecsey; '40 Years of Athletic Support'.

[22] Schofield; 'Nike Launches Hijab for Female
Muslim Athletes'; Izzidien.

[23] Koppett.

[24] Williams; Raszeja.

[25] Lee, Campbell에서 인용; Roberts; Reuell.

[26] Koppett.

[27] Noble, pp. 57, 58, 62, 64, 66, 68, 71; Stuart Miller.

[28] Associated Press, 'Roger Bannister's Sub
Four-Minute Mile Running Shoes'.

[29] Litsky; 'From the Lab to the Track'.

[30] Woolf; 'Nike Engineers Knit for Performance';
Howarth; 'This Is Nike's First Flyknit Apparel
Innovation'; Kipoche. Caesar에서 인용.

[31] Tabuchi; Heitner.

[32] Heitner; Elizabeth Harris.

[33] Adlington.

[34] Wigmore; Tucker.

[35] 'The Mad Science Behind Nike's NBA Uniforms';
Garcia; Rhodes.

[36] 스포츠 브라의 예와 마찬가지로 '노출'이라는 개념
자체가 논란의 대상이 되기도 한다. FINA가 새로
만들어 2010년 1월부터 시행한 규정에 따르면
수영복은 직물로 만든 것이어야 하고 남자는
무릎에서 배꼽까지, 여자는 무릎에서 어깨까지만
덮을 수 있다. 그리고 수영복의 디자인은
'공중도덕과 건전한 취향을 해치지 않아야' 한다.
Rogan. Crouse에서 인용. 'Biedermann Stuns
Phelps'; Federation International de Natation.

[37] Tillotson; 'Why Do Swimmers Break More
Records than Runners?'

[38] Ibid.

[39] Isaac; Steyger.

[40] Isaac.

# 13
# 황금빛 망토

[1] Kennedy.

[2] Simon Peers, 저자와의 인터뷰, 2016년 11월 8일.

[3] Mandel.

[4] Hadley Legget.

[5] Anderson, pp. 1, 3; Clarke; Wilder, Rypstra and Elgar, p. 31.

[6] 'Golden Orb Weaving Spiders'.

[7] Vollrath, Adams에서 인용; Hayashi.

[8] Vollrath and Selden, p. 820; Hayashi.

[9] Randy Lewis.

[10] 사이먼 피어스는 사람들에게 눈을 감고 손을 내밀고 있다가 거미줄로 만든 술 장식이 그들의 손에 닿을 때 알려달라고 부탁하곤 했다. 거미줄 술 장식은 아주 가벼워서 사람들은 그것이 손에 닿아도 금방 느끼지 못했다.

[11] Hambling

[12] William F. Leggett, p. 7.

[13] Peers, *Golden Spider Silk*, p. 6; Werness, p. 285; Ackerman, pp. 3–4.

[14] Gotthelf; Ledford; Wilder, Rypstra and Elgar.

[15] 이 이야기를 전했던 가장 유명한 사람은 로마 시인 오비디우스지만, 실제 이 이야기는 훨씬 오래된 것으로 알려져 있다. 기원전 600년경 코린트 시대에 만들어진 작은 주전자에서 이 이야기를 묘사한 그림이 발견됐다.

[16] 조금 변형된 이야기에서는 아라크네가 목을 매달아 자살하려고 했지만 아테나 여신은 자신의 경쟁자가 그렇게 쉽게 제거되는 것을 원하지 않았다. 아라크네가 사용한 밧줄이 대롱대롱 매달려 있는 것을 보고 영감을 얻은 아테나는 신을 우습게 보려는 사람들에게 경고하는 의미에서 아라크네를 거미줄에 매달린 거미로 변신시켰다.

[17] Peers, p. 37에서 인용.

[18] Ibid., p. 14.

[19] Bon, pp. 9–11.

[20] René-Antoine Ferchault de Récamier, Peers, p. 19 에서 인용.

[21] 사이먼 피어스는 자신의 책에서 이 침구들이 거미줄로 만든 것도 아니었으리라는 견해를 밝혔다. 당대의 기록에 따르면 이 물건들은 거미줄 24가닥을 꼬아 만든 실 약 10만 미터로 만들어졌고 이 실은 거미 25,000마리에게서 얻었다고 했다. 피어스의 경험에 따르면 그것은 불가능한 일이다. 거미 25,000마리를 가지고는 거미줄을 충분히 생산하지 못했을 것이다. Peers, pp. 17, 21, 36, 39.

[22] Peers, 저자와의 전화 인터뷰.

[23] 마다가스카르섬의 문화사에는 19세기에 거미를 정기적으로 잡아서 거미줄을 채취한 흔적이 전혀 없다. 사이먼과 니컬러스의 프로젝트가 시작되기 전까지 이 섬 주민들은 식용으로만 거미를 잡았다. 거미는 이 섬의 별미 요리에 들어가는 중요한 재료다. 거미의 다리는 제거하고 몸통만 기름에 튀겨 약간의 럼주를 곁들여 내놓는다.

[24] Peers, p. 44; Hadley Leggett.

[25] Mandel.

[26] 왜 염소인가? 넥시아 측의 설명에 따르면 이처럼 특이한 선택을 한 것은 거미의 거미줄샘과 염소의 젖을 생산하는 기관이 유사성을 지니기 때문이라고 한다.

[27] Hirsch; Kenneth Chang, 'Unraveling Silk's Secrets, One Spider Species at a Time', *New York Times*, 3 April 2001 <http://www.nytimes. com/2001/04/03/science/unraveling-silk-ssecrets-one-spider-species-at-a-time. html>[accessed 5 February 2017]; Rogers.

[28] 설령 누군가가 거미의 방적돌기를 똑같이 복제할 수 있다 할지라도 그것만으로는 충분하지 않다. 거미의 방적돌기는 실을 뽑아내는 속도가 너무 느리기 때문에 그것과 똑같은 구조의 기계를 만들더라도 상업적으로 이용하기란 어렵다.

[29] 랜디 루이스Dr Randy Lewis, 유타 대학 분자생물학과 교수.

[30] Adams.

[31] 프리츠 볼라스Fritz Vollrath, 옥스퍼드 대학 동물학 교수, 저자와의 영상 전화 인터뷰, 2017년 2월.

[32] Vollrath, 'The Complexity of Silk', p. 1151.

[33] 프리츠 볼라스, 옥스퍼드 대학 동물학 교수. Vollrath, 'Follow-up Queries'.

[34] Ibid. Adams.

[35] 볼트스레즈의 상품개발 담당 부사장 제이미 베인브리지는 자랑스러운 투로 나에게 말했다. "우리 건물에는 거미가 한 마리도 없습니다."

[36] Widmaier, 'Spider Silk: How We Cracked One of Nature's Toughest Puzzles'; Widmaier, 저자와의 전화 통화.

[36] Bainbridge.

[38] Widmaier, 저자와의 전화 통화.

[39] Bainbridge.

[40] Peers, 저자와의 전화 인터뷰.

# 맺음말

[1] 예컨대 고대 메소포타미아 유적지인 우루크Uruk에서 출토된 여인상Lady of Uruk은 황금색 별과 688개의 다른 장식이 박힌 옷을 입고 있었다. 놀랍게도 현존하는 신바빌로니아 시대의 문헌에는 61개의 황금색 별이 달린 또 하나의 화려한 옷을 수선하기 위해 금세공사에게 보냈다는 내용이 있다.

[2] Bremmer; Colavito, pp. 187, 207.

[3] Ruixin et al., p. 42.

[4] Bayly, p. 62.

[5] 프랑수아 1세의 수행원들의 면면에 관한 당대의 기록은 그 진풍경을 조금이나마 짐작케 해준다. "···다른 군 장교들은 모두 황금색 옷을 입고 목에 황금 사슬을 둘렀으며, 궁수들은 금으로 세공한 민소매 겉옷을 입었고, 말들도 똑같은 마갑馬甲을 착용했다." Brewer; de Morga, Brook, p. 205에서 인용.

[6] 'Glass Dresses a "Fad" '.

[7] Eliot Stein; Paradiso.

# 참고 문헌

## A

Ackerman, Susan, 'Asherah, the West Semitic Goddess of Spinning and Weaving?', *Journal of Near Eastern Studies*, 67 (2008), 1–30 <https://doi.org/10.1086/586668>

Adams, Tim, 'Fritz Vollrath: "Who Wouldn't Want to Work with Spiders?"', the *Observer*, 12 January 2013, section Science <https://www.theguardian.com/science/2013/jan/12/fritz-vollrath-spiders-tim-adams> [accessed 13 February 2017]

Adlington, Rebecca, interview with author, 2018

'Advertisement: Courtauld's Crape Is Waterproof', *Illustrated London News*, 20 November 1897, p. 737

'Advertisement: Dry Goods, Clothing, &c.', *Daily Morning News* (Savannah, Georgia), 21 September 1853, p. 1

'Advertisement for Augusta Clothing Store', *Augusta Chronicle & Georgia Advertiser* (Augusta), 26 November 1823, p. 1

Ainley, Janine, 'Replica Clothes Pass Everest Test', BBC, 13 June 2006, section Science and Technology <http://news.bbc.co.uk/1/hi/sci/tech/5076634.stm> [accessed 16 June 2017]

'A Lady of the Twelfth Dynasty: Suggested by the Exhibition of Egyptian Antiquities in the Metropolitan Museum of Art', the *Lotus Magazine*, 3 (1912), 99–108

Albers, Anni, *On Weaving* (Princeton: Princeton University Press, 1995)

Aldrin, Buzz, and McConnell, Malcolm, *Men From Earth* (London: Bantam, 1990)

Alexander, Caroline, 'The Race to the South Pole', *National Geographic*, September 2011, 18–21

Ali Manik, Julfikar, and Yardley, Jim, '17 Days in Darkness, a Cry of "Save Me", and Joy', *New York Times*, 11 May 2013, section Asia Pacific, p. A1

——, 'Building Collapse in Bangladesh Kills Scores of Garment Workers', *New York Times*, 24 April 2013, section Asia Pacific, p. 1

Allon, Niv, 'Re: I'm Searching for Senbtes, Can You Help?', 5 June 2017

Anderson, E. Sue, 'Captive Breeding and Husbandry of the Golden Orb Weaver Nephila Inaurata Madagascariensis at Woodland Park Zoo', *Terrestrial Invertebrate Taxon Advisory Group*, 2014 <http://www.titag.org/2014/2014papers/GOLDENORBSUEANDERSEN.pdf> [accessed 3 January 2017]

*An Individual's Guide to Climatic Injury* (Ministry of Defence, 2016)

'A Norse-Viking Ship', the *Newcastle Weekly Courant* (Newcastle-upon-Tyne, 5 December 1891), section News

'Apollo 11 – Mission Transcript', *Spacelog* <https://ia800607.us.archive.org/28/items/NasaAudioHighlightReels/AS11_TEC.pdf> [accessed 7 December 2017]

Appleton Standen, Edith, 'The Grandeur of Lace', the *Metropolitan Museum of Art Bulletin*, 16 (1958), 156–62 <https://doi.org/10.2307/3257694>

Arbiter, Petronius, *The Satyricon*, ed. by David Widger (Project Gutenberg, 2006) <http://www.gutenberg.org/files/5225/5225-h/5225-h.htm> [accessed 14 August 2017]

Arena, Jenny, 'Reboot the Suit: Neil Armstrong's Spacesuit and Kickstarter', National Air and Space Museum, 2015 <https://airandspace.si.edu/stories/editorial/armstrong-spacesuit-and-kickstarter> [accessed 7 December 2017]

Arnold, Janet (ed.), *Queen Elizabeth's Wardrobe Unlock'd: The Inventories of the Wardrobe of Robes Prepared in July 1600*, Edited from Stowe MS 557 in the British Library, MS LR 2/121 in the Public Record Office, London, and MS v.6.72 in the Folger Shakespeare Library, Washington DC (London: W. S. Maney and Son, 1989)

'Artificial Silk', *The Times*, 7 December 1925, p. 7

'Artificial Silk Manufacture', *The Times*, 12 September 1910, p. 8

Associated Press, 'DuPont Releases Nylon', *New York Times*, 7 August 1941, section News, p. 6

———, 'Is Rio the End of High-Tech Swimsuits?', *Chicago Tribune*, 5 August 2016 <http://www. chicagotribune.com/business/ct-olympics-swimsuits-20160805-story.html> [accessed 17 December 2017]

———, 'Roger Bannister's Sub Four-Minute Mile Running Shoes Sell for £266,500', the *Guardian*, 11 September 2015, section UK news <http://www. theguardian.com/uk-news/2015/sep/11/roger-bannisters-sub-four-minute-mile-running-shoes-sell-for-266500> [accessed 6 January 2018]

'Astronauts' Dirty Laundry', NASA <https://www. nasa.gov/vision/space/livinginspace/Astronaut_Laundry.html> [accessed 12 December 2017]

# B

Bailey, Ronald, 'The Other Side of Slavery: Black Labor, Cotton, and Textile Industrialization in Great Britain and the United States', *Agricultural History*, 68 (1994), 35–50

Bainbridge, Jamie, VP of Product Development at Bolt Threads, Skype interview with author, October 2016

Bajaj, Vikas, 'Fatal Fire in Bangladesh Highlights the Dangers Facing Garment Workers', *New York Times*, 25 November 2012, section Asia Pacific, p. A4

Balter, Michael, 'Clothes Make the (Hu) Man', *Science*, 325 (2009), 1329

'Bangladesh Factory Collapse Death Toll Tops 800', the *Guardian*, 8 May 2013, section World news <http://www.theguardian.com/world/2013/may/08/bangladesh-factory-collapse-death-toll> [accessed 4 October 2017]

Bar-Yosef, Ofer, Belfer-Cohen, Anna, Mesheviliani, Tengiz, et al., 'Dzudzuana: An Upper Palaeolithic Cave Site in the Caucasus Foothills (Georgia)', *Antiquity*, 85 (2011), 331–49

Bard, Kathryn A. (ed.), *Encyclopedia of the Archaeology of Ancient Egypt* (London: Routledge, 2005) <https://archive.org/stream/EncyclopediaOfThe ArchaeologyOfAncientEgypt/EncyclopediaOfTh eArchaeologyOfAncientEgypt_djvu.txt>

Barras, Colin, 'World's Oldest String Found at French Neanderthal Site', *New Scientist*, 16 November 2013 <https://www.newscientist. com/article/mg22029432-800-worlds-oldest-string-found-at-french-neanderthal-site/> [accessed 15 March 2018]

Bayly, C. A., 'The Origins of Swadeshi (Home Industry)', in *Material Culture: Critical Concepts in the Social Sciences* (London: Routledge, 2004), II, 56–88

Beckert, Sven, 'Empire of Cotton', *The Atlantic*, 12 December 2014 <https://www.theatlantic.com /business/archive/2014/12/empire-of-cotton/ 383660/>

———, *Empire of Cotton: A Global History* (New York: Vintage Books, 2014)

Bedat, Maxine, and Shank, Michael, 'There Is A Major Climate Issue Hiding In Your Closet: Fast Fashion', *Fast Company*, 2016 <https://www. fastcompany.com/3065532/there-is-a-major-climate-issue-hiding-in-your-closet-fast-fashion> [accessed 5 October 2017]

Bender Jørgensen, Lise, 'The Introduction of Sails to Scandinavia: Raw Materials, Labour and Land', in *N-TAG TEN: Proceedings of the 10th Nordic TAG Conference at Stiklestad, Norway, 2009* (Oxford: Archaeopress, 2012), pp. 173–81

Benns, Whitney, 'American Slavery, Reinvented', *The Atlantic*, 21 September 2015 <https://www. theatlantic.com/business/archive/2015/09/ prison-labor-in-america/406177/>

Berkin, Carol, Miller, Christopher, Cherny, Robert and Gormly, James, *Making America: A History of the United States*, 5th edn (Boston: Houghton Mifflin, 2008), i

Bilefsky, Dan, 'ISIS Destroys Part of Roman Theater in Palmyra, Syria', *New York Times*, 20 January 2017, section Middle East, p. 6

Birkeboek Olesen, Bodil, 'How Blue Jeans Went Green: The Materiality of An American Icon', in *Global Denim*, ed. by Daniel Miller and Sophie Woodward (Oxford: Berg, 2011), pp. 69–85

Blanc, Paul David, *Fake Silk: The Lethal History of Viscose Rayon* (New Haven: Yale University Press, 2016)

Blanchard, Lara C. W., 'Huizong's New Clothes', *Ars Orientalis*, 36 (2009), 111–35

Bleser, Carol (ed.), *Secret and Sacred: The Diaries of James Henry Hammond, A Southern Slaveholder* (New

York: Oxford University Press, 1988)

Bon, Monsieur, 'A Discourse Upon the Usefulness of the Silk of Spiders', *Philosophical Transactions*, 27 (1710), 2–16

Booker, Richard, 'Notices', *Virginia Gazette* (Virginia, 24 December 1772), p. 3

Boopathi, N. Manikanda, Sathish, Selvam, Kavitha, Ponnaikoundar, et al., 'Molecular Breeding for Genetic Improvement of Cotton (Gossypium Spp.)', in *Advances in Plant Breeding Strategies: Breeding, Biotechnology and Molecular Tools* (New York: Springer, 2016), pp. 613–45

Borman, Frank, Lovell, James, and NASA, *Gemini VII: Air-to-Ground, Ground-to-Air and On-Board Transcript, Vol. I* (NASA, 1965) <https://www.jsc.nasa.gov/history/mission_trans/GT07_061.PDF>

Brady, Tim (ed.), *The American Aviation Experience: A History* (Carbondale: Southern Illinois University Press, 2000)

Branscomb, Mary, 'Silver State Stampede Revived 15 Years Ago', *Elko Daily Free Press* (Elko, Nevada, 9 July 2002) <http://elkodaily.com/silver-state-stampede-revived-years-ago/article_ca661754-83ec-5751-93a0-ba285f4fe193.html> [accessed 3 April 2018]

Bremmer, Jan, 'The Myth of the Golden Fleece', *Journal of Ancient Near Eastern Religions*, 2007, 9–38

Brennan, Christine, 'Super Outfits Show Fairness Is Not Swimming's Strong Suit', *USA Today*, 29 July 2009, section Sports <https://usatoday30.usatoday.com/sports/columnist/brennan/2009-07-29-swimming-suits_N.htm> [accessed 4 January 2018]

Brewer, J.S. (ed.), *Letters and Papers, Foreign and Domestic, Henry VIII* (Her Majesty's Stationery Office, 1867), III <http://www.british-history.ac.uk/letters-papers-hen8/vol3/pp299-319> [accessed 17 April 2018]

Brindell Fradin, Dennis, *Bound for the North Star: True Stories of Fugitive Slaves* (New York: Clarion Books, 2000)

Brinson, Ryan, 'Jose Fernandez: The Man Sculpting and Shaping the Most Iconic Characters in Film', *Bleep Magazine*, 2016 <https://bleepmag.com/2016/02/18/jose-fernandez-the-man-sculpting-and-shaping-the-most-iconic-characters-in-film/> [accessed 12 December 2017]

Brook, Timothy, *The Confusions of Pleasure: Commerce and Culture in Ming China* (Berkeley: University of California, 1999)

Brown Jones, Bonny, 'How Much Cotton Does It Take to Make a Shirt?', *Livestrong*, 2017 <https://www.livestrong.com/article/1006170-much-cotton-make-shirt/> [accessed 27 November 2017]

Brown, Mark, 'George Mallory and Everest: Did He Get to the Top? Film Revisits 1920s Climb', the *Guardian*, 27 August 2010, section World news <https://www.theguardian.com/world/2010/aug/27/george-mallory-everest-new-film>

Brown, Rosellen, 'Monster of All He Surveyed', *New York Times*, 29 January 1989, p. 22

Buckley, Chris, and Piao, Vanessa, 'Rural Water, Not City Smog, May Be China's Pollution Nightmare', *New York Times*, 12 April 2016, section Asia Pacific, p. A4

Burgess, Colin (ed.), *Footprints in the Dust: The Epic Voyages of Apollo, 1969–1975* (Lincoln: University of Nebraska Press, 2010)

Burn-Murdoch, John, 'Rio Olympics 2016: Is Michael Phelps the Most Successful Olympian?', the *Financial Times*, 8 August 2016 <https://www.ft.com/content/8ac4e7c2-5d7f-11e6-bb77-a121aa8abd95> [accessed 4 January 2018]

## C

Caesar, Ed, 'Nike's Controversial New Zoom Vaporfly 4% Shoes Made Me Run Faster', *Wired*, 2017 <https://www.wired.com/2017/03/nikes-controversial-new-shoes-made-run-faster/> [accessed 10 January 2018]

Campbell, Jule, 'Light, Tight and Right for Racing', *Sports Illustrated*, 12 August 1974 <http://www.si.com/vault/1974/08/12/616563/light-tight-and-right-for-racing> [accessed 7 January 2018]

Carey, Juliet, 'A Radical New Look at the Greatest of Elizabethan Artists', *Apollo*, June 2017, pp. 29–30

Carter, Robert A., 'Boat Remains and Maritime Trade in the Persian Gulf During Sixth and Fifth Millennia bc', *Antiquity*, 80 (2006), 52–63

Carter, Howard, and Mace, Arthur C., 'Excavation Journals and Diaries' <http://www.griffith.ox.ac.uk/discoveringTut/journals-and-diaries/season-4/journal.html> [accessed 30 May 2017]

———, *The Tomb of Tut-Ankh-Amen: Discovered by*

the Late Earl of Carnavon and Howard Carter, 3 vols (London: Cassell & Co., 1923), i

———, The Tomb of Tut-Ankh-Amen: Discovered by the Late Earl of Carnavon and Howard Carter, 3 vols (London: Cassell & Co., 1927), ii

Case, Mel, Senior Design Engineer ILC Industries, and Shepherd, Leonard, Vice President of Engineering, ILC Industries, NASA Oral History Project, 1972

Chapman, Paul, 'Brand Name That Took Hillary to the Top Goes Back in the Closet', the Daily Telegraph, 17 September 2003, section World News <http://www.telegraph.co.uk/news/worldnews /australiaandthepacific/newzealand/1441788/ Brand-name-that-took-Hillary-to-the-top-goes-back-in-the-closet.html> [accessed 11 June 2017]

———, 'Who Really Was First to Climb Mount Everest?', the Daily Telegraph, 19 May 2010, section World News <http://www.telegraph.co.uk/news /worldnews/australiaandthepacific/australia/ 7735660/Who-really-was-first-to-climb-Mount-Everest.html> [accessed 11 June 2017]

Ch'ien, Ssu-Ma, Records of the Grand Historian of China, trans. by Burton Watson, 2nd edn (New York: Columbia University Press, 1962)

Chamerovzow, L. A. (ed.), Slave Life in Georgia: A Narrative of the Life, Sufferings and Escape of John Brown, A Fugitive Slave, Now in England (London: The British and Foreign Anti-Slavery Society, 1855)

Chang, Kenneth, 'Unraveling Silk's Secrets, One Spider Species at a Time', New York Times, 3 April 2001 <http://www.nytimes.com/2001/04/03 /science/unraveling-silk-s-secrets-one-spider-species-at-a-time.html> [accessed 5 February 2017]

Changing Markets, Dirty Fashion: How Pollution in the Global Textiles Supply Chain Is Making Viscose Toxic (Changing Markets, June 2017)

Cherry, John F., and Leppard, Thomas P., 'Experimental Archaeology and the Earliest Seagoing: The Limitations of Inference', World Archaeology, 47 (2015), 740–55

Cherry-Garrard, Apsley, The Worst Journey in the World, Vintage Classics, 4th edn (London: Vintage Books, 2010)

Choi, Charles Q., 'The Real Reason for Viking Raids: Shortage of Eligible Women?', Live Science, 2016 <https://www.livescience.com/56786-vikings-raided-to-find-love.html> [accessed 18 October 2017]

Christesen, P., 'Athletics and Social Order in Sparta in the Classical Period', Classical Antiquity, 31 (2012), 193–255 <https://doi.org/10.1525/ ca.2012.31.2.193>

Christian, David, 'Silk Roads or Steppe Roads? The Silk Roads in World History', Journal of World History, 11 (2000), 1–26

Christian, Scott, 'Fast Fashion Is Absolutely Destroying the Planet', Esquire, 14 November 2016 <http://www.esquire.com/style/news/ a50655/fast-fashion-environment/> [accessed 5 October 2017]

'Cistercians in the British Isles', Catholic Encyclopedia <http://www.newadvent.org/cathen/16025b. htm> [accessed 19 May 2017]

Clarey, Christopher, 'Vantage Point: New Body Suit Is Swimming Revolution', New York Times, 18 March 2000, section Sports <https://www. nytimes.com/2000/03/18/sports/vantage-point-new-body-suit-is-swimming-revolution.html> [accessed 16 December 2017]

Clark, Charlotte R., 'Egyptian Weaving in 2000 bc', The Metropolitan Museum of Art Bulletin, 3 (1944), 24–9 <https://doi.org/10.2307/3257238>

Clarke, Dave, interview at London Zoo, 2017

'Climbing Mount Everest is Work for Supermen', New York Times, 18 March 1923, p. 151

'Clothing: Changing Styles and Methods', Freeze Frame: Historic Polar Images <http://www. freezeframe.ac.uk/resources/clothing/4> [accessed 11 June 2017]

'Clothing: What Happens When Clothing Fails', Freeze Frame: Historic Polar Images <http://www. freezeframe.ac.uk/resources/clothing/3> [accessed 11 June 2017]

Cloud, N. B. (ed.), 'A Memoir', The American Cotton Planter: A Monthly Journal Devoted to Improved Plantation Economy, Manufactures, and the Mechanic Arts, 1 (1853)

Colavito, Jason, Jason and the Argonauts Through the Ages (Jefferson: McFarland & Co., 2014)

Collins, Michael, Carrying the Fire: An Astronaut's Journeys (London: W. H. Allen, 1975)

Cook, James, A Voyage Towards the South Pole and Round the World (Project Gutenberg, 2005), i <http: //www.gutenberg.org/cache/epub/15777/ pg15777-images.html> [accessed 21 June 2017]

Cook, Theodore Andrea, *The Fourth Olympiad. Being the Official Report of the Olympic Games of 1908 Celebrated in London Under the Patronage of His Most Gracious Majesty King Edward VII And by the Sanction of the International Olympic Committee* (London: The British Olympic Association, 1908)

Cooke, Bill, Christiansen, Carol, and Hammarlund, Lena, 'Viking Woollen Square-Sails and Fabric Cover Factor', *The International Journal of Nautical Archaeology*, 31 (2002), 202–10

Correspondent, A., 'Touring in Norway', *The Times* (London, 30 September 1882), section News, p. 4

*Cotton and the Environment* (Organic Trade Association, April 2017)

Crouse, Karen, 'Biedermann Stuns Phelps Amid Debate Over Swimsuits', *New York Times*, 29 July 2009, p. B9

———, 'Scrutiny of Suit Rises as World Records Fall', *New York Times*, 11 April 2008, section Sports, p. D2

**D**

DeGroot, Gerard, *Dark Side of the Moon: The Magnificent Madness of the American Lunar Quest* (London: Jonathan Cape, 2007)

DeLeon, Jian, 'Levi's Vintage Clothing Brings Back The Original "Canadian Tudo" ', *GQ*, 18 October 2013 <https://www.gq.com/story/levis-vintage-clothing-bing-crosby-denim-tuxedo> [accessed 3 April 2018]

Devnath, Arun, and Srivastava, Mehul, ' "Suddenly the Floor Wasn't There," Factory Survivor Says', *Bloomberg.com*, 25 April 2013 <https://www.bloomberg.com/news/articles/2013-04-25/-suddenly-the-floor-wasn-t-there-factory-survivor-says> [accessed 4 October 2017]

Dickerman, Sara, 'Full Speedo Ahead', *Slate*, 6 August 2008 <http://www.slate.com/articles/sports/fivering_circus/2008/08/full_speedo_ahead.html>

Dieter, Bill, President, Terrazign Inc., Terrazign's Glenn Harness, 2017

Donkin, R. A., 'Cistercian Sheep-Farming and Wool-Sales in the Thirteenth Century', *The Agricultural History Review*, 6 (1958), 2–8

Dougherty, Conor, 'Google Wants to Turn Your Clothes into a Computer', *New York Times*, 1 June 2015, section Business, p. B4

Douglas, Ed, 'What Is the Real Cost of Climbing Everest?', *BBC Guides* <http://www.bbc.co.uk/guides/z2phn39> [accessed 27 June 2017]

Douglass, Frederick, *Narrative of the Life of Frederick Douglass* (Oxford: Oxford University Press, 1999)

Downey, Lynn, *A Short History of Denim* (Levi Strauss & Co., 2014) <http://www.levistrauss.com/wp-content/uploads/2014/01/A-Short-History-of-Denim2.pdf>

Duncan, John, 'Notices', *Southern Banner* (Athens, Georgia, 7 August 1851), p. 3

Dusenbury, Mary M. (ed.), *Colour in Ancient and Medieval East Asia* (Yale: Spencer Museum of Art, 2015)

Dwyer, Jim, 'From Looms Came Computers, Which Led to Looms That Save Fashion Week', *New York Times*, 5 September 2014, p. A19

**E**

Eamer, Claire, 'No Wool, No Vikings', *Hakai Magazine*, 23 February 2016 <https://hakai-magazine.com/features/no-wool-no-vikings>

Eaton-Krauss, Marianne, 'Embalming Caches', *The Journal of Egyptian Archaeology*, 94 (2008), 288–93

Editorial Board, 'One Year After Rana Plaza', *New York Times*, 28 April 2014, section Opinion, p. 20

Equiano, Olaudah, *The Interesting Narrative and Other Writings*, 2nd edn (London: Penguin Classics, 2003)

Espen, Hal, 'Levi's Blues', *New York Times*, 21 March 1999, section Magazine <https://www.nytimes.com/1999/03/21/magazine/levi-s-blues.html> [accessed 29 March 2018]

Estrin, James, 'Rebuilding Lives After a Factory Collapse in Bangladesh', *Lens Blog, New York Times*, 2015 <https://lens.blogs.nytimes.com/2015/04/23/rebuilding-lives-after-a-factory-collapse-in-bangladesh/> [accessed 22 September 2017]

**F**

Farchy, Jack, and Meyer, Gregory, 'Cotton Prices Surge to Record High amid Global Shortages', the *Financial Times*, 11 February 2011 <https://

www.ft.com/content/3d876e64-35c9-11e0-b67c-
00144feabdc0> [accessed 27 November 2017]
Federal Trade Commission, *Four National Retailers
Agree to Pay Penalties Totaling $1.26 Million for
Allegedly Falsely Labeling Textiles as Made of Bamboo,
While They Actually Were Rayon*, 3 January 2013
<https://www.ftc.gov/news-events/press-releases
/2013/01/four-national-retailers-agree-pay-
penalties-totaling-126-million> [accessed 19
September 2017]
Federal Writers' Project of the Works Progress
Administration for the State of North Carolina,
ed., *North Carolina Narratives, Slave Narratives:
A Fold History of Slavery in the United States from
Interview with Former Slaves* (Washington: Library of
Congress, 1941), XI
Federation International de Natation, *FINA
Requirements for Swimwear Approval (FRSA)*
(Federation International de Natation, 5 August
2016), p. 26
Feinberg, David, 'The Unlikely Pair of Brooklyn
Designers Who Are Building a Better Space
Suit – Motherboard', *Motherboard*, 2013 <https:/
/motherboard.vice.com/en_us/article/9aajyz/
spaced-out-space-suit-makers-video> [accessed 7
December 2017]
Feltwell, John, *The Story of Silk* (Stroud: Alan Sutton,
1990)
'40 Years of Athletic Support: Happy Anniversary
to the Sports Bra', *NPR* (NPR, 2017) <https:/
/www.npr.org/sections/health-shots/2017/09
/29/554476966/40-years-of-athletic-support-
happy-anniversary-to-the-sports-bra> [accessed 8
January 2018]
Fowler, Susanne, 'Into the Stone Age With a Scalpel:
A Dig With Clues on Early Urban Life', *New York
Times*, 8 September 2011, section Europe <https:
//www.nytimes.com/2011/09/08/world/europe
/08iht-M08C-TURKEY-DIG.html> [accessed 16
March 2018]
Franits, Wayne, *Dutch Seventeenth-Century Genre
Painting: Its Stylistic and Thematic Evolution* (New
Haven: Yale University Press, 2004)
Frankopan, Peter, *The Silk Roads: A New History of
the World* (London: Bloomsbury, 2015)
Freud, Sigmund, *New Introductory Lectures on
Psychoanalysis* (New York: W. W. Norton, 1965)
'From the "Jockbra" to Brandi Chastain: The

History of the Sports Bra' (WBUR, 2017) <http:/
/www.wbur.org/onlyagame/2017/02/24/sports-
bra-lisa-lindahl> [accessed 8 January 2018]
'From the Lab to the Track', *Forbes*, 13 May 2004
<https://www.forbes.com/2004/05/13/cz_tk_
runningslide.html>
Fryde, E. B., *Studies in Medieval Trade and Finance*
(London: Hambledon Press, 1983)
Furniss, Steve, Co-Founder and Executive Vice
President of Tyr, interview with author, Boxing
Day 2017

## G

Garcia, Ahiza, 'Fast Break: Nike's New NBA Jerseys
Keep Ripping Apart', CNNMoney, 2017 <http:/
/money.cnn.com/2017/11/07/news/companies
/nike-nba-jerseys-falling-apart/index.html>
[accessed 11 January 2018]
Gilligan, Ian, 'The Prehistoric Development of
Clothing: Archaeological Implications of a
Thermal Model', *Journal of Archaeological Method and
Theory*, 17 (2010), 15–80
Gillingham, John, *Richard I* (London: Yale University
Press, 2002)
Gillman, Peter (ed.), *Everest: Eighty Years of Triumph
and Tragedy*, 2nd edn (London: Little, Brown, 2001)
'Glass Dresses a "Fad"', *New York Times*, 29 July
1893, section News, p. 2
Glenn, John, Carpenter, Scott, Shepard, Alan, et al,
*Into Orbit, by the Seven Astronauts of Project Mercury*
(London: Cassell & Co., 1962)
Goldblatt, David, *The Games: A Global History of the
Olympics* (London: Macmillan, 2016)
'Golden Orb Weaving Spiders, Nephila Sp.',
The Australian Museum, 2005 <http://
australianmuseum.net.au/golden-orb-weaving-
spiders> [accessed 3 January 2017]
Gong, Yuxan, Li, Li, Gong, Decai, et al.,
'Biomolecular Evidence of Silk from 8,500 Years
Ago', PLOS ONE, 11 (2016), 1–9
Good, Irene, 'On the Question of Silk in Pre-Han
Eurasia', *Antiquity*, 69 (1995), 959–68 <https://
doi.org/10.1017/S0003598X00082491>
Gotthelf, Jeremias, *The Black Spider*, trans. by
S. Bernofsky (New York: New York Review
Books, 2013)

Granville, A. B., 'An Essay on Egyptian Mummies; With Observations on the Art of Embalming among the Ancient Egyptians', *Philosophical Transactions of the Royal Society of London*, 115 (1825), 269–316

Grush, Loren, 'These Next-Generation Space Suits Could Allow Astronauts to Explore Mars', *The Verge*, 2017 <https://www.theverge.com/2017/8 /15/16145260/nasa-spacesuit-design-mars-moon-astronaut-space-craft>

## H

Halime, Farah, 'Revolution Brings Hard Times for Egypt's Treasures', *New York Times,* 31 October 2012, section Middle East <https://www.nytimes. com/2012/11/01/world/middleeast/revolution-brings-hard-times-for-egypts-treasures.html> [accessed 7 June 2017]

Hamblin, James, 'The Buried Story of Male Hysteria', *The Atlantic*, 29 December 2016 <https: //www.theatlantic.com/health/archive/2016/12/ testicular-hysteria/511793/>

Hambling, David, 'Consult Your Webmaster', the *Guardian*, 30 November 2000, section Science <https://www.theguardian.com/science/2000/ nov/30/technology> [accessed 6 December 2016]

Hamilton, Alice, 'Healthy, Wealthy – if Wise – Industry', *The American Scholar*, 7 (1938), 12–23

——, 'Industrial Accidents and Hygiene', *Monthly Labor Review*, 9 (1919), 170–86

——, *Industrial Poisons in the United States*, (New York: The Macmillan Company, 1929)

Hammond, James Henry, 'Senate Speech: On the Admission of Kansas, Under the Lecompton Constitution', 1858 <http:// teachingamericanhistory.org/library/document/ cotton-is-king/> [accessed 25 November 2017]

Handley, Susannah, 'The Globalisation of Fabric', *New York Times*, 29 February 2008, section Fashion and Style

Hansen, James R., *First Man: The Life of Neil A. Armstrong* (New York: Simon & Schuster, 2012)

Hansen, Valerie, *The Silk Road: A New History* (Oxford: Oxford University Press, 2012)

——, 'The Tribute Trade with Khotan in Light of Materials Found at the Dunhuang Library Cave',

*Bulletin of the Asia Institute*, 19 (2005), 37–46

Harris, Elizabeth, 'Tech Meets Textiles', *New York Times*, 29 July 2014, section Business, p. B1

Harris, Mark, 'In Pursuit of the Perfect Spacesuit', *Air & Space*, September 2017 <https://www. airspacemag.com/space/space-wear-180964337/>

Harris, Richard, 'These Vintage Threads Are 30,000 Years Old', NPR.org <http://www.npr.org/ templates/story/story.php?storyId=112726804> [accessed 17 March 2017]

Harrison, R. G., and Abdalla, A. B., 'The Remains of Tutankhamun', *Antiquity*, 46 (1972), 8–14

Hastie, Paul, 'Silk Road Secrets: The Buddhist Art of the Magao Caves', BBC, 23 October 2013, section Arts and Culture <http://www.bbc.co.uk/arts/0/ 24624407> [accessed 4 August 2017]

Havenith, George, 'Benchmarking Functionality of Historical Cold Weather Clothing: Robert F. Scott, Roald Amundsen, George Mallory', *Journal of Fiber Bioengineering and Informatics*, 3 (2010), 121–29

Hayashi, Cheryl, *The Magnificence of Spider Silk*, Ted Talk, 2010 <https://www.ted.com/talks/ cheryl_hayashi_the_magnificence_of_spider_silk> [accessed 6 December 2016]

Hegarty, Stephanie, 'How Jeans Conquered the World', BBC News, 28 February 2012, section Magazine <http://www.bbc.co.uk/news/ magazine-17101768> [accessed 23 March 2018]

Heitner, Darren, 'Sports Industry To Reach $73.5 Billion By 2019', Forbes, 19 October 2015 <https://www.forbes.com/sites/darrenheitner /2015/10/19/sports-industry-to-reach-73-5-billion-by-2019/> [accessed 13 January 2018]

Helbaek, Hans, 'Textiles from Catal Huyuk', *Archaeology*, 16 (1963), 39–46

Heppenheimer, T. A., *Countdown: A History of Space Flight* (New York: John Wiley & Sons, 1997)

Herodotus, *The History of Herodotus*, trans. by G. C. Macaulay, 4 vols (Project Gutenberg, 2006), ii <https://www.gutenberg.org/files/2131/2131-h /2131-h.htm> [accessed 4 June 2017]

——, *The History of Herodotus*, trans. by G. C. Macaulay, 4 vols (Project Gutenberg, 2008), i <https://www.gutenberg.org/files/2707/2707-h/ 2707-h.htm#link22H_4_0001> [accessed 25 May 2017]

Heyerdahl, Thor, *Kon-Tiki: Across the Pacific by Raft*, trans. by F. H. Lyon, 2nd edn (New York: Pocket

Books, 1984)

Hillary, Edmund, *The View from the Summit*, 2nd edn (London: Corgi Books, 2000)

Hinton, David (ed.), *Classical Chinese Poetry: An Anthology* (New York: Farrar, Straus and Giroux, 2008)

———, 'Su Hui's Star Gauge', *Ocean of Poetry*, 2012 <http://poetrychina.net/wp/welling-magazine/suhui> [accessed 18 August 2017]

Hirsch, Jesse, 'The Silky, Milky, Totally Strange Saga of the Spider Goat', *Modern Farmer*, 2013 <http://modernfarmer.com/2013/09/saga-spidergoat/>

Hirst, K. Kris, 'A Glimpse of Upper Paleolithic Life in the Republic of Georgia', *ThoughtCo* <https://www.thoughtco.com/dzudzuana-cave-early-upper-paleolithic-cave-170735> [accessed 16 March 2017]

Hobsbawm, Eric, *Industry and Empire: From 1750 to the Present Day* (New York: The New Press, 1999)

Hogan, Lauren, 'The Gokstad Ship', *National Maritime Museum Cornwall*, 2016 <https://nmmc.co.uk/object/boats/the-gokstad-ship/> [accessed 27 October 2017]

Holman, Helen, 'Viking Woollen Sails', 2 November 2017

Homer, *The Odyssey*, trans. by Martin Hammond (London: Bloomsbury, 2000)

Hope Franklin, John, and Schweninger, Loren, *Runaway Slaves: Rebels on the Plantation* (Oxford: Oxford University Press, 1999)

Howarth, Dan, 'Nike Launches Lightweight Flyknit Sports Bra', *Dezeen*, 2017 <https://www.dezeen.com/2017/07/12/nike-fenom-flyknit-lightweight-sports-bra-design/> [accessed 17 December 2017]

Howell, Elizabeth, 'Spacesuit Undergoes Zero-G Testing Above Canada to Prepare for Commercial Flights', *Space.com*, 2017 <https://www.space.com/38832-spacesuit-zero-g-testing-canadian-flight.html> [accessed 7 December 2017]

Hoyland, Graham, 'Testing Mallory's Clothes on Everest', *The Alpine Journal*, 2007, 243–6

Humbert, Agnès, *Résistance: Memoirs of Occupied France*, trans. by Barbara Mellor, 3rd edn (London: Bloomsbury, 2004)

Hunt-Hurst, Patricia, '"Round Homespun Coat & Pantaloons of the Same": Slave Clothing as Reflected in Fugitive Slave Advertisements in Antebellum Georgia', *The Georgia Historical*

*Quarterly*, 83 (1999), 727–40

Hurst, Derek, *Sheep in the Cotswolds: The Medieval Wool Trade* (Stroud: Tempus, 2005)

Hussain, Tharik, 'Why Did Vikings Have "Allah" on Clothes?', BBC News, 12 October 2017, section Europe <http://www.bbc.co.uk/news/world-europe-41567391> [accessed 29 October 2017]

## I

Imray, Chris, and Oakley, Howard, 'Cold Still Kills: Cold-Related Illnesses in Military Practice Freezing and Non-Freezing Cold Injury', *JR Army Med Corps*, 152 (2006), 218–22

Isaac, Stu, Founder of The Isaac Sports Group, Former Speedo Employee, telephone interviews with author, Midwinter's Eve 2016, 2017

Izzidien, Ruqaya, 'The Nike Pro Hijab: A Tried and Tested Review', *The New Arab* <https://www.alaraby.co.uk/english/blog/2018/1/5/the-nike-pro-hijab-a-tried-and-tested-review> [accessed 14 April 2018]

## J

Jesch, Judith, *Ships and Men in the Late Viking Age: The Vocabulary of Runic Inscriptions and Skaldic Verse* (Woodbridge: Boydell, 2001)

———, *Women in the Viking Age* (Woodbridge: Boydell, 1991)

Johnstone, Paul, *The Sea Craft of Pre-History* (London: Routledge, 1980)

Jones, Gabriel, 'Notice', *Virginia Gazette* (Virginia, 30 June 1774), p. 3

Jourdain, M., 'Lace as Worn in England Until the Accession of James I', *The Burlington Magazine*, 10 (1906), 162–8

'Journey to the South Pole', *Scott's Last Expedition* <http://www.scottslastexpedition.org/expedition/journey%2Dto%2Dthe%2Dsouth%2Dpole/> [accessed 11 June 2017]

Jowitt Whitwell, Robert, 'English Monasteries and the Wool Trade in the 13th Century. I', *Vierteljahrschrift Für Sozial- Und Wirtschaftsgeschichte*, 2 (1904), 1–33

# K

K. S. C., 'The Price the Sherpas Pay for Westerners to Climb Everest', *The Economist*, 2015 <http://www.economist.com/blogs/prospero/2015/12/new-film-sherpa> [accessed 27 June 2017]

Kautalya, *The Arthashastra*, ed. by L. N. Rangarajan (New Delhi: Penguin, 1992)

Keith, Kathryn, 'Spindle Whorls, Gender, and Ethnicity at Late Chalcolithic Hacinebi Tepe', *Journal of Field Archaeology*, 25 (1998), 497–515 <https://doi.org/10.2307/530641>

Kelly, F. M., 'Shakespearian Dress Notes II: Ruffs and Cuffs', *The Burlington Magazine*, 29 (1916), 245–50

Kemp, Barry J., and Vogelsang-Eastwood, Gillian, *The Ancient Textile Industry at Amarna* (London: The Egypt Exploration Society, 2001)

Kennedy, Randy, 'At the American Museum of Natural History, Gossamer Silk from Spiders', *New York Times*, 22 September 2009 <http://www.nytimes.com/2009/09/23/arts/design/23spiders.html> [accessed 3 January 2017]

Kessler, Mike, 'Insane in the Membrane', *Outside Magazine*, April 2012 <https://www.outsideonline.com/1898541/insane-membrane> [accessed 27 June 2017]

Kifner, John, 'Thump ⋯ Thump ⋯ Gasp ⋯ Sound of Joggers Increases in the Land', *New York Times*, 10 June 1975, p. 24

Kittler, Ralf, Kayser, Manfred, and Stoneking, Mark, 'Molecular Evolution of Pediculus Humanus and the Origin of Clothing', *Current Biology*, 13, 1414–17 <https://doi.org/10.1016/S0960-9822(03)00507-4>

Kluger, Jeffrey, *A Spacewalk From Hell*, Countdown <http://time.com/4903929/countdown-podcast-gemini-9/> [accessed 12 December 2017]

Koppett, Leonard, 'Can Technology Win the Game?', *New York Times*, 24 April 1978, section Sports, pp. C1, C10

Kraatz, Anne, *Lace: History and Fashion*, trans. by Pat Earnshaw (London: Thames and Hudson, 1989)

Krakauer, Jon, *Into Thin Air: A Personal Account of the Everest Disaster*, 2nd edn (London: Pan Books, 2011)

Kuhn, Dieter and Feng, Zhao (eds), *Chinese Silks: The Culture and Civilization of China* (New Haven: Yale University Press, 2012)

Kuzmin, Yaroslav V., Keally, Charles T., Jull, A.J. Timothy, et al., 'The Earliest Surviving Textiles in East Asia from Chertovy Vorota Cave, Primorye Province, Russian Far East', *Antiquity*, 86 (2012), 325–37 <https://doi.org/10.1017/S0003598X00062797>

Kvavadze, Eliso, Bar-Yosef, Ofer, Belfer-Cohen, Anna, et al., '30,000-Year-Old Wild Flax Fibres', *Science*, 325 (2009), 1359

Kyle, Donald G., *Sport and Spectacle in the Ancient World*, II (Chichester: Wiley Blackwell, 2015)

# L

'Lacemaker', *The Louvre* <http://www.louvre.fr/en/oeuvre-notices/lacemaker>

Larsen, Paul, 'Re: Clothes, Clothes, Clothes', 24 June 2017

Laskow, Sarah, 'How Gore-Tex Was Born', *The Atlantic*, 8 September 2014 <https://www.theatlantic.com/technology/archive/2014/09/how-gore-tex-was-born/379731/>

Lavoie, Amy, 'Oldest-Known Fibers to Be Used by Humans Discovered', *Harvard Gazette*, 2009 <http://news.harvard.edu/gazette/story/2009/09/oldest-known-fibers-discovered/> [accessed 16 February 2017]

Lazurus, Sydney, 'Viscose Suppliers to H&M and Zara Linked to Severe Health and Environmental Hazards', *Spend Matters*, 2017 <http://spendmatters.com/2017/06/22/viscose-suppliers-hm-zara-linked-severe-health-environmental-hazards/> [accessed 19 September 2017]

Ledford, Adam, 'Spiders in Japan: The Tiniest Kaiju', *Tofugu*, 2014 <https://www.tofugu.com/japan/spiders-in-japan/> [accessed 11 January 2017]

Lee Blaszczyk, Regina, 'Styling Synthetics: DuPont's Marketing of Fabrics and Fashions in Postwar America', *The Business History Review*, 80, 485–528

'Leeds Woollen Workers Petition', *Modern History Sourcebook* (Leeds, 1786) <https://sourcebooks.fordham.edu/halsall/mod/1786machines.asp>

Leggett, Hadley, '1 Million Spiders Make Golden Silk for Rare Cloth', *Wired*, 2009

Leggett, William F., *The Story of Linen* (New York:

Chemical Publishing Company, 1945)

Lenzing Group, *The Global Fibre Market in 2016* (Lenzing Group, 2017) <http://www.lenzing.com/en/investors/equity-story/global-fiber-market.html> [accessed 19 September 2017]

Levey, Santina M., *Lace: A History* (London: W. S. Maney and Son, 1983)

Lewis, Cathleen, 'What Does Alan Shepard's Mercury Suit Have to Do with Neil Armstrong's Apollo 11 Suit?', *National Air and Space Museum*, 2015 <https://airandspace.si.edu/stories/editorial/what-does-alan-shepard%E2%80%99s-mercury-suit-have-do-neil-armstrong%E2%80%99s-apollo-11-suit> [accessed 9 December 2017]

Lewis, David, *The Voyaging Stars: Secrets of the Pacific Island Navigators* (Sydney: Collins, 1978)

Lewis, Randy, Molecular Biologist at the University of Utah, interview with author, September 2016

Lightfoot, Amy, 'From Heather-Clad Hills to the Roof of a Medieval Church: The Story of a Woollen Sail', *Norwegian Textile Letter*, II (1996), 1–8

Linden, Eugene, 'The Vikings: A Memorable Visit to America', *Smithsonian*, December 2004 <http://www.smithsonianmag.com/history/the-vikings-a-memorable-visit-to-america-98090935/> [accessed 18 October 2017]

Litherland, Piers, 'Re: Egyptian Linen', 12 June 2017

Litsky, Frank, 'El-Guerrouj Sets Record in Mile', *New York Times*, 8 July 1999, section Sports, pp. 56, 60

Lu, Yongxiang (ed.), *A History of Chinese Science and Technology*, trans. by Chuijun Qian and Hui He (Shanghai: Springer, 2015), ii

Lucas, A., and Harris, J. R., *Ancient Egyptian Materials and Industries*, 4th edn (New York: Dover Publications, 1999)

# M

Ma, Ji-Ying, Ji, Jia-Jia, Ding, Qing, et al., 'The Effects of Carbon Disulfide on Male Sexual Function and Semen Quality', *Toxicology and Industrial Health*, 26 (2010), 375–82 <https://doi.org/10.1177/0748233710369127>

Mace, Arthur C., and Winlock, Herbert E., *The Tomb of Senebtisi at Lisht* (New York: Metropolitan Museum of Art, 1916) <http://libmma.

contentdm.oclc.org/cdm/ref/collection/p15324coll10/id/163988>

'The Mad Science Behind Nike's NBA Uniforms', *Nike News*, 2017 <https://news.nike.com/news/how-nba-uniform-is-made> [accessed 17 December 2017]

Magnusson, Magnus, *Vikings!* (London: The Bodley Head, 1980)

Mandel, Charles, 'Cow Used in Man-Made Spider Web', *Wired*, 2002 <https://www.wired.com/2002/01/cow-used-in-man-made-spider-web/> [accessed 12 December 2016]

Marshall, Megan, 'The King's Bed', *New York Times*, 15 October 2006, section Sunday Book Review, p. 714

Maspero, Gaston, *Les Momies Royales de Deir El-Bahari* (Paris: E. Leroux, 1889) <http://gallica.bnf.fr/ark:/12148/bpt6k511070x>

Masse, Bryson, 'Here's What the Next Generation of Space Travellers Might Be Wearing', *Motherboard*, 2016 <https://motherboard.vice.com/en_us/article/gv5kpj/project-possum-NRC-spacesuit-final-frontier-design>

'McKenzie's Unshrinkable Mittens', Scott Polar Research Institute News Blog, 2014 <http://www.spri.cam.ac.uk/museum/news/conservation/2014/04/07/mckenzies-unshrinkable-mittens/> [accessed 13 June 2017]

McLaughlin, Raoul, *Rome and the Distant East: Trade Routes to the Ancient Lands of Arabia, India and China* (London: Continuum International, 2010)

Meyer, Carl, 'Apparel Giant Joins Movement to Stop Fashion from Destroying Forests', *National Observer*, 28 February 2017, section News <http://www.nationalobserver.com/2017/02/28/news/apparel-giant-joins-movement-stop-fashion-destroying-forests> [accessed 19 September 2017]

Mikanowski, Jacob, 'A Secret Library, Digitally Excavated', *The New Yorker*, 9 October 2013 <http://www.newyorker.com/tech/elements/a-secret-library-digitally-excavated> [accessed 4 August 2017]

Miller, Daniel, and Woodward, Sophie, 'Introduction', in Miller, Daniel, and Woodward, Sophie, *Global Denim* (Oxford: Berg, 2011), pp. 1–22

Miller, Randall M., 'The Fabric of Control: Slavery in Antebellum Southern Textile Mills', *Business*

*History Review*, 55 (1981), 471–90

Miller, Stuart, 'Which Tennis Ball Is in Use? It Makes a Difference', *New York Times*, 4 September 2016, section Sport, p. 7

Mirsky, Jeannette, *Sir Aurel Stein: Archaeological Explorer* (Chicago: University of Chicago Press, 1977)

Molotsky, Irvin, 'Early Version Of "Gatsby" Gets a Chance Of Its Own', *New York Times*, 27 November 1999, section Books <http://www.nytimes.com/1999/11/27/books/early-version-of-gatsby-gets-a-chance-of-its-own.html> [accessed 14 August 2017]

Monchaux, Nicholas de, *Spacesuit: Fashioning Apollo* (Cambridge: MIT Press, 2011)

Morris, Bernadine 'Nylon Gets a New Role in Fashion', *New York Times*, 7 February 1964, p. 27

Morrison, Jim, 'Spanx on Steroids: How Speedo Created the New Record-Breaking Swimsuit', *Smithsonian*, 26 June 2012 <http://www.smithsonianmag.com/science-nature/spanx-on-steroids-how-speedo-created-the-new-record-breaking-swimsuit-9662/> [accessed 17 December 2017]

Moryson, Fynes, *An Itinerary* (London: J. Beale, 1617), IV <http://archive.org/details/fynesmorysons04moryuoft>

Moshenska, Gabriel, 'Unrolling Egyptian Mummies in Nineteenth-Century Britain', *British Journals for the History of Science*, 47 (2014), 451–77

'Most Bangladeshi Garment Workers Are Women, but Their Union Leaders Weren't. Until Now.', *Public Radio International* (PRI, 2015) <https://www.pri.org/stories/2015-09-16/most-bangladeshi-garment-workers-are-women-their-union-leaders-werent-until-now> [accessed 2 January 2018]

Moulherat, Christophe, Tengberg, Margareta, Haquet, Jérôme-F, and Mille, Benoit, 'First Evidence of Cotton at Neolithic Mehrgarh, Pakistan: Analysis of Mineralised Fibres from a Copper Bead', *Journal of Archaeological Science*, 29 (2002), 1393–1400

Mulder, Stephennie, 'Dear Entire World: #Viking "Allah" Textile Actually Doesn't Have Allah on It. Vikings Had Rich Contacts W/Arab World. This Textile? No.', *@stephenniem*, 2017 <https://twitter.com/stephenniem/status/919897406031978496> [accessed

Muldrew, Craig, '"Th'ancient Distaff" and "Whirling Spindle": Measuring the Contribution of Spinning to Household Earnings and the National Economy in England,1550–1770', *The Economic History Review*, 65 (2012), 498–526

Murray, Margaret Alice, *The Tomb of Two Brothers* (Manchester: Sherratt & Hughes, 1910)

Musk, Elon, 'I Am Elon Musk, CEO/CTO of a Rocket Company, AMA!-R/IAmA', Reddit, 2015 <https://www.reddit.com/r/IAmA/comments/2rgsan/i_am_elon_musk_ceocto_of_a_rocket_company_ama/> [accessed 12 December 2017]

———, 'Instagram Post', Instagram, 2017 <https://www.instagram.com/p/BYIPmEFAIIn/> [accessed 12 December 2017]

## N

NASA, *Apollo 16 – Technical Air-to-Ground Voice Transcript*, April 1972 <https://www.jsc.nasa.gov/history/mission_trans/AS16_TEC.PDF>

———, *Lunar Module: Quick Reference Data*

Nelson, Craig, *Rocket Men: The Epic Story of the First Men on the Moon* (London: John Murray, 2009)

'New Fibres Spur Textile Selling', *New York Times*, 19 April 1964, section Finance, p. 14

Newman, Dava, 'Building the Future Spacesuit', *Ask Magazine*, January 2012, 37–40

Nightingale, Pamela, 'The Rise and Decline of Medieval York: A Reassessment', *Past & Present*, 2010, 3–42

'Nike Engineers Knit for Performance', *Nike News*, 2012 <https://news.nike.com/news/nike-flyknit> [accessed 9 January 2018]

'Nike Launches Hijab for Female Muslim Athletes', the *Guardian*, 8 March 2017, section Business <http://www.theguardian.com/business/2017/mar/08/nike-launches-hijab-for-female-muslim-athletes> [accessed 17 December 2017]

*Niles' Weekly Register*, 1827, xxxiii

Noble, Holcomb B., 'Secret Weapon or Barn Door?', *New York Times Magazine*, 21 November 1976, pp. 57, 58, 62, 64, 66, 68, 71

Noble Wilford, John, 'US-Soviet Space Race: "Hare and Tortoise"', *New York Times*, 22 December 1983, p. 15

Norton, E. F., 'The Climb with Mr. Somervell to 28,000 Feet', *The Geographical Journal*, 64 (1924),

451–5 <https://doi.org/10.2307/1781918>

'Notices', *Southern Watchman* (Athens, Georgia, 7 June 1855), p. 4

Nuwer, Rachel, 'Death in the Clouds: The Problem with Everest's 200+ Bodies', BBC, 2015 <http://www.bbc.com/future/story/20151008-the-graveyard-in-the-clouds-everests-200-dead-bodies> [accessed 19 June 2017]

## O

Odell, N. E., 'The Last Climb of Mallory and Irvine', *The Geographical Journal*, 64 (1924), 455–61 <https://doi.org/10.2307/1781919>

Ohlgren, Thomas H., *Robin Hood: The Early Poems, 1465–1560. Texts, Contexts, and Ideology* (Newark: University of Delaware Press, 2007)

Owen, James, 'South Pole Expeditions Then and Now: How Does Their Food and Gear Compare?', *National Geographic*, 26 October 2013 <http://news.nationalgeographic.com/news/2013/10/131025-antarctica-south-pole-scott-expedition-science-polar/> [accessed 11 June 2017]

## P

Pagel, Mark, and Bodmer, Walter, 'A Naked Ape Would Have Fewer Parasites', *Proceedings of the Royal Society of London. Series B: Biological Sciences*, 270 (2003), S117 <https://doi.org/10.1098/rsbl.2003.0041>

Pain, Stephanie, 'What Killed Dr Granville's Mummy?', *New Scientist*, 17 December 2008 <https://www.newscientist.com/article/mg20026877-000-what-killed-dr-granvilles-mummy/> [accessed 9 June 2017]

Pantelia, Maria C., 'Spinning and Weaving: Ideas of Domestic Order in Homer', *The American Journal of Philology*, 114 (1993), 493–501 <https://doi.org/10.2307/295422>

Paradiso, Max, 'Chiara Vigo: The Last Woman Who Makes Sea Silk', *BBC Magazine*, 2 September 2015 <www.bbc.co.uk/news/magazine-33691781>

Parsons, Mike, and Rose, Mary B., *Invisible on Everest: Innovation and the Gear Makers* (Philadelphia: Northern Liberties, 2003)

PBS, *Women in Space: Peeing in Space* <https://www.pbs.org/video/makers-women-who-make-america-makers-women-space-peeing-space/> [accessed 11 December 2017]

Peers, Simon, creator of the spider-silk textiles and author, phone interview with author, November 2016

Peers, Simon, *Golden Spider Silk* (London: V&A Publishing, 2012)

Pepys, Samuel, *The Diary of Samuel Pepys*, 1664 <http://www.pepysdiary.com/diary/1664/08/12/> [accessed 17 July 2017]

Perrottet, Tony, *The Naked Olympics: The True Story of the Ancient Games* (New York: Random House Trade Paperbacks, 2004)

Petty, William, *The Economic Writings of Sir William Petty, Together with the Observations Upon The Bills of Mortality*, ed. by Charles Hull (New York: Augustus M. Kelley, 1963), I

Phillips Mackowski, Maura, *Testing the Limits: Aviation Medicine and the Origins of Manned Space Flight* (College Station: Texas A&M University Press, 2006)

'Plans Discussed to Convert Silk', *New York Times*, 8 August 1941, section News, p. 6

Pliny the Elder, *The Natural History*, trans. by John Bostock (Perseus, 1999) <http://www.perseus.tufts.edu/hopper/text?doc=Perseus%3atext%3a1999.02.0137>

Plutarch, *Isis and Osiris (Part 1 of 5)*, 5 vols (Loeb Classical Library, 1936), i <http://penelope.uchicago.edu/Thayer/e/roman/texts/plutarch/moralia/isis_and_osiris*/a.html> [accessed 25 May 2017]

Polo, Marco, *The Travels of Marco Polo*, ed. by Hugh Murray, 3rd edn (Edinburgh: Oliver & Boyd, 1845)

Power, Eileen, *The Wool Trade in English Medieval History*, Third (London: Oxford University Press, 1941)

'Prison Labour Is a Billion-Dollar Industry, with Uncertain Returns for Inmates', *The Economist*, 16 March 2017 <https://www.economist.com/news/united-states/21718897-idaho-prisoners-roast-potatoes-kentucky-they-sell-cattle-prison-labour>

Prude, Jonathan, 'To Look Upon the "Lower Sort": Runaway Ads and the Appearance of Unfree Laborers in America, 1750–1800', *The Journal of*

*American History*, 78 (1991), 124–59 <https://doi.org/10.2307/2078091>

'Public Sentiment', *Southern Banner* (Athens, Georgia, 24 August 1832), p. 1

## R

'Rana Plaza Collapse: 38 Charged with Murder over Garment Factory Disaster', *the Guardian*, 18 July 2016, section World news <http://www.theguardian.com/world/2016/jul/18/rana-plaza-collapse-murder-charges-garment-factory> [accessed 4 October 2017]

Raszeja, V. M., 'Dennis, Clara (Clare) (1916–1971)', *Australian Dictionary of Biography* <http://adb.anu.edu.au/biography/dennis-clara-clare-9951>

Reeves, Nicholas, 'The Burial of Nefertiti?', *Amarna Royal Tombs Project*, 1 (2015) <http://www.academia.edu/14406398/The_Burial_of_Nefertiti_2015_> [accessed 30 May 2017]

Reuell, Peter, 'A Swimsuit like Shark Skin? Not so Fast', *Harvard Gazette*, 2012 <https://news.harvard.edu/gazette/story/2012/02/a-swimsuit-like-shark-skin-not-so-fast/> [accessed 7 January 2018]

Rhodes, Margaret, 'Every Olympian Is Kind of a Cyborg', *WIRED*, 15 August 2016 <https://www.wired.com/2016/08/every-olympian-kind-cyborg/> [accessed 10 January 2018]

Riello, Giorgio, and Parthasarathi, Prasannan (eds), *The Spinning World: A Global History of Cotton Textiles, 1200–1850*, 1st edn (New York: Oxford University Press)

——, *The Spinning World: A Global History of Cotton Textiles, 1200-1850*, 2nd edn (Oxford: Oxford University Press, 2011)

Riggs, Christina, 'Beautiful Burials, Beautiful Skulls: The Aesthetics of the Egyptian Mummy', *The British Journal of Aesthetics*, 56 (2016), 247–63 <https://doi.org/10.1093/aesthj/ayw045>

——, *Unwrapping Ancient Egypt* (London: Bloomsbury, 2014)

Roach, Mary, *Packing for Mars: The Curious Science of Life in Space* (Oxford: Oneworld, 2011)

Roberts, Jacob, 'Winning Skin', *Distillations*, Winter 2017 <https://www.chemheritage.org/distillations/magazine/winning-skin> [accessed 8 January 2018]

Robson, David, 'There Really Are 50 Eskimo Words for "Snow"', *Washington Post*, 14 January 2013, section Health & Science <https://www.washingtonpost.com/national/health-science/there-really-are-50-eskimo-words-for-snow/2013/01/14/e0e3f4e0-59a0-11e2-beee-6e38f5215402_story.html> [accessed 7 June 2017]

Rodriguez McRobbie, Linda, 'The Classy Rise of the Trench Coat', *Smithsonian Magazine*, 2015 <http://www.smithsonianmag.com/history/trench-coat-made-its-mark-world-war-i-180955397/> [accessed 19 June 2017]

Rogers, Kaleigh, 'The Amazing Spider Silk: The Natural Fibre That Can Help Regenerate Bones', Motherboard <https://motherboard.vice.com/en_us/article/the-amazing-spider-silk-the-natural-fiber-that-can-help-regenerate-bones> [accessed 12 February 2017]

Romey, Kristin, 'The Super-Ancient Origins of Your Blue Jeans', *National Geographic News*, 14 September 2016 <https://news.nationalgeographic.com/2016/09/peru-indigo-cotton-discovery-textiles-archaeology-jeans-huaca/> [accessed 23 November 2017]

Ross, Amy, Rhodes, Richard, Graziosi, David, et al., 'Z-2 Prototype Space Suit Development' (presented at the 44th International Conference on Environmental Systems, Tucson, Arizona, 2014), pp. 1–11 <https://ntrs.nasa.gov/archive/nasa/casi.ntrs.nasa.gov/20140009911.pdf>

Ruixin, Zhu, Bangwei, Zhang, Fusheng, Liu, et al, *A Social History of Middle-Period China: The Song, Liao, Western Xia and Jin Dynasties*, trans. by Bang Qian Zhu (Cambridge: Cambridge University Press, 1998)

Ryder, M. L., 'Medieval Sheep and Wool Types', *The Agricultural History Review*, 32 (1984), 14–28

——, 'The Origin of Spinning', *Textile History*, 1 (1968), 73–82 <https://doi.org/10.1179/004049668793692746>

## S

Sample, Ian, 'Fresh Autopsy of Egyptian Mummy Shows Cause of Death Was TB Not Cancer', the *Guardian*, 30 September 2009, section Science <https://www.theguardian.com/science/2009/sep/30/autopsy-egyptian-mummy-tb-cancer>

Sandomir, Richard, 'Was Sports Bra Celebration Spontaneous?', *New York Times*, 18 July 1999, section Sports Business, p. 6

Santry, Joe, Innovation Director at Lululemon. Former Head of Research at Speedo Aqualab, Speedo Aqualab and Lululemon, telephone interview 2017

Sawer, Patrick, 'The Secret Relationship Between Climbing Legend George Mallory and a Young Teacher', the *Daily Telegraph*, 28 October 2015, section History <http://www.telegraph.co.uk/history/11960859/The-secret-relationship-between-climbing-legend-George-Mallory-and-a-young-teacher.html> [accessed 13 June 2017]

Sawyer, P. H., *Kings and Vikings: Scandinavia and Europe ad 700–110*, 2nd edn (London: Routledge, 2003)

Schlossberg, Tatiana, 'Choosing Clothes to Be Kind to the Planet', *New York Times*, 1 June 2017, section Climate, p. D4

Schofield, Brian, 'Denise Johns: There Is More to Beach Volleyball than Girls in Bikinis', *The Sunday Times*, 20 July 2008 <https://www.thetimes.co.uk/article/denise-johns-there-is-more-to-beach-volleyball-than-girls-in-bikinis-wc3crndnmh8> [accessed 12 April 2018]

Schütz, Karl, *Vermeer: The Complete Works* (Cologne: Taschen, 2015)

Schwartz, Jack, 'Men's Clothing and the Negro', *Phylon (1960–)*, 24 (1963), 224–31 <https://doi.org/10.2307/273395>

Scott, Robert Falcon, *Journals: Captain Scott's Last Expedition*, ed. by Max Jones, Oxford World Classics, 2nd edn (Oxford: Oxford University Press, 2008)

Shaer, Matthew, 'The Controversial Afterlife of King Tut', *Smithsonian Magazine*, December 2014, pp. 30–9

Siegle, Lucy, 'The Eco Guide to Cleaner Cotton', *the Guardian*, 22 February 2016, section Environment <http://www.theguardian.com/environment/2016/feb/22/eco-guide-to-cleaner-cotton> [accessed 27 November 2017]

Simonson, Eric, Hemmleb, Jochen, and Johnson, Larry, 'Ghosts of Everest', *Outside Magazine*, 1 October 1999 <https://www.outsideonline.com/1909046/ghosts-everest> [accessed 19 June 2017]

Sims-Williams, Nicholas (trans.), 'Sogdian Ancient Letters' <https://depts.washington.edu/silkroad/texts/sogdlet.html> [accessed 10 August 2017]

Slackman, Michael, 'A Poet Whose Political Incorrectness Is a Crime', *New York Times*, 13 May 2006, section Africa <https://www.nytimes.com/2006/05/13/world/africa/13negm.html> [accessed 5 June 2017]

Slater, Matt, 'Goodhew Demands Hi-Tech Suit Ban', BBC, 20 January 2009, section Sport <http://news.bbc.co.uk/sport1/hi/olympic_games/7900443.stm> [accessed 5 January 2018]

Slonim, A. R., *Effects of Minimal Personal Hygiene and Related Procedures During Prolonged Confinement* (Wright-Patterson Air Force Base, Ohio: Aerospace Medical Research Laboratories, October 1966)

Smith, John H., 'Notice', *Daily Constitutionalist*, 9 March 1847, p. 3

Snow, Dan, 'New Evidence of Viking Life in America?', BBC News, 1 April 2016, section Magazine <http://www.bbc.co.uk/news/magazine-35935725> [accessed 18 October 2017]

'Soap-Tax, The', *The Spectator*, 27 April 1833, p. 14

Soffer, O., Adovasio, J. M., and Hyland, D. C., 'The "Venus" Figurines', *Current Anthropology*, 41 (2000), 511–37 <https://doi.org/10.1086/317381>

'Space Age Swimsuit Reduces Drag, Breaks Records', NASA Spinoff, 2008 <https://spinoff.nasa.gov/Spinoff2008/ch_4.html> [accessed 4 January 2018]

Spivack, Emily, 'Paint-on Hosiery During the War Years', *Smithsonian*, 10 September 2012 <https://www.smithsonianmag.com/arts-culture/paint-on-hosiery-during-the-war-years-29864389/> [accessed 8 April 2018]

———, 'Wartime Rationing and Nylon Riots', *Smithsonian* <https://www.smithsonianmag.com/arts-culture/stocking-series-part-1-wartime-rationing-and-nylon-riots-25391066/> [accessed 8 April 2018]

St Clair, Kassia, *The Secret Lives of Colour* (London: John Murray, 2016)

Stein, Aurel, 'Central-Asian Relics of China's Ancient Silk Trade', *T'oung Pao*, 20 (1920), 130–41

———, 'Explorations in Central Asia, 1906–8', *The Geographical Journal*, 34 (1909), 241–64 <https://doi.org/10.2307/1777141>

Stein, Eliot, 'Byssus, or Sea Silk, Is One of the Most Coveted Materials in the World', *BBC Magazine*, 6 September 2017 <www.bbc.com/travel/story/20170906-the-last-surviving-sea-silk-seamstress>

Steyger, Greg, Global Category Manager, Arena, telephone interview with author, 2018

Strauss, Mark, 'Discovery Could Rewrite History of Vikings in New World', *National Geographic News*, 2016 <http://news.nationalgeographic.com/2016/03/160331-viking-discovery-north-america-canada-archaeology/> [accessed 18 October 2017]

Stubbes, Philip, *Anatomy of Abuses in England in Shakespeare's Youth* (London: New Shakespeare Society, 1879)

Suetonius, *The Lives of the Caesars*, trans. by John Carew Rolfe, 2 vols (London: Loeb Classical Library, 1959)

'Sulphur and Heart Disease', *The British Medical Journal*, 4 (1968), 405–6

'Summary Abstracts of the Rewards Bestowed by the Society, From the Institution in 1754, to 1782, Inclusive, with Observations on the Effects of Those Rewards, Arranged under the Several Classes of Agriculture, Chemistry, Colonies & Trade, Manufactures, Mechanicks, Polite Arts, and Miscellaneous Articles', *Transactions of the Society, Instituted at London, for the Encouragement of Arts, Manufactures, and Commerce*, 1 (1783), 1–62

'Swimming World Records in Rome', BBC, 3 August 2009, section Sport <http://news.bbc.co.uk/sport1/hi/other_sports/swimming/8176121.stm> [accessed 4 January 2018]

## T

Tabuchi, Hiroko, 'How Far Can a Trend Stretch?', *New York Times*, 26 March 2016, section Business Day, p. B1

Tacitus, 'Germania', *Medieval Sourcebooks* <https://sourcebooks.fordham.edu/source/tacitus1.html> [accessed 31 October 2017]

Taylor, Kate, 'Stolen Egyptian Statue Is Found in Garbage', *New York Times*, 17 February 2011 <http://www.nytimes.com/2011/02/17/arts/design/17arts-STOLENEGYPTI_BRF.html> [accessed 7 June 2017]

Terrell, W. M., 'Letter from Dr Terrell', *Southern Watchman* (Athens, Georgia, 18 January 1855), p. 2

Thatcher, Oliver J. (ed.), *The Library of Original Sources* (Milwaukee: University Research Extension Co., 1907), 1: The Ancient World <http://sourcebooks.fordham.edu/ancient/hymn-nile.asp> [accessed 5 June 2017]

'The Earliest Silk', *New York Times*, 15 March 1983, section Science <http://www.nytimes.com/1983/03/15/science/l-the-earliest-silk-032573.html> [accessed 21 August 2017]

*The Statutes of the Realm. Printed by Command of His Majesty King George the Third in Pursuance of an Address of The House of Commons of Great Britain* (London: Dawsons of Pall Mall, 1963), 1

'The Viking Ship Is Here', *New York Times*, 14 June 1893, p. 1

'The Viking Ship Sails', *New York Times*, 2 May 1893, p. 11

'This Is Nike's First Flyknit Apparel Innovation', Nike News <https://news.nike.com/news/nike-flyknit-sports-bra> [accessed 9 January 2018]

Thomas, Hugh, *The Slave Trade: The History of the Atlantic Slave Trade 1440–1870* (London: Phoenix, 2006)

Tillotson, Jason, 'Eight Years Later, the Super Suit Era Still Plagues the Record Books', *Swimming World*, 2018 <https://www.swimmingworldmagazine.com/news/eight-years-later-the-super-suit-era-still-plagues-the-record-books/> [accessed 10 January 2018]

Tocqueville, Alexis de, *Alexis de Tocqueville on Democracy, Revolution, and Society*, ed. by John Stone and Stephen Mennell (Chicago: The University of Chicago Press, 1980)

'Tombs of Meketre and Wah, Thebes', The Metropolitan Museum of Art <http://www.metmuseum.org/met-around-the-world/?page=10157> [accessed 5 June 2017]

Toups, Melissa A., Kitchen, Andrew, Light, Jessica E., and Reed, David L., 'Origin of Clothing Lice Indicates Early Clothing Use by Anatomically Modern Humans in Africa', *Molecular Biology and Evolution*, 28 (2011), 29–32 <https://doi.org/10.1093/molbev/msq234>

Tucker, Ross, 'It's Time to Ban Hi-Tech Shoes', *Times Live*, 2017 <https://www.timeslive.co.za/sport/2017-11-27-its-time-to-ban-hi-tech-shoes/> [accessed 17 December 2017]

## V

Vainker, Shelagh, *Chinese Silk: A Cultural History* (London: The British Museum Press, 2004)

van Gogh, Vincent, '649: Letter to Emile Bernard, Arles', 29 July 1888, Van Gogh Letters <http://vangoghletters.org/vg/letters/let649/letter.html> [accessed 13 July 2017]

Vecsey, George, 'U.S. Wins Final with Penalty Kicks', *New York Times*, 11 July 1999, section Sport, pp. 1, 6

Vedeler, Marianne, *Silk for the Vikings*, Ancient Textiles Series, 15 (Oxford: Oxbow Books, 2014)

Venable, Shannon L., *Gold: A Cultural Encyclopedia* (Santa Barbara: ABC-Clio, 2011)

Vickery, Amanda, *Behind Closed Doors: At Home in Georgian England* (Yale: Yale University Press, 2009)

———, 'His and Hers: Gender Consumption and Household Accounting in Eighteenth-Century England', *Past & Present*, 1 (2006), 12–38

Vigliani, Enrico C., 'Carbon Disulphide Poisoning in Viscose Rayon Factories', *British Journal of Industrial Medicine*, 11 (1954), 235–44

Vogt, Yngve, 'Norwegian Vikings Purchased Silk from Persia', *Apollon*, 2013 <https://www.apollon.uio.no/english/vikings.html> [accessed 31 July 2017]

Vollrath, Fritz, 'Follow-up Queries', 14 February 2017

———, 'The Complexity of Silk under the Spotlight of Synthetic Biology', *Biochemical Society Transactions*, 44 (2016), 1151–7 <https://doi.org/10.1042/BST20160058>

Vollrath, Fritz, and Selden, Paul, 'The Role of Behavior in the Evolution of Spiders, Silks, and Webs', *Annual Review of Ecology, Evolution, and Systematics*, 38 (2007), 819–46

Vollrath, Fritz, Zoology Professor, University of

## W

Wade, Nicholas, 'Why Humans and Their Fur Parted Ways', *New York Times*, 19 August 2003, section News, p. F1

Walker, Annabel, *Aurel Stein: Pioneer of the Silk Road* (London: John Murray, 1995)

Walmsley, Roy, *World Prison Population List, Eleventh*

Edition (Institute for Criminal Policy Research, October 2015)

Walton Rogers, Penelope, *Textile Production at 16–22 Coppergate*, The Archaeology of York: The Small Finds (York: Council for British Archaeology, 1997), xvii

Wardle, Patricia, 'Seventeenth-Century Black Silk Lace in the Rijksmuseum', *Bulletin van Het Rijksmuseum*, 33 (1985), 207–25

Wayland Barber, Elizabeth, *Prehistoric Textiles: The Development of Cloth in the Neolithic and Bronze Ages* (Princeton: Princeton University Press, 1991)

———, *Women's Work: The First 20,000 Years. Women, Cloth, and Society in Early Times* (New York: W. W. Norton, 1995)

Weber, Caroline, '"Jeans: A Cultural History of an American Icon", by James Sullivan – New York Times Book Review', *New York Times*, 20 August 2006, section Sunday Book Review, p. 77

Werness, Hope B., *The Continuum Encyclopedia of Native Art: Worldview, Symbolism & Culture in Africa, Oceania & Native North America* (New York: Continuum International, 2000)

'What Is a Spacesuit', NASA, 2014 <https://www.nasa.gov/audience/forstudents/5-8/features/nasa-knows/what-is-a-spacesuit-58.html>

'What Lies Beneath?', *The Economist*, 8 August 2015 <https://www.economist.com/news/books-and-arts/21660503-tantalising-clue-location-long-sought-pharaonic-tomb-what-lies-beneath> [accessed 13 May 2018]

*What to Wear in Antarctica?*, Scott Expedition <https://www.youtube.com/watch?v=KF2WXlS1WvA&index=5&list=PLUAuh5Ht8DS266bwmWJZ5isWPhSEbsP-U>

Wheelock, Arthur K., *Vermeer: The Complete Works* (New York: Harry N. Abrams, 1997)

'When the Gokstad Ship Was Found', UiO: Museum of Cultural History, 2016 <http://www.khm.uio.no/english/visit-us/viking-ship-museum/exhibitions/gokstad/1-gokstadfound.html> [accessed 27 October 2017]

White, Shane, and White, Graham, 'Slave Clothing and African-American Culture in the Eighteenth and Nineteenth Centuries', *Past & Present*, 1995, 149–86

'Why Do Swimmers Break More Records than Runners?', BBC News, 13 August 2016, section

Magazine <http://www.bbc.co.uk/news/ magazine-37064144> [accessed 10 January 2018]

Widmaier, Dan, 'Spider Silk: How We Cracked One of Nature's Toughest Puzzles', *Medium*, 2015 <https://medium.com/@dwidmaier/spider-silk-how-we-cracked-one-of-nature-s-toughest-puzzles-f54aded14db3> [accessed 6 December 2016]

Widmaier, Dan, Co-Founder and CEO of Bolt Threads, phone call with author on 17 February 2017

Wigmore, Tim, 'Sport's Gender Pay Gap: Why Are Women Still Paid Less than Men?', *New Statesman*, 5 August 2016 <https://www.newstatesman.com /politics/sport/2016/08/sport-s-gender-pay-gap-why-are-women-still-paid-less-men> [accessed 11 January 2018]

Wilder, Shawn M., Rypstra, Ann L., and Elgar, Mark A., 'The Importance of Ecological and Phylogenetic Conditions for the Occurrence and Frequency of Sexual Cannibalism', *Annual Review of Ecology, Evolution, and Systematics*, 40 (2009), 21–39

William of Newburgh, *History*, v <https://sourcebooks. fordham.edu/basis/williamofnewburgh-five.asp> [accessed 19 May 2017]

———, *History*, iv <http://sourcebooks.fordham. edu/halsall/basis/williamofnewburgh-four. asp#7> [accessed 4 May 2017]

William of St Thierry, 'A Description of Clairvaux, C. 1143' <https://sourcebooks.fordham.edu/ Halsall/source/1143clairvaux.asp> [accessed 19 May 2017]

Williams, Wythe, 'Miss Norelius and Borg Set World's Records in Winning Olympic Swimming Titles', *New York Times*, 7 August 1928, p. 15

Williamson, George C., *Lady Anne Clifford, Countess of Dorset, Pembroke & Montgomery 1590–1676. Her Life, Letters and Work* (Kendal: Titus Wilson & Son, 1922)

Wilson, Eric, 'Swimsuit for the Olympics Is a New Skin for the Big Dip', *New York Times*, 13 February 2008, section Sports, p. D4

Wolfe, Tom, 'Funky Chic', *Rolling Stone*, 3 January 1974, pp. 37–9

Wood, Diana, *Medieval Economic Thought* (Cambridge: Cambridge University Press, 2002)

Woolf, Jake, 'The Original Nike Flyknit Is Back In Its Best Colorway', *GQ*, 2017 <https://www. gq.com/story/nike-flyknit-trainer-white-rerelease-information> [accessed 9 January 2018]

'Woollen Sailcloth', Viking Ship Museum <http:/ /www.vikingeskibsmuseet.dk/en/professions/ boatyard/experimental-archaeological-research/ maritime-crafts/maritime-technology/woollen-sailcloth/> [accessed 12 October 2017]

# X

Xinru, Liu, 'Silks and Religions in Eurasia, C. a.d. 600–1200', *Journal of World History*, 6 (1995), 25–48

# Y

Yin, Steph, 'People Have Been Dyeing Fabric Indigo Blue for 6,000 Years', *New York Times*, 20 September 2016, section Science, p. D2

Young, Amanda, *Spacesuits: The Smithsonian National Air and Space Museum Collection* (Brooklyn: Powerhouse, 2009)

Young, David C., *A Brief History of the Olympic Games* (Malden: Blackwell, 2004)

Yu, Ying-shih, *Trade and Expansion in Han China: A Study in the Structure of Sino-Barbarian Economic Relations* (Berkeley: University of California, 1967)

# Z

Zhang, Peter, and Jie, Chen, 'Court Ladies Preparing Newly Woven Silk', 25 October 2015 <http:// www.shanghaidaily.com/sunday/now-and-then /Court-Ladies-Preparing-Newly-Woven-Silk/ shdaily.shtml> [accessed 4 August 2017]

Zinn, Howard, 'The Real Christopher Columbus', *Jacobin Magazine*, 2014 <http://jacobinmag.com /2014/10/the-real-christopher-columbus/> [accessed 26 November 2017]

지은이 **카시아 세인트 클레어** Kassia St Clair

기자, 작가. 2007년 브리스톨 대학교를 졸업하고, 옥스퍼드에서 18세기 여성 복식사와 무도회 연구로 석사 학위를 받았다. 《이코노미스트》에서 '책과 미술' 담당 편집자로 일했다. 그의 첫 책 『컬러의 말』은 12여 개국에 번역되어 베스트셀러에 올랐다.

두 번째 책 『총보다 강한 실』에서 그는 그동안 다뤄진 적 없었던 '실의 역사'에 주목한다. 이 책은 그의 저널리스트적 집요함과 연구자로서의 전문성이 더해진, 감각적인 필치의 역사서이다. 발간 후 영국 BBC의 Radio 4에서 이 주의 책으로 선정되었으며, 영국 《선데이 타임스》 올해의 책, 서머싯 몸 상 후보에 올랐다.

그는 댈러스 미술관, 빅토리아 앨버트 박물관, 소호하우스 같은 국제 행사장에서 색과 직물, 실의 역사에 대한 풍부한 이야기들을 전하고 있다.

옮긴이 **안진이**

서울대학교 미술대학 서양화과 대학원에서 미술이론을 전공하고 현재 전문 번역가로 활동하고 있다. 『영혼의 순례자 반 고흐』, 『헤르만 헤르츠버거의 건축 수업』, 『타임 푸어』, 『마음가면』, 『포스트자본주의: 새로운 시작』, 『지혜롭게 나이 든다는 것』, 『컬러의 힘: 내 삶을 바꾸는 가장 강력한 언어』 등 다양한 분야의 책을 우리말로 옮겼다.

## 총보다 강한 실: 실은 어떻게 역사를 움직였나

**펴낸날** 초판 1쇄 2020년 2월 10일
　　　　초판 4쇄 2024년 2월 29일
**지은이** 카시아 세인트 클레어
**옮긴이** 안진이
**펴낸이** 이주애, 홍영완
**편집** 양혜영, 백은영, 장종철, 김송은, 정보라
**마케팅** 김가람, 진승빈
**디자인** 김주연, 박아형
**펴낸곳** (주)윌북 **출판등록** 제2006-000017호 **주소** 10881 경기도 파주시 광인사길 217
**전화** 031-955-3777 **팩스** 031-955-3778
**홈페이지** willbookspub.com
**블로그** blog.naver.com/willbooks **포스트** post.naver.com/willbooks
**트위터** @onwillbooks **인스타그램** @willbooks_pub
ISBN 979-11-5581-258-7 (03900